# 世界上下五千年

宋犀堃　主编

南海出版公司
2018・海口

**图书在版编目（CIP）数据**

世界上下五千年 / 宋犀堃主编．—海口：南海出版公司，2018.10

ISBN 978-7-5442-9323-5

Ⅰ．①世…　Ⅱ．①宋…　Ⅲ．①世界史-通俗读物
Ⅳ．①K109

中国版本图书馆 CIP 数据核字（2018）第 106793 号

SHIJIE SHANGXIAWUQIAN NIAN
世界上下五千年

主　　编　宋犀堃
出 品 人　杨建峰
策 划 人　杨永胜
责任编辑　李凤君
美术设计　松雪图文
出版发行　南海出版公司　电话：（0898）66568511（出版）　（0898）65350227（发行）
社　　址　海南省海口市海秀中路 51 号星华大厦五楼　邮编：570206
电子邮箱　nhpublishing@163.com
经　　销　新华书店
印　　刷　河北鹏润印刷有限公司
开　　本　880 毫米×1270 毫米　1/32
印　　张　16
字　　数　429 千
版　　次　2018 年 10 月第 1 版　2018 年 10 月第 1 次印刷
书　　号　ISBN 978-7-5442-9323-5
定　　价　42.00 元

# 前言

约5000年前，生活在美索不达米亚的苏美尔人创造了文字，这时，人类的文明史开始了。紧接着是古埃及文明、古巴比伦文明、古印度文明、古希腊文明、古罗马文明……人类从原始落后、孤立、分散的封闭部群，一步步走到了被称为全球一体化时代的今天。

早在半个世纪之前，历史学家柯林武德就曾指出：研究历史就是为了对人类目前的活动看得更清楚。看来，学史确实有着实实在在的“功利性”。对于任何一个人来说，不了解本国和本民族的历史都是一件十分可悲的事情；而对于一个现代人来说，只把目光盯在自己的国家和民族，对世界的历史一无所知，也不能不说是一件憾事。

当人类登月的幻想已成现实，当人类探索的足迹已布满宇宙，当人类用以代步的交通工具越来越进步，当人类生存的环境及未来的命运联系得越来越紧密，人们关于时间与空间的观念也在进行着一场革命，人们有理由把自己居住的星球视为一个“村庄”。观念的革命势必带来行为的转变，社会发展至今，谁再对别国历史不闻不问，谁再对异邦文化横加排斥，谁就难以成为一名眼界开阔、前途远大的“地球村”村民。可以说，对于现代人来说，哪一方面历史知识的缺乏，都是知识结构的一种欠缺。

古往今来，凡有成就的有识之士，大都是博古通今的人；纵观当代，没有哪一个发达的国家，不是在众多的学科中给历史科学以极高的地位，不是在国民教育中给历史知识教育以特殊的重视。历史教育的普及向历史读物的通俗性和知识性提出了新的要求。

《世界上下五千年》以世界范围内的人类历史为主干，以5000年来的古国文明、社会变迁、政治经济、风云人物、科学进步和地理发现等为多姿多彩的枝蔓，编写成一个个妙趣横生的小故事，让年轻的朋友们能在紧张的学习和工作之余，轻松地徜徉于历史走廊之中，既了解历史，又拓展见识，更开阔心胸。

《世界上下五千年》作为世界历史的通俗性普及读物，在真实性、趣味性和启发性等方面达到一个新的高度，通过科学的体例和创新的形式，全方位、新视角、多层面地阐释世界历史，精彩地勾勒出世界历史演进的基本脉络和发展历程。简洁的文字、多元的视觉等要素的有机融合，使历史与文字变得轻松亲切，陪伴读者开始一段愉快的读书之旅。

2018年9月

# 目　录

## 第三章



## 第四章

第五章



第六章

## 第二章

## 下篇

## 第二章

# 上篇

## 上古时期：从蛮荒到文明的演进

# 第一章　两河流域文明

两河流域是迄今为止所知道的人类文明的最早诞生地。两河即底格里斯河和幼发拉底河，它们都发源于土耳其境内，流经伊拉克后进入波斯湾。两河流域素有"西亚走廊"之称。大约在1万年以前，在这片土地上就出现了农业社会。人们在这里开垦土地，建立村庄。经过漫长的劳动与生活，两河流域的人民创造了丰富的文化遗产：楔形文字、最早的阴历、空中花园……

## 人类文明的起源

苏美尔是人类社会最早进入文明、世界上最早产生城市国家的地区之一。在氏族制度解体到国家形成的过程中，苏美尔历史上一度出现过军事民主制度，也就是所谓的"原始民主制"。古巴比伦创世史诗《恩怒玛·艾里施》中记载：当混沌未开之时，原水之神提阿马特带领一群恶魔前来与众神恶斗。开始时恶魔占尽上风，众神抵挡不住，便决定召开一次众神大会，以挑选一名勇敢善战的人来领导大家继续作战。最后他们选中了苏美尔主神之一的恩基之子——年轻勇猛的马都克。但马都克提出要求，如果由他出任军事统帅，那么胜利后众神必须承认他为众神之长。众神大会经过反复磋商后同意了马都克的要求，并授予了他王权的标志——节杖、宝座，然后命令他出战。马都克果然不负众望，他身先士卒，率领众神奋勇拼杀，结果大获全胜，消灭了群魔。战争胜利后，他们以提阿马特的身躯造成天地，又以其情夫的血和泥土造成了人类。从此，马都克永远成了众神之王。

1. 历史的开端

公元前5000年左右，农民们开始定居于夹在两大河（底格里斯河与幼发拉底河）之间的富饶土地——苏美尔。原始村落逐渐变成城市。公元前3200年左右，人们发明了文字。有了文字，就可把言语记录下来。当代学者也可借此了解古代人的生活。从这个意义上讲，“历史开始了”。

2. 人类文明的发祥地

苏美尔人定居于美索不达米亚，它的意思是“河流之间的土地”。这个名字来自于蜿蜒流过这一地区、确定其界线并为其提供灌溉水源的两条河流，即底格里斯河和幼发拉底河。美索不达米亚在其最后几个世纪的历史中存在着两个国度：南部平坦而干旱的地区被称作巴比伦；有更多绿色植被并且多山的北部王国因其第一个都城而被称作亚述。

3. 人类最早的学校

人类最早的学校建于公元前3500年左右的美索不达米亚，比古埃及于公元前2500年出现的宫廷学校早1000年左右。苏美尔的学校称“埃杜巴”，意思是“泥板书屋”，又可称书吏学校。其办学目的主要是为王室和神庙培养书吏或书记员。在课程设置上，大体上分为三类：语言、科技知识以及文学创作。语言是最基础的课程。首先要学苏美尔语，以便适应神庙祭祀和宗教活动的需要。除此之外，学生还要学习计算、几何以及其他科学知识，以适应管理土地和商业贸易活动的需要。在苏美尔出土的一些教科书，内容涉及植物学、动物学、生理学以及天文、地理等多种学科。

4. 苏美尔人的历法

苏美尔人发明了世界上最早的天文历法。一年分为12个月，每月以刚刚露出月牙来的这天为开端，以月亮最圆的一天为月中，以月亮又变成月牙的那天为一月的终结。 一年 12 个月中有 6 个月每月为 30 天，另 6 个月每月 29 天，全年共 354 天。 这同地球绕行太阳一周的时间相差 11 天多，过两三年就要差一个月，这就叫“年日不足”，他们就设置闰月加以补充，就是第二年或第三年加一个闰月，即一年有 13 个月。

## 希伯来人最早的身影

据《圣经》记述，希伯来人的历史开始于亚伯拉罕离开迦勒底（今伊拉克）的乌尔。 公元前 2000 年之末，希伯来人决定设立国王。 先知撒母耳首先选择了扫罗为王，然后他又选择了大卫（公元前 1015—前 975 年）。 大卫把耶路撒冷定为王国的首都。 大卫之子所罗门在耶路撒冷建了一座神殿，用来保存“约柜”，并把圣殿定为以色列宗教生活的中心。 王国后来分裂为两个国家，居北的叫以色列，居南的叫犹太。 这一切都发生在先知的时代。

1. 摩西与约书亚

在非洲和亚洲中间，有一片叫阿拉伯的大沙漠。 4000 年以前，一个被叫作“塞姆族”（又被称为“闪族”）的游牧民族为了寻找水草，赶着他们的羊群在这片沙漠中到处寻找牧场。

在大沙漠的北方，有一块特别富饶的土地。 它的形状像一弯新月，被称为“新月形沃土”。 每当塞姆人赶着牛羊来到这里的时候，当地人便把他们赶走。 塞姆人把这里看作天堂，他们特别想在这里放牧生活。 他们对当地人发动了无数次进攻，经过多次失败，最后，他们终于占了这个地区。

塞姆族中有一支叫希伯来人的部落。 希伯来人想占有新月形沃土中一条狭长地带，就是今天的巴勒斯坦。 希伯来人早就听说这里被人叫作“流着奶和蜜的地方”。但是这里早已被一个叫迦南人的部落占领。为争夺这块土地，希伯来人同迦南人进行了许多年的战争。迦南人十分英勇，希伯来人根本就不是对手。

被迦南人打败的希伯来人处境十分困难。全族的人聚到一起，商议部落今后的出路。一个老人说，在一个遥远的地方，有一个遍地羊群、年年五谷丰登的好地方。到过那里的人都将它称为“天堂”，它就是埃及。如果想要希伯来人过上幸福的生活，只有去那里。全族人最后一致同意老人的意见，离开巴勒斯坦，前往埃及。

大约在公元前 1700 年，族长以色列带领所有的希伯来人离开了巴勒斯坦，经过千难万险，来到了尼罗河三角洲东部的草原，并在那里定居下来。

埃及真是一个十分美好的地方，希伯来人在这里安定地生活了几百年。

大约在公元前 1300 年，埃及的法老拉美西二世要建造两座巨大的宫殿。他把希伯来人变成了奴隶，让他们开山挖石，服各种苦役。过了几十年，拉美西斯二世死了，埃及受到来自四面八方的野蛮民族和海盗的入侵。

希伯来人的首领摩西乘机带领全族人越过红海，逃出了埃及。在逃离埃及的行程中，希伯来人受尽苦难，他们缺水少食，风餐露宿，每天行走在大沙漠中，有不少人想返回埃及，宁可重新当奴隶，也不愿再受这种路途之苦。

摩西看到他的族人对命运失去了信心，十分痛苦。一天，当他们经过西奈山麓的时候，摩西爬上山顶。在山顶，摩西待了足足 40 天。下山后，他对人们说，他见到了耶和华（希伯来人敬奉的神），并得到他的圣谕，有了它，希伯来人就能交好运。后来，摩西成了犹太教的创始人。

逃出埃及后，摩西对希伯来人说，只有回到迦南，才是唯一的出路。但是大多数希伯来人没有勇气同勇猛强悍的迦南人进行战斗。摩西只好带着希伯来人到处流浪。40 年过去了，摩西已经成为一个衰弱的老人。

不久，摩西去世了。接替摩西领导希伯来人的是约书亚。这时希伯来人的新一代已经成长起来。经过长期艰难生活的磨炼，年轻的希伯来人个个成为强悍勇敢的战士。

2. 扫罗的战争

约书亚之后的希伯来人的首领，是一位名叫参孙的勇敢的战士。参孙的力气非常大，能空手撕裂猛狮，曾经用一块驴肋骨打死了上千个敌人。

参孙死后，希伯来人仍旧生活在动荡之中。当时的希伯来人还分成了许多小部落。由于一直没有能够使所有希伯来人佩服的人出现，有很长时间希伯来人的各个部落没有统一的领袖。正当希伯来人处于分裂状态时，来自地中海沿岸岛屿的一个叫腓力斯丁人的强大部落，向希伯来人发动了进攻。希伯来人没能抵挡住腓力斯丁人的进攻，连本族的圣物“约柜”也让腓力斯丁人抢走了。

就在犹太民族四分五裂的时候，有一个名叫扫罗的勇敢的年轻人，在一次迎击敌人的进攻中表现得十分勇猛、机智和果断，成了全体希伯来人尊敬的英雄。全体希伯来人一致推选他为希伯来的新王，为他举行了希伯来人最隆重的涂油圣礼，把油涂在扫罗的身上，承认他为希伯来人的最高首领。

3. 大卫王

扫罗死后，以色列的 12 个部落开会，部落长老一致同意把王冠给大卫戴上。大卫登基时，年仅 30 岁。他决心继承扫罗的事业，把腓力斯丁人赶出巴勒斯坦。

这时在巴勒斯坦的中部有一个重要的城市，叫耶布斯，还处在迦南人统治下。大卫的下一个目标就是夺取耶布斯。耶布斯的迦南人最终向以色列人投降了。大卫将耶布斯改名为耶路撒冷（大卫城），作为以色列的首都。

大卫把盛放犹太教《圣经》的“约柜”运到耶路撒冷，还为它设计了一座华丽的宫殿。大卫宣布犹太教为国教，耶和华神是以色列人唯一的上帝。从这时起，这座伟大的城市——耶路撒冷，成了犹太民族的精神中心。

大卫在位 40 年，没有一年不出征。他打败了腓力斯丁人、迦南人、亚玛力人。以色列王国的版图空前扩展，北起黎巴嫩，南至埃及边境。

据《圣经》记载，大卫还是一个多才多艺的人，他写了很多优美的诗篇，还擅长演奏竖琴。所以，大卫在历史上不仅是英雄，而且也是杰出的诗人，以色列人以大卫王为傲。

大卫王死后，他的儿子所罗门继位。所罗门是一个很聪明的国王。一天，一名官员带着两个妇女和一个孩子到所罗门那里。他对所罗门说，这两个妇女都说孩子是自己的，他无法判定，因此他只好将她们带到这里。所罗门稍想了一下，就对手下人说，既然无法判定谁是孩子的母亲，那就用剑将孩子劈成两半，两人各得一半。这时，其中的一个妇女大哭起来，向所罗门请求，她不要孩子了，只求不要伤害孩子，另一个妇女却无动于衷。所罗门哈哈一笑，对那个官员说：“现在你该知道，谁是那个孩子的真正的母亲了吧。任何一个母亲都不会让别人伤害自己的孩子的。”

所罗门时代是犹太人历史上最繁荣的时代。所罗门同时也是一个比他父亲更加追求享受的国王。他下令继续修建许多宫殿和神殿，其中最宏伟的是位于耶路撒冷小山上的宫殿和犹太教圣殿。耶和华的“约柜”也被送到新落成的圣殿中。在许多世纪中，这个圣殿成了团结犹太人的象征。

## “天下四方之王”

萨尔贡是阿卡德王国的国王。据说，萨尔贡家世贫寒，是一个民间私生子。但他凭借自己的智慧和才能第一次将两河流域南部正式统一，结束了该地区的分裂局面，建立了阿卡德王国。萨尔贡有一支5000多人的常备军，是他巩固统治和对外扩张的有力工具。他曾先后进行了34次胜利的远征，自诩为“天下四方之王”。以他的口吻记载的铭文，炫耀阿卡德王国的领土从北部的地中海直到南部的波斯湾，从东部的埃兰直到西部的叙利亚和巴勒斯坦。实际上他真正统治的中心地带仅仅是两河流域的南部。而且他的统治也并不稳固，各地时有反抗。萨尔贡死后，阿卡德王朝一直依靠军事力量维持统治。约公元前2191年，东北山区的游牧部落库提人侵入两河流域南部，灭亡了阿卡德王国。

1. 建立军事帝国

萨尔贡的故乡是幼发拉底河畔的阿苏皮拉努，是阿卡德人的私生子，其母亲是一位女祭司。他一出世就被母亲装入苇篮遗弃在幼发拉底河中，苇篮沿河漂流，被菜园园丁阿克卡捡到，并抚养成人（这一故事后来被运用于《圣经·出埃及记》开端有关摩西童年的故事中）。萨尔贡年轻时做过园丁，后来被推荐给基什城邦的国王，成为其臣僚。由此可见，萨尔贡在当时确实才能出众，以其低贱的出身，仍能受到众人的推举和国王的赏识。

这一时期两河流域的主要居民是苏美尔人，苏美尔人北部也居住着一些阿卡德人。苏美尔人是人类最早进入文明社会的民族，到公元前24世纪，形成了几十个城市国家（城邦）。其中较大的城邦如拉格什、尼普尔、乌鲁克、基什、乌尔等，包括妇女及奴隶有人口15万，各城邦的公民人数从几千人到数万人不等。其军队以步兵为主，也有分为重装兵和轻装兵的，军队的基本编制为队，每队最多时有20～30人，以公民的职业编组并命名，如拉格什军队有农人队、牧人队等。普通城邦每次投入战役一般只有几百人。

这一时期两河流域各城邦已经进入列国争霸的时代，基什一度成为北方的霸主。但在南方苏美尔人的温玛城邦出现了一位杰出人物——卢伽尔·扎吉西。卢伽尔·扎吉西英勇善战，带领温玛军队先后征服了苏美尔各城邦，并向北打败了基什，成为两河流域的霸主，初步统一了两河流域。但卢伽尔·扎吉西的霸权在政治上还不成熟，或者说他的条件还不成熟，只建立起了联邦式的国家联盟，而不是真正的帝国。不过他的征服战争给了萨尔贡以机会。

萨尔贡趁基什在战争中失败，人民对国王失去信心的时机，于公元前2316年篡夺了基什的王位。萨尔贡懂得军队的重要性，在即位后组建起一支5000多人的常备军。这在当时是重大举措，是他在日后统一两河流域的基本力量。萨尔贡除了有过人的组织能力外，还曾担任基什的大臣，熟悉基什的政治、军事、经济情况。

在这个历史关头，卢伽尔·扎吉西正与苏美尔最后一个不屈服的大国拉格什激战，双方战况激烈，拉格什的不少“队”都只剩下了几个人，还出现了各种职业的人混编的“队”，可见其损失的惨重。在此情况下，卢伽尔·扎吉西没有力量前去镇压萨尔贡，于是双方展开谈判。实力雄厚而又雄心勃勃的萨尔贡当然不会甘居人下，结果谈判破裂。萨尔贡挥师南下进攻苏美尔各城邦。

这时，卢伽尔·扎吉西率领的温玛、乌鲁克联军已经攻陷拉格什城，但拉格什城邦并没有屈服。卢伽尔·扎吉西只好率领他的大军离开拉格什，前去迎击南下的萨尔贡。卢伽尔·扎吉西聚集了50个苏美尔城邦的联军，人数估计至少在一两万以上，与萨尔贡的5000军队展开激战。萨尔贡拥有一个秘密武器——他创立的常备军。所以萨尔贡歼灭了疲惫的苏美尔联军，俘虏了卢伽尔·扎吉西，并将其作为祭品烧死，献给了恩利尔神。

之后，萨尔贡率领大军继续南下，深入苏美尔腹地，经多年征战，先后征服了乌尔、乌鲁克、拉格什等城邦，直抵波斯湾，统一两河流域，后来又降服亚述，征服叙利亚地区和黎巴嫩山，直抵地中海，再向东击败埃兰，建立起人类历史上第一个军事帝国。

萨尔贡在基什附近修建了阿卡德城，作为其首都。

2. 文化的演进

在萨尔贡统治期间，他借用并改良了被征服的苏美尔人的楔形文字，使本民族阿卡德人完全没有文字的局面得以改观。同时还采用苏美尔人的天文历法、文学、宗教、数学，并把记载这些学问的圆形泥板改为方形泥板，编成目录，收藏于国家书库。这不仅加快了两河流域社会发展的进度，同时也为后人研究两河流域的古代社会情况留下了宝贵的资料。

3. 走向统一

由于国家统一，权力独裁，萨尔贡才能够得心应手地实施若干有利于社会发展的重大措施。他统一了全国的度量衡，规定了以十进制计算的度量衡制度。他还把全国划分为若干行政区，派宫廷子弟担任行政区长官。同时，他也十分注重农田水利建设，利用两河流域河道纵横的优势，大力疏浚河道，修筑各种水渠，建造起一个规模巨大的灌溉网络，保证了全国农田免受旱灾并能最大限度地减少洪水带来的损失。

## 古巴比伦帝国的兴衰

公元前 2000 年，来自西方的游牧民族逐渐渗透到了美索不达米亚，并且接管了大片土地，并最终控制了好几个城市。这些城市包括幼发拉底河上游的马里，更北边的亚述城以及巴比伦城。这时，巴比伦城还是个小小的城市，直到伟大的国王汉谟拉比统治时期才有所转变。汉谟拉比短期内用武力和外交手段即在巴比伦城建立霸权，统一了美索不达米亚。大约到公元前 1750 年之前，汉谟拉比战胜他的对手，建立起实行中央集权专制统治的古巴比伦帝国。汉谟拉比时代是古巴比伦的全盛期。汉谟拉比死后，帝国便烽烟四起，开始衰落。北方有加喜特人入侵，南方有伊新、乌鲁克等地发生暴动。内部斗争更加激烈。大约公元前 1595 年，赫梯人南侵，占领了巴比伦首都，巴比伦灭亡。

1. 众神之门

“巴比伦”意为“众神之门”，位于幼发拉底河中游东岸，原是一个小村庄，后来逐渐发展成一个小国。到了第 6 代国王汉谟拉比统治时期（约公元前 1792—前 1750 年），统一了两河流域，变成了一个实行中央集权专制统治的王国。

2. 古巴比伦帝国的兴起

公元前 1894 年，巴比伦人建立了古巴比伦第一王朝。但是那时的巴比伦不过是一个时而依附这一邻国、时而向另一邻邦称臣的小邦。直到第 6 代国王、雄才大略的汉谟拉比登上王位之后，才使它一跃而成显赫一时的统一两河流域的大国。汉谟拉比机灵善变，审时度势，利用矛盾，各个击破。他的基本策略是团结邻邦，集中全力打击一个主要敌人。他经过 35 年的征战，攻灭了附近的一些国家，终于在两河流域建立起巴比伦大帝国，定都巴比伦。

3. 帝国终结者

在古巴比伦帝国的敌人中，最早将轻型战车发挥出最大效力的是加喜特人和赫梯人，但给予古巴比伦帝国最后一击的并不是加喜特人。最后灭亡古巴比伦帝国的是赫梯人。在公元前 1700 年后，赫梯人建立了赫梯王国。他们采用新的作战方法，主要是用战车发动快攻。公元前 1595 年左右，莫尔西利一世率领赫梯军队攻占了巴比伦。

4. “巴比伦时间”

古巴比伦时的农业生活，对于天气的预测需要非常精确。古巴比伦人将黄道分为12个区域，这是由月亮运行的12个阶段而来的，他们也因此将天体分为360度，这和一年360天是相互对应的。每一天也再分成了12个部分，或是12对成组的小时，希腊人称之为“巴比伦时间”。每一个小时又分成60分钟，每一分钟又有60秒，而每一秒又有60个单位。但是360天并非非常精确的太阳运行的周期，因此每6年中有1年为13个月。这样的历法形式，一直沿用到了欧洲中世纪时期。

## 卡迭石之战

拉美西斯二世是古埃及第十九王朝的法老。在他统治的时代，来自小亚细亚的赫梯人发展起来，成为埃及最大的心腹之患。赫梯人不断向外扩张，攻占了叙利亚和巴勒斯坦，还攻陷了巴比伦帝国的首都巴比伦。接着，为了争夺中东，又与埃及打了起来。

1. 战争的过程

埃及人在法老拉美西斯二世的带领下，在积蓄力量以后，便向赫梯国发动了猛攻。

一天，赫梯王穆瓦塔里正与臣下商议进攻埃及的计划，一个书吏急匆匆地走进来，对国王穆瓦塔尔说：“国王陛下，这儿有一份紧急战报！埃及法老拉美西斯率领10万大军向我国发动了进攻……”

赫梯王大惊失色，差点从椅子上摔了下来，歇斯底里叫道：“什么，埃及也敢来打我们！不可思议，简直不可思议！”“我们的军队无敌于天下，他敢来碰碰，定打得他片甲不留！”但怎样击败有10万之众的埃及大军呢，赫梯王心中不由得一阵犯难。

赫梯王大声问道：“谁有退敌妙计，快快献出来！”他焦急地看着跪在下边的大臣们，希望他们中间哪一个人拿出一条退敌的妙计。但是只见他们面面相觑，谁也不说一句话。赫梯王心中一阵恼怒，心想这群笨蛋，一到关键时候，就都没了主意。

这时一个叫纳丁的将军站起来道：“臣倒有一计……”他详细地说明了自己的想法，国王听了频频点头，同意了他的作战方案。

第二天晨光初露，埃及的部队向赫梯国浩浩荡荡地开了过来，队伍分 4 个梯队，先锋队由法老拉美西斯二世率领，很快接近了被赫梯人占领的叙利亚的卡迭石城。

拉美西斯二世乘坐的是一辆十分华丽的战车，四周镶嵌着黄金和宝石，在晨曦中更是光彩夺目。这时，一个探子骑马来报：“报告，已经快到卡迭石了。”站在战车上的拉美西斯二世法老命令暂缓前进，纵目远眺着周围的景色：右边的一条大道通向波涛汹涌的大海，左边是悬崖深谷，中间夹着一条水势湍急的河流。前面是一片平原，远处山冈上隐隐约约的城墙就是卡迭石城。

“报告法老，抓到了两个间谍！”卫兵报告说。

“带上来！”法老命令。

被俘的是两个牧人打扮的赫梯骑兵。他们说，赫梯王为了避免冲突，已经命令军队退出卡迭石城了。拉美西斯二世大喜，下令全军继续向卡迭石进发。途中他嫌大队行进太慢，便抛开大队，只带着他的警卫部队，迅速来到卡迭石城下。这时，赫梯王已经率领大军沿着东面的河谷，包抄到了埃及法老的后面。早晨被埃及军队捕获的两个赫梯人，其实是赫梯王派他们来迷惑埃及人的。埃及法老果然上了当。赫梯王准备第二天一早围歼为数不多的埃及军队，活捉埃及法老拉美西斯。为了慎重起见，他再派两个间谍夜间去观察一下埃及军营的地形。

埃及法老正在军营里准备明天攻城的战事。突然，卫兵上来报告说：“陛下，又抓到了两个间谍！”

法老命令：“带上来！”

这两个间谍和早上的两个不同，无论你问他们什么都不肯说，拉美西斯二世大怒，下令严刑逼供。一阵工夫，两个间谍就被打得皮开肉绽，实在招架不住，不得不把赫梯人明天要来反攻的计划泄露出来。

拉美西斯二世正要追问详情，一个卫士跌跌撞撞地跑进来报告：“赫梯人已把我们团团围住了！”

拉美西斯二世顿时目瞪口呆。但他毕竟久经沙场，马上镇定下来。一个大臣说：“趁赫梯人还没动手，打吧！”另一个大臣说：“突围吧，再不突围只有死路一条！”

拉美西斯二世决定马上突围。

天蒙蒙亮时，法老全身披挂，跳上战车率全军向赫梯人发起进攻，赫梯人被埃及军队的突然行动弄得措手不及，全军大乱，不少赫梯士兵没命地往河边跑，有的跳到河里被淹死了。

赫梯国王马上组织了反冲锋。埃及士兵毕竟人数有限，被迫撤退。赫梯军队一下子冲进了埃及法老的军营，拉美西斯一看不好，带着大臣们上马便逃。这时有一队赫梯的骑兵追了过来。拉美西斯大叫：“快把我的护狮放出来！”原来，拉美西斯养了一群护身的狮子，他从来没有将它们拿来投入战斗。这次到了生死关头，他便把他救命的最后一招使了出来。果然，赫梯骑兵一见狮子冲了过来，回头便逃。

在埃及军营里的赫梯兵则在大抢埃及法老和大臣们的财物。埃及法老的金银宝贝真是太多了，一箱又一箱，赫梯士兵看得眼睛也发红了，纷纷拥上前去你争我夺。

正当赫梯军队扔下刀枪、大肆抢劫的时候，埃及人的先锋部队渡海赶到，一下子把混乱不堪的赫梯军队打得落花流水。

赫梯国王又组织了第三次冲锋，把最后剩下的1000 辆战车和 3000 名士兵的后备部队全部用上。 埃及人殊死抵抗着赫梯战车的进攻。 卡迭石城郊到处是双方士兵的尸体。 埃及部队人数愈来愈少了，到太阳落山的时候，赫梯军队眼看就要胜利了。 突然，他们四散奔逃起来。

埃及法老感到惊奇，这是怎么回事？ 难道是天神相助来了？ 直到几匹烈马飞驰到他面前，几个骑兵向他举臂欢呼的时候，他才知道，是他们的第三梯队从敌人后面杀过来了。 赫梯人经不住前后夹攻，只得败退。

卡迭石大战之后，赫梯和埃及的仇恨越来越深，双方不断进行战争。

2. 缔结和约

埃及人和赫梯人之间的战争整整打了 16 年。 最后，双方都已经筋疲力尽，损失惨重，再要打下去两个国家都要灭亡了。

公元前 1296 年，赫梯的老国王一病不起，死去了。 新国王是老国王的弟弟哈士西尔。 这时的赫梯国已经像一个奄奄一息的病人，再也无力站起来了。 新国王决定派出友好使团去埃及讲和。

拉美西斯二世此时也无力再战，见赫梯王主动讲和，正中下怀。 双方在孟斐斯签订了和约。 和约刻在一块银板之上，因此又叫“银板文书”。 上面写着：“伟大而勇敢的赫梯国王哈士西尔”和“伟大而勇敢的埃及法老拉美西斯”共同宣誓：“从此互相信任，永不交战；而且，一国若受其他国家欺凌，另一国应该出兵支援……”这是留传至今的最早的一份和平条约。

和约签订后，赫梯王又将女儿嫁给了拉美西斯二世。 此后，两国在数百年间相安无事。

据记载，拉美西斯二世在这场战争中使用了驯狮，是历史上第一个利用狮子打仗的帝王。

## 亚述王称霸

公元前 3000 年代末期，在两河流域的北部，一支叫亚述人的部落兴起了。 到了公元前 8 世纪后期，亚述国已经成为两河流域最强大的国家。

亚述军队南征北战，攻陷了许多历史名城。 这一次进攻的目标是大马士革城。

此时，大马士革王登上了城墙上最高的塔楼，远远望见亚述军团铺天盖地涌来，有 5000 辆战车，骑兵像海滩上的砂石那样多。 他知道将免不了一场恶战。 大马士革城内只有 2000 辆战车，士兵也只有亚述的一半。 国王想，拼死一战或许能保住这座城市。

在城外的原野上，两军拉开了阵势，准备展开决战。

“开始进攻！”随着亚述王一声令下，亚述战车首先向前挺进。沉重的车轮在大地上碾过，每辆战车上有两名战士，一个人拉开了弓箭，另一个人一手拿盾牌，一手拉马缰。 战车之后是骑兵，只见他们策马挺矛冲了过去。 一时间，车轮声、马铃声、喊杀声交织成一片。

双方的战车和骑兵开始互相冲击。 随后，双方的步兵又互相厮杀在一起。

大马士革军抵挡不住人数占优势的亚述人的猛烈进攻，阵脚渐渐乱了，他们不得不在城上弓箭手的掩护下向城里退去。 大马士革王下令，关闭城门，拒敌于城外。 城内的粮食储备足可以坚持几年，他决定固守城池。

亚述国王下令围城，大马士革被围一年多。 公元前 732 年，亚述王做好各项准备后，开始强攻。

在巨大的攻城机械的轰击下，不久，城墙出现了一条裂缝。 终于，裂缝成了一道大口子，亚述士兵像潮水一样冲入城内。

凶残的亚述人展开了一场大屠杀，无论是士兵还是百姓，落在亚述人手里就只有死路一条。亚述士兵放火焚烧了大马士革宫殿，抢劫了每一户人家的财产，割下死者的头颅堆成了小山。妇女小孩被掳走为奴，还有成千的战俘被钉死在木桩上。大马士革处在一片哭喊声中，四处一片火海。亚述王在占领全城后，把大马士革国王也杀了。然后，亚述人带着抢掠的财宝、俘获的奴隶胜利而归。

军车隆隆，亚述军队在继续向前。他们的行军非常迅速，就是过河也不困难，他们善于使用打足空气的皮囊渡河。这种皮囊可以联结起来，安置在河面上，从这岸排到那岸，上面再铺上树枝，就成了一条军用的浮桥，连战车也能通过。亚述国王对不肯投降而在战争中失败的国家，报复措施是极其残酷的。打了胜仗以后，国王通常要坐在由四个被俘国王拖曳的两轮车上，巡视自己的京都一周。街道上陈列着许多囚笼，其中囚禁着被俘的战败国的贵族。因此，亚述大军一到，许多国家闻风而降。公元前 729 年，亚述吞并了整个巴比伦。

亚述的老国王去世以后，他的继承人在公元前 671 年攻占埃及，公元前 639 年又攻占伊朗高原。从此，亚述囊括了当时世界上最强大的两个文明古国——埃及和巴比伦的全部领土。同时扩大到周围的地区，建立起一个北起高加索山脉，南达尼罗河流域，东至波斯湾，西濒地中海的“世界”大帝国。

## 巴比伦之囚

公元前 604—前 602 年，尼布甲尼撒二世对叙利亚、巴勒斯坦地区诸小国发动了一系列的征服战争。大马士革、西顿、推罗以及犹太的国王都被迫纳贡称臣。公元前 588 年，尼布甲尼撒二世率新巴比伦军队对耶路撒冷犹太王国发动了围攻。这次围攻历时 18 个月。由于饥荒和内部分裂，犹太国终于在公元前 586 年陷落。尼布甲尼撒二世下令在犹太国王西底家的面前杀死了他的几个儿子，然后又剜去了西底家的眼睛。当已经双目失明的西底家被押到尼布甲尼撒二世面前时，尼布甲尼撒二世对他说：“这就是你们背叛我的下场！”然后又下令用铜链锁着西底家，把他带到新巴比伦去示众。耶路撒冷全城被洗劫一空。城墙被拆毁，神庙、王宫和许多民宅被焚烧。全城活着的居民几乎全被掳到新巴比伦，这就是历史上有名的“巴比伦之囚”。

1. 残酷的战争

公元前 7 世纪后半期，亚述帝国由于内乱外患，迅速走向衰落。居住在巴比伦地区南部的迦勒底人，在首领那波帕拉沙尔的领导下，联合北方的米底人，在公元前 612 年攻陷了亚述的都城尼尼微，灭亡了亚述。那波帕拉沙尔成为新巴比伦王国的第一位国王。在这一时期，还是一个少年的尼布甲尼撒就跟随父亲统兵作战。他勇敢机敏，能够身先士卒，深得将士们的拥护。由于老国王那波帕拉沙尔年老体弱，许多次重要的战役都由尼布甲尼撒独自指挥。

公元前 607—前 605 年，新巴比伦王国和埃及人在幼发拉底河上游不断冲突，新巴比伦军队处于下风，放弃了一些重要据点。在这种情况下，老国王任命尼布甲尼撒为统帅，同埃及军队进行决战。

公元前 605 年春天，双方在幼发拉底河西岸的卡尔赫米什进行了决战。尼布甲尼撒率军在下游先行渡河，而后沿西岸向敌人发起猛攻，同时，将埃及人南逃的退路也切断了。战斗进行得很激烈，新巴比伦王国的士兵像潮水一样冲向敌阵，一批倒下去，另外一批接着冲了上去，埃及军队遭到了惨败。战后，新巴比伦的一个诗人形容埃及人在这场战役中，“好像圈里的肥牛犊，他们转身后退，一齐逃跑”。

埃及军队溃逃后，尼布甲尼撒下令穷追不舍，终于在哈马什全歼了埃及军队。

公元前605年8月，老国王那波帕拉沙尔去世。这时，尼布甲尼撒正在叙利亚、巴勒斯坦一带作战。得到老国王去世的消息后，他立即带着卫队，马不停蹄，穿越沙漠，抄近路直奔巴比伦城。

在那波帕拉沙尔死后第23天，尼布甲尼撒回到了巴比伦。一路上尼布甲尼撒还担心出现不利于他即位的事情。回到巴比伦之后，发现一切都很正常，大臣都在焦急地等待他回来继承王位。尼布甲尼撒当天就登上了王位，并立即得到了新巴比伦王国各个城市的承认。

公元前601年，尼布甲尼撒再度与埃及交战。这一次双方的损失都很惨重。新巴比伦军队不得不退回巴比伦。3年来一直臣服于尼布甲尼撒的犹太国王约雅敬，趁机脱离新巴比伦，投向了埃及。

尼布甲尼撒在听到犹太国王投降的消息之后，大发雷霆，发誓要踏平耶路撒冷。公元前598年年底，投降埃及的犹太国王约雅敬死去，他的儿子约雅斤即位。尼布甲尼撒认为进攻犹太王国的时机已到，亲自率领大军攻向耶路撒冷。经过两个多月的围攻，在犹太内部亲巴比伦派的推动下，犹太国王带着所有的大臣一起出城投降。尼布甲尼撒废黜了约雅斤，封约雅斤的叔叔为犹太王，并为其改名西底家，让他宣誓效忠新巴比伦王国，不得反叛。然后下令将犹太王室的大部分成员和犹太的能工巧匠一齐押往巴比伦。临行前，又下令部下对耶路撒冷的神庙进行洗劫。

公元前588年，埃及又向巴勒斯坦地区发动了进攻。犹太国王西底家和这一地区其他臣服于新巴比伦的小国，这时纷纷起来响应埃及人，先知耶利米和一些亲巴比伦的犹太大臣，不同意西底家向埃及靠拢的做法，劝他不要反对尼布甲尼撒。但是，这一次犹太反对新巴比伦的力量显然占了上风。不久，尼布甲尼撒又率新巴比伦军队对耶路撒冷发动了第二次围攻。这次围攻历时18个月。由于饥荒和内部分裂，耶路撒冷终于在公元前586年陷落。

此后，尼布甲尼撒下令攻打重要的海港和商业中心、腓尼基城市推罗。推罗人坚决不投降。尼布甲尼撒对推罗的围攻长达 13 年之久，以致一些新巴比伦的老兵头发都光秃了，军装由于长期不换，肩头都被磨破。最后，由于没有任何的外援，推罗不得不投降。

2. 哭墙

公元前 586 年，巴比伦人攻占耶路撒冷，圣殿被付之一炬。以后重建，公元前 1 世纪末由希律王加以扩建，又于公元 70 年和 135 年毁于罗马人之手。罗马帝国统治时期，绝大部分犹太人被赶出巴勒斯坦地区，流散在欧洲各地，圣殿始终未能恢复。后来，在圣殿断垣残壁的遗址上修建起围墙，虽然是伊斯兰圣地围墙西墙的一段，但犹太人仍然珍惜它。这段墙被视为犹太人信仰和团结的象征。据说罗马人占领耶路撒冷时，犹太人常聚在这里哭泣。此后千百年中，常有各地犹太人来此号哭，以寄托其故国之思。此墙故名“哭墙”。

## “宇宙统治者”

公元前 539 年，波斯帝国国王居鲁士下令进攻新巴比伦王国的首都巴比伦城。巴比伦国王那波尼德听到居鲁士前来进攻的消息时，哈哈大笑说：“让他在巴比伦城下大哭吧，也许能把城墙哭倒。”因为巴比伦城异常坚固，城外有宽阔的护城河，城墙是用开掘护城河时掘出的土烧成的大砖砌成的，砖和砖之间还涂上沥青，宽厚的城墙呈四方形，所有的城门连门柱都是青铜铸造的。然而，居鲁士率大军来到巴比伦城下，并没有立刻攻城，而是利用城内反对国王的巴比伦贵族掌握的军队，打开了城门，使巴比伦城很快落入他的手中。只用了十几年时间，居鲁士便灭掉米底国、吕底亚国、新巴比伦王国三大王国，降服了犹太国、腓尼基王国，把地中海东岸至中亚的广阔地区、众多民族都统一到波斯帝国之中。进入巴比伦这座当时世界上最繁华的城市之后，居鲁士决定把波斯帝国的首都迁到巴比伦城，并且宣布自己是“宇宙四方之王”，也就是“宇宙统治者”。

征服巴比伦之后，居鲁士的下一个征服对象是埃及。但是，他知道要远征埃及，先要巩固自己东部的后方。于是，他派兵向里海进军，准备灭亡那里的马萨盖特国。

在马萨盖特的王宫里，女王正在召开紧急会议。只听见女王忍着眼泪悲伤地说：“波斯军队侵占了我们的领土，屠杀了我们的人民，还杀了我的亲生儿子，我们一定要报仇！”

“一定要报仇！”大臣们和将军们一起发誓。

他们商量了一个对策。先是引敌深入，向大草原退却。居鲁士以为马萨盖特军队已经战败。就率领一部分骑兵长驱直入。突然，四面八方爆发了怒吼，马萨盖特骑兵到处袭来。居鲁士想退兵已经来不及了，他被包围了。

“宇宙四方之王”被擒获了，马萨盖特士兵把他带到女王的面前。

女王指着居鲁士的鼻子大声说道：“你贪血，就用血来浸透你！”她下令割下了居鲁士的头，把头颅扔入带血的袋子里。

后来，居鲁士的尸体被运回波斯，葬在一座庞大而豪华的陵墓里。这座陵墓，至今还保存在伊朗高原上。

## 大流士一世

公元前 522 年，波斯国王大流士一世即位。他是一个颇有作为的君主，在他的铁腕下，波斯帝国得以重新统一起来。大流士一世南征北战，平定了被征服国家的反抗，建立起东到印度河流域，西到撒哈拉大沙漠，横跨亚非欧三洲的大帝国。征服亚非欧广大区域之后，古埃及和两河流域的先进文化迅速传播到波斯帝国的各个地区，农业、手工业生产和商业，有了很大发展。大流士一世成为主宰一切的君主。

1. 大流士称帝

波斯皇帝，暴君冈比西斯死后，波斯的大臣们纷纷向那个假扮巴尔迪亚王子的拜火教僧侣高墨达投降，以免招来杀身之祸。

高墨达当了8个月的皇帝，但从不召见大臣，他们都很纳闷：为什么新国王总是深居简出，拒绝召见大臣，也不在公众场合露面呢？有人传说这个巴尔迪亚其实是拜火教僧侣高墨达，大臣们都将信将疑。

有一天，冈比西斯曾经的一个王妃发现新皇帝没有耳朵。她把这件事告诉了他的父亲，大臣欧塔涅斯马上断定新皇帝不是巴尔迪亚，而是僧侣高墨达。因为在居鲁士当皇帝时，这个高墨达由于过失被居鲁士下令割去了双耳。欧塔涅斯马上把真情告诉了另外6名波斯贵族，其中包括后来的皇帝大流士一世。他们决定也发动一次政变，杀死高墨达，夺回政权。

这7个大臣先是派人在首都到处散布新皇帝不是真正的巴尔迪亚，而是高墨达的消息。没几天，假巴尔迪亚的消息便在京城传开。

高墨达知道真相败露之后，惊慌失措，马上逃到米底的一个地方，最后被欧塔涅斯和大流士等人杀死。

高墨达死后，这7个大臣又商议由谁来当新皇帝的问题。但谁都认为自己应该当皇帝。一天，7个人又为此事争执起来，只有欧塔涅斯最后退出了王位的竞争，只要求今后不管谁当了皇帝，都不得对他有不敬的地方，其余6人同意了他的要求，但是由谁当皇帝的问题还没有解决。最后6人商定，第二天早晨，6人乘马在郊外集合，看谁的马先嘶叫就由谁来当皇帝。最后，大流士让他的马夫使了一个计策，使他的马先叫了起来，当上了皇帝。

大流士当上了皇帝之后，开始的日子很不好过，因为在高墨达死后，全国各地都出现了叛乱。由于叛乱的军队之间缺乏联系，有利于大流士各个击破。大流士先是集中兵力进攻埃兰，擒获了起义军首领，然后又亲自率军攻打巴比伦地区。在底格里斯河附近击败了巴比伦王尼金图·贝尔的部队，巴比伦军队被大流士的部队赶进水中，死伤无数。尼金图·贝尔仅带少数骑兵逃回巴比伦城。不久大流士率军攻进巴比伦这座千年古城，杀了贝尔。就这样，大流士费时一年，前后进行了 18 次战役，终于平定了叛乱。

2.《贝希斯顿铭文》

公元前 520 年 9 月，大流士功成身就，踌躇满志，并巡行各地。为了吹捧自己，在他巡行到爱克巴坦那附近的一个叫贝希斯敦的小村庄时，让人在村旁的悬崖峭壁上留下了有名的《贝希斯顿铭文》。

这个铭文的上半部分是浮雕，浮雕上的大流士身罩披肩，气势轩昂，圆睁双眼，目视前方。左脚踏着倒在地上的高墨达，右手指向波斯人崇拜的光明与幸福之神——阿胡拉·马兹达。8 名被绳索绑缚着脖颈的叛乱首领被雕刻得很矮小，与高大伟岸的大流士形成鲜明对照。浮雕的下半部是用古波斯、埃兰、阿卡德语三种楔形文字写成的铭文，上面写着：“我，大流士，伟大的王，万邦之王，波斯之王，诸省之王，叙斯塔斯帕之子，阿尔沙马之孙……按阿胡拉·马兹达的意旨，我是国王。”

3. 大流士改革

大流士认为居鲁士和冈比西斯时代的宫廷缺乏规矩。自从当了皇帝之后，他便制定了一套森严的宫廷规矩。在上朝时，大流士头戴闪闪发光的金皇冠，身穿绛红色的长袍，腰系金丝腰带，手握黄金“权杖”，高坐在金阶之上。身后则站着大群高擎羽扇和大伞的随从和侍卫。大臣要跪在地上朝见，在他和大臣之间还要用帷幕隔开，因为大臣的呼吸会亵渎皇帝。

大流士宫内的各种杂役人员有 1.5 万人。他还建立了一支有 1.2 万人的卫队，称为“不死队”，因为他们的人数永远不变，随时有预备队可以补缺。

为了防止出现叛乱，大流士又把全国分成许多军区，军区的长官只对他一个人负责，任何人无权调动军队。

大流士日常的饮食极为讲究。当上皇帝之后，他便只喝故乡的水。因此每天都要派许多人用专门的银筒，把他故乡的水运来，即使在他出游各地时也不例外。

大流士特别喜欢吃爱琴海产的鲜鱼，为了及时把鲜鱼送到宫中，他下令修了一条全长 2000 多千米长的驿道，称为“皇道”。这条驿道全线设有 100 多个驿站，沿路驿站的信差，就用接力的方法，快马加鞭地把鲜鱼送到宫中。从爱琴海到大流士的宫中，如果步行需要几十天的路程，但由于有了这条驿道，信使 3 天就可以到达。希腊人羡慕地说：“波斯王住在巴比伦，爱琴海鲜鱼进宫廷。”

当然，修筑这条驿道也使波斯的交通得到了极大的改善。这条路在中国汉代张骞通西域后，便成了丝绸之路的东段。此外，大流士还下令挖了一条由尼罗河到红海的运河，这条运河就是现代苏伊士运河的前身。

由于波斯的交通发达，沿途又有士兵保护商旅行人免遭抢劫，波斯和印度以及地中海各国的贸易很快便发展起来。据说，水稻和孔雀就是在那个时候从印度传入波斯的。

大流士即位后，便将各行省的贡赋固定下来，并统一了度量衡。他还下令铸造和使用金币。金币的正面是他本人的头像，反面是一个弓箭手，这种金币叫“大流克”。现在，这种钱币成为古币收藏家眼中的珍品。为了享受，大流士还调集埃及、巴比伦、腓尼基等地的大批能工巧匠，为他建造宏伟的王宫。

后世的历史学家把大流士的这些做法称为“大流士改革”。

自从王位坐稳以后，大流士为自己树立了一个石碑，上面大言不惭地写道：“叙斯塔斯帕之子大流士，由于他的马和他的马夫欧伊巴雷的功绩，赢得了波斯帝国。”

和他一起杀高墨达的那几个大臣，此时谁也不敢说什么了。其中有个不识时务的叫尹塔普列涅的冲撞了大流士，结果被大流士杀了全家。

公元前 500 年，大流士发动了对希腊的战争。在公元前 490 年的马拉松战役中，波斯军队被希腊人打得大败。10 年后，大流士的儿子薛西斯再次远征希腊又惨败而归。从此，波斯帝国逐渐衰落。

# 第二章　古埃及文明

大约在7000年以前,古埃及人在尼罗河三角洲定居下来,种植大麦、小麦等农作物。尼罗河年年给古埃及人民带来丰收,在古代,这个国度就被称作“地中海谷仓”。从公元前3100年美尼斯统一埃及,一直到公元前1100年的2000多年里,埃及经历了古王国、中王国、新王国共31个王朝。此后,古埃及逐渐衰落。公元前30年,古埃及被并入古罗马帝国的版图。古埃及人民创造了灿烂的文化,在文字、历法、艺术、科学知识等方面,对西亚和欧洲产生过重大的影响。

## 上下埃及之王

公元前3000年以前，在埃及各地，有40多个小国。这些小国家的首领就是本国国王。他们头戴王冠，人称“蝎王”。“蝎王”之间争战不已，直到公元前3100年左右，埃及形成两个大的王国，即下埃及王国和上埃及王国。从公元前3100年到公元前2270年，持续了8个多世纪，共产生了埃及的6个王朝。第一王朝的建立者，是传说中的美尼斯，统领上埃及王国，头戴白冠。当时的下埃及王国国王头戴红冠，和白冠国王美尼斯展开决战。传说经历了三天三夜的血战，下埃及的国王支持不住了，军队溃败，红冠国王投降，下埃及举国跪拜。从此，统一的埃及王国建立了，美尼斯取得了最终胜利，自称“上下埃及之王”。

埃及统一以后，一套专制统治机构逐步建立。国王是埃及的最高统治者，国王之下还有宰相、大法官、大祭司、掌玺大臣等。此外，还设有各种官吏。为了确定租税数额，每年国王都要派官吏清查全国的土地、人口、牲畜和所有财富。

1. 法老的权威

法老是古埃及的最高统治者，权威是至高无上的。任何大臣在朝见时必须匍匐在地，吻法老脚前的尘土。法老之下为宰相，其全衔是“最高法官、宰相、档案大臣、工部大臣”。这个官衔列举宰相的各种职权，全国司法、行政以及经济等要政都由宰相总揽。第四王朝循例以太子为宰相。太子不但辅佐法老，并借此获得统治的经验，巩固王权的世袭。各州的州长都由法老直接任命调遣。州长掌管全州的赋税、水利和司法，同时又是法老在各地方的代理者，必须贯彻法老的政令；遇有战争，则须从地方征发军队应役。

2. 神秘的太阳神

埃及古王国时代尊奉太阳神为国神。法老被奉为“太阳神之子”，是太阳神的化身，死后成为天上诸神中的一个新神。这样，法老头上便罩上了一圈神圣的光环。太阳神地位的尊崇，反映了当时王权的强大。太阳神在古埃及宗教里有好几种形象和名字。太阳神在呈人形，头上戴着上下埃及的白红两王冠时叫“阿图姆”；在呈甲虫形状时，名为“赫普里”。太阳神最常采取的是隼头人身形，头顶太阳圆盘和眼镜蛇，这时人们叫他“拉”。

3. 尊贵的王后

法老的妻子亦被尊奉为神，并且分享夫婿的财产。涅菲尔蒂王后的半身石灰石像，显示她戴着镶满宝石的王冠和项链。涅菲尔蒂是法老埃赫那吞的妻子。她协助法老在埃及中部尼罗河东岸的阿马拿建立了新城。在古埃及，除了在改朝换代、新王未定的过渡时期短期执政外，女性很少有机会掌权。

## 神秘的金字塔

古埃及的法老们不仅仅满足于生时统治着人世，而且幻想死后复活成神，并永远庇护着他的子孙后代。据古埃及的宗教和神话，只有保护好尸体，灵魂才有寄托的地方，才能复活。因此，古埃及人把尸体挖去内脏，浸以盐水等防腐剂，填以香料，然后用麻布裹紧。这种可以保存很久的尸体叫“木乃伊”。金字塔便是存放法老木乃伊的地方，是他死而“复活”的“永世的城堡”。金字塔的底座呈四方形，每面均以三角形的形状向上砌筑，建成后则成为一个角锥体式的石塔。因为它的四面都形似汉字的“金”字，所以汉语译为“金字塔”。建筑雄伟壮观的金字塔，其目的也在于使人们相信，法老凌驾于一切之上的权威是永世不可动摇的：妄图以此震慑人民的心灵，维护奴隶主专政。

在埃及，大大小小的金字塔有 90 多座，其中最大的一座是第四王朝法老胡夫的大金字塔。它大约建造于公元前 2700 多年，塔高 146.5 米，相当于一座 40 层高的摩天大楼；塔基成正方形，每边长 230.6 米，占地约 52900 平方米；由大约 230 万块大小不等的石块砌成，平均重量约 2.5 吨，最轻的也有 1.5 吨。

人们的疑问就在于：这么巨大的工程，难道真是几千年前的古埃及人完成的吗？因为按照希罗多德的描述，修建金字塔的各个环节如采石、运输、下河、上岸，不仅需要大批的石匠、建筑工人、运输工人、水手，而且需要一大批工程师、施工人员和管理人员，一支有足够的镇压能力的军队也是必不可少的。而且，他们要吃、要穿、要住、要消耗，这就又要有一支庞大的服务队伍。另据估计，支持这样的建筑工程需要 5000 万人口的国力，而一般认为，公元前 3000 年左右全世界的总人口也不会超过 2000 万。何况，已经发现的金字塔有

90 多座，即使像希罗多德在《历史》中所说的，30 年完成一座，总计也需 2700 年以上，埃及承受得了这样浩繁、这样长久的消耗吗？

所以有人怀疑，金字塔不可能是地球人力所为，而极有可能是外星人所修建的，是他们遗弃的着陆标志，更有人推断这是“失落的部落文明”的创造。不过，所有这些只能归于猜测，并没有确凿的证据。

真正具有说服力的要属来自考古界的新发现，因为考古是研究历史最科学的手段。考古人员在金字塔埋葬者的随葬品中发现了大量用于测量、计算和加工石器的工具，这表明这些埋葬者就是金字塔的建造者。同时发现的还有一些原始的金属手术器械以及死者在骨折后得到医治的证据，这说明这些死者生前得到了很好的医疗待遇。这样的发现很自然地使人对先前认为金字塔的建造者是古埃及奴隶的说法提出了质疑。因为在古埃及，地位低下的奴隶不可能有医疗的机会，死后更不可能被安葬。此外，考古人员通过对这些遗迹测算，认为只有大约 25000 名劳工参与了建造金字塔，这就意味着希罗多德有关金字塔由百万名工匠建造的论断是不准确的。

除了对所需的劳动力产生疑问外，后人对金字塔最大的困惑在于其修建的具体过程，而这也是它留给世界的最大谜团。从技术角度来讲，这的确令人感到不可思议。

众所周知，金字塔是由无数巨石堆砌的。可实际上据考察，古埃及并不出产这种巨石，希罗多德也称其是从遥远的阿拉伯山运来的。那么，这些石块是怎样开采、运送的，又是怎样堆砌的呢？要知道，即使在今天，拥有世界上所有现代化技术手段的建筑师也很难完成如此艰巨的工作。我们无法想象，在那么遥远的年代，在只有粗陋的工程技术水平的年代，古埃及人是怎样建造出这一举世罕见的宏伟工程的？毕竟当时的建造者既没有起重设备，也没有滑轮，甚至连轮子在当时都还没有发明出来。那他们是怎样将相当于 10 辆汽车重的大块石头提到金字塔上的呢?

最关键的就是运输和堆砌问题，因为即使有足够的人力，也无法把这些2.5吨的巨石运送到工地。人们对此进行了种种推测。有人认为是用撬板圆木棍运石法，但是这种方法需要消耗大量的木材，而当时埃及的主要树木是棕榈，无论是数量、生长速度还是木质硬度，都远远不能满足运输的需要，而进口木材几乎是不可能的。还有人认为是水运法，但也因论据不充分而未被接受。

## 狮身人面像

狮身人面像，又译“斯芬克斯”，位于埃及首都开罗西萨市南郊8千米的利比亚沙漠之中，著名的吉萨大金字塔近旁，是埃及著名古迹，与金字塔同为古埃及文明最有代表性的遗迹。像高21米，长57米，光耳朵就有2米长。除了前伸达15米的狮爪是用大石块镶砌外，整座像是在一块含有贝壳之类杂质的巨石上雕成。雕像坐西向东，蹲伏在哈夫拉的陵墓旁。由于它状如希腊神话中的人面怪物斯芬克斯，西方人因此以“斯芬克斯”称呼它。相传，当年建造金字塔时，狮身人面像所处的位置是采石场。采石工们把场内上等坚硬的石块开采出来建造金字塔，但中间一片岩石含有贝壳之类的杂质，结构松散，故弃之不用。金字塔竣工后，采石场上便遗留下一座小山。

到了公元前2610年，哈夫拉国王前来工地巡视自己未来的陵墓，见此山挡在塔前，颇不雅观，龙颜顿时不悦。摆在建筑师面前有两种选择：或拆除运走，或利用它改为陵墓的组成部分。天才的设计师从古代的神话和山的外形中汲取了灵感。远古时，负责保护本部落安全、抵御外来之敌的酋长常常被比作勇猛的狮子，而在神话故事里，狮子又是陵墓和庙宇等圣地的卫士。或许设计师意识到狮子还有残忍的兽性一面，于是别出心裁地把小山雕琢成哈夫拉的头像和狮子的身躯，把象征人的智慧与狮子的勇猛集合于一身。于是，一件千古不朽的造型艺术品就这样诞生了，它是世界上最古老和最大的一座狮身人面像，千百年来作为守护的卫士坚守在法老陵墓前。

其实，自从发现狮身人面像开始，人们便在努力探寻它的确切制造年代。但是，没有任何资料能够准确表明它的修建时间，一直以来我们认为的“修建于公元前 2500 年左右”，也没有史料证据支撑，只是专家学者依据它的造型和位置等因素来判断的年龄。

首先，在埃及，狮子有守护的象征意义，并且历史上也存在将几种动物形象混合进行崇拜的惯例，来确定狮身人面像的用途可能是守卫者。

在古埃及，狮身人面像的真正名字不是“斯芬克斯”而是“地平线上的荷鲁斯”。古埃及是个多神崇拜的国家。人们通过关于神的起源和神话来解释大自然的神奇与世界的创造力，是人类思考、探究世界和宇宙的第一步。荷鲁斯神是埃及人崇拜的神之一。荷鲁斯神是猎鹰之神，是天上的神，它给予法老统治这片土地和这里人民的权力。埃及的统治者常常把自己与荷鲁斯神联系起来。人们认为法老是荷鲁斯神在世间的化身。

确定了狮身人面像是一种守护类象征后，再依据雕像的容貌和位置进一步缩小年代范围。狮身人面像所系的围巾是非常典型的古埃及法老所系的围巾，这个形状是非常典型的，而且头部前面有一个神蛇的痕迹，而神蛇正是法老的标志。

由于有法老的容貌特征，又守护在法老金字塔旁边，人们自然产生了这样一种推理：如果能够确定是哪位法老的象征，那么就能够判断应当属于哪位法老，从而确定是哪个年代制造的。斯芬克斯雕像后边的那个金字塔，也是整个埃及第二高的金字塔，他的拥有者是法老哈夫拉，他是胡夫的儿子，在其哥哥去世后，接替成为古埃及第四王朝的统治者，继续统治着埃及，并且建造了巨大的金字塔，然后在金字塔前面又出现了这样一个狮身人面像。

这个狮身人面像是不是就是哈夫拉呢？ 因为雕像的鼻子已经不存在了，所以分辨起来有一定困难。 学者们经过反复比较，甚至经过计算机的一些测量，最后得出的结论竟然是：尽管它是在哈夫拉的金字塔的前面，一般认为它是哈夫拉金字塔的一个附属建造物，但是从面容上更像他的哥哥詹德夫拉。 詹德夫拉是哈夫拉的哥哥，他也统治过埃及，也做过法老，在胡夫去世之后，他就接任胡夫当了埃及的统治者，但是时间非常短。 很奇怪的是，他并没有把自己的金字塔建在历代法老聚集的吉萨，而是建在了吉萨北边的阿布拉瓦什，而且建造得很小，完全没有其前任或后任法老陵寝的高大华丽。 由于在位时间的短促、逝世后陵墓的遥远和狭小，再加上与斯芬克斯容貌的相似，使得人们怀疑是哈夫拉盗取了皇位，而且把他哥哥的金字塔也据为己有。

但是无论是詹德夫拉的还是哈夫拉的，他们的年代大体上都是确定的，那就是公元前 2500 年左右，距今 4500 年左右。

最初的推理就是这样进行的，看起来很严密，而且从时间上和传说也能吻合，所以一直以来大家都认为狮身人面像诞生于 4500 多年前。

## 拉美西斯二世

拉美西斯二世是第十九王朝法老塞提一世的儿子，是古埃及历史上统治时间最长的法老之一。 他在位时间长达 67 年（公元前 1290—前 1224 年）。 在最初的时候，拉美西斯帮助他的父亲塞提一世进行统治。 他曾经跟随他的父亲参加了无数场在利比亚和努比亚进行的战役。 拉美西斯的一生得到了许多称颂，诸如伟大的建筑家、伟大的武士等。

1. 充满传奇色彩的人生

古埃及历史上最著名的法老是一位强大的国王，一位战无不胜的将军，一位和蔼可亲的父亲，一位不知疲倦的建设者。头顶着这些光环的拉美西斯二世，直至今日，依然享有这些盛誉。敌人惧怕他，臣民爱戴他，神灵保佑他。生活在古埃及第十九王朝的拉美西斯二世在人类历史上留下了不可磨灭的印迹。

在位 67 年，有 8 个皇后，嫔妃不计其数；大约有 100 个儿女，其中 12 个有合法继承权的儿子都早他逝世；在当时古埃及人平均寿命仅有 40 多岁的情况下，他活到 90 多岁高龄；喜欢将自己的经历夸耀后雕刻在建筑物上，时刻不忘将自己神化了的雕像矗立在埃及各地，并且与神并列在一起。作为古埃及有名的建筑家，他为世人留住时代的辉煌。这些传奇经历和鲜明的个性，都集中在他——被历史学家誉为古埃及历史上最著名的法老拉美西斯二世的身上。

拉美西斯二世出生于约公元前 1303 年 2 月 21 日。他的父亲塞提一世娶了一位骁勇善战的将军的女儿杜雅为王后，他们共生有四个儿女，两男两女。但大儿子很小的时候就夭折了，这使拉美西斯顺利地登上王位。他很小的时候就开始在“法老学校”学习：10 岁时在军中任职，15 岁时父亲带他参战，以保证他将来成为一位智勇双全的国王。

拉美西斯二世没有花费太长时间就学会了很多东西，特别是作为国王所必需的两项技能：以军事手段征服敌方和建造王宫。无论是在征战还是在建筑方面，他都取得了成功。如今，在埃及没有一处土地不留有他的足迹。

父亲去世时，拉美西斯二世的年龄大概是 25 岁，但他已经拥有足够的雄心和顽强的自我意识，他要让自己的壮举超越所有的前辈。

“进行宣传是他最好的武器，这在宣扬自己的王国和使命当中发挥了重要的作用。”意大利比萨大学的埃及学教授埃达·布莱西亚尼叙述道，“大量的雕像和碑文向人们讲述了这位国王的壮举与魄力，并使他的形象流传千古，而且仍能经受时间的考验。”

他的家庭生活也同样见诸文字之中：8 位皇后（先后立封），一群数量难以考证的妃妾和 100 多个儿女。 拉美西斯不得不多次挑选王位继承人，但这样做并不是因为“宫中多事”，而是因为他活到了 90 多岁(历史上认为是 80～90 岁)，当时人们的平均寿命大约只有 40 岁，他的许多儿女都在他之前死去。 继承他王位的莫尼普塔，位列王位继承人名单中的第十三位，到 60 岁时才得以登基。 事实上，拉美西斯在辞世前已经达到了自己的目的：对于臣民们来说，他已经成为一个传奇。 但这位伟大的法老未曾预料到，不仅有关他人生的史诗已经名垂青史，就连那些有关他死亡的史诗也同样流芳百世。 拉美西斯最值得称颂的壮举就是针对赫梯族的卡迭石战役。 当这位年轻法老的自负几乎使自己溃败时，命运女神却眷顾了他。 但重要的是最终的结果，至少在他的臣民看来是这样。

撰写有关拉美西斯专著的弗朗克·齐米诺解释说：“在古代，还没有哪一次战争拥有如此多的史料。 拉美西斯战争归来之后，在他王宫的墙壁上，在阿布·辛拜勒神庙、卡纳克神庙的卢克索神庙里刻下了描绘战争的场景。 这些巨型的艺术品分别展示了士兵、埃及人安营扎寨、战斗的场面以及被俘的士兵。 当然，其中占突出地位的还是拉美西斯，在画面中，他只身一人击溃敌军。 流传给我们的还有叙述这场战争的两首史诗，其中最重要的一首就是《潘道尔之歌》，它与庙宇中的壁画一同向人们叙述了这段历史。”

2. 隆重的葬礼

拉美西斯二世于公元前 1213 年在比·拉美西斯辞世，经过 70 天他被制成木乃伊的遗体以一个伟大法老所能享用的最隆重方式下葬。当时王位继承人，他的儿子莫尼普塔乘坐皇舟，率领一支庞大的船队沿尼罗河将父亲的遗体送至底比斯。 一路上臣民百姓无不洒泪相送，向这位给他们带来太平盛世的伟大法老致敬。船队到达底比斯城后，送葬的队伍又朝开凿于帝王谷的陵墓进发，在王陵内安放的除了拉美西斯二世的棺椁之外，还有让拉美西斯二世在冥界也能过上富贵生活的无尽宝藏。最后陵墓的大门被封上，以便让法老能平安地长眠。但事与愿违，几十年以后，陵墓内陪葬的宝物被洗劫一空，而拉美西斯的木乃伊也从此不得安宁。负责看守的埃及神职人员不得不多次搬动法老的木乃伊以防那些盗墓人打开木乃伊身上的绷带，偷取藏在内部的黄金饰物，大约在公元前 1000 年，拉美西斯和其他几位法老的木乃伊被藏到了底比斯附近的小城代尔巴哈里的哈特谢普苏特神庙内，1881 年被法国埃及学家加斯顿·马斯佩罗发现并最终安放在埃及国家博物馆内。

## 埃及艳后

古老的埃及，有位极具传奇色彩的女王，名叫克里奥佩特拉，是托勒密奥雷特国王最大的女儿。她是古埃及历史上最杰出的法老之一，曾被列为“影响世界历史的第一个女人”。她与古代两位最为声名显赫的人物朱利叶斯·恺撒和马克·安东尼齐名，因为她与他们都有过私生子。当时，埃及已经是一个弱小国家，但克里奥佩特拉却运用她的强大武器——美貌、魅力和才智拯救了她的国家和她的王位，阻止了罗马帝国在地中海东南岸的征服行动，维护了埃及王国的利益和领土完整。

传说塑造了一个美艳绝伦的艳后形象，她的神秘与手段成为世人关注的焦点。虽说野史、传说和文学作品总能见到这位“埃及艳后”神秘的影子，但有关她本人的文献资料却是少之又少。历史上真实的克里奥佩特拉究竟是一个什么样的女人？她真的貌若天仙吗？这个问题的答案最好还是到她那个年代流传至今的雕像中去寻找。可是，保存至今的雕像实在是凤毛麟角，德国柏林博物馆尚有一尊据称是全世界保存最好最完整的埃及艳后的肖像。

这尊肖像所展示的埃及艳后并不美艳，看上去她就是一个平平常常的女人，头发只是简简单单地打个髻，风格朴实，这样的装扮显然无法俘获罗马将领的爱情。她的鼻子应该属于鹰钩鼻，而且她的嘴唇并不性感。她也不饰戴任何珠宝，没有耳环，没有项链。

如果说保存在柏林博物馆里的这尊雕像说服力尚嫌不够，伦敦大英博物馆举行的“埃及艳后”展览则彻底揭开了这位传奇女人的面纱。这是首次同时展出11具克里奥佩特拉的雕像，而这批雕像过去一直被误以为是其他王后。从这些雕像看，女王不过是长相一般，脸上轮廓分明，看起来是较为严厉的女人。她的个头矮小短粗，身高只有1.5米，身材明显偏胖。她的衣着也相当朴素，甚至脖子上明显有赘肉，牙齿长得毫无美感。

至于克里奥佩特拉的相貌，中世纪的阿拉伯学者从未提及。艾尔·达利表示：“他们（阿拉伯学者）赞美她的学识和管理能力。”达利具体解释说，人们之所以只将埃及艳后看作一个爱勾引男人的风流女子，只因为后人对她的认知全都来自于她的敌人。我们当前所有有关埃及艳后的认知，全都是来自于她当年的敌人——罗马人。罗马人对她相当轻视，希望将她描绘为一个性感亡国的尤物。这就是所谓的“埃及艳后”。

近期一位英国学者发现，埃及艳后掌握5种语言，恺撒大帝和安东尼之所以拜倒在她的石榴裙下，与克里奥佩特拉的姿色并没有直接联系。这是英国一位学者的最新发现。其实在中世纪阿拉伯学者眼中，“埃及艳后”不是靠美色而是凭卓越的思想和学识征服人心的。

克里奥佩特拉在阿拉伯世界是备受尊崇的大学问家，她对炼金术、哲学以至数学和城市规划无一不晓。她聪明、诙谐、迷人，而且还具有惊人的毅力。克里奥佩特拉精通多种语言，她的第一语言是希腊语，但她也会说拉丁语、希伯来语、亚拉姆语和埃及语。

英国伦敦大学埃及古物学者艾尔·达利在一批以前从未被发现过的中世纪阿拉伯文献中发现，克里奥佩特拉并不像希腊传记中描写的那样只是一个美艳妖娆、专爱勾引男人的风流女子，她可能是一个富有才华的数学家、化学家和哲学家。克里奥佩特拉写过好几本关于科学的书，她的宫廷是知识分子聚会的地方，克里奥佩特拉经常和一些科学专家开会讨论科学难题。

达利在《埃及古物学：迷失世纪》一书中写道：“阿拉伯人经常将克里埃佩特拉称作‘善良的学者’，经常引用她的科学著述。”她甚至是一个伟大的建筑师，将尼罗河的水引到亚历山大城，就是她的功劳。像艾尔·巴克里、亚库特等阿拉伯学者都曾在文章中谈到过埃及艳后克里奥佩特拉，称克里奥佩特拉当年在亚历山大城设计的建筑计划“史无前例的庞大”。

此外，末代女王克里奥佩特拉在位期间，埃及的政治、社会比较稳定，工商业经济发展很快。“她是，或者被说成是一位能干的统治者和管理者。她有效地促进了埃及的工商业，治理财政，并且井井有条。埃及与相邻各国交往频繁，关系相当活跃，埃及的农业、手工业和商业有很大发展，商业经济空前繁荣……由于城市经济得到迅速发展，埃及对外贸易空前繁荣”。

克里奥佩特拉统治期间，发展了埃及文明，使“埃及精神”得以发扬光大。使古埃及文明同希腊文明相交融，为埃及古老的文明注入新的活力，“托勒密王朝的君主和贵族们都以自命为埃及人深感荣耀”。

克里奥佩特拉对记载古老文明的图书资料有特殊的兴趣，还时常同当时的大学问家讨论问题。当时世界上第一大图书馆就设在亚历山大城，虽然该图书馆被恺撒焚毁过半，但她又趁安东尼征服帕加马之机把第二大图书馆的20多万卷图书搬到亚历山大城。她以其聪慧、敏锐的头脑和自身的文化素养，维护和发展了古老的埃及文明，从而形成新的充满活力的“埃及精神”，使“埃及顽强地战斗着。正如我们从崇高的埃及女王克里奥佩特拉的事迹中所看到的，埃及精神始终是旺盛的”，“埃及精神在一贯地指导着这个国家的命运，即使在罗马帝国的统治下也是如此”。

克里奥佩特拉的一生，对埃及来说可算是功劳卓著的一生，对罗马及地中海周围国家来讲则有不可忽视的消极影响，甚至是罪孽深重。虽然仪表、爱情能够决定历史之说并不足取，但她同古代两个杰出人物的政治爱情对当时历史进程所产生的影响确实不能否定的，但她仍不愧为许多伟大帝王的后裔。

# 第三章　古印度文明

古印度文明最早在印度河流域兴起,即现在的巴基斯坦。古代印度是人类文明的发祥地之一,它和中国、埃及、巴比伦并称为世界“四大文明古国”。印度人民创造了灿烂的古代文明,为人类做出了杰出的贡献。他们制定了发达的社会制度,创作了世界上最长的史诗和精美的绘画与雕塑,建造了大量的佛寺和神庙。也就是在这块土地上,诞生了世界三大宗教之一——佛教。

## 卡奇平原的狩猎者

约在公元前 7000 年前，迈尔戈的居民除了栽培谷物外，还在周围的卡奇平原上狩猎。 人们已在迈尔戈地区的地层中发现了 12 种大型动物的骨骼，包括沼泽鹿、印度羚、水牛、野山羊和野猪。 然而，公元前 6000 年左右的地层中，动物骨骼的构成却发生了变化，几乎全是家养的绵羊、山羊和牛的骨头，这真实地反映了迈尔戈人从狩猎向饲养家畜的转化。 到了公元前 5500 年，牛已经成为迈尔戈人赖以生存的基础，就像在后来的哈拉巴社会中一样。 在迈尔戈最后一个千年期间，即公元前 3500—前 2500 年左右，陶制和骨制印章首次出现，有着下垂的乳房、戴着奇异头饰的母亲女神的小雕像也开始出现。 公元前 2500 年左右，迈尔戈被神秘地遗弃了。 然而，在它南部约 5 千米的地方，崛起了一个被称为纳沙罗的新定居地。

1. 母亲神

大约5000 年前，迈尔戈的居民把他们的敬仰之情献给了一位母亲神，现在通常称作玛哈·德维女神。他们将她塑造成丰乳肥臀的形象，是要强调她旺盛的生育能力。现在许多的印度家庭中仍供奉着玛哈·德维的黏土塑像，将她视为保护她的追随者远离邪恶的慈爱母亲。

2. 贸易网

在迈尔戈地区的坟墓中，有人发现了大量手工制品：锋利的小燧石片、光滑的石斧、赭石块和石头器皿。在墓中的尸体旁边，发现了涂着沥青的篮子。涂沥青是为了封紧和保存篮子里的东西。篮子内也许曾装满李子、红枣和椰枣。墓内的地面上满是贝壳、天青石和绿松石做的珠子；在一个孩子的腿骨下面还有一颗筒形铜珠。有人认为这些异域物品的存在表明：在新石器时期，有一个将迈尔戈同阿拉伯、阿富汗和中亚连接起来的贸易网。而且，在卡姆巴特湾顶端的港口城市洛萨发现了一枚波斯湾印章，从而为印度河谷与海湾地区间存在着双向贸易提供了证据。

## 吠陀时代

在古印度吠陀时代早期，雅利安人的生活以畜牧业为主，尚未进入文明社会和国家阶段，过的是氏族部落生活。部落或部落联盟的首领即王，其实是军事首领。他的权力被长老会议和部落成员会议所限制。以此可以推断出，当时的雅利安人已进入军事民主制时代。后期吠陀时代是种姓制度和婆罗门教形成的时代，也是一部分先进的雅利安部落进入文明和国家的时代。此时，雅利安人内部出现了等级，形成了等级森严的种姓制度。

1. 等级森严的种姓制度

早在公元前 3000 年，印度河流域就生活着原始居民，叫达罗毗荼人。他们从事农业和手工业生产，形成了独特的文化和习俗，后来又出现了城市，还创造了自己的文字。达罗毗荼人创造的文化叫哈拉巴文化。

公元前2000年左右，属于印欧语系的一些白种人部落，从中亚高原南下，进入印度河流域。这些人自称为“雅利安人”，意为“出身高贵的人”。

雅利安人从事畜牧，擅长骑射，有父系氏族组织，崇拜多神。虽然在文化上落后于印度的土著居民，可是他们却蔑视当地的土著人，将土著人称为“达萨”，意为“敌人”。他们说达萨是“黑皮肤的人”，“没有鼻子的人”，雅利安人高鼻梁，自认为比达罗毗荼人高贵。

后来，经过无数次的战争，雅利安人逐渐征服印度，战败的达罗毗荼人被雅利安人所奴役。“达萨”的概念也从敌人转变为奴隶。于是，在古印度出现了最早的等级区分：白皮肤的雅利安人和黑皮肤的达萨。这可以说是种姓制度的起源。

种姓一词的原意是“品质、颜色”，在古印度的梵语中叫“瓦尔那”，所以种姓制度也叫瓦尔那制度。

在征服印度的过程中，雅利安人也分化为几个阶层：祭司贵族、武士贵族和一般平民。为了便于统治，雅利安统治者按肤色和出身，在印度建立了一套种姓制度。

按照种姓制度，印度人被分为四个等级：第一等级是婆罗门，他们是由原来主持祭祀的贵族发展而来，以祭司为职业，掌握神权和垄断文化，能主宰一切，地位最高。第二等级是刹帝利。他们是由原来的武士发展而来的，都是军事贵族，可以做国王和各种官吏，掌握军政大权。但刹帝利的地位要比婆罗门低一等级。婆罗门就公开宣扬，一个100岁的刹帝利见到一个10岁的婆罗门，也要像儿子对待父亲那样毕恭毕敬。第三等级叫吠舍，都是农民、手工业者和小商人。

他们必须向国家纳税，用来供养婆罗门与刹帝利。 第四等级是首陀罗，他们大部分是被征服的本地居民，许多人是奴隶，也有雇工。 他们的社会地位最低，婆罗门不屑与他们接触，甚至连宗教活动都不许他们参加。

愚昧和罪恶的种姓制度，在印度流传了几千年，印度人民为彻底铲除它的黑暗影响，付出了不懈的努力。

2.《摩奴法典》

为了维护种姓制度，奴隶主阶级还制定了许多法律，其中最典型的是《摩奴法典》。 相传，摩奴是大神梵天的儿子，为了确定人间各种人在社会上的应有次序，确定婆罗门和其他种姓的义务，便制定了这部法典。 其实，这只不过是奴隶主用来欺骗劳动人民的谎言。

《摩奴法典》首先确认婆罗门是人世间一切的主宰，而首陀罗只能温顺地为其他种姓服劳役。 首陀罗不能积累私人财产，不能对高级种姓有任何不敬的言行。 婆罗门和刹帝利则有权夺取首陀罗的一切。

为了镇压低级种姓吠舍、首陀罗的反抗，《摩奴法典》还规定了许多残酷的刑罚。 比如，低级种姓的人如果用身体的某一部分伤害了高级种姓的人，就必须将那一部分肢体斩断。 比如，动手的要斩断手，动脚的要斩断脚。

四个等级在法律面前是不平等的。《摩奴法典》规定，刹帝利辱骂了婆罗门，要罚款 100 帕那（银钱单位）。 如果是吠舍骂了，就要罚款 150 ~ 200 帕那。 要是首陀罗骂了，就要用滚烫的油灌入他的口中和耳中。 相反，如果婆罗门侮辱刹帝利，只罚款 50 帕那；侮辱吠舍，罚款 25 帕那；侮辱首陀罗罚款 12 帕那。 高级种姓的人如果杀死了一个首陀罗，仅用牲畜抵偿，或者简单地净一次身就行了。

《摩奴法典》还对各个种姓的衣食住行都做了烦琐的规定。 比如规定不同种姓的人不能待在同一个房间里，不能同桌吃饭，不能同饮一口井里的水。 不同种姓的人严格禁止通婚，以便使种姓的划分永久化。

每个种姓都有自己的机构，处理有关种姓内部的事务，并监督本种姓的人严格遵守《摩奴法典》及传统习惯。倘有触犯者，轻则由婆罗门祭司给予处罚，重则被开除出种姓之外。

被开除出种姓的人也成为贱民。贱民只能居住村外，不可与婆罗门接触，只能从事被认为是最低贱的职业，如抬死尸、清除粪便等。走在路上，贱民要佩带特殊的标记，口中要不断发出特殊的声音，或敲击某种器物，以提示高级种姓的人及时躲避。婆罗门如果接触了贱民，则认为是一件倒霉的事，回去之后要举行净身仪式。

总的来说，印度的种姓制度实质上是一种阶级制度。但是，由于鲜明的阶级关系被掩盖在等级的划分之中，因此它容易模糊阶级界限，在劳动人民之间制造隔阂和对立，不利于他们团结对敌。此外，种姓制度实行职业世袭，把生产限制在一个狭小的范围内，从而阻碍了社会经济的发展。种姓制度的存在，是造成印度社会发展迟缓的重要原因之一。印度自古代至近代，经历了几种社会形态，但是种姓制度一直延续下来，成为历代剥削阶级的统治工具。种姓制度经过长期演变，越来越复杂，在四个种姓之外，又出现了数以千计的亚种姓。今天，在印度仍然保留着种姓制度的残迹，受压迫、受剥削最深的贱民达几千万人。

3. 婆罗门教

雅利安人到达恒河流域时，吠陀的泛神论转而演化成婆罗门教。除了保留吠陀里的宗教仪式及祭祀外，婆罗门也将地方信仰及其神纳入吠陀的众神行列。这些地方神的特征大部分都保留了下来，但其位阶则有所调整。昆纽天及其众多的化身、湿婆神的各种化身和梵天都列为最高等的神，鬼神也同时出现在婆罗门教中。婆罗门教认为世界是一种幻象，梵天是灵魂的真实存在。肉体是虚的，精神是实在的。人死后灵魂重新归于“梵”。现代看来，婆罗门教的实质是在为奴隶主的统治找理由。

4. 印度教

雅利安人最早的记录是叫《吠陀》的宗教书。从公元前1500年起的1000年左右，就叫吠陀时代。吠陀的教诲和瓦尔那的思想与原住民的宗教相结合，成为后来印度教教义的基础。印度教中最重要的神是创造之神大梵天、保护之神毗湿奴及音乐、舞蹈之神湿婆。

## 王子成佛

印度北部的释迦族王子乔达摩·悉达多，自小生活在王宫中，对外面的世界一无所知。有一天，他出宫游历时看到了下层人民苦难的生活，这件事对他影响很大。29岁时，他放弃了特权生活，离开了他的妻子和刚出生的儿子，动身去探求人生的真谛。他离开王宫后，过起了四处游历的生活。他在恒河河谷漫游了6年，过着一种极端克己的生活。最后他来到了摩揭陀国，在一个叫不达哥亚村的菩提树下，他突然醒悟了，明白了人愚钝和受苦的原因。人们称他为“释迦牟尼”，意思是“大彻大悟的人”。他的余生是在讲解自己的教义中度过的。他死后，他的弟子们创立了新的宗教，推崇“四圣谛”，传播他的教义，这就是佛教。

1. 菩提树下的冥思

在公元前6世纪，在喜马拉雅山山麓和恒河之间有一个小国，国王叫净饭王。有一天，正在宫中的净饭王接到皇后家中送来的喜报，皇后为他生了一个王子。这位王子就是佛教的创始人佛祖乔达摩·悉达多。

释迦牟尼的母亲在生他之后的第七天就死了，所以他是由他姨母抚养长大的。从小释迦牟尼就特别聪明，无论什么事情一学就会，而且对任何事情都愿意问一个为什么，非要得出答案不可。

净饭王非常喜欢小王子，希望有一天小王子能成为一个统一天下的大王。但是老国王总为这个小王子担心，因为他总愿意思考一些在老国王看来十分荒唐的事情。比如他问：同样是人，为什么有的人是婆罗门，有的人却是首陀罗？而且，婆罗门的子子孙孙都是婆罗门，首陀罗的子子孙孙永远是首陀罗，这又是为什么？老国王回答不出来，只好说这是上天安排的，但悉达多说，他不相信，又说他要找到一个让人人平等的办法。

悉达多 19 岁的时候，同表妹结了婚，家庭生活也十分美满。

有一天，悉达多出城游玩，看见一位老人拄着木棍，艰难地移动着脚步，走出不远又看见一个病人倒卧在污泥中，正遇着一群鸟啄食一具尸体。他问一个过路人，这是怎么回事，过路人说："真是少见多怪，这种事经常发生，又不是第一次。"回宫后，他一直在思考这个问题，十分的烦闷和苦恼。他在想：难道人的一生就不能免除生、老、病、死的痛苦吗？又有一天，悉达多看见一个人穿着破烂的衣服，捧着一个瓦钵，现出一副悠然自得、富足快乐的样子。王子问随从这是什么人。随从说："这是出家修道的人。"悉达多赶忙向修道者行礼，并问他为什么会这么快乐。修道者对他说："世事无常，只有出家人可以得到解脱。"

回宫后，王子又在想那个修道者的话，很激动，并产生了出家的念头。第二天早晨，他的妻子为他生下一个儿子。消息传出后，全城都在庆祝净饭王得了孙子，悉达多有了儿子。但悉达多在思考了一夜之后，决定出家修道。他悄悄走过妻子的房间，看见她怀抱着儿子，想走进去看上一眼。但是，他终于停住了脚步，叹息说："要修道是多难啊！"终于，他下定决心，抛开妻儿，毅然离开了家。

第二天，悉达多走出了国境，在一条河边拔剑剃掉自己的头发，做了一个修道者。

老国王不见了儿子，急得要命，派了几个人出去寻找，终于在森林里找到了悉达多，但他坚决不肯回家。此后，悉达多四处周游寻访有名的学者学习哲学，又跟随苦行僧学道。当时印度流行所谓“苦行”，就是要用各种自找苦吃的办法来求道，比如不吃不睡。悉达多也曾经用过这种修行法，结果弄得精神和体力几乎衰竭，仍然一无所得。后来他意识到，只有身体强壮，才能找到真理。于是，他开始注意锻炼身体和意志。

一天，他来到一条小河边，想洗个澡，把出家后6年来积在身上的污垢统统洗净。河边放牛的小姑娘看到悉达多身心交瘁的样子，很是担心，便给他喝了许多牛奶。悉达多终于恢复了元气。他走到一棵菩提树下，盘膝而坐，在那里闭目沉思，静修了6年。

在他35岁那年，他终于想通了解脱人间痛苦的道理，创立了佛教。后来，悉达多就到各地去传教，招收信徒，希望大家相信他说的一切，并且照着去做。佛教就这样产生了。作为佛教的创始人，悉达多被他的弟子称为“释迦牟尼”，意思是“释迦族的圣人”。

2. 佛教思想

释迦牟尼的学说和精神感动了许多人，其中也有许多婆罗门和刹帝利种姓的人。越来越多的人接受了释迦牟尼的教诲。

释迦牟尼把佛教解释为“四谛”，“谛”的意思是真理，四谛也就是四个“真理”：苦谛、集谛、灭谛、道谛。“苦谛”是说人的一生到处都是苦，生老病死喜怒哀乐其实都是苦。“集谛”指人受苦的原因。因为人有各种各样的欲望，将愿望付诸行动，就会出现相应的结果，那么在来世就要为今世的行为付出代价，即所谓的善有善报，恶有恶报。“灭谛”是说如何消灭致苦的原因。要摆脱苦就要消灭欲望。“道谛”是说如何消灭苦因，消灭苦因就得修道。

释迦牟尼还为教徒制定了“戒律”。在家的和出家的教徒都必须遵守“五戒”：不杀生、不偷盗、不邪淫、不妄语、不饮酒。出家的教徒男的叫僧（和尚），女的叫尼（尼姑）。他们必须剃光头，穿僧袍，完全脱离家庭生活。另外他们还要遵守一些出家人的戒律。

悉达多以毕生精力在恒河地区传教 45 年，收的弟子据说有 1000 多人，上至国王、婆罗门，下至乞丐、首陀罗。除给自己的弟子讲道外，他还徒步漫游，以传播自己的思想。在晚年生活中，常伴他左右的是一名叫阿难的弟子，悉达多的许多说教都是靠他的记忆背诵而流传开来的。

佛陀允许弟子们用自己的方言宣传佛教，这样可使当地的百姓容易听懂。这使得佛教受到各地百姓的欢迎。

佛教主张人人生而平等，同情不幸的受苦人，宣扬只要今世做了善事，来世就有好报；今世做了坏事，来世就有恶报。释迦牟尼的这些主张，逃避严酷的现实，有消极的一面。他还主张用自我解脱的办法来消除烦恼，否定斗争，所以历代统治阶级往往都利用它。

## 孔雀雄主阿育王

公元前 324 年，阿育王的祖父旃陀罗笈多建立了孔雀王朝，到了阿育王统治时期（约公元前 273—前 236 年），孔雀王朝成为最强盛的帝国。阿育王对南印度进行了大规模的征讨，俘虏 15 万人，杀死 10 万人。此次战争是印度历史的转折点，为印度成为统一的大国奠定了坚实基础。由于这次战争的胜利是通过大规模的屠杀取得的，阿育王对因他的军队而引起的灾难公开表示悲哀，并宣布了他放弃暴力的决定。此时，孔雀帝国的版图达到最大规模，北起喜马拉雅山南麓，南至迈索尔，东临阿萨姆西界，西抵兴都库什山，除了南端外，整个印度次大陆领土尽为其有，成了一个空前统一的大帝国。

1. 孔雀王朝

公元前 325 年，马其顿王亚历山大从印度河流域撤走，在旁遮普设立了总督，留下了一支军队。这时，旃陀罗笈多率领当地人民揭竿而起，组织了一支军队，赶走了马其顿军队。随后，他又推翻了难陀王朝，建了新的王朝。由于他出生在一个养孔雀的家族，因此，后来人们把旃陀罗笈多建立的王朝叫“孔雀王朝”。

阿育王的父亲是帝国的第二代国王宾头沙罗。阿育王只是宾头沙罗王众多王子中的一个。他从小就特别崇敬佛教始祖释迦牟尼，喜欢听佛祖如何经过许多肉体和内心的痛苦终于成佛的故事。他对他的兄弟们说：佛教可以教人消灭个人欲望，使人安分守己，这对治理国家很有用处。

公元前273年，宾头沙罗王病逝。不久，为了夺取王位，王子和公主们进行了残酷的内战，其中最为激烈的是阿育王和长兄之间的战争。在这场争夺王位的斗争中，阿育王曾经谋杀的兄弟姐妹有99人。最后，阿育王夺取了王位，但直到称王后的第4年，阿育王才举行正式的登基典礼（灌顶信仰式）。

阿育王是一位富有传奇色彩的国王。有一个佛教故事是这样讲述的：有一个叫阇耶的小男孩，一天正在街上玩耍，忽然遇见佛陀向他乞讨。这男孩想给佛陀一些施舍，可他身上什么东西也拿不出。于是他天真地从地上捧起了一把沙土，奉献给了佛陀。这个奉献沙土的男孩，后来就转生成为孔雀王朝的国王阿育王。

2. 羯陵伽的战争

阿育王即位后，就追随祖父旃陀罗笈多的事业，开始向外扩张。他曾征服过湿婆萨国，但最大规模的扩张是对羯陵伽的远征。羯陵伽是孟加拉湾沿岸的一个强国，拥有步兵6万，骑兵1万，战象几百头。这个国家不仅在军事上很强大，而且由于海外贸易发达，在经济上也很富庶，这就引起了阿育王的注目。在他举行登极典礼后的第八年（约公元前262年）开始向羯陵伽大举进犯。战争开始后，一封封前线战报送到了阿育王面前：

“禀告国王陛下：圣朝10万步兵，5万骑兵，400辆战车和500

头战象已踏上羯陵伽国土……”

“禀告陛下：圣军军威大振，不到一天，杀死敌军 5000 人，俘获战车、战马、战象、金银、妇女、牲畜无数……”

“捷报！ 圣军全面出击，连日来，又杀敌 5 万，俘虏 10 万，反抗者皆已处死……”

“捷报！ 敌军都城已被攻破，敌国王被俘获，但他宁死不屈，现已在囚禁中自尽身亡……”

阿育王看着这一份份捷报，起先十分得意，但看到战争越来越残酷，杀戮的人越来越多，他有些坐立不安了。 这时，有人来报告，城里发生了一件奇怪的事：几天前，抓到了一名佛教僧侣，因怀疑他是羯陵伽的间谍，所以把他投入地牢。 可怪事发生了，当这个僧侣被放入铁锅里，水竟然无法烧沸，好像有法力在保护着他不受伤害。

阿育王听报后，不禁联想起刚刚结束的战争。 这场战争给羯陵伽人民带来了深重的灾难。 他感到武力能征服国土，却不能征服人心，敌国国王自杀就是例子。 自己杀人如麻，而佛法却在护佑众生灵。此时，他的内心动摇了。 阿育王即位之前，当过西印度的一些大城市的总督，那里文化繁荣，宗教盛行。 许多贵族子弟都在此接受教育。他从小就非常崇敬佛祖释迦牟尼，喜欢听大人讲这位圣人怎样苦苦修炼，终于得道成佛的故事。 现在，阿育王突然变了个人似的，为自己的暴虐开始忏悔，转而皈依佛教，可以说是“放下屠刀，立地成佛”了。

他曾经发布过一个敕令，在敕令中他说：他对羯陵伽人民在战争中所遭受的苦难，“感到深切的忧虑和悔恨”。 后来他又一次向全国人民宣布：“战鼓的响声”沉寂了，代替它的将是“法的声音”。 今后代替暴力统治和侵略的将是不竭余力地宣扬佛法，从此以后，他将不再向邻国派遣军队，而是宣扬佛法的高僧。

3. 宣扬佛法的国王

阿育王所说的“法”，就是以佛教的伦理道德观为基础，强调仁慈的实践和虔诚的思想。他认为，对于每一个人来讲，信仰佛法，重要的在于行动。一个人能否向善，不是看他参加了多少次佛教的仪式，而是看他在每一件事情上是否能按照佛法去做。

阿育王希望每一个人都能以家庭作为人生的基点，首先在家庭中体现他所说的那些道德。主要是要服从父亲，尊崇老师和长辈；对亲朋好友要慷慨和友好；对待仆人和贫苦的人要乐善好施；对待动物要仁慈，不能滥杀。

阿育王首先以身作则。他宣布在全国废除斗兽之类的血腥娱乐，不允许用动物做杀生祭礼，在宫廷里对王公大臣们喜欢的狩猎游戏也加以限制。

阿育王不久又宣布佛教为印度的国教，下令在王宫和印度各地竖立石柱，开凿石壁，将他的诏令刊刻在上面。他还召集了全国的一大批佛教高僧，编纂整理佛教经典，在各地修建了许多佛教寺院和佛塔。

为了弘扬佛法，阿育王派出了包括王子和公主在内的大批使者和僧侣，到邻近的国家和地区去传教。印度公主在去锡兰（今天的斯里兰卡）传教时，不仅带去了许多僧侣和佛典，还带去了一枝神圣的菩提树的树枝，并亲自种植在锡兰，这棵菩提树在锡兰一直生长到今天。

经过一番宣传和使节往来，佛教不仅传遍了锡兰，而且很快传到了埃及、叙利亚、缅甸、中国和世界各地。

除了宣传佛教，阿育王还为老百姓做了许多好事，如扩大灌溉工程、修筑道路、建立医院等。在阿育王在位的 40 多年里，在国内外都享有很高的声誉。在印度和其他一些国家的历史著作里，他被称为“伟大的阿育王”。印度的孔雀王朝也成了印度历史上第一个强大的统一帝国。就连我国的宁波，还曾经有过阿育王寺，说明阿育王在中国也是有影响的。

佛教的创始当然应该归功于释迦牟尼，但它的大规模的传播，则要归功于阿育王。

4. 孔雀帝国的衰落

孔雀帝国的统治一直是通过皇帝领导下的地方国王的松散协调而完成的。 阿育王还使用大批秘密警察管理这个多样化的国家。 尽管阿育王竭力统一帝国，但在他去世后，孔雀帝国很快解体。 印度由此分裂成几个小王国。

## 贵霜帝国

贵霜帝国，古国名。 在其鼎盛时期(公元 105—250 年)，疆域从今日的塔吉克绵延至里海、阿富汗及印度河流域。 贵霜帝国在迦腻色伽一世和其承继者统治之下达至鼎盛，曾拥有人口百万，士兵 20 多万，被认为是当时欧亚四大强国之一，与汉朝、罗马、安息并列。

贵霜帝国的历史，要从大月氏开始。 大月氏被匈奴击败后，西迁到中亚阿姆河流域，并征服了大夏部族，统治整个阿姆河、锡尔河流域，他们将大夏部族一分为五，迁往东部山区，设五部翕侯统治，各翕侯应该是原来的大夏人贵族，贵霜是其中的一部。 约公元 1 世纪 40 年代时，贵霜翕侯丘就却灭其他四部，统一大夏族，并且打败大月氏。 丘就却又南下攻击喀布尔河流域和今克什米尔地区，后定都为高附(今喀布尔)，初步奠定了帝国的基础。

1. 大月氏民族

月氏为公元前 3 世纪至公元 1 世纪的一个民族名称。 早期以游牧为生，住在北亚，并经常与匈奴发生冲突，后西迁至中亚。 这时，月氏开始发展，慢慢具有国家的雏形。 由于月氏处于丝绸之路，控制着东西贸易，它慢慢变得强大。 到后来因被匈奴攻击，一分为二：西迁至伊犁的，被称为大月氏；南迁至今日中国甘肃及青海一带的，被称为小月氏。

2. 曾经发达的帝国

公元1世纪60年代，贵霜已统治索格狄亚那、巴克特里亚、喀布尔、坦叉始罗、犍陀罗，可能还有西旁遮普。其后，无名王索特·麦格斯时期，贵霜向西扩展至赫拉特，控制了整个河间地区，并控制了康居和大宛。2世纪初阎膏珍即位，再次征服印度西北部，在中亚将势力范围扩展至花剌子模，吞并锡斯坦，国势大增，形成中亚的一个庞大帝国。帝国版图东起巴特那，西达赫拉特，南至纳巴达河，北尽咸海，都城迁至白沙瓦。

贵霜帝国的经济文化都比较发达。贵霜时期，中亚兴起一批新的城镇。灌溉技术有显著发展，手工业有较大发展。贵霜常派使者往罗马和中国。恒河河口、印度西海岸、索格狄亚那、巴克特里亚、喀布尔等地的贸易市场十分繁荣。贵霜成为中国丝绸、漆器，东南亚香料，罗马玻璃制品、麻织品等贸易物资的中转站；贵霜则输出胡椒、棉织品和宝石等。控制商路所获厚利为贵霜迅速勃兴提供了经济保障。

在宗教方面，贵霜帝国信奉佛教。在统治者的支持下，佛教迅速传播，丘就却、迦腻色伽都是佛教的赞助者。

在文化方面，由于贵霜地处东西方交通要道，而且贵霜帝国出自文明水平不高的游牧部族，加之境内又有各种文化传统、宗教信仰迥然相异的民(种)族，这就为东西方文化在其境内融合创造了极为有利的条件。融合希腊、印度传统的犍陀罗艺术即产生、发展、成熟于贵霜时代。贵霜的文化艺术和建筑对中亚有很大影响。

贵霜政权在婆苏提婆死后，日益衰落。至公元3世纪已分裂为若干小的公国，最终灭亡。

## 笈多王朝

旃陀罗笈多一世——他与数百年前在印度建立孔雀帝国的旃陀罗笈多·毛里亚没有什么亲属关系，最初同他的父亲和祖父一样，只不过是一位地方酋长，或者是一名才干超群、野心勃勃的年轻士兵。但他走了一条直接并且确立已久的通往权力之路——缔结了一门良缘。公元305年，他娶了著名的栗占婆王朝的一位公主鸠摩罗德菲为妻。栗占婆王朝统治着比合尔北部靠近尼泊尔的一大片领土——摩揭陀。自己也怀有为其家庭创立帝国雄心的加陀卡沙为他的儿子安排了这桩婚事。有些人猜测加陀卡沙是想通过把摩揭陀和笈多家庭的领地连接在一起来遏制南方伐卡塔卡王朝及其盟友日益增长的势力。不管怎样，父亲死后，旃陀罗笈多一世于公元319年登上王位。即位之初他便采用了“王中之大王”这个帝王称号。他当时的首都设在钵罗耶加（今阿拉哈巴德），但有些历史学家认为其政府所在地是帕特里普特拉（今帕特那）。

1. 笈多的黄金时代

北印度在一段时期处在来自突厥斯坦的游牧部落的统治之下。此后，在笈多王朝的统治下，北印度再度实现了统一。笈多王朝实际统治的时间是公元4世纪和5世纪前半叶（公元320—约467年），其奠基人是旃陀罗笈多一世。旃陀罗笈多一世并非那位建立孔雀王朝的旃陀罗笈多的后裔，但他在同一个都城即恒河畔的华氏城进行统治。笈多之子沙摩陀罗受其垂死父王之命去“统治整个世界”，据说曾推翻北方的9位统治者和南方的11位国王，并令其他人称臣纳贡。这一记载无疑有些夸大其词，但当沙摩陀罗之子旃陀罗笈多二世攫取阿拉伯海沿岸通往西方的口岸之后，帝国把整个印度斯坦以及德干地区的诸多部分都置于自己的控制之下。旃陀罗笈多二世被称为“超日王”。在他统治时期（公元 375—415 年），笈多王朝无论就物资丰饶还是就文化成就而言，均登峰造极。

2. 富庶的国度

笈多王国在某些方面与600 年前的孔雀王朝相类似。政府控制了金银加工、盐和矿物的开采、铸币和武器制造业务，雇用了一支庞大的官僚队伍和一支间谍队伍。税收既包括交纳一定份额的谷物，还包括被迫在公共工程上劳动及用水灌溉田地的费用，负担不是十分苛重，不至于妨碍大批农业人口的兴盛。虽然未能实现政治统一，各邦之间的纷争几乎从不间断，但在北印度和德干地区，城市的发展和上层人士的奢华都是非常明显的。除提供诸如香料、珠宝、象牙、龟壳和精制织物等奢侈品用于出口外，印度成了西方和中国之间交往的中心。它与罗马帝国有贸易往来，从那里进口了亚麻布、铜器、玻璃制品和葡萄酒等。在这种贸易中，印度榨干了那里的硬币，从而削弱了罗马经济，致使罗马皇帝不得不下令禁止臣民穿丝织品。

# 第四章　古希腊文明

古希腊是西方文化的源头。公元前6世纪末，希腊开始从部落组织发展到城邦，希腊地区出现了许多奴隶制小国。各城邦国家中，最有名的当数雅典和斯巴达。它们分别代表着奴隶民主专制和奴隶军事专制两种不同的国家制度。希腊文明对后来的欧洲文明影响巨大，文艺复兴就是借恢复希腊文化的名义而兴起直至繁荣的。希腊文明以哲学、诗歌、戏剧、建筑、绘画等为主要代表，其中哲学对欧洲乃至世界的哲学史发展进程产生了深远的影响。

## 希腊人的诸神

提起希腊，人们总会想到奥林匹斯山上的那一大群神，神话来源于宗教。一般而言，希腊宗教同其他希腊文明一样，主要起源于迈锡尼和克里特，经过不断的改造，最终迎合了讲求理智、具有自由气质的希腊人的需要。希腊人信奉的也不是一种单一的宗教，而是许多种宗教，可分为正统宗教（以奥林匹斯教为代表）和传统或民间宗教（以俄耳甫斯教为代表）两种。这些宗教也不是保持着始终如一的面貌，而是在历史的长河中不断地发生着渐变。从早期自然崇拜经过神话和寓言时代，发展为荷马时代英雄的奥林匹斯山神，随后又逐渐演变为希腊戏剧所表现的更加抽象、成熟和更强调道德的形式，直至基督教兴起以后逐渐消亡。在这一系列变化的整个过程中，宗教的各个观念有时富有理智，有时则神秘莫测。但至公元前5世纪，宗教信仰便发展为理智与情感、伦理道德与神秘主义的合理综合。

希腊人把世界的产生解释为神造。最初从原始的混沌中产生了大地女神该亚，该亚创造了群山，生下了天神乌拉诺斯。然后，该亚又与乌拉诺斯结合产生了巨人族提坦，他们是六男六女、三个独眼巨怪、三个百臂巨人。其中的女孩子被称为“提坦女神”，男孩子则被称作“提坦神”。天父乌拉诺斯害怕这群子女会夺去他的权力，便把提坦诸神幽禁在地下深渊。这群神的善良的母亲，即地神该亚怂恿孩子们起来反抗。最小的孩子克洛诺斯起来反对父亲，使乌拉诺斯身负重伤，并失去了生殖能力。受伤的乌拉诺斯流出的鲜血滴在地上，又生出复仇女神厄里倪厄斯和巨神吉伽斯。克洛诺斯最终取代父亲成了天父，他与自己的妹妹瑞亚结合，生了六男六女，最小的便是宙斯。而克洛诺斯也和他的父亲一样害怕子女取代他，于是就将他们全都吞掉。而结局也和他父亲相似，最小的儿子宙斯推翻了父亲的统治，成为世界的主宰。

宙斯与他的姐姐得墨忒耳、赫拉，哥哥哈得斯、波塞冬以及他们的子女雅典娜、阿波罗、阿尔忒弥斯、阿瑞斯、阿佛洛狄忒、赫淮斯托斯、赫耳墨斯等，就是所谓的“新神”。由于这些新神都生活在古希腊人敬奉的圣山——奥林匹斯山，所以被称为“奥林匹斯众神”，属于“奥林匹斯神系”，现在人们常谈到的希腊神话中的诸神，主要是这些新神，其中特别是所谓“十二主神”即宙斯、赫拉、得墨忒耳、哈得斯、波塞冬、雅典娜、阿波罗、阿尔忒弥斯、阿瑞斯、阿佛洛狄忒、赫淮斯托斯、赫尔墨斯。这些神都生活在奥林匹斯山上，组成一个神的大家庭。众神之父宙斯掌管雷电（故称他为雷电之神），统治着天国和人间，故又称他为天神；他的妻子赫拉，被称为“天后”，掌管着乌云、风暴、闪电和雷霆，故又称她为天空之神。宙斯的另一个姐姐得墨忒耳，是丰产和农业女神；哥哥哈得斯，是地狱和冥国的统治者。宙斯的另一个哥哥波塞冬，则是掌管海洋的海神。宙斯也生了许多儿女。他和女神勒托生的儿子叫阿波罗，是太阳神，又是音乐和医药之神。阿波罗的孪生姐姐，是狩猎女神和月亮女神。宙斯与天后赫拉所生的两个儿子阿瑞斯和赫淮斯托斯（有的说法是这两个神没有父亲），前者是战神，后者是火神与工匠之神。宙斯与山岳神女迈亚生的儿子赫耳墨斯，是众神的使者和宙斯的传令官。宙斯与大海仙女之一的狄俄涅生的女儿阿佛洛狄忒（另一种比较浪漫的说法，她是从大海浪花里诞生的），是美和爱情女神，从这些神的相互关系及其谱系来看，众神之家有着明显的群婚和“血缘家庭”的痕迹，而“血缘家庭”正是人类最早的两性关系形式。由此可见，人类是根据自己的生活来创造神的。

至于各个神的“职责”则是古希腊人丰富想象力的产物。

## 雅典娜拯救希腊

相传诸神之母赫拉从高高的奥林匹斯圣山上，看到特洛伊人在战神阿瑞斯的帮助下屠杀希腊人的血腥场面，感到十分震惊。按照赫拉的吩咐，雅典娜已将战车准备好，赫拉给战车套上她的飞马。雅典娜穿上父亲的铠甲，头上戴着金盔，手持盾牌，带着长矛，纵身跳上战车，奔向战场。雅典娜来到狄俄墨得斯面前，对他说：“狄俄墨得斯呀，从现在起，我是你的坚强后盾，你不用害怕阿瑞斯，也不用害怕其他的神祇，勇敢地驾起战车，到特洛伊去夺取你想要的东西吧！”说完，她朝狄俄墨得斯的御者打了个手势，他会意地从战车上跳了下来。雅典娜跳上车，坐在他的座位上，抓住缰绳，挥起马鞭，驾着战车朝战神阿瑞斯直扑过去。阿瑞斯没有看到雅典娜，因为女神把自己掩在看不透的浓雾里。狄俄墨得斯站在战车上向他冲了过来，阿瑞斯锐利的长矛瞄准了英雄的胸膛，雅典娜用看不见的一只手悄悄地接住长矛，让它改变了方向。狄俄墨得斯从战车上站起来，向战神掷出了他的长矛。雅典娜引导着这支长矛，它准确地击中了阿瑞斯的小腹，刚好在铁腰带的下方。受伤的战神痛得大吼一声，如同千万个人的吼声合在一起，特洛伊人和希腊人吓得魂飞魄散，他们以为听到了宙斯愤怒的雷声。只有狄俄墨得斯看到阿瑞斯驾着云团旋风似的朝天空飞去。雅典娜从战神和特洛伊人的屠刀下拯救了希腊人。

1. 雅典保护神

古希腊崇拜灰眼睛的雅典娜，把她敬奉为智慧女神和家庭技艺的庇护神。她还和火、铁匠以及工匠之神灵巧的赫菲斯托斯共同保护技艺。雅典娜是宙斯所生，像其他奥林匹斯神一样，她也有残忍的一面。赫西奥德常常把这位女神刻画成“一个以聆听战争、厮杀和杀戮声音为乐的女霸王”。古希腊人相信，雅典娜有时候会到战场上来增援她所钟爱的神祇和英雄，包括赫拉克勒斯和奥德修斯。当年，雅典娜的橄榄枝赠礼被认定胜于波赛冬的咸水泉，因而赢得了对雅典的保护。在因她而命名的这个城市里，人们为了表示对她的崇敬，修建了一座蔚为壮观的神殿。

2. 泛雅典娜大会

为了表现对雅典娜女神的尊崇和赞美，雅典人每年举办一次泛雅典娜大会。泛雅典娜大会以力量、速度和使用兵器的技巧等方面的竞赛为特征。后来还包括音乐比赛、荷马史诗背诵比赛、火炬赛跑和在港口举行的帆船赛。每隔四年，还要举办一次以市民活动中心的集市为起点、雅典卫城为终点的盛大游行。

## 神秘的迈锡尼

迈锡尼文明是希腊青铜时代晚期的文明，它由伯罗奔尼撒半岛的迈锡尼城而得名。约公元前 2000 年，希腊人开始在巴尔干半岛南端定居。 从公元前 16 世纪上半叶起逐渐形成一些奴隶制国家，出现了迈锡尼文明。 迈锡尼文明是希腊本土第一支较为发达的文明，公元前 17 世纪中期至公元前 12 世纪盛极一时。

在《伊利亚特》和《奥德赛》中，荷马多次提到“人间王”阿伽门农的首都迈锡尼，而且每次提及这一城市，都要加上“多金的”这一词来形容它。 在荷马的笔下，迈锡尼似乎是一座黄金遍地的城市。

19 世纪末，德国考古学者谢里曼在迈锡尼遗址发掘出众多王族墓葬及丰富金银饰物之后，他相信自己找到了荷马史诗《伊利亚特》和《奥德赛》中所描写的世界。 在一个迈锡尼的墓穴中，他将所发现的一个金箔面具命名为“阿伽门农面具”，迈锡尼文明及其历史地位开始得到肯定。

迈锡尼的遗址建筑在一个高丘上，城堡的堡墙以巨石环山建成，大门上有双狮拱卫一柱石刻，被称为“狮子门”。 据考古证明，它建于公元前 1300 年左右。 它的门两侧的城墙向外突出，形成一条过道，加强了城门的防御性。 “狮子门”宽 3.5 米、高 4 米，门柱用整块石头制成；柱子上有一块横梁，重 20 吨，中间厚两边薄，形成一个弧形，巧妙地减轻了横梁的承重力。 横梁上面装饰有三角形的石板，石板上雕着两只狮子，狮的前爪搭在祭台上，形成双狮拱卫之状，威风凛凛地向下俯视着。 门口的阶梯也用整块的岩石铺成，上面还残留有战争的轮辙。 虽然迈锡尼城堡已成废墟，但这个庄严肃穆的城门，历经 3000 年的风吹雨打依然巍然屹立，威风不减当年。

1939 年起，由希腊考古学家帕巴德米特里领导的希腊考古学会和英国考古学家韦思领导的考古队共同对迈锡尼遗址进行发掘。 发掘工作断断续续进行了几十年，奇迹还在不断出现，人们对迈锡尼文明的了解也更加深入、全面。

迈锡尼的圆顶墓是相当宏伟的石构建筑，最大的圆顶墓称为阿特柔斯王(阿伽门农之父)的宝库，高13.2米，用巨石叠涩砌成，墓门的一块楣石竟重达120吨。迈锡尼的陶器和工艺品也有自己的风格，除吸收米诺斯文明的因素外，还具有强劲粗放的特色。穴墓中的随葬品，如金质的面具、角杯、指环、金银镶嵌的刀剑等，都是古代工艺的杰作。圆顶墓已全部遭盗掘而极少遗存，但墓中残存的两只金杯极为生动精美，以浮雕表现捕捉林中野牛的情景。迈锡尼的线形文字B的发现，给传奇性的迈锡尼考古又增添了新的魅力。线形文字B如今已释读成功，使我们对迈锡尼社会的奴隶制度和高度发达的社会经济有了进一步的了解。从各地发现的泥板文书上了解到，该文明的社会经济情况与古代东方的奴隶制王国相接近。泥板中还有日后希腊神话中常可见到的天神如宙斯、赫拉、雅典娜、阿波罗的名字，表明该文明与其后的希腊文明存在一定的继承关系。

迈锡尼坟墓和王宫遗址的成功发掘，使世人看到了一个湮没已久的辉煌的文明，证实了《荷马史诗》中“多金的”迈锡尼的存在。迈锡尼考古的进行，使荷马的优美的诗句又一次回响在迈锡尼的废墟中，湮没已久的迈锡尼文明在一代又一代考古学家的努力下，向人们展现了辉煌灿烂的面目。

## 多利亚人入侵

迈锡尼文明陨落之后，多利亚人建立的国家便如雨后春笋般逐一建立，这就是历史上所说的“多利亚人入侵”。这种说法是否具有真实性，人们还是颇有争议的。

半个世纪以来，大多数人认为多利亚人毁了迈锡尼文明，将希腊拖回近乎野蛮的状态，他们是第三批入侵到希腊的讲希腊语的人。哈蒙得等人指出，多利亚人在大约公元前1100—前1000年从伊庇鲁斯和西南马其顿侵入希腊。为证实这点，哈蒙得亲自到有关地区访古考察。他认定，南下的多利亚人定居在埃利斯、拉格尼亚、阿哥斯、科林斯、希息翁、埃庇道鲁、麦加拉和爱吉那，并越海至克里特、米洛斯、德拉及小亚南岸。他们带来了铁剑、长别针和火葬习俗。他们结束了迈锡尼文明，使希腊进入黑暗时代。当然也有人认为，多利亚人先到克里特，后至伯罗奔尼撒。

对于多利亚移民的真实性大多数人表示赞同，而且他们认为在公元前 12 世纪中叶至公元前 11 世纪中叶多利亚人所到之处不限于巴尔干半岛，而是波及近东地区的大规模移民。当时，迈锡尼文明已毁灭，多利亚人来到了近于废墟的广大地区，安居下来。

但是，也有人对多利亚人的入侵提出了疑义。白劳赫认为，在公元前 2000 年左右，多利亚人是同其他希腊人一起来到巴尔干半岛的，而不是后来者。这就是说，虽然发生过伯罗奔尼撒半岛上人口流动的事，但并无所谓多利亚人移民南下。据他分析，关于多利亚人移民的故事出现在公元前 8—前 6 世纪，是为多利亚人称雄伯罗奔尼撒提供根据。这种分析获得不少人称道。柴德威克的见解更有独到之处。他指出，考古学上不能为多利亚人入侵提供证明。可以识别为属于多利亚人风格的陶器也并没有见到，甚而至于铁剑、长别针和火葬习俗，在希腊早已有之，且并不鲜见。原始几何陶和几何陶风格是在次迈锡尼陶风格的基础上发展起来的，与“多利亚人入侵”无关。因此，柴德威克说，从考古学方面看，根本不存在多利亚人入侵；但是，线形文字 B 泥板文书却证明了多利亚人的实在性。他仔细研究了线形文字 B 文献认定，在公元前 1000 年，希腊存在着一种古多利亚方言，或西希腊语方言。因此，白劳赫认为迈锡尼、派罗斯、克诺索斯等地的语言从原来的以东部方言为主转变为西部方言占优势，仅凭少数的多利亚显赫家族是不可能左右的，除非有很大数量的多利亚人才能够使这种情形得以实现。

## 梭伦改革

梭伦（约公元前630—前560年）是古希腊著名的政治改革家和诗人。他出身于贵族家庭，年轻时一面经商，一面游历，到过许多地方，漫游名胜古迹，考察社会风情，后被誉为古希腊“七贤”之一。

梭伦在游历中写过许多诗篇，如“作恶的人每每致富，而好人往往受穷；但是，我们不愿把我们的道德和他们的财富交换，因为道德是永远存在的，而财富每天都在更换主人”。我们不难从中看出他的诗人气质，虽以经商为业，却坚信道德胜于财富。他还在诗中谴责、抨击贵族的贪婪、专横和残暴。这些诗篇为他赢得了“雅典第一位诗人”的美誉。

梭伦早期的游历经商生涯，不仅丰富了他的知识和经验，而且使他了解了下层平民的疾苦，从而抛弃了贵族的骄矜，对他一生的改革事业产生了深远的影响。

公元前5世纪，雅典与邻邦墨加拉为争夺萨拉米斯岛而发生战争。结果雅典失败了，当局竟颁布了一条屈辱的法令：任何人都不得提议去争夺萨拉米斯岛，违者必处死刑。萨拉米斯岛地处雅典的出海口，对海外贸易的发展起着至关重要的作用。梭伦从文献资料、历史传统、风俗习惯等考证出萨拉米斯本应属雅典所有，他对当局的这种懦弱行为深为不满，为了唤醒雅典人的爱国热情，同时避开不公正的法律的残酷制裁，他想出了一个巧妙的办法——佯装疯癫。于是“疯”了的梭伦经常出现在雅典的中心广场上。只见他脸色苍白，呼吸急促，双手不住地擂打着自己的胸部，招来许多围观的百姓。这时，他就会对着人群大声朗读他的诗篇：“啊，我们的萨拉米斯，她是多么美丽，又多么使我们留恋，让我们向萨拉米斯进军，我们要为收复这座海岛而战，我们要雪洗雅典人身上的奇耻大辱……”在不明真相的人们的惊叹、惋惜声中，梭伦滔滔不绝地朗诵着，终于用激越的诗篇激起了雅典人的爱国热情和民族尊严。禁令废除，战事再起。公元前 600 年左右，年约 30 岁的梭伦被任命为指挥官，统率部队，一举夺回了萨拉米斯岛。

赫赫军功使梭伦声望大增，成为雅典最负名气和影响的人物，也为他日后实现改革弊政的夙愿打下了坚实的基础。担任首席执政官后，他立即实施了一系列改革，颁布多项法令，向氏族贵族发动了猛烈的进攻。

他按财产的多少将全体公民划分为四个等级，不同等级的公民享有不同的政治权利。谁的财产多，谁的等级就高，谁就享有高的政治权利。第一、二等公民可担任包括执政官在内的最高官职，第三等只能担任低级官职，第四等级不能担任任何官职。

这一制度并未实现公民之间的真正平等，但它意味着身为贵族，如果财产少，也享受不到过去那么多政治权利了，而新兴的工商农奴主可凭借自己的私有财产，跻身于城邦政权。这就打破了贵族依据世袭特权垄断官职的局面，为非贵族出身的奴隶主开辟了取得政治权利的途径。

当时，战神山议事会是国家权力结构的中枢。贵族借助这个机构操纵了立法、行政、司法等大权。梭伦恢复了公民大会，使它成为最高权力机关，决定城邦大事，选举行政官，一切公民，不管是穷是富，都有权参加公民大会；设立了新的政府机关——400 人会议，类似公民会议的常设机构，由雅典的四个部落各选 100 人组成，除第四等级外，其他各级公民都可当选；设立了陪审法庭，每个公民都可被选为陪审员，参与案件的审理，陪审法庭成为雅典的最高司法机关。这一切，为雅典政治制度的民主化开辟了道路。

在梭伦改革之前，雅典行使的德拉古法以严酷著称，对偷窃水果、懒惰等过失都要判处死刑。人们指责它不是用墨水写的，而是用血写的，梭伦改革了这一酷刑。他还采取了许多鼓励手工业和商业发展的措施，如除自给有余的橄榄油外，禁止任何农副产品出口；凡雅典公民，必须让儿子学会一种手艺；奖励有技术的重工业者移居雅典，给予其公民权；改革币制；确定私有财产继承自由的原则等。

梭伦制定的这一系列法律条文均被刻在木板或石板上，镶在可转动的长方形框子里，公之于众。

梭伦首席执政官任满后，即放弃全部权利离开雅典去远游了。据说他到过埃及、塞浦路斯、小亚细亚等地，一路上留下不少佳话和美谈。晚年他退隐在家，从事研究和著述，死后骨灰撒在了他曾为之战斗过的美丽的萨拉米斯岛上。

## 奥运会的由来

古希腊伊利斯国有一位美丽的公主，她在海边游玩时遇到了海神之子珀罗普斯。珀罗普斯倾慕公主的美貌，公主爱恋珀罗普斯的英俊英武，两个年轻人坠入爱河。可伊利斯国王不答应这件婚事，他想把女儿嫁给邻国国王以换取一片土地。于是，他假意要考验珀罗普斯的本领，要和他赛车。这一天，奥林匹亚山下阳光明媚，清风徐徐。珀罗普斯可不知道国王的毒计，满心欢喜地想取得比赛的胜利，好娶公主为妻。比赛开始了，双方的马车越跑越快，珀罗普斯稍占上风。国王看机会来了，举起长矛向珀罗普斯刺去。谁知他的马车恰巧轧到一块石头上，车子一倾，没有刺到珀罗普斯，自己反而掉下来摔死了。两位年轻人终于喜结良缘。在他们结婚时，举行了赛车和赛马活动，这就成了奥运会的开端。另外还有传说，奥运会是由宙斯夺得最高统治权后，举办庆祝赛会发展来的。

1. 战争为奥运会让路

波斯王薛西斯统率的大军横扫了希腊北部，来到了南下唯一的通道——德摩比勒隘口前。令他十分奇怪的是，把守关隘的只有几千名希腊士兵。“难道希腊人另有埋伏？”直到派去侦察的人回来向他报告，他才恍然大悟。

原来，此时正是希腊举行奥林匹克运动会的时间。而在希腊，奥林匹克是高于一切的大事，运动会期间是禁止打仗的，甚至在外敌入侵时也不受影响。

2. 古代的奥运会

每次赛会举行前，参加运动会的选手各自在自己的城邦先训练 9 个月。训练时有一定的规则，要按时就餐，不能贪食；用铁棒和冷水锻炼肌肉；不得寻欢作乐。参赛选手有一定条件，必须是希腊的自由民。奴隶和妇女是不能参加和观看比赛的。赛前最后一个月，选手们来到伊利斯城邦（靠近奥林匹亚）体育馆向裁判报到，接受教练员严格的训练，最后由裁判决定是否有参赛的资格。

赛会的第一天，并不举行比赛，而是进行隆重的祭神仪式。人们向宙斯神奉献上一头野猪，祈求宙斯神的保佑。全体选手在神像前宣誓：“永不用不正当的方法从事竞赛。”

接着由裁判官宣布选手名单，询问有没有人怀疑这些选手的公民资格。如果他们不是希腊人，或是奴隶、曾经被判过罪的，都没有权利参加竞技比赛。

第二天的一早，人们兴高采烈地来到竞技场，这是一个建造在山坡上的圆形运动场，可以容纳 2 万观众。突然，嘹亮的号声响起。一个传令官走上前来，高声喊道：“请参加赛跑的人上场！”

参加赛跑的运动员被分成五组进行短跑比赛，赛跑起跑用直立式，运动员赤身裸体参赛。起跑时选手们在石板上并列一行，各自将脚踏入石板的凹槽内。

只听裁判员一声令下，运动员们似离弦之箭，飞也似的向前跑去。在运动场的另一端，设立一根石柱。选手们跑到那里转弯，再往回跑，一直跑向终点（也就是起点）。短跑的距离是 192 米。

在短跑比赛结束后，接着进行各种距离的赛跑，然后是最受人们欢迎的摔跤比赛。双方运动员头戴青铜头盔，手扎带铁刺的皮带，能把对手摔到地上 3 次的，就是胜利者。

以后的几天，又进行掷铁饼、投标枪和跳远比赛。掷铁饼的运动员，要把右手握着的沉重的铁饼，在空中转几个圈，随后用左手支住右腿膝盖，挺直身子，奋力地把铁饼掷出去。掷标枪不但要比谁掷得远，还要命中一定的目标。跳远比赛很有趣，运动员双手要握着梨形哑铃，前后摆动以加大前冲的力量。

赛车和赛马被安排在竞技会的最后一天。赛车的赛程约为 14 公里，由 4 匹马拉的战车在赛场两石柱间往返 12 次，场面紧张，扣人心弦。赛马的骑手胯下的坐骑没有鞍镫，接近终点时，骑手必须敏捷地跳下马来，紧握缰绳，这时，赛马飞驰，骑手必须抓住它跑到终点。

赛会结束时举行隆重的授奖仪式。古代奥运会没有第二名和第三名，每一项竞赛只有一名冠军。冠军享有莫大的荣誉。他首先被戴上一顶橄榄树枝编成的花冠，传说这橄榄树是宙斯亲手种植的，因此这种花冠是神圣的，比任何珍宝都宝贵。其次，冠军的名字将被载入史册，他的形象被刻在陶器、青铜和大理石上。冠军还有资格与国王并列，在战场的最前列同敌人战斗；在所有的剧场看戏时享有前排的位置。最后，冠军还有一项殊荣：可以在城邦的公共食堂免费就餐，他可以一辈子在此享用美食！据说有一个来自罗得岛的老人，他两个儿子同时在赛会中获得冠军，他高兴得哭了；当他的两个儿子拥抱他，并把他们的两顶花冠戴在他头上的时候，他竟当场死去，是因为太高兴了。

## 马拉松之战

公元前 490 年，波斯的强大舰队在雅典城东北的马拉松平原登陆，发动了对雅典的战争。当时雅典军队有 1 万人，加上 1000 人的援军，总共不过 11000 人。而波斯军队有 10 万人，而且装备精良。在敌强我弱的情况下，统帅米太亚得决定不与敌人硬拼，而是把战线稍稍拉长，把精锐步兵安排在两侧。战争打响后，雅典士兵发起进攻，波斯军队立即反攻。雅典军队边战边退，波斯军队步步进逼。在千钧一发的时刻，埋伏在两侧的士兵突然冲出，从两侧夹击波斯军。波斯军队由于追击雅典人，战线拉得过长，这时陷入雅典军队的包围，首尾不能相顾，连忙慌忙逃向海边，想上船逃跑。雅典军队尾追至海边，和波斯军队展开夺取军舰的战斗。一位叫基纳尔的雅典战士，奋不顾身地用手抓住战船，被敌人砍掉了一只手，他忍住疼痛，用另一只手抓住战船，终于和战友们一起夺取了这艘战船。这场战役中，波斯人丢下了 6400 具尸体和 7 条战船。雅典人牺牲了 192 人，其中有执政官卡利乌斯和几位将军。

1. 传令兵斐力庇第斯

波斯人入侵，亡国的危险笼罩着雅典上空。雅典人立即派出快跑能手斐力庇第斯，向邻邦斯巴达求援。这位使者以惊人的速度，在两天之内跑了 150 千米路程，来到了斯巴达。不料，斯巴达统治者以古老的风俗为借口，说："现在不行，只有等月亮圆了，才能出兵相助。"原来他们根本不想出兵，斐力庇第斯无奈，只好赶回马拉松复命。雅典执政官听到斯巴达人不出兵的消息后，并不气馁。他立即把全体公民组织起来，甚至把奴隶也编入了军队。他们在著名统帅米太亚得的率领下，到马拉松平原和波斯军决战。

2. 马拉松赛跑

马拉松战役后，统帅米太亚得为了把胜利的消息迅速告诉雅典人民，选中了长跑能手斐力庇第斯。他以飞快的速度从马拉松跑到雅典中央广场，对着盼望的人群激动地说了一声"大家欢乐吧，我们胜利了"之后，就倒在地上牺牲了。为了纪念这次战争的胜利和表彰英雄斐力庇第斯的功绩，1896 年在雅典举行的第一届奥林匹克运动会上，规定了一个新的竞赛项目——马拉松赛跑。运动员从马拉松起跑，大致沿着当年斐力庇第斯经过的路线，到达雅典，全程为 40200 米。1920 年，对这段距离又做了仔细的测量，确定为 42195 米。

## 伯罗奔尼撒战争

希波战争后，希腊形成雅典与斯巴达相对峙的局面。双方争相干预他邦内政，冲突不断发生，战争遂起。在战争第一阶段，斯巴达陆军大举攻入阿提卡半岛，围困雅典城。公元前 422 年，双方会战于安菲波里城，互有胜负，签订和约停战。战争第二阶段，雅典首先发动攻势，矛头直指斯巴达盟国西西里，结果 4 万海军全军覆没。斯巴达随之出兵进攻雅典。公元前 405 年，雅典和斯巴达的海军再一次展开激战，结果雅典军又遭惨败，雅典人不得不向斯巴达人投降。长达 27 年的伯罗奔尼撒战争宣告结束。

1. 战与和的争论

公元前 416 年某天，一条帆船在雅典的一个港口靠岸，船上跳下几个人来，穿过港口市区和两道城墙，来到雅典城。这几个人是来自意大利西西里岛一个名叫阿基斯泰城邦的使者，他们的城邦正在遭受叙拉古（仅次于雅典、斯巴达的希腊第三大城邦，位于西西里东南）等城邦的进攻，危在旦夕，因而派他们到雅典来请援兵。

这几个人的到来，在雅典引起了激烈的争论。原来在伯罗奔尼撒战争爆发之初，西西里的多数城邦，包括叙拉古在内，都加入了斯巴达的同盟。雅典人对此耿耿于怀，一直想派舰队进驻西西里岛。现在阿基斯泰派人上门求援，这正是个插足西西里的好时机。

在是否进军西西里的问题上，雅典统治者中有两派截然不同的意见。在一次公民大会上，主张与斯巴达友好相处的尼西阿斯将军说：

“雅典远征西西里，这是一种冒险行为。我们要看到，在叙拉古的背后，有斯巴达在支持。要是我们贸然行动，会遭到整个伯罗奔尼撒同盟的反对，到时我们将难以招架！”

主战派代表亚西比得将军则大声反驳：“雅典公民们，我们的父辈不怕任何敌人才战胜了波斯，并且建立了一个帝国。谁也不知道我们的帝国应该有多大，历史要求我们征服新的土地。要是夺取了西西里，我们就可以利用这一胜利，成为希腊真正的霸主！”

公民大会的表决结果，亚西比得的主张获得通过。

2. 激烈的战争

公元前415年夏天，100艘雅典三层战舰起航了。它们绕过伯罗奔尼撒半岛，到达与南意大利隔海相望的科西拉，同等在那里的同盟军会合。尼西阿斯和亚西比得都是这支舰队的指挥。

这支舰队十分庞大，它拥有战舰134艘，重装步兵5000人，轻装步兵1300人，加上面包师、石匠、木工等辅助人员，总数不下3万人。此外，还有无数想发战争财的商人，为了买卖军需品、战利品和俘虏，乘船尾随于舰队之后。这支舰队从科西拉西渡，浩浩荡荡，很快来到了西西里岛，在叙拉古城附近海岸登陆扎营。

就在这时，一艘雅典快船捎来命令，要亚西比得立即离开舰队回国受审。原来，就在雅典舰队出发之前，雅典街上的赫尔美神像（希腊手工业和商业之神）在夜间被人捣毁。亚西比得的政敌说，这件事是亚西比得指使人干的，他们要求亚西比得回国接受审判。亚西比得知道，这是他的政敌企图剥夺他的领兵权，进而在政治上除掉他。于是，他假装要接受审判，交出兵权，随快船回国，在返回途中，他设法逃跑了。雅典人得知这一情况，缺席判了他死刑。

当亚西比得听到雅典对他的处罚时，愤怒地说：“我要让他们知道，我还活着。”

他怀着报复的心情投奔了斯巴达人。他向斯巴达人提出一项建议，速派舰队前往西西里，以解叙拉古之围。斯巴达人接受了这项建议，并派吉利普斯率援军前往西西里。

再说此时的雅典舰队统帅尼西阿斯，见叙拉古城墙坚固，易守难攻，于是下令雅典人在城外筑起一道围墙，使叙拉古成为一座孤城。围墙刚建到一半，斯巴达援军赶到。叙拉古人与斯巴达人里应外合，将雅典人打得大败。

终于，尼西阿斯决定从西西里撤军。公元前 413 年 8 月 27 日夜里，正当雅典人准备撤退时，忽然发生了月食。那时雅典人十分迷信，认为这是不吉之兆，决定过三个 9 天之后再撤军。叙拉古就是利用了这 27 天，将雅典舰队驻扎的海港完全封锁。

27 天过去了，雅典人的粮食断绝了，出口也被封死了。雅典人不愿坐以待毙，决定不惜一切代价，全力夺取海港出口。于是，110 条雅典战舰一齐出动，直向海港出口冲去。

叙拉古人气势正盛，哪肯放走敌人，他们立即出动 100 多艘战舰狙击敌人。港口的直径有二三千米，200 多条战舰拥挤在这里，没有回旋余地。只要双方的战舰一接近，各自的标枪手、弓箭手、投石手，立即向对方投射；只要双方战舰一接触，士兵们马上冲上敌舰展开肉搏战。“冲啊！杀啊”的呐喊声不绝于耳，“轰隆！哗啦”的撞击声此起彼伏。一群群战士倒在舰上，一艘艘战舰沉入了海底。

战斗持续了一整天，最后叙拉古人和盟军粉碎了雅典人的抵抗，把他们赶到岸上。

此时，雅典人失去了舰队，脑中只有一个字——“逃”，只想通过陆路逃向西西里岛的西部。

这是一个十分悲惨的场面。雅典战士看到自己战友的尸体躺在那里，无人掩埋，心中充满了恐惧和悲伤。那些被遗弃的伤病员更为可怜，他们抱着同伴的脖子，哀求把他们带走。而同伴们根本顾不上，只好以泪洗面，强忍着悲痛把他们甩开。

雅典人在尼西阿斯的率领下，向西部转移。路上，全军保持一个大的空心方阵形，重装步兵在外，其他人员在内。由于敌人的围追堵截，这支队伍行军速度极慢，4 天才走了 10 千米。

到了第五天，雅典人的先头部队落入敌人埋伏圈，死伤惨重。走投无路的尼西阿斯，只好率残部向敌人投降。叙拉古人抓住了尼西阿斯，立即将他处死。

被俘的雅典人大部分被卖为奴隶，剩余的 2000 多人被投入叙拉古城的一个石坑当中服苦役。这个石坑原本是个采石场，白天阳光暴晒，晚上寒气侵袭，不少人得病死亡。死者的尸体，活人的排泄物，都堆在石坑中，惨不忍睹，臭气熏天，雅典人在这里尝尽了人间的痛苦。

西西里的失败，是雅典有史以来最大的一次失败。它丧失了最精良的陆军和几乎全部舰船，从而丧失了海上的霸权。雅典急剧地衰落下去了。

到公元前 404 年，雅典终于向斯巴达投降。“提洛同盟”被解散，残余舰只被迫交出，从前的一切占领地被迫放弃。伯罗奔尼撒战争结束了，希腊城邦由盛转衰，昔日的繁荣景象不复存在。终于，在公元前 336 年，整个希腊地区被北面的马其顿征服了。

## 伯里克利时代

伯里克利是雅典杰出的政治家。他从公元前 443 年到公元前 429 年，连续 14 年当选为雅典的首席将军。伯里克利是雅典的名门之后，他父亲曾经担任过雅典军队的统帅，母亲是著名改革家克里斯梯尼的侄女。门第加财富，使伯里克利从小受到良好的教育。他不仅知识渊博，文武双全，而且具有出众的口才。还不满 30 岁，他已在雅典的政治舞台上崭露头角了。

伯里克利还是一个廉洁奉公、刚直不阿的人，他深受雅典人民的爱戴。他执政的年代被誉为“伯里克利时代”。

伯里克利生活十分简朴，很少参加酒宴，从不到别人家吃饭。他在从政的30年里，只有一次接受了邀请，参加了他的一个亲戚的婚礼。但是，在客人们开始喝酒的时候，发现伯里克利早已离开了。

伯里克利刚开始从政时，国内当权的是一个名叫客蒙的贵族。客蒙十分赞赏斯巴达的贵族政体，而反对在雅典实行民主政治。

一次，斯巴达发生了大地震，城邦几乎全被震毁，因此死了许多斯巴达人。斯巴达国内的奴隶见机会来了，趁机举行了起义。奴隶们抢夺武器、杀死主人。斯巴达人的处境十分危急，他们派人向雅典求援。

许多雅典人反对援助斯巴达，因为斯巴达是雅典的竞争对手。有人这样说：“雅典犯不着去帮助自己的世代仇敌，让它化为灰烬好了，这是雅典人求之不得的。”

但是客蒙热情地表示雅典应派兵去帮助斯巴达。他说：“要知道，如果斯巴达灭亡了，希腊就只孤零零地剩下一个雅典了。”

最后还是客蒙的意见占了上风。雅典派出了重装步兵去支援斯巴达。在雅典人到达斯巴达后，斯巴达奴隶主并不相信雅典人是来帮助他们的，反而叫他们离开斯巴达。

这件事对雅典来说是莫大的耻辱，雅典与斯巴达之间的关系终于破裂了。雅典公民用“陶片放逐法”，放逐了斯巴达的同情者客蒙。

什么是“陶片放逐法”呢？这是古希腊的一种特殊的投票方法。投票时，将可能危害国家的人的名字记在陶片上，在公民大会上表决。当某人的票数超过半数，就被放逐国外十年。客蒙被放逐后，伯里克利成为雅典政坛上的新星。伯里克利剥夺了贵族会议的权力，实行了一种新型的民主政治。他倡议建立由全体男性公民组成的公民大会，一切国家大事均由公民大会决定。雅典的执政官也由公民大会选举产生，执政官任期一年。

伯里克利自豪地说："我们的政体确实可以称为民主政体，因为政权不是掌握在少数人手里，而是掌握在多数人手中。一个公民只要有任何特长，他就会受到提拔，担任公职。"

雅典进入了它的黄金时代，民主深入民心。从此，伯里克利成了雅典最有权威的政治家。每年他都被人们选为首席将军，主持最重要的国务活动。

伯里克利的民主政治，带来了雅典经济的空前繁荣。它的手工业和商业最为发达。雅典生产的"红花"陶瓶远近闻名。这种陶瓶是在红色陶土的瓶身上，绘上黑而发亮的漆画，这些绘画图案形象生动，花纹优雅美丽。

雅典的海港十分繁忙，数不清的船只进出港湾。码头上堆满了从埃及、西西里和黑海沿岸运来的粮食；来自波斯和迦太基的毛毯；来自马其顿的亚麻衣料和造船材料；还有来自阿拉伯的香料……

兴旺发达的商业为雅典创造了大量的财富，雅典城内出现了许多辉煌的建筑和精美的雕塑。

此外，雅典人还创造了兴旺发达的科学文化，使雅典成了"希腊的学校"。周围城邦的人纷纷前来参观学习。

在这里，人们可以倾听名师苏格拉底的教诲，参加哲学家阿克萨哥拉和德谟克里特的辩论，能欣赏到精彩的戏剧，观赏到精美绝伦的艺术品。

在伯里克利时代，希腊古典文明达到了顶峰。而所有这一切，都与伯里克利的开明统治分不开。

## 最有智慧的人

苏格拉底年轻时就已因博学善辩而闻名于雅典。有一次，苏格拉底的一个好朋友为证明苏格拉底是最有智慧的人，便跑到神庙中去向神请教。庙里的女祭司告诉他，没有人比苏格拉底更有智慧了。这个人听后兴奋地把女祭司的话告诉了苏格拉底。而苏格拉底对这一回答却感到十分困惑，他说："我充分意识到自己毫无智慧，但神为什么要这样说呢？"为了证明神是错的，苏格拉底便试图找出一个比自己更具智慧的人。结果，苏格拉底拜访了颇有声望的政治家、诗人、熟练的手工艺人。通过与他们的交谈，苏格拉底认识到，这些人对自己所从事的专业的确是精通的，但没有哪个人是全知全懂的。因此，在苏格拉底看来，人类所拥有的智慧没有什么价值，只不过是沧海一粟，真正的智慧是属于神的。神并不认为苏格拉底最聪明，而只是借他的名字告诉世人："你们当中像苏格拉底那样最聪明的人，也意识到自己的智慧是微不足道的。"苏格拉底终于领悟到了神的旨意，解开了心中的疙瘩。苏格拉底为了完成自己的使命，奔走于世间，播撒智慧的种子，让人们正视自己的无知。

1. 怪诞的哲人

苏格拉底出身平民，他的父亲是一个石匠。他从小跟父亲学手艺，掌握了一手熟练的雕刻技术。本来苏格拉底有可能成为一个雕刻家的，但他的兴趣并不在雕刻石头，工作之余，他总是挑灯夜读，朗诵那脍炙人口的荷马史诗和其他著名的诗篇。有些时候，他出入雅典剧院，欣赏埃斯库罗斯的悲剧，或者徘徊于市政广场，缅怀英雄们的业绩。

史书记载，苏格拉底的长相丑陋，秃脑袋、大扁脸、突眼睛、朝天鼻，还有一张其大无比的嘴巴。但苏格拉底对自己的相貌却有着与众不同的看法："实用才是美的。一般人的眼睛深陷，只能往前看；而我的眼睛可以侧目斜视。一般人的鼻孔朝下，因而只能闻到自下而上的气味；而我可以闻到整个空气中的美味。至于大嘴巴、厚嘴唇，可以使我的吻比常人更加有力、接触面更大。"

他的怪模样常常成为朋友们的笑柄，但他从不介意。

他虽然很贫困，但对自己的石匠工作并不十分卖力，只要收入够一家糊口就不多干了。他宁愿上街去和人聊天。

他总是在天亮前起床，匆匆忙忙地吃些浸了酒的面包，穿上长袍，披上件粗布斗篷，便出门去了。他常在商店、寺庙、朋友家、公共浴室，或者是一个街口与人辩论。雅典当时辩论成风，形成热潮。

他的妻子是个爱唠叨的女人，而且脾气暴躁，常为一点小事就拿苏格拉底出气。有时候，他妻子当街怒骂他，苏格拉底只是低头聆听着，并不回嘴。这时，连他的学生们都看不下去了。但事后苏格拉底对学生们说："我每天要同各种人打交道，如果我能忍受她的坏脾气，那么，在与别人的交谈中，就不会有什么事令我不快了。"

苏格拉底生活在雅典的全盛时期。这时雅典的经济、政治和文化都达到了前所未有的繁荣。正是在这种情况下，苏格拉底开始了他在哲学领域里的遨游。他既不局限于前人的知识，也不满足于自己所学，他整日思考、探索，甚至达到了废寝忘食的地步。终于，他取得了非凡的成就，提出了一系列哲学命题，成为西方一代哲学大师。

他在讲授哲学、探讨道德问题时，并不是一味地说教，而是谈吐优雅，性情温和，绝不自以为是，好为人师。他思维敏捷，语言生动，充满幽默，洞察秋毫。

2. 苏格拉底之死

在学生们眼里，苏格拉底是一个最和蔼可亲的人。但在那些保守派眼中，他是一个危险分子。他的正直得罪了不少人，最终招来了杀身之祸。

公元前 399 年的一天，一位悲剧作家状告苏格拉底。他对法官说："法官大人，我认为苏格拉底从不敬神，而且还向年轻人宣扬他那离经叛道的主张。"

苏格拉底拒绝认罪，他在法庭上发表了慷慨激昂的演说："诸位先生，你们谁都清楚，我的言行一直有利于国家，有利于社会。法庭不仅不应该审判我，而且应该赐给我荣誉，让我到卫城的圆顶餐厅上免费就餐。”

陪审团认为苏格拉底太顽固，竟敢蔑视法庭，决定判处他死刑。

他的学生们到监狱去看望他，并极力劝说他逃走。苏格拉底却说：“我一生都享受了法律的利益，我不能在晚年做不忠于法律的事。服从法律是每个公民的天职，尽管法律也有不对的地方。作为一个好公民，我必须去死。”

最后的时刻到了，他的学生围拢过来，心情沉重地看着即将死去的老师。在太阳落山之前，苏格拉底叫人拿来一杯毒药。当狱卒带着毒药进来后，他以平静的语调对他说：“你应该知道怎样做，来吧，告诉我怎么做。”

狱卒答道：“你喝下这杯毒药，然后站起来散散步。等你感觉到脚发沉时再躺下，麻木感就会传到心脏。”

苏格拉底从容不迫地照着他的话做了。最后躺在床上他想起了一件事，急忙拉下了盖在脸上的布说：“克里托，我欠了阿斯克里皮乌斯一只鸡。记住，一定要替我还他一只鸡。”

克里托与阿斯克里皮乌斯都是苏格拉底的学生。苏格拉底关照完这件事，便安详地闭上眼睛，又盖上蒙脸布。一代哲学大师便永远离开了他心爱的学生们。

## 唯心主义最伟大的代表

公元前 388 年，西西里岛某小城的奴隶市场上，一伙希腊战俘正被当作奴隶出卖。在这伙待卖的奴隶当中，有一位中等身材、额头宽阔的中年人，正焦急地向围观的人群里张望着，好像是在等什么人。此人叫柏拉图，生于雅典一个大贵族家庭。柏拉图 20 岁时拜苏格拉底为师，跟他学习了10年。苏格拉底死后，柏拉图告别了雅典，漫游埃及和罗马等地。到西西里岛时，他被当成希腊战俘给抓了起来，当成奴隶出卖。正当柏拉图心急如焚的时候，朋友坐着马车来了，重义气的朋友把柏拉图赎了出来。这位柏拉图就是唯心主义的最伟大代表。后来他一边教书，一边著书立说，死后留下了许多著作，成为继苏格拉底之后的又一位伟大的哲学家。

柏拉图留下了许多著作，多数以对话体写成，常被后人引用的有《辩诉篇》《曼诺篇》《理想国》《智者篇》《法律篇》等。《理想国》是其中的代表作。

理念论是柏拉图哲学体系的核心。他认为物质世界之外还有一个非物质的观念世界。理念世界是真实的，而物质世界是不真实的，是理念世界的模糊反映。我们可以以美为例来理解柏拉图所说的感觉世界、理念世界和人的思想认识三者的关系。柏拉图认为：世间有许多类的事物，当你判断它是否为美时，心中必然已有了一个美的原型，这心目中美的原型又来源理念世界中存在的那个绝对的美。任何美的事物都无法与美的原型相比，前者不过是对后者的一种模仿，美的事物有千千万，而美的原型或理念的美却只有一个。其他事物也是如此，如有了桌子的理念才有各式各样的桌子，有了房子的理念才有了各式各样的房子，有了绿色的理念才有了世间的绿色……显然，他的理念论是客观唯心的，根本的错误在于抹杀了客观世界而把假想当成了真实。

柏拉图认为人的知识（理念的知识）是先天固有的，并不需要从实践中获得。他认为，人的灵魂是不朽的，它可以不断投生。人在降生以前，他的灵魂在理念世界是自由而有知的。一旦转世为人，灵魂进入了肉体，便同时失去了自由，把本来知道的东西也遗忘了。要想重新获得知识就得回忆。因此，认识的过程就是回忆的过程，真知即是回忆，是不朽的灵魂对理念世界的回忆，这就是柏拉图认识的公式。他还认为，这种回忆的本领并非所有的人都具备，只有少数有天赋的人即哲学家才具备。因此，他肯定地说：除非由哲学家当统治者，或者让统治者具有哲学家的智慧和精神，否则国家是难以治理好的。这种所谓“哲学王”的思想即是他理想国的支柱。

《理想国》涉及柏拉图思想体系的各个方面，包括哲学、伦理、教育、文艺、政治等内容，主要是探讨理想国家的问题。他认为，国家就是放大了的个人，个人就是缩小了的国家。人有三种品德：智慧、勇敢和节制。国家也应有三等人：一是有智慧之德的统治者；二是有勇敢之德的卫国者；三是有节制之德的供养者。前两个等级拥有权力但不可拥有私产，第三等级有私产但不可有权力。他认为这三个等级就如同人体中的上中下三个部分，协调一致而无矛盾，只有各就其位，各谋其事，在上者治国有方，在下者不犯上作乱，就达到了正义，就犹如在一首完美的乐曲中达到了高度和谐。

其实，柏拉图心中至善的城邦，不过是空想的乌托邦。他认为：理想的国家纵然还不能真实存在，但它却是唯一真实的国家，现存各类国家都应向它看齐，即使不能完全相同，也应争取相似。这就是柏拉图对他的理想国家所持的态度。柏拉图在文艺、美学等方面，也有成套的理论主张。他的“对话”妙趣横生、想象丰富，依此他完全有资格被列入古代文学大师之列。然而，他却在一定程度上贬低和非难文学家及诗人，他认为，一切文艺家的作品，归根结底是模仿别人的仿制品。

柏拉图死后，他所创业的学园由门徒主持，代代相传，继续存在了数世纪之久。但学园派对后世影响最大的，仍是柏拉图这位开山鼻祖。

## 大思想家亚里士多德

公元前 320 年的雅典城郊外，常常可以看到一位 60 多岁的老人，身边跟随着十多位青年，他们或是在树林中逍遥自在地漫步交谈，或是坐在山谷溪旁的大石块上，热烈地讨论着。

“老师，您再讲讲‘三段论’大前提、小前提、结论……”

老人捋了捋胡须，缓缓地说道：“我们希腊人有个很有趣的谚语：如果你的钱包在你的口袋里，而你的钱又在你的钱包里，那么，你的钱肯定在你的口袋里，这不正是一个非常完整的‘三段论’吗？”……

雅典人都知道，那是亚里士多德正在给他吕克昂学园高级班的学生上课呢。

1. 和老师争论的人

亚里士多德的父亲是马其顿王国的宫廷医生。亚里士多德 17 岁起，就被父亲送到当时著名的柏拉图学园，在那里他学习了 20 年。由于他勤奋刻苦、涉猎广泛，很受老师柏拉图看重。可是，柏拉图又说：“要给亚里士多德戴上缰绳。”意思说，亚里士多德非常聪明，思维敏捷，不同于一般人；不加以管教，就不能成为柏拉图期望的人。亚里士多德很尊敬他的老师，但是，在很多问题上，他又有着自己独立的思考和见解。他曾说过这样一句话：“我爱我的老师，但是我更爱真理。”

在学园里，亚里士多德经常和柏拉图争论，有时候，会把老师问得答不上来。他不同意柏拉图把真实存在看成是“人的理念”的唯心观点。他提出这样的问题：树就是树，由种子长成，结出果实。离开实实在在的树，仅仅是头脑中的树的概念又有什么意义呢？后来，亚里士多德终于抛弃了柏拉图的许多唯心论观点。他认为，客观存在的物质世界是永恒的，不是靠什么观念产生的。是先有了现实生活中的各种三角形状的东西，然后在人们头脑中才有三角形的观念。代数和几何的定律是从自然现象中抽象出来的。他还认为，生命和世界都在运动，没有运动就没有时间、空间和物质。这些都具有一定的辩证法观点。但是，亚里士多德碰到一些解释不了的现象，还是要把老师的一些唯心论的观点搬出来帮忙，常常弄得自相矛盾，在唯物论和唯心论这两种观点中摇来摆去。

2. 逍遥学派

在柏拉图学园，亚里士多德一学就是20年，直到柏拉图死后，才离开雅典。

到公元前343年，亚里士多德已是一位享有盛名的哲学家了。一天，他收到了一封聘书，是马其顿国王腓力二世寄来的，请亚里士多德教导他的儿子亚历山大。聘书写道："我有一个儿子，我感谢神灵赐我此儿。我希望您的关怀和智慧将使他配得上我，并无愧于他未来的王国。"这样，亚里士多德就成了亚历山大的私人教师。

公元前336年，亚历山大继承了马其顿王位，并开始军事扩张，征服了大片土地。亚里士多德则返回雅典，在雅典东北部的一片小树林里开办了一个学园，从此开始了他用知识征服世界的生涯。

亚里士多德的教学方式很奇特，不是在课堂上讲授，而是带着学生们在树林里边散步边讲学，同时还欣赏着四周的美景，十分逍遥自在，所以，人们称他们师生为"逍遥学派"。

亚里士多德提出对学生必须进行"智育、德育、体育"三方面的教育，同时提出了划分年纪的学制理论。他主张，国家应该为7～14岁的儿童办小学，让他们学习体操、语文、算术、图画和唱歌。对于14～21岁的青少年，国家应该让他们在中学学习历史、数学和哲学。德育是为了培养自尊心和勇敢豪放的性格，体育是为了培养强健的体魄。青年在中学毕业以后，国家还要对其中的优秀分子继续培养。他创办的学园就是为了培养优秀青年。

亚历山大大帝十分尊敬他的老师，他说："生我身者是父母，生我智慧者是亚里士多德。"因此，他大力支持亚里士多德办学，先后提供了800塔伦特（古希腊货币名，约合今400万美元）的经费，让亚里士多德进行科学研究。亚里士多德在学园里创建了欧洲第一个图书馆，其中珍藏了许多自然科学和法律方面的书籍。

亚历山大还命令全国的猎人、园丁和渔夫，都必须贡献出亚里士多德所需要的动植物标本。据说，亚里士多德曾指挥上千人分散到希腊和亚洲各地，为他采集各地的动植物标本。亚里士多德在学园里开展生物学的研究，时常解剖各种动物。在生物学领域内，他的最大贡献是在对动物所作的观察和分类上。他按照繁殖的形式把人归于胎生动物。他还从更广的意义上把动物分成有血和无血的两大类。

3. 逻辑学的创始人

亚里士多德创建了许多哲学和科学的术语，我们今天谈科学时几乎仍离不开他所发明的专门术语，如格言、范畴、能力、动机、终点、原理、形式、逻辑等。亚里士多德还建立了一门新科学——逻辑学，即研究正确思维方法的科学。

亚里士多德一生写过 400 部著作，虽然已遗失不少，但保留下来的书仍然非常丰富。他的著作涉及政治学、物理学、医学、心理学、逻辑学、伦理学、历史学、天文学、数学、生物学、戏剧学、诗学等方面，所以人们说他是百科全书式的大哲学家、科学家。

公元前 323 年夏天，亚历山大大帝在巴比伦病逝。消息传到希腊，被马其顿征服的雅典人欢呼雀跃，他们可算找到了出气的机会。又因为亚里士多德曾担任过亚历山大的老师，所以人们把怒火全发泄到了他的头上。人们控告他不敬神。亚里士多德听到消息，知道大祸就要临头，他不愿落得与苏格拉底同样的下场，便匆匆地逃往外地避难。第二年，这位古希腊伟大的思想家抑郁成疾，与世长辞，时年 63 岁。

## 亚历山大大帝

公元前 329 年，马其顿国王亚历山大率领大军远征。他一路上势如破竹，很快进入中亚细亚。一天，他进驻一座古城，据说此城曾是强大一时的某王国的国都。在此城的旧王宫里，有一乘马车吸引了他。当地人告诉他，这是一辆远古时皇帝的战车。车的辕杆上，有一根马拉车的皮带缠绕在一起，系成一个奇怪的结。据说当年的皇帝有过预言：谁能把此绳的结解开，谁就能占领整个亚洲。亚历山大一听立刻来了兴趣，急忙走到车前，动手去解那绳结，谁知解了半天也没有解开。于是他顺手抽出父亲传给他的宝剑，一剑下去，便把那绳结劈成两半。亚历山大轻松地对围着他的将领们说："管他什么绳结，让整个亚洲在我的宝剑下屈服吧！"

1. 马其顿的年轻统帅

马其顿国王腓力二世买了一匹未经训练的烈马，决定在城郊广场上试马。这一天，天气晴朗。在许多侍从伴随下，国王来到了练马场。

国王站在看台上，抽出一把闪亮的宝剑说道："谁能最先驯服这匹马，我就把剑送给他！"

几名骑手失败后，国王12岁的儿子亚历山大勇敢地走近骏马，抓住马缰绳，把马头转过来朝着太阳。因为他刚才已经注意到，马在阳光下害怕自己的影子，然后又轻轻地抚摸和拍打着马。刹那间，他纵身一跃，跳上马背。马儿顿时竖起前蹄，开始打转。可是尽管它四蹄乱踢，小骑手却坐得很稳。突然，骏马像箭一般地向前飞驰，顷刻之间在人们视线中消失了。国王和在场的人都万分焦急，担忧这孩子凶多吉少。可是没过多久，只见亚历山大坐在汗流浃背的骏马上回来了。他神情自若地随意把缰绳拉拉，那烈马竟十分驯服地听从他的驾驶。看着这一切，全场的人都惊呆了。

从此，腓力二世更喜欢亚历山大了，特地聘请希腊著名的学者和哲学家亚里士多德来教育亚历山大。亚里士多德努力使他的学生热爱和敬仰希腊文化，伟大的《荷马史诗》成为亚历山大最喜爱的作品。

他的枕头下经常放着诗卷《伊利亚特》。他一心想仿效诗中的英雄阿溪里，为马其顿建立丰功伟绩。

公元前338年8月，国王腓力二世决定控制整个希腊。为此，他专门设计了一种新的阵法，叫“马其顿方阵”。

亚历山大被任命为马其顿军队副统帅。这时他才18岁。

当马其顿军队到达希腊中部喀罗尼亚城附近时，遇上了希腊各城邦的联军。就在这里，双方展开了一场大决战。马其顿军队在黎明前排好了方阵。士兵们列成长达16排的纵队，每个士兵都被遮住全身的巨盾和长达5米的长矛武装起来。后排的士兵把他们的长矛放在前排士兵的肩上。这样，前排的士兵就得到好几排向前伸出的长矛的保护，整个方阵行动起来像一个整体。方阵分左右两翼，腓力二世亲自指挥右翼，左翼由亚历山大指挥。

决战中，双方相持很久都不分胜负。但是，首先取得胜利的是亚历山大。他指挥的左翼军队，给当时认为无敌于天下的底比斯人的“神圣部队”以致命的打击。相反，他父亲腓力二世那一边，却遭到了失败。联军突破了马其顿的队伍，将其打得节节败退。但是联军被胜利冲昏了头脑，指挥官大声喊着：“跟我来，把马其顿人赶出去吧!”一阵冲锋，却搞乱了自己的队伍。在高处观战的亚历山大，当机立断地说：“他们是不会胜利的!”他迅速帮助父亲改变方阵的队形，向联军反扑过去。结果联军溃败，腓力二世大获全胜。这一仗，决定了希腊人的命运。第二年。腓力二世在科林斯村召开全希腊会议，宣布自己是希腊军最高统帅，从而确定了马其顿在希腊各城邦中的领导地位。

公元前336年，腓力二世在参加他女儿婚礼时被刺身死，亚历山大继承王位。这时，他才20岁。

从此以后，亚历山大的野心越来越大。公元前334年春，亚历山大亲率35000人的军队和160艘战舰，开始了对东方波斯的远征。出师前，亚历山大把他所有的地产收入、奴隶和畜群分赠给人。

“请问陛下，您把全部财产都分掉了，把什么留给自己？”一位大将不解地问道。

“希望!”亚历山大说，“我把希望留给自己，它将给我无穷的财富!”

大将们被这位年轻国王的决心所感动，纷纷效法，准备到东方去掠取更多的财富。

2. 未完成的征伐

亚历山大是一位雄心勃勃的野心家。他计划将其领土扩展到西部领土的极限，“直到赫仑力士石柱”，即今直布罗陀海峡，东部到“天然边界”，即“中国海岸”。然而，亚历山大所计划的这个侵略范围按当时的地理知识就是整个世界，于是，他威风凛凛，消灭了波斯帝国后又向印度开始发起了入侵，但兵临印度河上游的五河流域后突然撤军回国。这一惊人的举动是怎样决定的呢？

有些史学家认为，亚历山大之所以放弃向印度进军，主要原因可能与当时以下几个方面的因素有关：气候、水土不适、当地人民反抗、士兵厌战。

古希腊史学家阿里安认为：当时亚历山大进军印度的时候正值仲夏时节，当季风一来时，全境降雨，山洪暴发，一泻千里。与此同时，印度地处赤道，在无雨的时候，这种热带气候令人难以忍受，沙漠地区烈日当空，致使马其顿人大多数消失在漫无边际的沙漠中。于是在这种酷暑、暴雨的共同夹攻之下，使军中瘟疫流行，军队战斗力减弱。这使亚历山大不得不放弃对印度的进攻。

此外，亚历山大对亚洲和印度的征服还遭到了亚洲人尤其是印度人的英勇抗击，也遭到了本国士兵的反对。同时由于连年征战，这支部队离开希腊已有 8 个年头，行程 5 万余里，很多士兵已经伤、残、病、亡。士兵厌战情绪与日俱增，幸存者也不愿再打仗了，他们都想活着回去，看看自己的父母、妻子和儿女，因而牢骚满腹，甚至公开拒绝打仗。 亚历山大无可奈何，只好收兵。

但是，有的史学家则认为，将领们之所以同亚历山大离心离德，是由于战略和策略上的一系列事件引起的。 他们认为，气候、水土不适和当地人民的反抗并不是亚历山大撤军的主要原因，士兵厌战虽接近问题的实质，但如果只讲士兵厌战还不够全面，因为还有包括大部分将领在内的整个军队的厌战。 如果没有将领的支持，单纯士兵的厌战不会产生多大后果。

3. 亚历山大死亡之谜

至于亚历山大的猝死，历史上一直有多种说法，至今仍没有绝对使人信服的结论，尽管当时的历史学家曾对他最后的一段日子做了详细的记录。 著名历史学家阿利安记录道：(公元前 323 年)5 月 29 日他因发烧睡在浴室中。 翌日沐浴后进入寝宫，与米迪厄斯整日玩骰子。 晚间沐浴，献祭神明，进餐，整夜烧未退。 5 月 31 日依例再沐浴、献祭，躺于浴室中之际，听尼尔朱斯讲述航行大海探险经历取乐。 6 月 1 日烧得越发厉害，他整夜难安，次日整日高烧。 他命人将床移至大浴池旁，躺在床上与诸将领讨论军中空缺及如何挑选补足。6 月 4 日病况更为恶化，须由人抬至户外进行献祭。 之后他命高级将领在宫廷院内待命，命亲兵指挥官夜宿寝宫外。 6 月 5 日他被移至幼发拉底河对岸的王宫中，略睡一下，但高烧不退。 当将领们进到宫中，他已不能言语，直到 6 月 6 日均是如此……

根据历史记载，亚历山大在临死前曾一直过量饮酒，发病期间有高烧不退症状。 古罗马历史学家阿利安在其著作中，对此有详尽的记载。 他写道：自从其密友赫费斯特翁死后，在最后的一段日子里，什么都不能制止亚历山大贪恋杯中物，连王后临盆也不顾，反而喝得更凶，以麻痹自己；那年 5 月他又为尼尔朱斯举办盛大的饮宴，在连喝两天后开始感觉发烧，而且烧得越来越严重，他口渴，又喝更多酒解渴，结果昏迷不醒，最终引发肝功能衰竭而死去。

一些正统的史书认为他是在征服期间不幸感染上了恶性疟疾，由此发烧多日而死的。也有人认为，他是因过量饮酒而导致身体虚弱得病而死的。不过在最近，有一些研究者从医学的角度提出了新的观点。美国弗吉尼亚州卫生健康部的流行病学家约翰·马尔和科罗拉多州立大学的传染病专家查尔斯·卡利谢尔通过研究宣称：亚历山大是感染了一种名为“西尼罗河”的病毒而死亡的，他们声称这是在通过对历史的分析以及先进的测试后得出的结论。他们还认为，这种“西尼罗河”病毒很容易以鸟类或者其他动物作为宿体，通过蚊子传播进而感染人类，而历史著作的记载在很大程度上也与其推理吻合。这两位医生为此引证了历史学家普鲁塔克的记载：“当亚历山大三世到达巴比伦一处断壁残垣时，发现空中盘旋着许多乌鸦，它们互相叼啄，一些死乌鸦从空中摔落下来，掉在亚历山大身边。”根据这一细节，他们分析这些乌鸦很可能就是感染了“西尼罗河”病毒，然后将病毒传染给了亚历山大。此外，二人还将亚历山大的呼吸道感染、肝功能紊乱以及皮疹的症状输入到一种诊断程序，程序测试结果显示，亚历山大感染“西尼罗河”病毒的概率是 100％，这验证了他们观点的正确性。

不过，对于这种推断，同样有一些医学家表示怀疑。美国罗得岛大学的流行病学家托马斯·马思虽也赞同这是一项值得关注的研究，但是对上述结论却表示异议，其理由在于：易受“西尼罗河”病毒感染的人群一般是老人或者是免疫力低的人，而亚历山大当时只有 33 岁，且年轻健壮，因此他感染此病毒的概率会很小。

不过，无论是在当时还是后世，人们最关注的是，亚历山大到底是否被人投毒，因为许多人根本就不相信他是因病而死。虽然当时包括历史学家普鲁塔克在内的传记作者，基本上无人怀疑亚历山大是遭人下毒而死。但在亚历山大死亡 5 年后，国内突然有传言说他是中毒而死，而其母后奥林匹亚斯也曾因此处死许多人，并命人把亚历山大的斟酒官艾欧拉斯的骨灰散入风中，理由就是怀疑他下毒。甚至有一些历史学家认为，策划毒死亚历山大的，正是其老师亚里士多德，而毒药也完全是由他提供的。

还有的研究者认为，亚历山大极有可能是死于慢性番木鳖碱中毒，而聪明的下毒之人正是亚里士多德，因为亚里士多德的弟子兼友人植物学家锡奥夫拉斯特斯曾提及此物的用途及剂量，并说“掩盖其苦味之上策，即使用于纯酒中”，相信这不会完全是巧合。不过对这一段历史了解最清楚的普鲁塔克也没有明确告诉人们真相，他只写道：“初时亚历山大对亚里士多德评价极高，敬爱他超过其父，但最后几年渐渐对他产生怀疑。他从未实际害及他，但其友谊已丧失原有之热情与爱，显见两人已渐行疏远。”除了亚里士多德，一些亚历山大的部下也有谋杀的嫌疑。因为随着军事上的极度成功和威望的不断增长，亚历山大当时已变得具有东方专制君王的诸多做派，而这是向来有希腊民主传统的多数人所无法容忍的。结果，很有可能，亚历山大许多昔日的好友和亲信，在目睹他染上东方化的奢靡作风、动辄杀人的暴怒，甚至竟敢自封为神以后，觉得他已变成暴君，为所欲为而喜怒无常，从而终于走出了这一步。正如亚历山大的老师亚里士多德自己说过的：“无人可自由地忍受如此统治。”

# 第五章　古罗马文明

约公元前8世纪,罗马人开始在意大利中部挖掘新城的城壕。约在公元前5世纪初,罗马征服了意大利的其他城邦国家,到公元前1世纪,成为一个横跨三大洲的庞大帝国。一直到公元前27年,罗马帝国都是奴隶制共和国,在元老院授予屋大维"奥古斯都"和"大元帅"的尊称后,才逐渐为君主制度所取代。

## 罗马的起源

在意大利首都罗马的街头，人们随处可以看到与狼有关的雕像。走进罗马卡彼托林博物馆，人们的视线集中在一尊母狼的青铜雕像上。这只母狼两耳竖起，嘴巴微张，尖牙半露，圆睁的双眼警惕地注视着前方。在它的腹下，有两个可爱的男婴，他们仰着头，正在吮吸着母狼的乳汁。据说，那两个吃狼奶的孩子就是罗马人的祖先。这里面还有一个有趣的传说呢!

传说希腊人用10年时间攻陷了特洛伊城。有些特洛伊人侥幸逃脱出来，他们坐船漂流到意大利半岛上。当他们在台伯河上岸后，发现这里森林密布，土壤肥沃。于是，这些特洛伊人在这里定居下来，并建立了自己的王国——亚尔巴龙伽。

许多年后，亚尔巴龙伽发生了一件不幸的事。当时的亚尔巴龙伽王的弟弟阿穆留斯篡夺了王位。阿穆留斯并不害怕老朽无能的哥哥，所以留下了他的性命。他担心的只是哥哥的后代报仇。为了避免这种危险，他不顾罪上加罪，在一次狩猎时，杀害了他哥哥的儿子；还强迫他哥哥的女儿西尔维亚到庙里去当女祭司，而女祭司是不能结婚的。他以为这样一来，他的哥哥就不会有后代，他的王位就稳固了。

可是，由于神意的安排，战神玛尔斯竟和西尔维亚结合，使她生下了一对双胞胎儿子。阿穆留斯听到这个消息后十分惊恐，下令处死孩子的妈妈，并让一个女奴将双胞胎扔到台伯河去，以防他们长大后复仇。

这时台伯河正在泛滥，大水不断上涨，沿岸白浪滔滔。女奴不敢走到水里，她把装着孩子的篮子放在河水边就走开了。她心想，河水再涨高些，孩子就会被水淹死。可是河水并没有冲走篮子，反而把篮子冲到岸边。

这时，一件神奇的事情发生了。一头母狼来到河边喝水，它发现了正在啼哭的孩子，不但没有伤害他们，反而慈爱地用舌头舔干他们的泪水，温存地用奶水把他们喂饱。不久，一个牧羊人看到这神奇的景象，十分惊讶，他把两个孩子带回自己家中抚养，给他们起了名字，一个叫罗慕路斯，另一个叫勒莫。

后来，牧羊人经过多方打听，终于弄清这对双胞胎男孩原来是老国王的后代。为了孩子的安全，牧羊人对此一直守口如瓶，从未对别人讲起过此事。

在牧羊人的精心养育下，这对孪生兄弟长大了。他们健壮勇敢，力大无比，武艺出众。直到这时，牧羊人才把他们的身世秘密告诉了他们。兄弟俩听了以后，决心杀死阿穆留斯，为自己的母亲和舅舅报仇雪恨。

两兄弟同心协力，经过不懈的努力，终于杀死了阿穆留斯。他们又找到了隐居乡间的外公，把王国的政权交还给他。罗慕路斯和勒莫做完这些事后，不愿再留在亚尔巴龙伽，决定到他们得救的地方——帕拉丁山冈建立一座新城。

兄弟俩在建城的问题上发生了争执。争执的原因是，他俩是孪生，该用谁的名字命名新城，由谁统治这个城市呢？两个人争吵起来，越吵越厉害，失去理智的罗慕路斯竟失手杀死了自己的弟弟。接着，他把勒莫埋葬在与帕拉丁山遥遥相对的阿芬相山。

之后罗慕路斯举行了新城的奠基仪式。他把一对公牛和母牛套在犁上，赶着它们绕着帕拉丁山冈，犁出了一道深深的犁沟。到了预定开设城的地方，他把犁头抬起，城墙的轮廓就这样确定了下来。罗慕路斯成为新城之王。他还用自己的名字为新城命名——罗马城。据说这件事发生在公元前 753 年 4 月 21 日，这一天也成了罗马人的开国纪念日。

最早的罗马城是通过联合、归并附近村落的方式而逐渐形成的。后来称为罗马的这片土地，位于台伯河左岸，离海约 25 千米。这里是重要的交通要道，附近土壤肥沃，适宜培植各种谷物，便于发展畜牧业。约在公元前 10 世纪初，这里出现了原始村落群。经过不断合并，到公元前 5—前 4 世纪，才建筑城墙，开出广场，逐渐形成早期的罗马。罗马城的海拔高度得天独厚，正好高到可以在台伯河上架桥而过，同时又没有高到航海船只难以到达的程度，因此成为海陆路交通的枢纽。

## 最早的法西斯执政

一提起法西斯，人们就会联想到意大利的墨索里尼和德国希特勒的种种暴行。其实，法西斯是个古老的名词，可以追溯到公元前 6 世纪的后半叶。

据说从罗慕路斯统治罗马起，经过 200 年，权力传到了一个名叫塞维·图里乌的手中。他按照财产的多少，把罗马人划为五个等级；同时设立一个所谓百人团会议，来处理国家的重大事务。在这个会议中，多数是第一等级即最富有的人。罗马的政体，也就逐步过渡到了奴隶制国家。

塞维有个女儿，生性贪婪残暴。无独有偶，她的夫婿塔克文，同样是个野心勃勃的人物。夫妻俩经过一番密谋，夺取了老塞维的王位。

塔克文成了国王以后，非常专制独裁，个人主宰一切。然而，他非常害怕别人也会采用阴谋手段来对付他，因此变得猜疑多端，动不动就残酷处死他所不喜欢的人。他崇尚武功，到处作战，并且大兴土木，装潢自己的城市。连年的战争、沉重的劳役和血腥的杀戮，引起了人们普遍不满，从而导致了后来被人民推翻。

罗马人赶走塔克文后，决定不再立新的国王。人民大会郑重宣布，个人专制要处以死刑。他们选出两个人替代国王执政，称为执政官。这一职位没有薪水，但享有很高的荣誉。

执政官有 12 名侍卫官。侍卫官肩上扛着一束木棒，中间插着一柄斧头，它象征着国家最高长官的权力。这种束棒被叫作“法西斯”。执政官平时是罗马的统治者和法官，战时是罗马军队的统帅。但是他们的权力是受到限制的：两名执政官权力均等，其中一名随时可以发出撤销另一名的命令。执政官执政期一年，到期又变成普通公民；如果人民对执政官有不同意见，可以在人民大会上提出。另外，还有由 300 名退职执政官和氏族长老组成的元老院，负责管理国家财政、外交和占领区事务，批准所有法律，选举公职人员。执政官和元老院成员，都是从贵族中选出的。这样罗马变成了一个贵族专政的共和国。共和国第一任执政官之一，就是为推翻塔克文专治统治做出重大贡献的鲁齐。

## 白鹅拯救罗马

公元前 4 世纪末，罗马已是一个势力强大的国家了。 但西北的高卢人却不承认罗马的统治，而且不断南侵，准备进攻罗马。 公元前 390 年，高卢人包围罗马。 罗马人战败，被迫退到城后山冈。 某夜，寂静无声，高卢人悄悄地攀登山冈，准备偷袭。 山冈上静极了，不仅士兵，连山上的狗都没有发现高卢人的阴谋。 高卢人眼看就要上山顶了，突然，“嘎、嘎”的鹅叫声刺破万籁俱寂的夜空。 执政官曼里在睡梦中惊醒，他马上意识到有危险，立即操剑冲向悬崖，用盾牌将一个上山的黑影推下悬崖，又挥剑刺中第二个高卢人的胸膛，倒下去的高卢人坠落时又砸倒几个人。 这样赢得了时间，罗马士兵纷纷赶来。 他们一鼓作气，用石块、长矛、投枪，把高卢人打下悬崖。 山冈得救了，罗马人得救了。 后来，“白鹅拯救了罗马”成为罗马人的谚语。 为了表彰白鹅的功勋，每年的一定时间，罗马人给白鹅颈上戴上装饰华丽的项圈，身上披挂上彩带，抬着它游行。 街上的人们向它欢呼表示敬意。

1. 罗马国耻日

高卢人是个勇敢的部落，他们个头矮小，但体格健壮，英勇善战，他们受伤后，只要还有一口气都不离开队伍。 这一次他们向克鲁新城进攻了。 克鲁城离罗马仅有 200 千米，守城的将士见高卢人气势汹汹、锐不可当的样子，吓得赶紧向罗马元老院求助。

罗马元老院经过紧急会议决定派 3 个使节去见高卢人的首领高林，劝他立即退兵。 不料高林傲慢无礼，对使节扬言：“别为别人操心了，再有 100 天，我们就攻进你们的罗马城了。 快滚吧，罗马人！”

3 个外交使节觉得受了极大的羞辱，他们违反外交惯例，立即赶往克鲁新城，帮那里的将士出谋献策。其中的一位使节是弓箭手，他的箭法超人，居然一箭射死了一个来探听消息的高卢人的酋长。

高林得知消息后，肺都气炸了。他立即挑选几个身体壮实的高卢人做使节，去罗马向元老院抗议，要求把罗马派出的 3 个使节交给他们惩治。罗马元老院当即拒绝，而且把那 3 位使节选为罗马军事保民官。这是一种人身不受侵犯的特殊官职，权力极大，甚至可以否决元老院的决议。

高林听到这一消息后，咆哮如雷，像一头发疯的狮子。他亲自率领 7 万大军，直接向罗马发动进攻。

高卢人英勇骁战，进军神速，以迅雷不及掩耳之势，一直打到离罗马城不远的阿里河。在这里，高卢人和迎击的罗马大军展开了血战。

高卢人全部光着头，他们猛烈冲锋，至死不离开部队，他们挥着长矛、板斧，残酷地挥舞着，居然砍下罗马士兵的胳膊，津津有味地啃着。罗马军队从未见过高卢人的作战方式，他们很快就被高卢人压到河里，很多人被激流吞没了。一部分罗马士兵狼狈逃回城里，慌乱中，连城门也忘了关闭。罗马军队是个骄傲的军队，在此之前从未遇过这样的惨败。这一天是公元前 390 年 7 月 18 日。后来罗马把这一天定为罗马的国耻日。

2. 山冈白鹅

罗马军队溃退到城内。执政官曼里把一部分居民从别的城门撤离到城外去，一部分军队和年轻的元老决定撤到城后的卡庇托林山冈上，等待援兵。卡庇托林山冈是罗马城内最高的山，陡峭险峻，悬崖绝壁，易守难攻。

大约有 100 多位年长的元老，他们不愿到山上避难，他们身穿华丽的节日盛装，来到罗马的中心广场，准备和罗马城共存亡。

罗马的城门未关，高卢人以为是罗马人设下的圈套，第一天不敢轻举妄动。探子侦察后报告高林说城里城外毫无动静。高林终于纵身上马，冲进罗马。

罗马城空旷无人，家家关门闭户，只有几只鸽子在街上啄食。高林大队人马冲到中心广场。只见在宽阔的广场上，上百位衣着华丽的老人手持圣杖，在象牙圈椅子上岿然不动，像一尊尊雕像。高林走到他们面前，他们毫无动静，既不站起来，也不改变脸色。高卢人以为他们是雕塑。一个高卢人小心翼翼地拉了拉一位元老的花白胡子，这位元老愤怒地用圣杖打了他的头。这时，高卢人才相信他们是活的，于是用乱剑将长老们杀死。顿时，血流遍地，广场被染得通红。高卢人开始抢劫放火，在短短的几天里，罗马城成了一片废墟。高卢人寻找罗马的军队和百姓，但是连影子都看不见。一个探子告诉高林，他们在卡庇托林山冈。高林率领军队如狂风一般扑向山冈。高卢人的多次进攻都失败了。高林决定改变策略，实行长期围困，用饥饿、缺水来逼罗马人投降。

执政官曼里住在山顶的指挥所里，他几天几夜都没合眼。他在想怎样和城外的援兵联系，派谁去合适呢？一名叫波恩的勇敢年轻人接受了这个任务，他在夜色的掩护下，在悬崖峭壁中冒着生命危险拽着蔓藤往下爬。但不幸的是，他的脚刚落地，就被高卢人的利剑夺走了生命。

高林为此高兴异常。因为他从波恩下山的路线中发现一条上山的通道。当晚，高林挑选几十个最敏捷、最勇敢的高卢人，准备爬上悬崖，一举攻下山冈。可没想到的是，他们的偷袭行动竟然因白鹅的叫声而失败了。

山冈上的白鹅是哪来的？原来，这是罗马人奉献给山上女神庙的。山冈上虽然食物稀少，但大家还是你省一口我省一口地用口粮喂它们，但也不能喂饱它们。这些饥饿的白鹅很不安静，特别容易受惊。它们最早听到高卢人上山的动静，因此就惊叫起来。它们的叫声拯救了山冈和罗马人。 黎明时，曼里将战士们召集起来，向大家叙说白鹅的功勋。 大家纷纷把粮食拿出来奖赏白鹅。

高卢人对卡庇托林山冈的围困持续长达 7 个月，但坚强的罗马人顶往缺水缺粮的折磨，誓死不投降，坚守阵地。 高卢人最后自己打了退堂鼓，他们要求和罗马人谈判。 高卢人得到 1000 斤黄金的赎金，撤离了罗马。 罗马人和高卢人的战争终于结束了。

## 海上强国迦太基

迦太基的旧址在今天北非突尼斯城外的一个半岛上。 迦太基是古代地中海的一个海上强国，曾经与希腊、罗马争夺过地中海的霸权。

迦太基地处北非，建城者却不是非洲人，而是西亚的航海民族腓尼基人。 传说迦太基起源于“一张牛皮”，这是怎么一回事呢?

在公元前 9 世纪初，当时腓尼基人的推罗国王临终时留下遗言：让儿子皮格马利昂与女儿爱丽沙同为王位继承人。 但是，皮格马利昂却想独占王位。 于是，他设计杀死了当大祭司的姐夫，夺取了推罗的王位。 他还想进一步加害他姐姐。 爱丽沙被迫带了一些忠于她的人乘船出逃。

爱丽沙的船队经历了漫长的航程，终于在公元前 814 年，抵达了北非的一个港口。 爱丽沙一行人受到了当地土著人的欢迎，土著人想同他们做生意，以为这些人住几天就会离开。

爱丽沙发现此地土地肥沃，物产丰富，尤其这儿有一个优良的港湾，她觉得这是一个避难的好地方，于是她对土著首领说：“我们来自遥远的地方，一时难以回故乡。 请卖给我们一小块土地，哪怕是牛皮大的一块地，让我和伙伴有个栖身场所。”

“不就是牛皮大的一块地吗？”土著首领心想。

于是，土著人给了他们一张牛皮，让他们按牛皮大小丈量土地。

爱丽沙十分聪明，她拿起剪刀，将牛皮剪成一条条细带，围了一块足以让全体人员安身的地皮。她将这块地方命名为“迦太基”（意为“新城”）。她给了土著首领许多金钱，还答应以后每年向他们缴纳赋税。土著人同意让爱丽沙一行人定居下来。

周围的人们把迦太基人称为布匿人。布匿人在开始的几个世纪中只从事海上贸易。布匿“新城”坐落在地中海地区的中心地带上，很快发展成为北非最繁华的大都会。

迦太基城到公元前 6 世纪—前 5 世纪，进入极盛时期。它拥有几十万人口，欧亚非商贾云集。不列颠的锡、西班牙的白银、非洲内陆的黄金和象牙源源不断地流入迦太基。市内的房屋鳞次栉比，那时已有六层高的建筑物出现。市中心的比尔萨山冈上，矗立着卫护全城的太阳神、月亮神神庙。

迦太基城也是一个巨大的堡垒，它筑有三道平行的城墙。外墙高达 16 米，每隔 60 米就有一座炮楼。外墙呈拱顶状，下分两层。上层为兵营、马棚，可容纳 20000 名步兵、4000 名骑兵和 4000 匹战马，下层是战象棚。迦太基人作战往往让上百头大象排成行，尾随象队的士兵用长矛和铃声将其激怒，群象直插敌阵，为步兵踩出一条血路。

为了商业发展的需要，迦太基修建了巨大的海港，一个是圆形的军港，另一个是长方形的商港。港口挖建在城墙之内，商港内侧套着军港。船只从海上进入商港只有一条宽 20 米的水道，如出现敌情，就用粗绳索将其封闭，而由商港进入军港又须通过一条狭窄的船渠。迦太基建城后不久，罗马开始兴起。迦太基在海上和非洲称霸，罗马则在陆上和欧洲逞威。罗马奴隶主集团不断对外扩张，决心与迦太基争夺地中海的霸权。公元前 264 年，两大强国开始刀兵相见，历史上叫布匿战争。这场大战前后进行了 3 次，共持续了 180 年之久。

## 迦太基名帅汉尼拔

公元前 237 年的一天，迦太基远征军的将士，正在神庙中进行祭神仪式。 一名 9 岁的英俊少年，跟着一位名叫巴尔卡的将军，来到了祭台前。 只见少年把手放在祭台上，用庄严但还有一点稚气的语调宣誓：“待我长大成人，誓与罗马血战到底！”宣誓完毕，将军搂着少年，跨上战马，率军踏上了征程。 这位少年就是将军之子，以后在意大利纵横驰骋 16 年、屡败罗马的一代名将汉尼拔。 “汉尼拔誓言”也因此名垂千古。

汉尼拔的童年是在战乱中度过的。 当时，迦太基和罗马之间正在进行着第一次布匿战争。 他的父亲、姐夫先后率领迦太基人与罗马人战斗。 汉尼拔在 26 岁时，就被任命为迦太基驻西班牙的军队统帅。

汉尼拔从小随父征战，得到父亲和姐夫的精心指导，受到严格的军事和外交训练。 长期的戎马生涯，培养了他身先士卒的战斗作风，他冲锋在前，撤退在后；他平易近人，与普通士兵睡在一块。 所有这些，都说明汉尼拔具有一个卓越将领的优秀品质，智勇双全，威望极高。

公元前 218 年，罗马人又挑起第二次布匿战争。 罗马军队兵分两路，一路开赴西班牙攻打汉尼拔，另一路渡海进攻北非的迦太基本土。 罗马人以为，汉尼拔一定会放弃西班牙，驰援北非本土。 他们做梦也没有想到，汉尼拔竟然置本土于不顾，率军长途奔袭罗马的后背——意大利北部。

这年 4 月，汉尼拔亲率由 9 万步兵、1.2 万骑兵、38 头战象组成的大部队，从西班牙出发，跨越阿尔卑斯山，进入意大利腹地。 这次远征最艰难的路程是通过冰雪覆盖、山高坡陡的阿尔卑斯山脉。

一天，部队行进在阿尔卑斯山的一条山路时，一道巨大的岩壁挡住了去路。岩壁的一边是陡峭的山坡，另一边是万丈深渊。开路的士兵使出浑身的力气，也只在山壁上凿出一些浅浅的白点。汉尼拔让士兵们砍来一些树木，靠在山壁上焚烧，一直烧到冰层融化、山壁发红时，再用水浇洒。一阵嗞嗞的声响过后，岩壁的表层崩裂了，他又叫士兵用大锤把岩壁砸碎，然后开出一条道来。这条穿越阿尔卑斯山的通道，后来被人称为“汉尼拔通道”。

汉尼拔的部队历经艰难险阻，遭受了巨大的人员伤亡，终于在公元前 218 年 9 月底走出深山，到达意大利的波河地区。这时，他的部队只剩下 2 万步兵、6000 多没有马的骑兵和一头战象了。

汉尼拔出其不意地跃过阿尔卑斯山，使罗马人大吃一惊，急忙调来大军阻挡他。第二年的 6 月，汉尼拔采取迂回战术，绕过有罗马重兵防守的阵地，在一片三面环山、背后临湖的峡谷地带设下埋伏，把四个罗马军团引入了其中。

接下来的战斗中，3 万罗马军队被包围在湖边。趁着清晨的浓雾，埋伏在附近的迦太基士兵杀了出来。不到三个小时，战斗便结束了，罗马士兵几乎被全歼。这就是有名的特拉西美诺湖之战。

公元前 216 年 8 月，汉尼拔占领了罗马的重要粮仓坎尼。8 月 2 日，著名的坎尼之战爆发。这是西方古代史上最著名的战例之一。

这场战役开始时，汉尼拔约有 4 万步兵和 1 万骑兵，因为在异国他乡长期奔波，这些部队已是疲惫之师。而罗马人有 8 万步兵和 6000 骑兵，都是精锐之师，并且休整了很长时间，斗志旺盛。但这并不能阻止汉尼拔赢得胜利。

汉尼拔精心布阵，正中是 2 万名老弱步兵，排成半月形，凸出的一面对着敌人，两旁才是战斗力强的步兵；在半月形阵势的两端，是精锐的骑兵。尤其他还注意到，那个地区在中午时分常常刮猛烈的东风，因此他背风列阵，想借东风助一臂之力。

罗马人则按传统方式布阵，将 8 万步兵排成 70 列，以密集的队形摆在中央，两旁配置骑兵，准备以优势兵力猛烈冲击敌军，一举获胜。上午8点多钟，广阔的战场上响起了刺耳的军号声。紧接着，十几万人发出了震撼原野的呐喊声。一场规模空前的血腥搏杀开始了。

罗马人率先发起进攻。步兵排着密集的方阵，全力向迦太基步兵的中央猛攻。正如汉尼拔预料到的那样，他那2万名老弱步兵抵挡不住，便向后退却。这样，半月形的阵势弯了进去，原来凸向罗马人的部分，开始变成凹进的了。罗马人越是前进，迦太基兵马越是从两侧向内收缩。这正是汉尼拔的计谋，让罗马人往“口袋”里钻。当罗马人钻进“口袋”里一定深度时，汉尼拔又指挥他的精锐步兵和骑兵迅速挤压敌军的两翼。

时近中午，汉尼拔期待的东风果然刮起来了。风势猛烈，尘土漫天，“口袋”里的罗马人迎风作战，被沙土眯了眼睛，既不能躲避敌人的武器，又不能准确地砍刺敌人，而且彼此互相碰撞，顿时阵势大乱。而迦太基人由于背对东风，借助风势大量杀伤敌人。

这时，汉尼拔的骑兵已经完成对敌人的包围，把“口袋”扎紧。被围住的罗马军队人数众多，但被挤成了一团，中间的军队没法发挥力量，而边上的队形也被冲乱，穿甲戴盔的重装步兵失去了轻装步兵的保护，这些罗马军的主力顿时成了让汉尼拔军砍杀的羔羊。

战役的结果令人难以置信，8万罗马大军几乎被全歼，执政官鲍路斯战死。而汉尼拔总共只损失了6000人。据说汉尼拔从敌人手上收集的金戒指就有三斗之多。

汉尼拔在意大利南征北战15年，一次又一次地战胜了罗马，从来也没有失败过，但是始终没有把罗马征服。由于缺乏攻城的器械，他也没有进攻过罗马城。

年复一年，汉尼拔的处境越来越困难。他得不到迦太基本土的支援，部队越来越少了。公元前202年，汉尼拔与罗马人在扎马城附近展开决战，他有生以来第一次也是最后一次被击败了。迦太基被迫付出大笔黄金作为赔款；所有的战舰，除保留了 10 艘外，一概交出；割让西班牙等所有属地。

第二次布匿战争就这样结束了，迦太基从此不再是强国，而成为罗马的一个附属国。

罗马人并不放过汉尼拔，要迦太基人把他交出来。汉尼拔被迫从非洲逃到了亚洲。然而，冷酷的罗马人继续追捕他，向敢于收留他的一切国家发出战争威胁。公元前 187 年，走投无路的汉尼拔宁死不肯做俘虏，在一个山洞里服毒自尽。

公元前 201 年，第二次布匿战争失败之后，迦太基被迫缔结和约。结果，仅保留一小块本国领土、城墙和 10 艘舰船——仅够驱逐海盗。迦太基人尽管遭到这一灾难性的失败，可在经济上却获得非凡的复苏。但是，这只能使罗马惊恐，于是罗马人无情地发动第三次布匿战争（公元前 149—前 146 年）。结果，迦太基被攻占，城市遭到彻底的毁灭，残存人口悉数沦为奴隶。

## 马略篡权

公元前 87 年，苏拉出任罗马执政官，当时正值米特拉达梯战争，于是他率军奔赴希腊和小亚细亚战场。正当苏拉在东方前线辗转作战之时，罗马城内却风云突变。原来，苏拉的政敌马略在北非收罗旧部，在执政官秦纳的内应下，乘苏拉出征之际，率军攻破了罗马。他们推翻了苏拉的各项立法，并对苏拉的支持者展开无情的大屠杀。在一片白色恐怖中，马略与秦纳成为执政官。但马略任第七任执政官后不久便染病身亡，终年 71 岁。

1. 马略与苏拉

公元前 88 年初冬的一天，罗马城天气阴沉，从阿尔卑斯山吹来的风已经有些凉意了，但在中心广场，骑在马上、立在各自军营中的马略与苏拉的手心却都已渗出了汗水。突然，“杀！”随着这撼人心魄的吼叫，双方士兵手持刀枪，冲向对方，迅猛地绞杀在一起……

马略和苏拉这两个罗马最著名的将军怎么变成了敌人？罗马的军队为什么自己打起了自己呢？

话还得从马略和苏拉本人说起。马略出身低微，父母是贫苦农民，少年时代在乡村度过，没怎么受教育。成人后，他参加过征服西班牙的战争，因作战勇敢，得到重用，历任参将和军队财务官。战后转入政界，先后任保民官、市政官和西班牙总督。

苏拉出生于一个破落的贵族家庭，从小醉心于文学艺术，酷爱交际，终日混迹于优伶、小偷和娼妓之中。后来依靠一个富有的妓女的捐赠和继母的遗产，得以重返贵族阶层。马略和苏拉的第一次合作是在朱古达战争时期。公元前 111 年，北非罗马的被保护国努米底亚的国王朱古达反叛，杀死了都城所有的罗马人。为维护帝国尊严，罗马对朱古达宣战。战争持续了数年，却毫无进展。公元前 107 年，马略当选执政官，全权指挥这场战争。上任后，他一反旧制，放弃早已难以实行的兵役财产资格规定，改征兵制为募兵制，招募自由民中的志愿者入伍，由国家供养并提供武器。这样，罗马就诞生了第一支职业军队。

这支军队果然厉害，进入北非后，连连取得胜利，使朱古达陷入困境。作为马略的财务官，苏拉也参加了这场战争。一个偶然的机缘，苏拉与毛里塔尼亚国王波库斯成了好朋友。波库斯对兵败避难于他的朱古达女婿素有嫉恨，故而便将他出卖给了苏拉，战争遂戏剧性结束，而苏拉由此获得殊荣。马略与苏拉之间从此种下不和的种子。但马略在随后反击日耳曼人入侵的战争中仍重用苏拉，在第二次任执政官时提拔他为副将，在第三次任执政官时举荐他为保民官，显示了一个政治家应有的胸襟。在这些职位上，苏拉也毫不含糊，作为副将，他俘虏了日耳曼人首领科皮鲁斯；在保民官任上，他使人多势众的马尔西人成为罗马人的朋友和同盟者。

苏拉这个人权势欲很强，不甘久为人下。所以鉴于马略不再为他提供立功晋级的机会，苏拉便离开马略，转投到另一个执政官卡图鲁斯门下。这件事极大伤害了马略，二人从此分道扬镳。

2. 夺权大战

马略和苏拉反目为仇的主要原因是为了争夺米特拉达梯的战争指挥权。公元前 88 年，黑海沿岸的本都三国国王米特拉达梯发动战争，占领了小亚细亚，并进兵希腊行省。元老院授权苏拉领兵远征，公民大会却推选马略担任统帅。双方争执不下，马略派的保民官卢福斯的门客干脆动武，杀了许多苏拉的支持者。苏拉见势不妙，便逃出罗马，径直赶往自己的军营，煽动士兵哗变，然后打着“拯救祖国，使她不受暴君统治”的旗号，杀气腾腾开向罗马。

苏拉进兵罗马，遭到城里平民的强烈反对，没有武器的群众从屋顶上投下瓦块石头，阻挡他们向前推进，把他们赶回城墙边。正在这个时候，苏拉本人赶到了。看到这种情形，他喊叫着烧房子，并亲自拿着通明的火把走在士兵前面，命令弓箭手把带火的箭往房顶上射。马略闻讯，集合部队仓促应战，这样就出现了开头的一幕。激战结果是，马略战败逃亡。苏拉进城后，立即召开元老院会议，规定今后不经元老院批准，公民大会不得通过任何法案。平民的权利因此丧失大半。

苏拉大权在握、恢复元老统治后，便于公元前 87 年，率军奔赴希腊和小亚细亚战场。马略乘此机会，攻陷罗马。苏拉在希腊听说马略、秦纳攻陷罗马的消息后，苦于无法从战场脱身，便耐住性子，一直坚持进行战争。反正君子报仇，十年不晚。经过 3 年苦战，终于迫使米特拉达梯求和。于是苏拉腾出手来清算自己的政敌了。他致信元老院，宣布“要为自己、为罗马城向那些有罪的人复仇”。然后带领部队返回意大利，新的内战又开始了。秦纳当时被哗变的士兵杀死，另一执政官卡波调集军队进行还击。惨烈的战争足足打了 3 年，意大利血流成河，最后苏拉夺下罗马，控制了意大利。

## 铁血独裁官

苏拉就任执政官后，开始了著称于史的“公敌宣告”。他在公民大会上凶狠地宣称：“我将对我的敌人一个也不宽恕，将以最残忍的手段对付他们。”于是，几乎每天都公布“黑名单”，对列入名单的“公敌”，捕杀者有赏，告发者有奖，隐匿者有罪。当时的罗马人人自危，朝不保夕。丈夫在妻子面前被杀，儿子死在母亲怀里。财富成为招灾惹祸的根源。有个叫奥列利乌斯的人平时安分守己，树叶掉下来也怕砸了脑袋。有一天偶然去广场看公敌名单，突然发现自己也在其中，他失声叫道：“这是我的阿尔巴庄园要了我的命啊！”没走多远，就被一刀杀死。在白色恐怖中，苏拉的权势达到顶点。公民大会正式“任命”他为无限期的独裁官，罗马立法、行政、司法、财政、军事大权都被他掌握。对苏拉本人的崇拜也达到极点，罗马广场上竖起苏拉的镀金像，上刻“永远幸福的科尔涅尼乌斯”。

1. 退隐山林

正当苏拉权倾罗马、横霸帝国的时候，公元前 79 年，他突然在公民大会上宣布放弃一切官职，退隐林泉，不再过问政治。在发表辞职声明后，他说：“如果有人问我原因，我愿意给他回答。”说完，苏拉便在新执政官和自己的老兵、侍卫的簇拥下离开会场。人们听到后大吃一惊，纷纷交头接耳起来。苏拉则避开灯红酒绿的罗马，躲到海滨别墅安享晚年。有时舞文弄墨，有时垂钓水边，过起了悠闲自得的生活。

2. 苏拉之死

公元前 78 年，苏拉丢下新婚的妻子，在别墅安静地死去，终年 60

岁。死讯传开，苏拉的部将和老兵从全国各地赶来。他们把苏拉的遗体放在金舆上，在声势浩大的送殡队伍护送下游行全意大利，最后在罗马广场举行了极其隆重的葬礼。据说苏拉临终前，给自己留下了这样的墓志铭：“没有一个朋友曾给我多大好处，也没有一个敌人曾给我多大伤害，但我都加倍地回敬了他们。”

## 恺撒之死

恺撒出身于罗马的名门贵族，年轻时就渴求取得罗马的最高权力。为此他学习讲演和写作技巧，后来成为一位出色的演说家。他的努力使他成为当时知识最渊博的人物之一。他初生牛犊不怕虎，年轻时就敢于控告罗马总督贪污腐坏，为此他赢得了极高的声誉。当时的罗马处于共和时代的后期，元老贵族和民主派之间斗争尖锐。享有公民权的只是罗马城内的奴隶主和自由民，而城区以外，意大利各地和海外行省的自由民却享受不到罗马的公民权，但却要担负着和罗马自由民一样的义务。恺撒接近平民，进行着反对元老贵族的活动，这样他在平民中的声望越来越高。公元前 60 年，他和罗马另外两个统帅庞培和克拉苏结成反对元老贵族的秘密同盟，这是罗马历史上有名的第一次“三头执政”。为了巩固这一同盟，恺撒把自己的女儿嫁给了庞培，尽管她当时已与别人订婚。第二年，恺撒当选为执政官，再一年，恺撒担任高卢行省的总督。

在高卢，恺撒征服了骁勇强悍的高卢民族，不到 10 年时间，他占领了 800 多个城市，歼灭和俘虏了 200 万人，使高卢成为罗马的行省。恺撒还将罗马的边境推进到莱茵河岸。不久，他又越过海峡攻入不列颠岛（现在的英国）。恺撒的显赫战功和卓越的军事才能，使他在罗马人中的威望日益高涨。这使庞培嫉妒和不安。这时克拉苏远征波斯的时候死了，庞培便利用自己的权力，颁布法律，要解除恺撒的兵权，命令他立即从高卢返回罗马。

恺撒知道这是庞培的阴谋，他经过深思熟虑，决定带领军队打回罗马，趁机夺取罗马的最高权力。

公元前 49 年年初，恺撒率师打回罗马。庞培没有料到恺撒会如此果断进攻罗马，他迎战不及，仓皇逃往希腊。恺撒进入罗马，成为罗马的“独裁者”，随后又得到统治整个意大利半岛的权力。第二年恺撒率军进攻希腊，讨伐庞培。庞培被打败，逃到了埃及。恺撒也追到埃及。埃及国王为讨好恺撒，派人刺杀了庞培。埃及国王把庞培的首级和戒指献给他。看着庞培苍白而熟悉的面孔，恺撒流出既感伤又欣慰的泪水。他为昔日的同盟和女婿，今日的敌人举行了正式的葬礼并追杀了谋害庞培的凶手。

按照当时父亲的遗嘱，埃及国王应和他的姐姐克利奥佩特拉共掌朝政，但他却篡夺了姐姐的王位。当恺撒到来时，那位女王像欢迎自己的伙伴一样欢迎恺撒。

按照传统，第一次见罗马要人时，要带去一条毛毯卖给他。趁着黄昏，女王悄悄进了恺撒驻扎的亚历山大城。她让人把她用好毛毯裹起来，送到恺撒的住处。她这一明智的举止，一是为了躲避弟弟雇用的刺客，二是为了给恺撒留下一个深刻的印象。她的勇气和美貌打动了恺撒，恺撒将她扶上了王位，并且爱上了她。他们有了自己的独生子“小恺撒”。这之后，恺撒又率军进入小亚细亚，只用了 5 天的时间，就平定了庞培部下本都王子的叛乱。他用最简洁的拉丁文字写了捷报送回元老院：“到，见，胜”（veni，vidi，vici）。这就是历史上著名的“三 V 文书”。这充分显示了恺撒用兵神速、语言简洁的特点。

在埃及女王和他们的儿子小恺撒的陪同下，恺撒班师凯旋，回到罗马。全罗马都沉浸在狂欢之中。他们纵情玩乐，游行庆祝，只见血染的战旗在明媚的阳光下迎风飞舞。游行队伍抬着 2800 多个金冠进入城市，威风凛凛的恺撒高坐在战车上接受人民的欢呼致敬。在恺撒身后是规模庞大的步、骑兵和大战的战斗表演。晚上还表演了非洲人与400头雄狮的搏斗，还有亚洲的战斗舞和希腊的芭蕾舞。

人民大会和元老院授予恺撒终身荣誉头衔——“大将军”和“祖国之父”。恺撒对罗马的共和制度进行了改革：元老院增补了300名成员，他们多数来自为人轻视的商业和一般职业阶层，甚至有被征服国的代表，他们宣誓绝不反对恺撒的任何命令，恺撒给自由奴隶的子女和高卢人公民权，给受迫害的犹太教徒以宗教信仰的自由，他将居民移居到法国、西班牙、希腊等地，而且为罗马招募了数千名的清洁工和市容美化工人。他制止了税收官在各地勒索商人及农民财物的投机活动。他使货币流通稳定。他还制定了对各地总督的任使制度，打破以往总督职务由元老院恩赐的传统。恺撒请一位希腊天文学家将罗马历法改为阳历：每年365天，每4年中有一次闰年……恺撒给人民带来了一个最公平、最仁慈、最开明的时期。恺撒想让他的人民生活在自由的世界里。有人认为今天的西方文明，是在恺撒的罗马帝国的古老基石上逐渐建立起来的。

恺撒的权力越来越大，渐渐走向军事独裁，这引起了部分固守罗马共和传统的元老贵族的严重不满，他们不是为了人民的自由，而是为了他们自己的利益，组织起一个阴谋集团谋杀恺撒。

公元前44年3月15日，恺撒只身一人到元老院开会。虽然有人事先警告他这天有人要暗杀他，但他没带卫队，他认为那是胆小鬼干的事。他从容地坐在他的黄金宝座上，笑着说：“今天不就是3月15日吗？”一个刺客假装恳求他办某件事，抓住他的紫袍，这是行动的暗号。所有阴谋者一拥而上，刀剑像雨点般落在他的身上。恺撒看到了布鲁图斯——他的义子，向他扑来，给了他致命的一刀。恺撒用最后的一点力气说了最后一句话：“你也在内吗？我的孩子？”他的身上中了23刀，其中3刀是致命的。他在他旧敌庞培的雕像底座前倒地身亡。

恺撒是个伟大的军事家，还是一个著名的文学家。他的主要著作《高卢战记》和《内战记》，是他自己亲身经历的战争回忆录，文笔清晰简朴，行文巧妙，是初学拉丁文者的必读之书。

恺撒留下了一个强大的中央集权帝国，还有一部他决定采用的历法——儒略历。这部以恺撒命名的历法就是现在大多数国家通用的公历的前身。恺撒死后，西方帝王往往用他的名字，来作为自己的头衔。人们称他是历史上才干卓绝、仁慈大度的君主的楷模，认为他是一位出类拔萃的真正的政治家。他对人民的安抚政策有效地治愈了战争给罗马带来的创伤，是恺撒使罗马帝国成为古代最负盛名的帝国。

## 建设罗马的“后三头”

恺撒死后，安东尼成为恺撒派主要头目。公元前 43 年春，安东尼在出任高卢总督的要求遭到元老院拒绝后，马上诉诸武力。他派兵抢印夺权，将原高卢总督围于穆提那城。元老院立即和屋大维一起出兵解围，安东尼败退出北高卢，和恺撒派另一重要将领雷必达联合。屋大维得胜后受到元老院排挤，多次要求担任执政官皆遭拒绝，于是带兵攻入罗马强行当上执政官。在这种情况下，屋大维、安东尼和雷必达终于在公元前 43 年秋结成“后三头同盟”。三方协议分治天下 5 年：安东尼统治高卢，屋大维控制非洲、西西里和撒丁尼亚，雷必达统治西班牙，意大利和罗马由 3 人共治。东方处于杀害恺撒后逃亡的共和派布鲁图斯手中，归安东尼和屋大维处置。这一分治协议由罗马公民大会予以批准，并获得“建设国家的三头”之称。

1. 屋大维除凶

屋大维是恺撒的侄孙，很得恺撒欢心。恺撒收养他为义子，指定他为继承人，并决定将 3/4 的遗产传给他。恺撒被杀时，罗马的执政官是安东尼。他是恺撒的心腹大将，自命为恺撒的继承人。当屋大维从国外赶回罗马时，安东尼以蔑视的态度对待屋大维。他傲慢地说："青年人，除了恺撒的名字以外，你还想要得到什么呢？钱，我已经没有了，难道你还要恺撒的政权吗？"屋大维转身离开，从此他开始为夺取政权做准备。为了树立自己的威信，年方20岁的屋大维和安东尼一道，清除了刺杀恺撒的凶手和党羽，前后共有300名元老和2000名骑士被处死。

2. 两雄对峙

公元前36年，屋大维肃清了庞培之子小庞培在西西里和撒丁尼亚的势力，又解除了雷必达的军权，只为他保留大教长的虚衔。三头鼎立遂变成两雄对峙。安东尼继承了恺撒的弱点，在东方步恺撒后尘，正式与埃及女王克里奥佩特拉结婚。他迷恋美色，宣称要把他治下的领土赐予克里奥佩特拉之子。这些丑闻为屋大维反对安东尼提供了最好的炮弹。公元前32年，三头分治协议5年期满之时，遂变成屋大维和安东尼公开决裂的起点。屋大维以武力迫使亲安东尼的两位执政官和300名元老东逃，并让元老院和公民大会宣布安东尼为"祖国之敌"，向埃及女王宣战。

公元前31年9月2日下午，在希腊西部的亚克兴海面上，出现了两支浩浩荡荡的海军舰队。右边的一支是元老院派出的罗马舰队，舰队的指挥官是屋大维。他脸色冷峻，目光坚毅，披着红色斗篷，站在旗舰上。一阵海风吹过来，斗篷上的红绸带轻拂着他的脸颊。望着浩瀚的大海，他暗暗下定决心：这次如果不取得胜利，不将他的政敌的头颅砍下，绝不回罗马。

左边的是一支联合舰队，由埃及女王克里奥佩特拉七世和罗马前执政官安东尼率领。从舰船数量上来比，联合舰队稍占优势，共有近百艘战舰。

双方舰船一遭遇，立刻展开了一场激战。由于双方势均力敌，一时间杀得天昏地暗。屋大维一个箭步冲到船头，拔出佩剑，朝空中一挥，罗马士兵见指挥官下了命令，纷纷冲到船舷旁，用弓箭朝敌人射去。敌人有的还没反应过来，片刻工夫就倒下一片。但敌人调整队形后，就开始反击。

有几只船拼命朝屋大维的旗舰撞去。只听几声巨响，战舰搅在了一块。安东尼的士兵跳上了屋大维的战舰。顿时，船上响起了兵器的撞击声，被砍倒的士兵掉进海里，鲜血染红了海水。

正在双方酣战之际，“呜！呜”的号声划破天际。原来是埃及女王的收兵号声，60 艘埃及船随着女王撤离海战战场。为何埃及女王突然率舰队离开战场？至今仍是个谜。安东尼抛下自己的舰队，乘着快船去追女王。屋大维一鼓作气，收拾了安东尼撇下的舰队。

第二年夏天，屋大维率大军进攻埃及，并取得了决定性的胜利。安东尼和克里奥佩特拉双双自杀了。屋大维成了罗马的唯一主宰。这一年，他年仅 32 岁。

## 世界最早的“元首”

公元前 27 年 11 月的一天，屋大维在罗马元老院的讲台上娓娓而谈，足足讲演了一个上午。他声情并茂地对元老院的元老说：“我是罗马的儿子，我要尊重罗马的民主共和制，永远不改变它的一切。因此，我宣布，把自己所任的监察官、保民官，以及大祭司长等职衔统统交出去！”屋大维的讲演不时赢来人们的欢呼声。人们对屋大维顶礼膜拜，奉为神明。罗马元老院一致通过决议，为屋大维加上“奥古斯都”的称号。其实，屋大维玩了一个欲擒故纵的计策。他表面上要放弃一切权力，而实际上是想以此赢得上至元老院，下至平民百姓的拥戴。结果这一招果然灵验。人们为了回报他，为他加了“奥古斯都”的称号。“奥古斯都”是“神圣”“至尊”的意思，这是比皇帝更光荣的称号，它后来成为西方帝王的一种头衔。屋大维还接受“元老院首席公民”（即“元首”）和元帅的荣誉称号，独揽了罗马的行政、军事、司法和宗教的大权。“元首”这个词，从此就在全世界通用了。

1. 元首政治

屋大维是一个机智善断、作风稳健的政治家。他所开创的“元首政治”，实际上是披着共和制外衣的君主制。他虽然没有称帝，但实际上是罗马帝国的第一个皇帝。罗马帝国的开创年代就是公元前27年。

屋大维执政时奉行的总原则就是维护国内和平。他认为罗马长期内乱的根本原因，是宗教的衰弱和道德的败坏。为此，他下令修建庙宇，塑造神像；同时还恢复传统的道德。他颁布法律，奖励生育，惩治放荡行为。他自己身体力行，革除一切浮华礼仪，只住简陋的房子，睡低矮的床，穿妻子、女儿做的衣服，生活得像一个元老院贵族，而不像一个帝王。

2. 黄金时代

罗马国内的和平，使地中海地区人民享受到前所未有的安定生活。他们的生命财产、商旅运输得到保障，农业、手工业、贸易得到迅速发展。“条条道路通罗马”，那里每天行进着无数的商队。而地中海上也是百舸争流，成千上万的船只运载着粮食、美酒、橄榄油、毛织品、金属器皿等，往来穿梭，呈现一派繁荣的景象。文艺上也是百花盛开，罗马最伟大的作家维吉尔、奥维德等人都是出现在这个黄金时代。

在屋大维的主持下，罗马又建造了新的公共浴室、王宫、凯旋门、剧院和高架引水渠。为此，他骄傲地说：“我接受了一座用砖建造的罗马城，而留下了一座大理石的城。”在屋大维统治的44年内，他住在帕拉丁山顶上一所简陋的住宅里。这个身材瘦小、性情孤独的人，在幕后操纵着西方世界最强大的帝国。公元 14 年 8 月 18 日，他以 77 岁的高龄病逝了。据说，他在弥留之际，曾对前去探望的朋友们说了几句话：

“我的喜剧演得好吗？如果我演得好，那就为我鼓掌吧，大家高兴地为我送行吧！”

屋大维死后，罗马为他举行了隆重的葬礼。他死去的这一个月也以他的名字来命名，称为“奥古斯都”。

尽管屋大维的许多继承者是疯子和暴君，但他留下的大帝国还是延续了几个世纪。

## “傻子”皇帝

罗马皇帝克劳狄因其相貌丑陋、寡言少语，被不少史学家称为“白痴”。傻子居然也可以当皇帝？这位罗马帝国的皇帝到底是真傻还是装傻？这已成为历史上最富有争议的话题。

1. 以“愚钝”闻名的皇帝

罗马帝国皇帝克劳狄（公元前 10 年—公元 54 年）是罗马历史上唯一一个以“愚钝”闻名的皇帝，其父亲是罗马行省高卢的首府鲁恩的总督，名叫德鲁苏斯。克劳狄在童年和少年时期常患疾病，无情的病魔不仅损害了他的健康，毁坏了他的外貌，而且影响了他的智力和思维的正常发育。他行动迟缓，很像一个白痴儿，因此他饱受歧视、冷眼和嘲笑。就连他母亲也常用一句口头禅来形容别人傻：“比我儿子克劳狄还傻。”公元 41 年，罗马皇帝盖乌斯被近卫军在皇宫里刺杀。当时已经 50 多岁的克劳狄目睹了这一切，他吓得躲在窗帘后面瑟瑟发抖。尽管如此，这个常常被别人冷眼歧视而默默无闻的“傻老头”克劳狄竟时来运转。由于近卫军见他貌似痴呆且胆小怕事，就恶作剧般地拥立他为皇帝。但罗马帝国的元老却不敢相信他们要立一个傻子统治罗马。但由于罗马的政治和权力都被近卫军和军队控制，他们不得不宣布克劳狄是新一任的罗马皇帝，并将皇帝的一切权力和头衔都授予了这个他们难以接受的人选。从此，罗马史上唯一的“傻皇帝”克劳狄便登上了宝座，开始了长达13年的统治。人们不禁要问，当时罗马已经成了一个以地中海为内海，跨越亚、非、欧三大洲的大帝国，一个“傻子”怎么会统治这么长的时间呢？他是被人操控的傀儡吗？

2. 白痴还是明君

据史料记载，看上去很痴呆的克劳狄在政治上有很大的建树。由于盖乌斯的胡作非为，罗马帝国已经陷入了快要瓦解的状态。克劳狄上任后的第一件事情就是赏赐拥戴他的人，由此缓和了军队与皇帝的矛盾。他也以合作的心态与元老们共同商量国家大事，下令取消对被控叛国罪的人的审讯等。克劳狄也很重视与民众的关系，一上台就宣布废除一些不合理的赋税，向行省居民赠送公民权，提高他们的政治地位，扩大了帝国统治的基础。在外交上，他归还了前皇帝从希腊不择手段弄来的雕像等一些珍贵艺术品；同时又御驾亲征，率领罗马军队横渡泰晤士河，征服了一些重要的城市和小国家。

这些措施给罗马的政治和社会创造出十分和谐的气氛。但就是这样，当时的人们对他的评价也都不一样。与克劳狄同一时期的古罗马最著名的哲学家塞涅卡曾赞扬克劳狄是恺撒大帝之后最好心的人，但随后他又把克劳狄描绘成暴君、傻瓜。人们不知道这前后的两种评论哪个才是塞涅卡的真正评价。后来的史学家也是一边赞颂克劳狄宽厚仁慈，赢得了罗马士兵和人民的热爱；一边又讽刺他只会听从妻子的意见，毫无主见，说他不像个皇帝，更像一个奴仆。克劳狄在公元54年死去，据说是被他的妻子毒死的。

在20世纪上半叶，西方历史学界掀起了一场对克劳狄个性特征、功过是非的再度评价、再度研究的热潮。有的史学家认为克劳狄并不是一个白痴、傻子，更不是一个傀儡皇帝。 也有人说克劳狄一直在装傻，为的是逃避想要残害他的人。 结果学者们各持己见，看法不一。看来要想彻底解开蒙在克劳狄脸上的面纱，只有期待更多的考古资料问世，从而还历史一个本来面目。

## 戴克里先称帝

公元 284 年深秋一个阳光灿烂的午后，一支庞大的罗马军队正匆匆行进。 他们的皇帝在返程中突然死去，他年轻的儿子继位不到 1 个月，也得了重病，不得不躺在担架上返国。 “快走！ 快走！”近卫军长官阿培尔在担架旁来回奔驰，时而揭开担架上的被子看看。 就在阿培尔揭被的时候，抬担架的士兵闻到一种腐臭味，他们对此产生了怀疑。 原来，他们的皇帝早已被人害死了，担架上其实是皇上的尸体。 “是谁杀死了皇帝？ 把凶手找出来！”激愤的士兵纷纷要求严惩凶手。 阿培尔向士兵呵斥道：“你们想造反吗？ 皇帝死了再选一个就是了，谁要聚众闹事，就地处决！”这时，一个高亢的声音响起：“你说得倒轻巧！ 你这个人面兽心的东西，一个月就谋害了两位皇帝！”说话的不是别人，正是戴克里先。两人拔剑厮杀，阿培尔当场毙命，戴克里先被拥立为罗马帝国的皇帝。

1. 四帝共治

戴克里先执政后意识到，他一个人不可能对付奴隶起义及外族入侵，因此委托好友马克西米治理帝国西部。 于是，罗马帝国有了两个最高统治者，一切命令都以两人的名义发出。 后来，他们又各自为自己使用了副职。 从此，这四个人分别治理帝国的一部分，历史上称为“四帝共治制”。

2. 威严的皇宫

戴克里先的皇宫位于古城斯普利特的中心。 它的占地面积有 3. 6

万平方米，围墙2.1米厚，高15～21米，与罗马古城堡的构建没什么区别。临海建的戴克里先皇宫，至今依然保存完好的有寝宫、大厅和穹顶门庭，还有周围以科斯柱围绕的八角形皇陵。与他执政时疯狂遏制基督教、迫害基督教教徒相对应的是，他的皇陵后来成为基督教大教堂，这真是一个莫大的讽刺。

## 君士坦丁大帝

对基督教徒来说，公元313年是一个十分重要的年份。因为在这一年，君士坦丁同当时据有巴尔干半岛和伊利里亚的另一“奥古斯都”李基尼乌斯在米兰会晤。在这次会见中，双方共同签署了一个著名的宗教宽容敕令——“米兰敕令”。敕令承认基督徒同其他异教徒具有信仰自由的同等权利，给予基督教合法的地位，并把过去被没收的教堂和教会财产归还给他们，从此基督教正式成为合法宗教。这是对流传日广的基督教徒的一个让步，也是向基督教寻求支持的一种表示。这位向基督教做出巨大让步的君士坦丁即君士坦丁大帝。

1. 君士坦丁

君士坦丁出生在上表西亚省的内索斯。他是罗马帝国西方“奥古斯都”康士坦提乌斯的长子。公元306年夏，康士坦提乌斯在担任“奥古斯都”15个月之后死于约克，君士坦丁被军队宣布为“奥古斯都”。君士坦丁为了确立自己在西方的统治地位，花了6年时间与其他三个竞争者斗争。公元312年，他在意大利击败了自称恺撒的马克森提乌斯，胜利地进入罗马，并占有了原属马克森提乌斯管辖的意大利、非洲和西班牙，从而成了西方名副其实的“奥古斯都”。公元337年5月22日，君士坦丁死于尼科米底亚驻地。

君士坦丁死后，他的几个儿子开始争权夺利的斗争，帝国又分裂成东西两部分。尽管在公元394年，皇帝狄奥多西一度统一了罗马帝国，但不到一年，随着他的猝然去世，帝国最后还是分裂了。

罗马帝国的版图从此被分为两块，东罗马帝国的领土包括希腊、小亚细亚、叙利亚、巴勒斯坦和埃及；西罗马帝国的领土包括意大利、高卢、不列颠、西班牙等地。在文化上，东罗马主要以希腊语为主，西罗马依然通行拉丁语。

2. 宗教的作用

到了1世纪末，罗马帝国开始面临众多危机。其中之一是如何在精神上维系这样一个庞大帝国。罗马君主及元老院都了解到，单靠军事或经济的扩张来维系帝国的凝聚力并不牢靠，必须建立一个全国性的新精神或信仰，方能长久维持帝国的一统及兴盛。公元313年，君士坦丁随即协同李基尼乌斯颁布米兰敕令，允许宗教自由，给予基督教合法的地位，从此结束了200多年迫害基督教的历史。

3. 定基督教为国教

公元337年，君士坦丁在临去世的前一刻，在床榻上接受洗礼，正式成为基督教徒。君士坦丁在位期间，已有计划地取缔异教活动，包括私人献祭，关闭一些敌对基督教的庙宇，为基督教成为国教而铺路。君士坦丁又委任基督徒为政府顾问。他的儿子也是接受基督教教育长大的。他赐给基督教会很多特权，积极参与教会内部的纷争。基督教的僧侣可以免除对国家的徭役，而主教有权审判教会案件。教会还有接受遗产、馈赠和购买以及释放奴隶的权利。基督教从此成为帝国的合法宗教，变成了国家政权的精神支柱。

## 阿拉里克进罗马

公元410年，哥特首领阿拉里克的大军抵达了罗马城郊。这时，罗马仍然是当时世界上最宏伟壮丽的城市之一。8月24日夜晚，成千上万的哥特士兵穿着兽皮，持着刀剑，勇猛地冲向罗马城。他们当中，有身材矮小、生性剽悍的匈奴人，也有久盼自由的罗马奴隶。随着凄厉的雷鸣声和长鸣的号角声，哥特人终于打开了罗马城门。罗马城陷落的第 6 天，哥特人扶植了一个傀儡皇帝上台，维持着西罗马帝国的国号。阿拉里克统领大军离开罗马，前往意大利南部。

1. 自毁长城

公元 395 年，罗马正式分裂为东、西两个帝国。西罗马帝国仍建都罗马，东罗马帝国建都君士坦丁堡。统治西罗马帝国的霍诺留本是一个萎靡不振的低能儿，好在他手下有一名叫斯底里哥的元帅帮他执政，才勉强维持了政权。霍诺留后来听信了少数贵族的谣言，竟下令处死了能干的斯底里哥，并株连了许多人。斯底里哥的部下异常恐惧和愤慨。走投无路之时，一下子有 3000 人投奔了西哥特首领阿拉里克。阿拉里克率大军开始了对西罗马帝国的攻击。

2. 珍宝之谜

哥特人攻破罗马城后，士兵们冲进宫殿、神庙和住宅。他们剥下墙上的贵重饰物，捣毁神像寻找黄金，把珍贵的衣料、金银器皿堆上他们的大车。三天三夜的洗劫将罗马几乎变为一座空城。而这些珍宝最终流向了哪里？据说西哥特首领阿拉里克离开罗马向南进发时，途中便突然暴亡。哥特人强迫罗马俘虏排干了一条河里的水，把阿拉里克的遗体连同掠夺来的无数财宝一起埋入河底，然后把水放入河道。当所有工程完工后，哥特人杀死了全部罗马俘虏。称雄一时的阿拉里克和数不清的珍宝永远留在了一条不知名的河底。

3. 罗马帝国的灭亡

公元 476 年，日耳曼雇佣军首领奥多亚克废除了西罗马帝国最后一个皇帝罗慕洛斯，宣告了西罗马帝国的彻底灭亡。从此，欧洲历史进入了封建制的中古时代，学者们称其为“中世纪”。整个中世纪的欧洲都处于封建教会的控制之下，宗教裁判所对一切异端的残酷镇压，全面抑制了欧洲社会文化的发展。

# 第六章　玛雅文明

在今墨西哥一带,玛雅人生息繁衍了至少 4000 年之久,创造了独特而神奇的历史。玛雅是淹没于丛林的巨大谜语,几乎没有什么渐进的迹象。上百座分布于广阔区域内的城邦突然崛起,而在此之前,玛雅人过着非常原始的生活。难以理解的是,历经千载辉煌之后,这些繁华的都市又都不约而同地突然消失了。玛雅人建造出了宏伟的神殿,创造出了精美的雕像,发明了神秘的象形文字,这一切至今依然在挑战着现代人想象力的极限。

## 玛雅创世说

玛雅人的创世之书《布布尔·乌赫》中有两对孪生兄弟。第一对孪生兄弟叫洪·胡那普和乌卡·胡那普，他们都是球技比较高的人，他们被“西巴巴”即“恐怖之地”的两位阎王召到地府。两位阎王垂涎两兄弟的高超球技，想将其占为己有。两兄弟在受尽折磨后被处死。洪·胡那普被斩首后，他的头被悬挂在一棵光秃秃的葫芦树上。不久，树上结出一个果实。阎王命令：“禁止任何人采摘这个果实。”一位妇女来到树下，采摘了这个葫芦。她采摘的时候，洪·胡那普只剩下脑壳的头颅流出几滴唾液到她的手心里，她便怀孕了，不久生了一对孪生兄弟，即胡那普和喀巴伦格。后来这两兄弟也被召到“西巴巴”参加一场球赛。但他们逃脱了圈套，打败了对手，也激怒了“西巴巴”人。在经历了一系列冒险后，他们借助魔法让自己死去。“西巴巴”人把两兄弟的骨头碾成碎屑投入河中，但骨头重新变成了两位英俊少年。两兄弟在乔装打扮后又潜回到“西巴巴”，他们演示各种戏法，包括死后复活。两位阎王被这些把戏迷住了，要求亲身尝试一番。两位兄弟同意了，但他们只把魔法进行到一半，处死受了蒙骗的两位阎王之后，却没有让他们起死回生。在战胜了邪恶之后，英雄两兄弟——这是人们后来称颂他们的美名，就升上天空，化身成日和月。

1.《布布尔·乌赫》

《布布尔·乌赫》是一部著名的玛雅史诗，原著是用象形文字写成的，16 世纪时被译成了西班牙文。据一些学者研究考证，认为这部史诗大约是在纳贝克正进行改建时写成的。

2. 发达的农业技术

玛雅人留下了把沼泽地和水淹地改造成田的遗迹。他们在水淹地里挖掘排水渠，把挖出的养料充足的泥土堆积成高出水面几英尺的粮田。水渠提供了乘船去田里的途径，这样就可以不断运送有机粪肥施到地里以保持土地的肥沃。水域还提供了额外的食物来源，如鱼和水生贝壳类动物等。而且，在严重缺水的地区，玛雅人还建立了大规模的灌溉体系。引人注目的是一条宽广的运河，把城市南部和附近的一条大河相连。在城市中心北端，7 条星罗棋布的小运河把水输送到各个水库。其中最大的水库容量达 3200 万加仑（1 加仑≈3.785 升），所有水库的总储水量近 6 亿加仑。这些工程总共投入的劳动量可达 168 万个工作日。所有运河和水库都是手工建成的，他们所借助的工具仅是燧石制成的斧头和锄头。

## 中美洲“文明之母”

墨西哥民间有这样一个古老传说：远古时代的密林里生活着一

个古老的民族——拉文塔族，他们住在仙境般的美丽城市里，有着高度发达的文明……这就是墨西哥湾沿海地区著名的奥尔梅克文明。

1. 文明的发祥地

奥尔梅克文明的发祥地位于今墨西哥的维拉克鲁斯州和塔巴斯科州，西起帕帕洛阿潘河，东至托纳拉河，面积约为 1.8 万平方千米。这一带西部为洪泛区，东部为沼泽地，气候炎热多雨，河流众多，水草丰美，并且橡胶树成片，因此当地居民被称为“奥尔梅克人”，意为“橡胶之乡的人”。

奥尔梅克文明出现在 3300 多年前，是墨西哥最早出现的较为发达的人类古文明之一，享有中美洲“文明之母”的美誉。奥尔梅克文明的主体为三个文化点：圣洛伦佐文化、拉文塔文化和特雷斯·萨波特斯文化。三个文化的发展和繁荣期有先有后，相互衔接。由这三个文化点组成的奥尔梅克文明的影响不仅仅局限于墨西哥本地区，而且遍及整个中部美洲地区。中美洲其后出现的玛雅文明、阿兹特克文明以及其他各种文明都与奥尔梅克文明有很深的渊源。

2. 特有的雕像

奥尔梅克文明被认为是中美洲文明的始祖，它具有极高的艺术造诣，为日后的社会提供了许多文明财富。但最卓著的当数奥尔梅克特有的雕像。这些雕像以巨大的石头头部雕像工艺见长，大都雕刻着厚厚的嘴唇和凝视的眼睛。1938 年发现的“奥尔梅克巨石头像”是奥尔梅克文明中闻名于世的艺术品。这些头像由整块玄武岩雕成，构思完善，具有强烈的写实性。

14 个巨石头像中最大的是一个青年的头面雕像，重达 30 吨，高 3.05 米左右，形象十分生动。他鼻子扁平，嘴唇厚大，眼睛半睁，呈扁桃状，眼皮显得十分沉重；头戴一顶装饰有花纹的头盔，遮住了两耳。考古学家认为该头像可能是当时奥尔梅克领袖的雕像，或者是一种向死者表示致敬的纪念碑。

除了雕刻出巨型石像外，奥尔梅克人还用绿玉或黑玉雕出许多小型的人像、动物形象或一些小雕像。奥尔梅克人喜欢用翡翠绿玉做各种珍贵的礼器、宗教用具和装饰品，这是奥尔梅克文明的一大特色。在奥尔梅克人看来，最为贵重的物品是玉石，它代表着“第一流的无上的体面”。绿色玉石所折射出的颜色仿佛滴翠的青玉米或荡漾的碧波，由此绿玉成为“珍贵”和生命自身的同义词。奥尔梅克人雕刻出来的小型石像晶莹圆润，玲珑可爱。这些玉石人像以裸体直立的站相和五官俱全的面具为最多，有的小人像胸前还缀有一面用黑曜石凿成的镜类饰物，即使在 3000 多年后的今天仍然闪闪发光。在玉雕作品中，最常见的是一个带有美洲豹头部特征的神像，该神像是人的身形，学者们称之为“豹人”或“豹娃”。美洲豹是奥尔梅克人崇拜的主要天神的象征，因此这个神的形象往往兼具人和豹的特点。奥尔梅克人的这些作品既反映了他们独特的宗教信仰，又形成了一种方正凝重、深厚圆润的风格，成为奥尔梅克艺术的典范。

不仅如此，科学家发现奥尔梅克人还发明了一种橡皮球游戏，后来这种游戏在整个地区广泛流传，成为各地十分喜闻乐见的活动项目。此种发明无疑又闪现了奥尔梅克人特有的智慧。

3. 突然的消失

3000 年前，就在地球上的大多数角落仍然处于文明的黑暗中时，而奥尔梅克却在古远的城市中创造了自己的文明，闪耀着夺目的光芒。他们曾经很强盛，但到公元前 900 年前，不知是什么原因，他们突然消失了。他们的遗迹中也没有任何遭到外敌入侵的痕迹。所以科学家猜测也许是他们赖以生存的河流由于淤泥堵塞而改道，导致他们不得不放弃这里，远走他乡。据说今天的墨西哥圣洛伦索就建立在它的遗址之上。

## 美洲的希腊人

玛雅人在中美洲的密林中创造了光辉灿烂的古代文明。他们在公元前3000年以前就开始定居，从而进入农业社会。他们主要居住在墨西哥南部、尤卡坦半岛和危地马拉、洪都拉斯一带。玛雅文化的全盛时期在3—9世纪。乌希玛尔和奇钦·伊策萨是玛雅宗教、政治和文化中心。玛雅文化在古代美洲大陆水平最高，发展最早，并创造了象形文字。所以玛雅人被称为“美洲的希腊人”。

1. 玛雅文字

玛雅文字像中文字一样呈方块形状。它们有些是符号，有些是象形文字，一般写法是从上而下，然后从左到右。玛雅文字到今天还未能完全解读。由于殖民地时代西班牙传教士的愚昧，把无数玛雅典籍说成是异教邪物，把这些最后的线索彻底烧掉。唯一幸免的只有3部早已流落异乡的抄本，这3部抄本对玛雅文字的解读带来莫大启发。

2. 玛雅历法

玛雅人的天文学家算出了太阳历一年的时间为365.2420日，精确率远超过当时的世界水平。他们将一年分为18个月，每月20天，再加上5天禁忌日，共365天。每年度从冬至那天开始，第一个月叫亚什。玛雅的历法与农业季节联系相当紧密，有“播种月”“收割月”“举火月”（即烧荒地）等。

3. 玛雅金字塔

金字塔是古典时期重要的建筑。埃及的金字塔是法老的坟墓，玛雅的金字塔是祭塔。它用磨平的巨大石头筑成，雄伟壮观。塔四周有阶梯，塔顶是祭神的庙坛，通往金字塔的阶梯上装饰有浮雕。金字塔神庙祭坛现在已成为墨西哥的国宝。

## 谜城科潘

玛雅文明的象征是尤卡坦半岛南端的科潘。在印地语中流传着一个关于科潘城的神话：很久以前，有一个王子遇到一个儿童。儿童告诉他，在森林中有一座城堡，需要他去拯救那里的臣民。于是王子深入可怕的森林，终于找到这座城堡。他发现城堡的臣民们都被女巫的咒语迷住，不省人事。王子见城堡里的一位公主非常美丽，却不幸遭此厄运，产生了怜悯爱慕之心，上前吻了公主的前额。公主经过一吻便苏醒了，随后臣民也都慢慢地苏醒过来。从此，这座城堡又“活”了过来，充满了生机。

1. 谜城现世

1576 年，一个名叫迭戈·加西亚的西班牙王室使者在从危地马拉去洪都拉斯的路上，途经一条峡谷。当他穿过这道狭长的峡谷时，意外地发现了位于洪都拉斯西部的巨大科潘遗址。他在给西班牙国王的信中，详细地叙述了在科潘所看到的一切，还生动地描绘了那里的古代建筑和雕刻。但是，这一重大发现在当时并没有引起欧洲人的重视。事隔两个半世纪以后，爱尔兰人胡安·加林多于 1833 年专程去那里进行考察，并撰写了一系列关于科潘遗址的文章，这才在欧洲引起了轰动。

2. 科潘神庙

在科潘古城遗址，有一座纪念性神庙建筑。它的台阶上有两个狮头人身像，嘴里衔着一条蛇，一只手攥着象征神祇的火炬，另一只手握着几条蛇，艺术特色非常鲜明。在一座神庙前的石阶上，站立着一个代表太阳神的巨大人头石像，威武庄严。石像上雕有金星图案，令人惊讶。

## 王权的衰微

公元695年，玛雅新国王“十八兔”即位后，科潘继续扩张。“十八兔”下令建造了两条连接城市中心和周边居住地的堤道，还下令创作为他的朝代歌功颂德的艺术品和雕刻。规模如此宏大的建造工程实际上是为了使民众们深信，国王不仅是科潘的统治者，而且还是宇宙的主宰。但是特权阶层已不再相信国王具有至高无上的神圣权威。一些纪念碑和石碑是献给某些权贵的，而不是国王。这些权贵们征用了最好的工匠和原材料，使用只有国王方可享用的图案和造型。不太安分的上层阶级还不是“十八兔”最大的麻烦。在他的统治末期，于公元725年亲临一个叫基里瓜的小邻邦，扶植了一位名叫“考阿克夫”的新君主。但“考阿克夫”并不甘心居于俯首称臣的地位，在他即位后的第13年开始谋反。结果“十八兔”成了阶下囚，被他从前的臣子斩首。

1. 复苏后的辉煌

早在公元前1100年，科潘河肥沃的谷地就已有人居住，繁衍生息。但自公元前300年起，在持续近450年的时间内，科潘谷地的建设却突然停止，居住地大面积地遭到遗弃。此后不久，这个地区又复苏了，闻名于天下的科潘城开始成型。科潘大量的铭文和石碑都记载着，这座城市从5世纪起，在长达400多年的时间里由一个王朝所统治，这也是促使它发展成为一个强盛城邦的主要原因之一。石头圣坛上刻有王朝16位国王的形象，盘腿坐在象形文字写成的他们的名字上面。

2. 解读科潘

公元695年，“十八兔”为了庆祝他登基，在科潘建起了一座美丽的建筑，这座神庙今天被简称为第22号神庙。神庙每个角落的石头面具上都刻有象形文字。这些象形文字被解读后，说明这些石头面具的真实身份是山怪，神庙则代表神圣的山脉。一条甬道通向里面的圣所，显然，“十八兔”就在这个圣所内举行放血仪式。通道上的宇宙图描绘了天堂、尘世和地府的景象，上面的 S 形状代表烟雾，是浸透鲜血的树皮纸经焚烧后产生的烟雾，其目的是祈求诸神普降甘露。

3. 刻在阶梯上的历史

公元 749 年即位的第 15 位国王“烟壳”是位雄心勃勃的国王。他所建造的神庙金字塔阶梯上雕刻的象形文字讲述了科潘的历史。这些风格高雅的文本从“十八兔”惨遭失败开始，记载了科潘前 14 位国王的即位和去世。这些文字的语气和以前的铭文也截然不同，它们不仅把这些国王的威力和宇宙的力量相提并论，而且还把他们描绘成身经百战的武士，一手拿盾，另一手持矛。铭文强调尘世间存在的危险和与之抗衡的强大国王的重要性。这些文本在呈现形式上也咄咄逼人：象形文字从“梦幻之蛇”的口中吐出。“梦幻之蛇”隐喻通往阴间的神圣通道，暗示死去的国王有一天会返回人间。

## 印加传说

古老的印加帝国留传下一部美丽动人的诗剧《奥扬泰》，歌颂的是民族英雄奥扬泰的故事。奥扬泰和公主姑茜柯依约相爱。他向公主求婚，却因出身低微而遭到印加王的拒绝。而公主已经怀孕，奥扬泰被逐出库斯科。他悲愤交加，宣布起义，由此印加分为两个王朝。公主怀孕 9 个月后，生了个女儿叫伊玛·苏玛克。但印加国王不能原谅女儿，并把她关进地牢。十几年后，国王去世，王位传给王子。奥扬泰中计被俘，被送到太阳庙作人祭，他认出庙中女祭司就是他的女儿。伊玛·苏玛克向国王请求宽恕他的父母。国王得知奥扬泰是姐姐的情人，就把姐姐放出地牢，并促成了他们的亲事。

1. 太阳之子

对太阳神和月亮神的崇拜是印加人的宗教特色。在印第安语中，“印加”就是“太阳的子孙”的意思。他们认为自己的祖先起源于太阳，国王是太阳之子，死后还会复活。国王的木乃伊供奉在太阳庙里，坐在金椅上，远征时抬到战场上，以求战争必胜。

2. 印加人的医学

印加人在医药知识方面成就很突出，流行巫医，并且发现了金鸡纳霜。印加人把一种烟草给人闻可治鼻病，用水草汁可治眼病，用一种树脂治外伤，这些药物都具有很好的效力。

3. 印加军队

印加帝国的军队主要是一支公民军队。25~50 岁之间所有体格健壮的男子都必须服 5 年的兵役。这支组织严密的队伍有高效的联络和供应系统做支持。因为战斗总是从远距离开始，所以其中第一个要用到的是投石环索，或称“瓦拉卡”。短兵相接时，可能会挥舞一条绳子，绳的一端系一钉头锤，直砸向敌人的头。有时士兵们也用星状大头棒，青铜、铜或石制的锤头固定在木柄上，有时还加上个斧刃。

## 天神降生的地方

在美洲，狄奥提瓦康人也创造了自己的文化。狄奥提瓦康，翻译过来就是“天神降生的地方”。狄奥提瓦康文化，约形成于公元前 500 年，它的鼎盛期是公元 100—600 年。在狄奥提瓦康的鼎盛期，它是当时美洲最大的城市，拥有人口 12 万~13 万。但与玛雅其他城邦相比，它的延续时间要短得多，7 世纪时，它突然神秘地消亡了。

1. 狄奥提瓦康

公元前200年前后建立的狄奥提瓦康城邦逐渐强大起来，到公元100年时，它的势力影响到整个墨西哥。在狄奥提瓦康的鼎盛时期，它比古罗马还要大。整个狄奥提瓦康城邦是依照规划布局的，城内有宏伟的庙宇建筑群和金字塔，有很大的手工作坊和贸易市场，还有外国居民寓所。它是当时美洲最大的贸易城市，把南北美洲联系了起来。狄奥提瓦康的影响遍及其他墨西哥文化，比如玛雅文化，它被其他城市所包围，但却出奇地安宁。公元600年左右，它神奇地衰落了。

2. 亡灵大道

狄奥提瓦康城依一个四方网格设计，构成巨大的几何图案，如果从空中鸟瞰，便更为明显了。四方网格以两条垂直相交的大道为基础，主要的一条是被称为“死者大道”的“亡灵大道”，纵贯狄奥提瓦康，阿兹特克人初进城时，以为大道两旁的建筑是坟墓，因而称之为“亡灵大道”。其实那些建筑全是神庙。黄泉大道东侧的太阳神殿，是城中最高大也是最著名的建筑，大约建于公元前1世纪，施工期长达50年，动员了4000名工人。基坛宽238米，长250米，高65米。太阳神殿的设计近似五点形，那是古代印第安人视为神圣与吉祥的符号。

## 名匠和学者

在狄奥提瓦康文化开始兴起的时候，居住在今墨西哥北部的另一支游牧民族托尔特克人，在长期的生产斗争实践中，也创造了自己独特的文化。“托尔特克”是“名匠和学者”的意思。根据传说，托尔特克人南迁到中部高原约50年后，在这个奴隶制国家里，有一个有名的首领叫霍拉特。他对治理国家有杰出贡献，后来他不幸被敌人杀死。他的儿子继位，自称为克沙尔柯脱尔。公元 856 年，他开始营建规模宏大的杜拉城。公元 967 年，托尔特克人远征达金和奇钦·伊策萨，在那里建立了新的玛雅—托尔特克城邦。

1. 查克摩尔

在杜拉遗址的广场中心的祭坛上，有一个“神的使者”的雕像，高 66 厘米。雕像平卧地上，双腿上屈，脸面侧视，双手置胸前，合捧一盒，臂上带有装饰物。托尔特克人把这种雕像叫“查克摩尔”，意思是“它是神的使者”。他手中捧执的盒子当年是用来在祭祀时摆放人的心脏的。查克摩尔雕像的出现，是从托尔特克人开始的，也是构成托尔特克文化的主要特征之一。

2. 杜拉古建筑

在杜拉古文化遗址的北面，有一座金星神庙。它是由一座大金字塔和 6 栋多柱建筑物组成。在金字塔的周围，还建有 6 栋多柱建筑物。它的前面是一座长廊，有 42 根石柱，长廊外建有踏道，通向广场。它还与另一建筑相连，有 14 根方柱。

3. 托尔特克文化遗址

托尔特克人的文化遗址，位于现今墨西哥的伊达尔哥州，主要是杜拉、霍切加尔科和特内耶卡。杜拉属伊达尔哥州，位于墨西哥城西北 64 千米的群山怀抱中。

## 太阳神的启示

阿兹特克人把部族神威齐罗波彻里奉为“太阳神”和“战神”。根据传说，大约在 12 世纪初，四处游牧的阿兹特克人得到太阳神的启示，让他们向南迁移。如果走到一只鹰站在仙人掌上啄食一条长蛇的地方，就定居下来，建立安乐的家园。信奉太阳神的阿兹特克人立即行动起来，后来他们到达一个叫诺奇蒂特兰城（即墨西哥城的前身）的地方，发现了此景。他们认为这正是太阳神启示他们安家建国的地方，于是就定居在这里。墨西哥人就根据这个传说，把鹰作为他们民族的象征，鹰吃蛇的图案成为今天墨西哥的国徽。

1. 图腾崇拜

心灵手巧的阿兹特克工匠常常用动物形象来装饰建筑。大寺庙的玄武岩横梁上的雄鹰石像，也许是那些被称为“雄鹰武士”的人所刻。他们认为这种猛禽是太阳的一种象征，并将其作为自己骁勇善战的标志。美洲豹则是“美洲豹武士”的图腾。猞猁在阿兹特克人眼中是权利和勇气的化身，被认为是皇帝的守护者。蛇则被赋予了最丰富的象征意义：它蜿蜒爬行的样子代表着流水和肥沃的土地；它不断蜕皮的生理特征则表示事物的新陈代谢。

2. 起源之谜

据考古学家研究，曾经称霸墨西哥的阿兹特克人可能在13世纪从墨西哥北部迁移而来。那么，它究竟起源于北方的哪个地方呢？又是因何迁移到墨西哥中部地区的呢？

在现存的各种历史文献中，关于阿兹特克人迁移出“阿兹特兰”，到他们抵达图拉这一历史阶段的事件和日期的记叙与解释都非常模糊，也十分难懂。而且，在记叙或描写阿兹特克人起源的不少文献中，往往把历史事实和神话传说混杂或交错在一起，因此，人们很难断定其起源地的确凿地点。

根据阿兹特克人的本族传说，他们在12世纪以前是墨西哥平原北部一个狩猎兼营采集的部落，后来才出现于中美洲。在西班牙殖民者侵入美洲大陆后不久。墨西哥便出现了一本名为《漫游书卷》（或《博图里尼古抄本》）的古抄本。在书卷中阿兹特克人记载了自己的历史：他们从一个神秘的起源地出发，经过长期漫游，而到达墨西哥谷地的特斯科科湖定居地。据说其起源地叫“阿兹特兰”，其民族的名称“阿兹特克”就是从这个地名中产生而来的。

在《漫游书卷》的第一幅插图中，画有第一批来自一座小岛的阿兹特克人形象，他们正在横渡大湖。有位学者认为，叫作“阿兹特兰”的神秘地方位于今墨西哥的墨斯卡系蒂坦岛，它可能就是古抄本插图中所显示的地方；而所述的岛位于纳雅里特海岸的一个滨海湖内，那里至今还有一个叫“阿兹特兰”的地方。由于古抄本记叙的历史不详细，且其中可能存在臆想的成分，因此不可以完全按照它来推测阿兹特克人的起源地，至今人们还不能完全确定其现实的地点。

据一个神话说，阿兹特克人的另一个起源地叫“奇科莫斯托克”，意思是“七洞穴”或“母亲之地”。西班牙的一些学者认为，12 世纪末到 14 世纪，是阿兹特克国家开始形成的时期，因此是一个非常混乱的时代，其特点是墨西哥谷地的特斯科科湖周围建立各个不同的城市——国家。这一时期也是属于同一个种族系统的部落集团相互征战的时代，但是所有这些集团都有一个共同的起源地——“七洞穴”或“奇科莫斯托克”，它位于今美国的新墨西哥州境 内。

还有的学者把阿兹特克人的起源地推向更加遥远的北方。他们认为，按照神话指点，“阿兹特兰地区”是阿兹特克人的起源地，但是它不在今墨西哥境内，而是在美国的加利福尼亚，或新墨西哥，或佛罗里达，甚至可能在亚洲。

## 血腥的祭祀

为了感谢诸神为人类所作的贡献，填饱恶魔们贪婪的口腹以延缓世界末日的到来，玛雅人在一系列特别的日子里举行盛典，祭祀各路神灵，而献祭的最珍贵的供品就是人的鲜血。玛雅人不仅在祭坛上摆放俘虏的头颅，国王、贵族们也必须在自己的舌头等敏感部位忍痛放血作为祭品，或者伤残四肢，忍受苦刑，自我牺牲。这种血腥的祭祀方式在美索亚美利加不同民族文化中都广泛存在：奥梅克人向上苍奉献他们最疼爱的婴儿；特奥帝华坎和托尔特克人热衷于杀牲剖心；托尔特克和北部玛雅人建立的奇钦·伊策萨，则流行选出健康漂亮的少男少女抛入当地赖以生存的水源——圣井。而阿兹特克人，据说他们继承了玛雅人关于太阳轮回的宇宙观，但精确计算世界末日的方法却失传了。所以他们只得常年四处征战，大批地宰杀俘虏向太阳神献祭，以致他们圣殿的四壁和台阶上蒙着一层厚厚的凝血和人脂肪。

1. 自然崇拜

玛雅人深信宇宙间充满了危险和毁灭，只有通过举行仪式才能阻止它们发生。星球被认为代表了诸神的意愿，它们在宇宙间的运行可能带来福音，但也可能带来灾难。比如，日食时太阳变黑被认为是死亡的一种形式，金星换季时首次出现则预示战争的来临。玛雅的统治者企图通过参照历法和天体的运行周期，在公共场所举行放血仪式来阻止这些灾难的发生，同时也是要表明国王在维持宇宙间的秩序方面起着必不可少的作用。

2. 国王的地狱之旅

神庙是玛雅国王与诸神以及先祖交流的公共场所，这是玛雅最神圣的仪式之一，被称为“地狱之旅”。国王在踏上精神之旅之前，先要进入狂喜、产生幻觉的状态。为此，国王要先禁食，然后忍痛给自己放血。神庙内部的布局显示国王是在神庙东侧一间小屋子里单独一人给自己放血的。然后他回到公共视线中，登上神庙顶端，开始他与诸神和先祖的交谈。

## 奇钦·伊策萨的兴衰

奇钦·伊策萨在10—12世纪初期进入鼎盛时期，但到12世纪末期，突然衰败。这其中，有这样一个传说：一个名叫洪纳克·塞尔的君主，统治着奇钦·伊策萨西部约100千米以外一个次要城市玛雅潘。一天，他被扔进了祭井。但是，洪纳克·塞尔却奇迹般地没有丧命，他浮出水面后预言自己将来要光宗耀祖。随后他开始策划一个颇为荒诞、意在推翻这座城市的阴谋。在邻国伊扎玛尔君主的婚礼上，洪纳克·塞尔用特殊花草调制的春药饮剂使奇钦·伊策萨国王对新娘产生了非分之想。果不出洪纳克所料，伊策萨国王把新娘掠走了，伊扎玛尔王子暴跳如雷。洪纳克·塞尔遂与伊扎玛尔结成同盟，联手袭击了奇钦·伊策萨，城中的伊策萨人溃不成军，向南四散而逃。

1. 侵占尤卡坦

伊策萨人来到尤卡坦，沿着海岸线建立贸易据点。他们在尤卡坦半岛北部海岸的伊斯拉·塞里托建起了一座重要港口，在奇钦·伊策萨南部100千米外建起了首府，并以那里为据点，发起了侵占尤卡坦北部两座重要城市的战争，这两座城市即是位于西部的乌克斯玛尔城和东部的科巴。经过多年的战争之后，伊策萨人胜利了。但是，他们对敌人的政策不是征服，而是同化。伊策萨人创建了由少数人统治的政府形式，最高领导层是由君主组成的议会而不是单一的国王。这种权力分享的政府形式显然十分奏效，使奇钦·伊策萨长达两个世纪的繁华成为可能。

2. 令人惊叹的观象台

在奇钦·伊策萨，有一个被称为“螺旋塔”的著名天文观象台，它在玛雅建筑中是独一无二的。这个观象台因在内部有螺旋形的梯道和回廊，屋顶也呈半圆形状而得名。塔体总高虽仅约12.5米，但它建在两层高高的平台上，四周视野辽阔，仍不失为进行天文观测的好位置。设计者充分了解观测的条件和需要，使塔内厚墙在观测室内形成的窗口连线也变成观测的工具。因此，观象台本身就是一种天文仪器。它结构简明，形体规范，均取自方圆几何线条的外形，很具科学意味，在古代建筑中极为罕见。

## 最后的辉煌

玛雅潘的统治者是克库姆家族，即传说中的奇钦·伊策萨的征服者——洪纳克·塞尔的后代。他们夺取权力的方式是把潜在的对手禁闭在一个1.8米高的城墙后，为这些权贵们建造房屋，划给他们土地，并按照他们各自家族历史的悠久程度和个人能力的大小，分配给他们城镇。这些权贵们向软禁他们的国王表示敬意。玛雅潘周围的农田虽然贫瘠，但是从受到软禁的权贵们那里收上来的贡品补充了国力。克库姆家族还借助塔巴斯科州的专业雇佣军巩固了自己的统治地位。玛雅潘的毁灭和它的建立一样，是以血腥的暴乱方式。大约在1441年前后，克库姆家族的继承人中一个十分傲慢的人，和塔巴斯科人另外结为同盟，把更多的墨西哥人引入了城中。他开始扮演暴君的角色，奴役穷苦之人。于是权贵们和图图尔·休一伙合谋杀死了克库姆，还有他除一位因不在场而幸免于难以外的所有儿子。得胜的休家族在浦克地区建立了一座新的首都——曼尼，在玛雅文字中的意思为“过去了”。

# 中篇

## 中古时期：在曲折与黑暗中前进

# 第一章　黑暗中前进的欧洲

入侵与征服，宗教纷争与暴力同化，文明的曙光与抑制文明的黑暗，写满了中世纪的历史：拜占庭的辉煌波及了整个欧洲，北欧海盗的铁蹄踏上了欧洲大陆；为着对上帝的虔诚而东征的十字军最终变成贪婪的掠夺者；圣巴托罗缪之夜，暴徒以信仰的名义让鲜血流满巴黎街头；麦哲伦扬帆起航去寻觅新的世界；达·芬奇在画室里涂抹中世纪的亮色。漫长而黑暗的中世纪终于走到了尽头，文艺复兴的曙光开始照亮欧洲大地。

## 匈奴侵欧

5 世纪中叶，匈奴帝国国王阿提拉率 50 万大军入侵欧洲，所到之处令欧洲人闻风丧胆。许多人认为匈奴人对欧洲的践踏，其实是上帝对违背誓言的基督徒和异教徒的惩罚，称实施惩罚的阿提拉为“上帝之鞭”。这自然是一种荒唐的、无可奈何的解释。匈奴人在欧洲这块土地上驰骋了几十年，摧毁了很多城市，经济、教育都衰退了。然而落后的民族改变了占领地区的经济制度，使它渐渐摆脱奴隶制的束缚，向封建社会过渡。

1. 初试牛刀

匈奴是历史上最古老的民族之一，一直活跃在蒙古草原上，以游牧生活为主。匈奴兴起于公元前 3 世纪，曾一度在塞北称雄，为了得到更多肥沃的草地，他们不断地与临近的部族发生摩擦。公元 1 世纪中叶，匈奴与汉朝发生了旷日持久的战争。汉朝派张骞出使西域，并联合其他邻国共同抵制匈奴在边境的骚扰。在汉朝强大的攻势下，一部分匈奴人皈依汉朝，并在与汉人的不断交融中失去了民族的特性，另一部分不愿归附的匈奴人则开始了迁徙之旅。

在之后的200余年间，没有史料可以考究匈奴人的去向。公元4世纪初，这个曾一度消失了的神秘民族忽然现身欧洲。他们先是在里海北岸的顿河草原安了家，随后又在东欧的匈牙利大平原定居，并将斯基特城作为大本营。起初迫于形势的需要，为了给马匹和牲畜提供足够的草料，他们通过结盟和征服的形式，得到了从俄罗斯的乌克兰地区到法兰西的莱茵河的大片草原。但是匈奴人没有因此而满足，他们于公元360年左右开始了征服欧洲的战争。他们的首要目标是突厥人建立的国家阿兰。

当时的阿兰堪称强国，但是在勇猛的匈奴人面前却不堪一击。阿兰虽倾全国之兵与匈奴人决一死战，但是很快就败下阵来，阿兰国灭亡了，整个西方世界为之震动。

2. 继续西行

初试牛刀就大获全胜的匈奴人没有停下他们前行的脚步，继续西行。这次他们要面对的是强劲的日耳曼人的部落——东哥特和西哥特。但是无论后者曾经多么辉煌和强盛，在匈奴人面前都变得不堪一击，很快日耳曼人被赶出了南俄罗斯草原。为了生存，日耳曼人开始向罗马境内迁徙，并最终摧毁了罗马的奴隶制国家，在那里建立了自己的国度。

此时的罗马帝国已经极度衰弱，仅日耳曼人就已经让他们焦头烂额了。为了防止匈奴人趁火打劫，罗马帝国以向匈奴人缴纳贡税的方式换取了喘息的机会。俄罗斯草原肥美的草地，让匈奴人得到了暂时的满足，加之不用武力就可以得到贡税，于是匈奴人停止了征伐的脚步，在俄罗斯草原安了家，并开始营建自己的匈奴帝国。这种状况一直持续到了公元435年。

公元432年，匈奴各部得到统一，两年之后阿提拉和布莱达继承汗位继续统治匈奴人。在兄弟二人的苦心经营下，匈奴的实力不断加强，并以罗马庇佑匈奴叛徒为由，挑起了扩张战争。在匈奴人猛烈的攻势下，第二年罗马就妥协了，并以缴纳更多的贡税和开放商业互市的形式赢得了匈奴人的谅解。

在之后的5年，匈奴人把战火烧到了隔壁的波斯帝国，但是进展并不顺利，于是他们把战争的矛头再次指向罗马。不久，匈奴人渡过多瑙河占领了伊利里亚地区，并再次围攻了君士坦丁堡、色雷斯地区，甚至远征到了高卢地区。罗马再次妥协，并与匈奴达成了停战协议。这一次罗马付出了巨大的代价，纳贡的黄金比之前涨了3倍，俘虏的赎金也涨到了12个金币，匈奴人在欲望得到满足之后撤兵了。不久，阿提拉杀死了布莱达，成了匈奴唯一的统治者。

3. 戒指争端

西罗马皇帝伐伦铁年三世有一个小妹妹，名叫荷诺丽亚。她是一个风流女郎，16岁时便与宫中一个侍从官有染。丑闻被皇兄发现后，便将其监禁起来。这个水性杨花的妙龄女郎自然不甘寂寞。她听说匈奴王阿提拉盖世无双，在芳心的躁动之下，她设法将一枚戒指差心腹之人转送给阿提拉，表示自己愿做他的妻子。阿提拉喜出望外，立即派人出使西罗马，向荷诺丽亚求婚，并要求西罗马皇帝将一半的领土做嫁妆。伐伦铁年三世拒绝了他的要求。公元451年，阿提拉便以西罗马拒绝许嫁荷诺丽亚为名，率领50万大军侵入西欧。

4. 卡塔隆尼之战

公元451年7月，西罗马统帅埃齐乌斯开始联合日耳曼族的西哥特人、法兰克人和勃艮第人。他们在自己的生存遭到以阿提拉为首的匈奴人严重威胁的情况下，与西罗马团结一致，共同对敌。双方在卡塔隆尼平原（约在今法国东北马恩河畔沙隆与特鲁瓦城之间）展开决战。结果阿提拉战败，匈奴人逐渐走向衰落。

5. 最后的岁月

公元452年，阿提拉为报西罗马之仇，又率军越过阿尔卑斯山进攻意大利。经过一番激战后，虽已打到罗马城下，但遭到西罗马顽强的反击。阿提拉只好掠夺一些财物后，返回老窝。公元453年，在行军途中，阿提拉暴病身亡，终年47岁。然而，他在欧洲留下了无法抹去的足迹。他和他率领的军队曾令欧洲人畏惧。他们可怕的外貌及其周密的恐怖政策，使罗马人和日耳曼人胆战心惊。匈奴人的大肆破坏，粉碎了罗马帝国对西部诸省的控制。

6. 欧洲历史新的一页

匈奴骑兵在欧洲大陆横冲直撞，前后整整80个年头。在这80年中，由于匈奴骑兵的冲击，西哥特人被迫越过多瑙河，来到了意大利，最后灭掉了西罗马帝国；之后，又越过高卢，来到西班牙，建立了西哥特王国。而原来已经居住在西班牙的汪达尔人，不得不渡过地中海，到北非洲去建立他们自己的国家——汪达尔王国。与此同时，居住在莱茵河下游的法兰克人，向南扩展到高卢一带，建立了法兰克王国。而原来居住在欧洲东部的东哥特人，却进入了意大利半岛和西西里岛，建立了东哥特王国。因而，这80个年头，是欧洲各民族大迁徙、大融合的80年，也是欧洲政局大动荡的80年。

在这大动荡的年代，外强中干的西罗马帝国终于灭亡了，腐朽没落的奴隶制被彻底推翻了。从此，欧洲历史开始了新的一页。

## 从流浪汉到皇帝

拜占庭的人民认为，在新皇帝加冕的那天，君士坦丁堡上空会升起两个太阳。公元866年5月28日，为了亲眼目睹这一奇观，君士坦丁堡的居民们纷纷走出家门，把窄巷挤得水泄不通。上了大道，就可以通向有着辉煌的金圆顶的城市庆典中心地带了。奥古斯达融是君士坦丁堡的中心广场，地面铺着大理石，建有柱廊，流连于此的人们连驻足的地方都没有。帝国的大小官员们也步履匆匆，为的是在壮丽的圣索菲亚教堂占上一个座位。他们要在那里参加巴西尔一世作为主政君主迈克尔三世的继承人及皇帝的加冕仪式。大主教拉着巴西尔的手，引着两位皇帝进入教堂。巴西尔跪在地上做祷告。一名官员宣读完皇帝的让位诏书后，迈克尔摘下镶金挂宝的皇冠，大主教为这闪闪发光的半球状皇冠祈福。然后，迈克尔亲自加冕他的继承人——巴西尔。人群在欢呼："迈克尔和巴西尔两位皇帝万岁！"然后，他们三呼："神圣！神圣！神圣！光荣属于至高无上的上帝和地球上的和平！"这个新皇帝大字不识一个，不时暴露出他那出身卑贱的农家粗俗习气。他更是个权力欲极强的投机分子，通过密谋、暗杀手段一步一步登上帝位。不过他的聪明、行为果断及无宗派关系等优点却使他成为一个好皇帝。历史证明，巴西尔是一个机敏而称职的统治者，他将拜占庭帝国引入了最辉煌的时代。

1. 卑微的出身

巴西尔的祖先是亚美尼亚人，在他还是个小孩的时候，就和家人及其他几千人一起被一支入侵的保加利亚军队俘虏了。几年后，保加利亚统治者释放了他们，把他们发配到希腊北边马其顿去开发土地。同时，他讲的希腊语带有浓重的亚美尼亚口音，这就是巴西尔被称为"马其顿人"的原因。长大成人后，巴西尔抛下农活在本省省督府短期工作。他目光高远，长途跋涉来到首都。除了背负的行囊，他几乎一无所有。一个周日的晚上，巴西尔到达君士坦丁堡，睡在圣狄奥米德斯修道院的台阶上。据说圣徒在修道院院长睡梦中出现，让他为未来的皇帝打开门。修道院院长睡眼蒙眬地爬起来，却看到睡在门前台阶上的是个衣衫褴褛的年轻人。但当他转身回去睡觉时，一个声音再次命令他："起来把睡在门前的人让进来！他是皇帝。"

2. 拜占庭的黄金时代

公元 9 世纪中期，一批强悍而又有远见的统治者，使拜占庭国运有所改观。 大约在巴西尔一世创立的马其顿王朝统治时期，帝国进入了黄金时期。 拜占庭在军事、政治和商业等方面，实力都达到了顶峰。 它拥有强大的陆军和海军，贸易兴旺，学术和艺术发达，东正教的影响扩及欧洲的斯拉夫国家。 在拜占庭人心目中，他们的帝国不仅是地球上最大的帝国，也是唯一的帝国。 在巴西尔二世的统治下，拜占庭帝国的疆域达到了帝国初期君士坦丁和查士丁尼统治下所未达到的规模。

## 偶像反对者

偶像反对者认为，偶像是一种违背旧约禁止“雕刻像”规定的偶像崇拜。 支持者却认为，偶像只不过是天国的窗口，是祈祷的工具，是接近上帝的途径。 到 8 世纪早期，偶像破坏者占据了统治地位。一场地震和穆斯林对君士坦丁堡的一系列进攻，让皇帝列奥三世认为使用偶像激怒了上帝。 他命令将偶像清除出教堂。 公元 726 年，对偶像的系统破坏开始了。 所有的基督、圣母和圣人像一律从教堂的墙上清走，代之以简单的十字架或非宗教主题的绘画。 但列奥三世的行动遭到抵制，当他的战士试图从圣索菲亚教堂的主门——乔克门上拆下一幅很大的耶稣镶嵌偶像时，一群愤怒的妇女向他们发起攻击，骚乱中有一名士兵被打死。 一个多世纪后，摄政的提奥多拉皇后结束了这场争端，扶持一位信奉偶像的修道士为大主教。 公元 843 年，教会用东正教节日庆祝机会恢复偶像，人们搬着圣物走过君士坦丁堡大街，运到圣索菲亚教堂。 至今东正教每年都还在庆祝这一事件。

1. 东正教的教义

与天主教、新教并立的东正教，是在东罗马帝国发展起来的基督教三大派别之一，亦称正教。由于它从流行于罗马帝国东部希腊语地区的教会发展而来，故又被称为希腊正教。

公元330年，因日耳曼民族侵入拜占庭帝国，君士坦丁一世迁都君士坦丁堡，成立了东正教派的中心君士坦丁堡牧首区，与西派教会的中心罗马教会互争首席地位。君士坦丁一世否认罗马教皇为普世教会的首脑，而只视其为西派教会的牧首。后来随着经济的不断发展，东西两派所体现出来的政治、文化差异日益显著，两派之间的冲突与矛盾日益尖锐，尤其是对《奈西亚——君士坦丁信经》的看法分歧和意大利南部教会控制权的争夺，成为两个教派正式分裂的导火线。以君士坦丁堡为中心的东派教会认为自己是保有正统教义的正宗教会，因而自称为正教。又由于当时宗教仪式皆以希腊语为主，故又称为希腊正教。像西正教派教徒一样，东正教徒也重视对圣母的崇拜，玛利亚在信徒心中是他们与神之间最理想的中介。东正教中也有许多以圣母命名的教会。洗礼、坚振、圣礼、告解、圣秩、婚姻、敷油这7件事情在东正教徒心中占有崇高的地位，在他们看来，自然这7件事情比其他任何事情都重要。

与天主教的使徒教区观念(只有由使徒所建立的教区才有权成为牧首区)不同，东正教认为应根据各国或各城市的实际需要(例如在经济或政治重要地区设立牧首区)，一个大的牧首区下辖管数个首府主教区，主教区领袖称为主教，他们都承担起同样的职责。在一些范围比较大的教区的主教，被称为总主教(主要主教)或是都主教(一个大都市里的主教)，而在范围更大的地区或是国家教会的主要主教，则被称为大主教。同时，东正教主教以下还设有修士大司祭、修士司祭、修士辅祭、助祭、诵经士等教职人员。主教人选必须为修士大司祭，或是领圣职后保证效法修士生活的司祭。6世纪时的教规甚至规定，只有独身者才可以承担起主教的职责，三位主教一致的通过便可以任命一个主教，至于助祭及其他教职的任命，各个主教有决断的权力。

东正教的信徒主要分布东南欧、巴尔干半岛、小亚细亚、美国等地区。在中国人数不多，据初步统计，中国的东正教信徒主要集中在东北地区，1984 年大约有教徒 8000 人。东正教主要的自主教会有君士坦丁堡牧首区、耶路撒冷牧首区、俄罗斯正教会、格鲁吉亚正教会、塞浦路斯正教会、塞尔维亚正教会、保加利亚正教会、罗马尼亚正教会、波兰正教会、希腊正教会、美国正教会、日本正教会、芬兰正教会等。

2. 基督教会的公开分裂

1054 年，因牧首选任、传教区域、教义分歧等原因，统一的欧洲基督教会公开分裂。罗马与君士坦丁堡两大教区的牧首互相开除对方教籍，互相诅咒。东部教会以君士坦丁堡为中心自称东正教或希腊正教，西部教会以罗马为中心称罗马公教会（中国称“天主教会”）。

## 欲望之都

对权力贪婪的、无限制的欲望充斥着拜占庭的宫廷。为了追求权力，拜占庭许多野心勃勃的皇后们不择手段：通奸、谋杀、复仇。她们极其迷恋权力，且不惮于使用权力，她们会不惜一切手段保持自己的权威。美丽优雅的提奥法诺随丈夫罗马努斯二世一起登基开始皇后的生活。罗马努斯早逝后，她顶替了皇位，当了摄政王。当看到自己的统治面临威胁时，提奥法诺迅速做出决定，嫁给尼克福鲁斯·福卡斯——一位深得民心但却没有魅力的 51 岁的军队英雄。没过几年时间，提奥法诺却又密谋要打倒他。她爱上了丈夫的外甥约翰·兹弥斯克斯。这小子到了晚上就摸进皇宫与皇后幽会。兹弥斯克斯也同样是个野心勃勃的人。公元 969 年冬天，在提奥法诺的帮助下，兹弥斯克斯伙同皇帝的其他敌人在其卧室里伏击了尼克福鲁斯，残忍地将他刺杀，并砍下了他的头。但提奥法诺没有如愿与兹弥斯克斯结婚；

而兹弥斯克斯也否认参与谋杀舅父，并将罪责推到同谋身上——这其中包括提奥法诺。将前任皇后流放后，兹弥斯克斯于公元969年加冕称帝，统治了拜占庭7年。

1. 虔诚的朝拜者

在拜占庭的宫廷里，也并非所有的妇女都有提奥法诺及其他皇后那样的贪欲和政治手腕。有一些拜占庭妇女因为其卓越虔敬和慈善行为而被人铭记。据史料记载，基督教最早的圣地朝拜者包括君士坦丁大帝的母亲海伦娜。海伦娜是比提尼亚一位小旅店主的女儿，与君士坦丁的父亲结婚的时候，他只是罗马帝国的一名官员。当儿子成为皇帝后，她成了帝国最受人尊敬的人。教会认为是海伦娜鼓励儿子做出决定，接受基督教为帝国的官方宗教，给了她很大的荣誉。海伦娜是一位热情的皈依宗教者，72岁高龄的时候，还曾去圣地朝拜。那次旅行，她找到了真正的基督十字架，这一遗物确定了她的圣者身份。

2. 帝国内部的权力斗争

拜占庭的帝国经济足以支持拜占庭文明发展到鼎盛时期，同时保证了公元9世纪时拜占庭皇帝为帝国复苏所做的军事努力。两个世纪以后，一个不利的事态又一次使帝国负担过重，开始了一段较长的衰退时期。这次衰退开始于一次新的内部和个人危机。两个女皇和好几个在位时间很短的无能皇帝的统治削弱了中央集权。拜占庭统治阶级内部两个主要利益集团的对抗达到了失控的地步。来自于地方的宫廷贵族被卷入了与更高的官僚阶层、世袭官僚的斗争之中。最后的结果是陆军与海军都缺乏所需经费而无力解决新的问题。

## 东西方贸易的十字路口

任何进入君士坦丁堡市场的人，都会强烈地感受到这一点：他们正站在东西方贸易的十字路口。到1180年，已有6万外国人在该城的商业区居住经商。仓库和市场上堆满了豪华丝绸、奇珍异宝、珐琅金属工艺品、雕刻精美的象牙、香水、香料、皮革制品以及各式各样的日用品。“人们简直不能相信世上竟有这等富饶的城市。”一位法国史学家曾发出这样的赞叹。负责管理这样庞大的机构的是城市长官，即郡长。郡长的权力仅次于皇帝。郡长兼任法院院长，还是制造业和贸易的唯一权威。他负责制定价格——利率和工资，规定称量标准，征收所有进出该城的商品税，设定汇兑率，向商人发布行业条例。他有几千名属下严格执行着商业法。一位西班牙旅行者这样记述违规者可能受到的惩罚，他写道：“大街上立着手足枷，牢牢地固定在地面上，绑在上面的是那些犯下大罪要被监禁的人；或者是那些违反法律或市政当局法规的人。比如说那些卖面包、卖肉缺斤短两的人。”拜占庭帝国在这一体制下繁荣昌盛。12 世纪时，单是君士坦丁堡一地的关税就为帝国国库增加了约值 2000 万元的黄金。

1. 坚固的经济基础

拜占庭帝国能够长期存在的一个重要原因，是其经济基础在 11 世纪之前一直非常坚固。正如历史学家所指出的那样：“如果说拜占庭的国力和安全得之于行政部门的效率，那么正是凭借帝国的商贸，它才得以供养这些部门。”在这几百年间，远距离贸易和城市生活在西欧几近绝迹。而在东方的拜占庭，贸易和城市依然很繁荣。在 9 世纪和 10 世纪，君士坦丁堡成了来自远东的奢侈品和西欧的原材料进行贸易的中心。此外，拜占庭帝国还培育并保护自己的工业，尤其是丝织业，同时在 11 世纪之前一直以其稳定的金银铸币著称。君士坦丁堡盛时常年人口可能高达 100 万。此外，帝国其他一些大的都市中心也都很繁荣。

2. 严格的丝绸生产和销售

拜占庭丝绸属帝国最贵重商品之列，与黄金等价，其生产和销售都由郡长严格控制。在生产过程的任何步骤上进行丝绸价格投机、获利超过法律许可的范围及出售紫色丝绸给皇帝委派的经纪人以外的人都是非法的。紫色丝绸只有皇帝及其家人可以享用。而且，对商人出售紫色染料都有严格的规定。

3. 代表虔诚的象牙雕刻

早在公元 429 年，《狄奥多西法典》就免除了原规定的象牙雕刻师的公民义务，这样他们就可以使工艺日进，把这一行当传给下一代。7 世纪初以前，印度和非洲的象牙大批涌入君士坦丁堡，价格也较便宜。公元 619 年，亚历山大港被波斯攻占后，帝国失去了象牙来源，拜占庭的象牙雕刻停止了。直到 9 世纪末，象牙贸易才恢复。但那时候，象牙太贵重了，一般只用来制作帝国徽章和宗教工艺品。在圣像破坏运动中，富有的拜占庭人能买到雕刻精细的象牙书封面、嵌板和盒子。有的上面刻有希腊罗马神话中诸神和人物。但随着基督教形象在艺术中的复活，君士坦丁堡的作坊再次开始生产他们贸易中的保留产品，一种叫作三折屏的小象牙艺术品，就是刻在三块画板上的三幅相连的图画，供私人做祈祷用。

## 法兰克之父

法兰克王国的创建者克洛维出身于撒利部落的墨洛温家族，16 岁就当上撒利部落的首领。经过长期征战，他的权势越来越大。“克洛维”一词在法语中的发音就为“路易”，他也是法国帝王史上 19 位“路易”的第一人。这位法兰克王国的建国之王在公元 481 年即位的时候年仅 16 岁。而到他的晚年，法兰克王国的疆域已经推进到罗亚尔河以南的地区，几乎占领了罗马在高卢的全部领土。克洛维终于统一了法兰克。

1. 树立权威的行动

公元 476 年，西罗马帝国灭亡，取而代之的是一些日耳曼人的

“蛮族”国家。主要有：西哥特王国，它占有了欧洲西部，包括现在的西班牙和法国西部；东哥特王国，它占领了意大利；法兰克王国，它占有了现在的法国与德国的大部分。

在这三个“蛮族”国家中，以法兰克的势力最强。法兰克人生性强悍，能征善战，是天生的战士，他们最心爱的武器是战斧。当时的作家这样描写法兰克战士：

“他们好像游戏一样地扔自己的战斧，远远飞砍敌人，常常百发百中。他们灵巧地用盾牌护身，冲向敌人，快如疾风，几乎要抢在掷出去的标枪的前头。他们的爱好就是打仗。只有死亡才能使他们倒下。要他们恐惧是办不到的。”

公元3世纪，当罗马帝国日薄西山时，法兰克人乘机崛起，渡过莱茵河，到处抢占罗马人的地盘。他们南边紧挨着罗马帝国的高卢行省，所以第一个征服的就是高卢。此时的法兰克人分为两大支，住在莱茵河中游地区的称“河滨法兰克人”，住在莱茵河三角洲一带的称“海滨法兰克人”。

公元481年，“海滨法兰克人”克洛维继承了父亲的王位。他立下大志，要壮大自己的力量，统一法兰克。5年后，21岁的克洛维从高卢北部动身，向南部的罗马残余部队发动进攻，双方在巴黎南部的苏瓦松展开激战，结果，罗马军队被杀得大败，法兰克人夺取了高卢南部的大片土地。

在苏瓦松之战中，克洛维的部下抢劫了基督教的一座教堂。战争结束以后，有个教堂的主教派人来见克洛维说：

“尊敬的首领，你的部下取走了我们教堂的许多东西。我们的主教大人要我来禀告首领，他对你部下的行为表示理解，但请求你能运用你的权威，归还其中的一只广口瓶。”

“广口瓶？”克洛维不理解似的说。“那有什么用处？主教阁下为什么对它兴趣这么大？”

"那只广口瓶是我们基督教的圣物，主教大人因它的丢失非常伤心。"

"请你转告主教阁下，所有的战利品都集中在苏瓦松。如果我抽签抽中了那只瓶子，我一定满足他的愿望。"

原来，当时法兰克人还处于原始公社解体时的军事民主制阶段。按照传统的规定，在战争中夺得的财物，全部由参战者用抽签方法获取；不管首领或战士，都只能得到抽中的那份。克洛维虽然是首领，但也得遵守这个规定。

到分配战利品的那天，克洛维把自己部落的人集中起来。在抽签前，他指着那只广口瓶对大家说：

"亲爱的勇士们，我请求你们答应我，在我抽中的那份东西之外，不要拒绝再让给我这只广口瓶。"

队伍骚动了一会儿，大家似乎觉得首领今天说的话很奇怪，但很快恢复了正常。有人说道：

"我们眼前所有的一切都是你的，我们是服从你的权力的，不管在战场上还是在这里。只要你认为合适，你就这样做吧！"

"首领，你就去做你认为应该做的事吧！我们绝不反对你，因为谁也没有强大到敢向你说个'不'字！"

克洛维正想向大家表示感谢，突然，有个战士大声喊道："首领，你没有权力这样做！除了你抽中的那份东西之外，这只瓶子你拿不到手！"说罢，举起战斧，把那只广口瓶砍了个粉碎。

克洛维虽然战功赫赫，大权在握，但他还不敢擅自破坏法兰克人的传统，任意支配战利品。他狠狠地瞪了那个战士一眼，不再说话。

第二年的 3 月 1 日，是法兰克人的一个节日。这天一大早，克洛维命令战士佩带武器，到指定的地方集合，准备接受检阅。队伍排列整齐后，克洛维一个一个地检查战士的武器装备。当他走到那个击破瓶子的战士面前时，检查得格外认真。

“你这是怎么啦?”克洛维指着他的战斧，挑剔地问道。“为什么它一点儿也不锋利?”

“首领，我集合前还磨过，怎么会不锋利?”那战士不服气地说。

“锋利，哼!”克洛维把战士的斧子拔出，将它扔在地上。“让大家看看，这斧子是不是锋利!”

那战士马上俯身去拾战斧。说时迟，那时快，克洛维趁他弯下腰的时候，迅速地抡起自己的战斧，将他砍死，并且喊道:“你在苏瓦松的时候就是这样对待瓶子的，现在我也像你对它一样对待你!”

这一突如其来的行动，使在场的战士们感到震惊。但是，谁也不敢对此提出异议。

从此，克洛维的权势越来越大。他不再把法兰克人的传统放在眼里，想干什么就干什么。许多部落都拥他为首领。

2. 法兰克的最高统治者

克洛维的岳父，也是西哥特王的三儿子戈迪吉塞尔，对受到他哥哥贡多巴德的残害怀恨在心，一直试图报复。他见自己的女婿克洛维越来越强大，便派人来说:“如果你能够帮助我打败贡多巴德，那么，我将划归你一部分土地，并且每年向你交纳贡赋。”

渴望扩张和获利的克洛维，当然不会放过这个好机会，公元500年，他出兵攻打贡多巴德。贡多巴德不战而逃。于是，戈迪吉塞尔按照约定，将一部分土地交给了克洛维。可是克洛维继续追赶贡多巴德，直到他也答应每年交纳贡赋才收兵。这样，克洛维从他们兄弟俩那里都获取了好处。

克洛维的势力不断扩大，使西哥特王惧怕起来，派人要求与他和好。克洛维估量自己还没有征服对方的力量，便表示同意。不久两人会见，一起友好地交谈、进餐、饮酒，发誓要永远和睦相处。

可是不久，克洛维就发动了对西哥特的进攻。由于取得河滨法兰克人首领的儿子克洛德里克的大力支援，他打败并杀死了西哥特王，从而夺得了西班牙半岛和高卢南部的大片领土。以后，他接受了东罗马帝国的敕书，担任执政官，并在巴黎设立了驻所。

克洛维已经成为法兰克族中权力最大的人。但他还有一件事挂在心头：对于同族的首领该怎么办呢？他们是他从前的同盟者，他对他们还没有制约权。他们的存在，对他是一个隐患。他认为其中威胁最大的，是河滨法兰克人的首领及其儿子，于是决定先消灭他们。

克洛维暗地里派人对帮助过自己打败西哥特王的克洛德里克说："你的父亲已经年老了。他要是死了，那么他的一切连同我们的友谊，就会全落入你的手里。"

这番话的意思很清楚，就是要克洛德里克杀父篡位。愚蠢的克洛德里克听从克洛维的教唆，派人刺杀了自己的父亲，并且派人把这个消息报告了克洛维，还请他来挑选喜欢的财宝。

克洛维好像不在乎这些财宝，对克洛德里克派来的人说："请转告你们的首领，谢谢他的好意，我并不需要他的奉献。只要请他把财宝让我的使者看一下就行了。这些财宝仍将归他所有。"

克洛德里克不知是计，把所有的财宝都拿出来，让克洛维派去的使者观看。就在他得意地一件一件地介绍的时候，使者抽出刀将他杀死。

这个背信弃义的卑鄙行径，激起了河滨法兰克人的愤怒。但是克洛维自有摆脱困境的办法。

他立即赶到河滨法兰克人那里，把大家召集起来，装出慷慨激昂的样子说：

"我亲爱的兄弟们，所有这些事情我完全没有参与，因为我不忍自己的亲族流血。我认为这是一件罪恶的勾当。但是既然事已如此，你们还是听我进此忠告，如果认为是益，就请采纳。我的忠告是：转到我这里来，让我来保护你们。我将给你们提供比过去更好的生活！"

克洛维的这番话迷惑了河滨法兰克人。沉寂了一会儿后，大家敲打盾牌，欢呼起来，把克洛维放在盾牌上高高举起——这是他们拥立首领的形式。于是，河滨法兰克人的领土和财宝，全部落入克洛维之手。

把河滨法兰克人置于自己统治之下以后，克洛维又着手消灭同族海滨法兰克人的其他首领。他或者举兵征讨，或者派人谋杀，把所有他疑心会夺自己王位的人，包括远近亲属在内，全部清除干净。当他干完了这些勾当后，自己也不禁担忧起来："我真可怜啊！我好像是一个留在外人之间的旅客似的，一旦有了灾难，没有一个亲人来帮助我了！"

尽管如此，克洛维在事业上终于取得了成功，成为法兰克族中最高的统治者——国王。他所建立的法兰克王国，也终于在欧洲历史上出现了。

## 丕平献土

在现今意大利的首都罗马，有一个叫梵蒂冈的教皇国。它是一个城中之国，仅占地0.44平方千米，是世界上最小的国家。它可是世界天主教的中心，教皇是这个国家的统治者。别看它现在只是弹丸之地，在中世纪，教皇国可是意大利中部的一个不算小的国家。它的起源要追溯到公元8世纪，当时的法兰克国王"矮子丕平"，把意大利中部的一大块土地赠送给罗马教皇，不久以后就形成了所谓的教皇国。

1. 矮子丕平

早在公元511年，法兰克王国的创始人克洛维去世了。他在世时，热切地盼望能有儿子，去世时却又嫌儿子太多。他有4个儿子。他怕儿子们为王位的继承而引发内乱，于是将国土分作4份，每个儿子各得一份。这时的法兰克，没有什么长子继承制，分开的几个部分仍是一个国家。

克洛维开创的墨洛温王朝，历时241年，历经28位国王。每代国王死后，都继承了克洛维定下的老规矩：国土由儿子均分。

墨洛温王朝的后期，国王一个比一个懒，因而被称为“懒王”。他们不问国家大事，整天沉迷于基督教或者美女、美酒之中，王国大权渐渐旁落到“宫相”手中。宫相最初是王国的管家，只是国王的仆人，后来因其地位特殊，渐渐执掌机要，不仅控制内政，而且掌握军权，让国王成了纯粹的木偶。到公元737年，查理·马特成为法兰克王国唯一的宫相，独掌朝纲。

查理·马特是一个有雄才大略的人。此时，欧洲面临阿拉伯人的入侵。查理·马特起兵抵抗，公元742年在波瓦都战役中，击溃了入侵的阿拉伯人，这次胜利使查理·马特威名大振。

查理·马特死后，按惯例把国家平分给两个儿子卡罗曼和丕平。卡罗曼是个虔诚的基督徒，没过几年就看破红尘，放弃统治权，到修道院做修士去了。整个法兰克王国便落到丕平一人手里，丕平就是历史上大名鼎鼎的“矮子丕平”。

2. 教皇国

这时，法兰克名义上还由克洛维建立的墨洛温王朝统治，丕平只是宫相。他深知要想名正言顺地登基称王，教会的支持不可缺少。事情竟有这般巧合，那边罗马教皇受到北部伦巴底人的侵扰，迫切希望丕平能伸出援手，将伦巴底人赶出教皇辖地。双方互有所求，一拍即合。

公元751年，矮子丕平遣使臣去见教皇。使臣见过教皇后，神态怪异地问教皇：“现下既有手握大权之人，又有自诩为王却绝无实权之人，此两人中谁应该称王？”

教皇闻听此言，立刻心领神会，但却在故作沉吟之后才答道：

“掌握实权的来当国王要比虚拥王位而无实权的为好。”

使者将教皇的答复向矮子丕平禀告后，矮子丕平笑逐颜开，当即在苏瓦松召开贵族会议。会上，丕平将教皇的意思告诉众人，于是，他顺利地被贵族们推选为国王。贵族们按照日耳曼人部落的习惯，敲打盾牌，欢呼喝彩，把矮子丕平高举在盾牌之上，以示拥护。教皇还派特使前来，为丕平举行了加冕礼。这是历史上第一次教皇为国王举行加冕。

矮子丕平将墨洛温王朝的末代国王削发为僧。从此，法兰克王国开始了一个新的王朝——加洛林王朝。

## 查理大帝

公元 800 年的圣诞节之夜，罗马圣彼得大教堂灯火辉煌，装饰一新。在庄严的音乐声中，一位高大魁梧、仪态威严的国王开始在圣坛前做祈祷。

突然，站在一旁的教皇把一顶金冠戴在了他头上，并带头高呼：“上帝为查理皇帝加冕，敬祝他万寿无疆和永远胜利！”其他教士和人们跟着欢呼起来。

这位查理是何许人？教皇为什么要给他加冕，称他为皇帝呢？

原来，他就是当时开始称霸西欧的法兰克国王查理。

1. 南征北战

查理于公元 742 年出生在一个法兰克贵族家庭中，他的父亲便是大名鼎鼎的“矮子丕平”。公元 751 年，矮子丕平与教皇相勾结，废黜了墨洛温王朝的末代国君，取而代之，创建了加洛林王朝。作为王子，查理从小就跟在父亲身边，出入宫廷，巡游各地；骑马打猎，从军作战，各方面都受到了很好的锻炼。查理身材魁梧，体格强壮，精于武艺，很早就显露了军事上的才干。

公元768年，矮子丕平去世。遵照遗嘱，查理和弟弟卡洛曼平分了法兰克王国。不久，卡洛曼患病去世，查理合并了全部国土，成为加洛林王朝的第二代国王。

查理不知疲倦地南征北战。他在位46年，先后发动了55次征服战争，除了英格兰人以外，他几乎和西欧所有的民族打过仗。

公元778年，查理越过比利牛斯山，进攻西班牙地区的阿拉伯人。回师途中，后卫部队在比利牛斯山的一个峡谷遭到当地人伏击。查理的部将罗兰英勇奋战，不幸阵亡。这一事迹被编成著名史诗《罗兰之歌》。诗中，罗兰被颂扬为中世纪骑士的楷模，查理则是骑士应为之效忠的封建君主的典范。

查理时间最长的一次征服战争，是进攻北方的撒克逊人，他采取了残酷的镇压手段，对撒克逊人大量屠杀并强行迁移。他还强迫所有撒克逊人信仰基督教，不信基督教者均被处死。这场战争时间长达33年，直到公元804年，撒克逊人终于被征服。

2. 罗马人皇帝

经过数十年的征战，查理在欧洲大陆建立了一个庞大的帝国，其疆域之大，完全可与昔日的罗马帝国相媲美。赫赫的战功和强盛的国势，使查理踌躇满志。国王的称号与他的权势似乎不相适应了，恺撒大帝才是他效法的榜样。一次偶然的事件，为他弃王称帝铺平了道路。

公元799年，罗马贵族们声称教皇利奥三世生活放荡、品行不端，发动了政变。他们将教皇逮捕入狱，还扬言要挖出他的眼珠，割掉他的舌头。但是，一天深夜，利奥三世越狱逃跑了，他直奔正在征战的查理的营帐，乞求保护。公元800年12月，查理亲自带兵把利奥三世护送回罗马，还把反对教皇的贵族处以重刑。

利奥三世对查理感恩不尽，视同再生父母，他抓住一切机会报效查理的恩典。

12 月 25 日圣诞节那天，当查理跪在罗马的圣彼得大教堂做祈祷时，教皇突然把一顶金皇冠戴在查理的头上，并高声宣布：“上帝为查理皇帝加冕，这位伟大的带来和平的罗马人皇帝，万寿无疆，永远胜利！”

在场的僧侣、贵族齐声欢呼，祝贺查理成为“罗马人皇帝”。这样，查理就成了古罗马帝国的合法继承人，法兰克王国也变成了新的“罗马帝国”。

从此，人们将查理称为查理曼。“曼”字的意思是“伟大的”，也可直译为“大帝”。查理的加冕，是世界中世纪史上的一件大事。它表明教权和王权开始共同统治欧洲。利奥三世曾在教堂安放了一幅画，描写圣彼得正把披风送给教皇，把旗帜送给国王，画上写着“圣彼得把生命赐给教皇利奥，把胜利赠给皇帝查理”。

3. 查理的业绩

查理的业绩不仅限于军事征服，在法律、经济，尤其在文化教育方面都有杰出建树。

8 世纪时，古代希腊、罗马的文化已被人们遗忘，查理帝国的臣民大都目不识丁。查理感到没有文化知识，就不能很好地管理国家，于是就在宫廷里办起了学校，培养人才。

在宫廷学校里，除了贵族子弟外，他还招收了一些出身寒门的学生。他亲自检查学生的作业，他发现出身寒门的学习成绩较好，便高兴地说：“我的孩子们，由于你们竭尽全力学习，取得了好成绩，我很高兴。我将赐给你们主教的管区和华丽的修道院。”

对那些学习成绩差的学生，他训斥道：“你们这帮贵族的大少爷，仗着出身和财产，不努力学习。我发誓，除非你们好好学习，否则绝对得不到我的任何恩宠！”

查理说到做到，时常把学得最好的穷孩子提拔上来，委以重任。

查理大帝还颁布了不少法令，要求教会和修道院传授和学习文化。他下令抄写大量古希腊和古罗马的文稿，为保存和传播古典文化作出了贡献。由于查理大帝统治的王朝叫加洛林王朝，这些成就后来被称为“加洛林文艺复兴”。

## 裂土分疆

公元814年，查理曼去世，终年70岁。其子路易即位后，把注意力都集中在宗教上。公元817年，国王路易将帝国疆土分给自己比较有才干的三个儿子：罗退尔、丕平、路易。后来在疆土分配问题上，兄弟之间展开了骨肉相残的斗争。在战争中，老国王路易和儿子丕平相继死去，形成了罗退尔、路易、查理兄弟三人争夺疆土的局面。公元843年，兄弟三个开始和谈，三方正式签订《凡尔登条约》，将帝国分为三部分：今日的德国以西部分给路易，称日耳曼；今日的法国属查理，称法兰西；路易和查理之间加上意大利中、北部留给了罗退尔。至此，兄弟相残的局面才告结束。

1. 三分查理曼

罗退尔死后，他的三个儿子又瓜分了他的领土。长子统治意大利，次子统治洛林，小儿子得到普罗旺斯。公元870年，小儿子去世，日耳曼路易和法兰西查理在墨尔森签订条约，将其侄子的领土瓜分。路易得到了亚琛、科隆、特利尔、美因兹和阿尔萨斯。秃头查理得到了洛林的西部地区。查理曼帝国的三分，奠定了后来法兰西、德意志和意大利三国的基础，促进了西欧封建制度的发展。

2. 东、西法兰克王国

《凡尔登条约》的签订为起源于西法兰克的法国和东法兰克的德国之间政治特点的形成奠定了基础。在这两者之间又出现了第三个国家，但是相比较，它在语言、种族、地理位置和经济上都缺乏统一性。未来法国和德国历史的大部分都将围绕着夹在它们中间的洛林地区而展开。它的周边国家因为觊觎这片土地而彼此争斗，并在纷争中日趋疏远。

3. 德意志的形成

有50万平方千米的东法兰克王国由于管理不利，实际上分裂成了萨克森、士瓦本、巴伐利亚、法兰克亚4个独立的公国。后来，萨克森公爵亨利继承王位（称亨利一世），建立萨克森王朝。他把各诸侯国统一起来，形成了德意志国家。

4. 法兰西的形成

在西法兰克王国，由于查理的能力并不强，他的权力也日益减弱。公元987年，各诸侯拥立公爵休·卡佩为王，法兰西形成。卡佩家族的目标是统一法国，把它建设成一个强大的、繁荣的国家。在胖子路易（1108—1137年在位）统治时，卡佩家族的影响日益增长。

5. 帝国的消失

领土的分裂大大减弱了查理曼帝国的力量。三个法兰克王国开始长期遭受诺曼人、阿拉伯人的侵袭。几个法兰克王国被打得无力反击，皇帝的称号便在几个王国中有权势的人之间转移。公元887年，帝国最后一个得到公认的皇帝胖子查理，由于对诺曼人的进攻束手无策，被贵族废掉。查理曼帝国短暂的统一，使得欧洲地中海沿岸的罗马人的古典奴隶制社会和大陆腹地蛮族人的原始部落社会，在共同过渡到中世纪封建社会这个漫长过程中，跃进了一大步。帝国虽然很快消失了，但它对中世纪欧洲的政治、经济、思想、文化都产生了深远的影响。

## 奥托大帝

公元888年以后，加洛林帝国已经分裂为法兰西、德意志、意大利、勃艮第、洛林等几个独立地区。但在人们的观念中，建立大帝国和保持皇帝称号仍然根深蒂固。公元919年5月，萨克森公爵亨利迫使法兰克尼亚国王康拉德一世屈服，自己当选为萨克森与法兰克尼亚的国王，由美因兹大主教加冕，称亨利一世。萨克森王朝由此开始。亨利去世后，其子奥托继承王位，并在原加洛林帝国的皇宫中加冕。他的继位仍按传统先由四大公爵同意，这样的帝位自然是不甚稳固的。奥托继位伊始，各公爵就相继反叛。面对这种状况，奥托征讨与联姻双管齐下，逐一制服了反叛的公爵。然后将他们任命为自己的大臣，这等于把他们变成了自己的下属。奥托也就成为中世纪欧洲的第一位真正意义上的国王。公元951年，奥托自称意大利王。在公元961年的时候，罗马教皇在与地方豪强的斗争中失利，求救于奥托。奥托乘此良机一举占领了整个意大利北部。公元962年2月2日，奥托在罗马圣彼得大教堂由教皇加冕为皇帝，后世尊称他为奥托大帝。

1. 稳固统治的手段

为了改变父亲时代那种各个部落公国各自为政的局面，稳固自己的统治，奥托一世坚持中央集权，他采取了一系列削弱各个公国实力的措施，因此遭到公爵们强烈的不满，于是他们准备联合发动暴乱。公元938年，法兰克尼亚公爵和巴伐利亚公爵联合发动了叛乱，在奥托果断的镇压下，叛乱者的阴谋没有得逞。公元929—941年，巴伐利亚公爵亨利一世又率兵发动叛乱，在奥托的镇压下又以失败而告终。公元944年，为了培植自己的亲信，争取更多的支持，奥托一世封自己的女婿康拉德为洛林公爵，但是奥托一世打错了如意算盘，康拉德被封为公爵后，立刻加入了反对他的行列。公元946年，奥托一世率军干涉法国内战，先支持反对国王的法兰西公爵，后转为支持法王路易四世。公元950年，在奥托一世的威逼利诱下，波希米亚公爵波列斯拉夫一世被迫称臣。公元951年，意大利在奥托一世的铁蹄下沦陷，至此，经过几个世纪风风雨雨的意大利，迅速变成了罗马帝国辽阔领土的一部分。

为了维持在意大利的长远统治，奥托一世与意大利统治者洛泰尔的遗孀阿德莱德结婚，通过联姻的方式稳固了罗马帝国对意大利的统治。公元953年，经过镇压已经逐渐恢复平静的反对势力又开始蠢蠢欲动——洛林公爵与士瓦本公爵发动叛乱，然而这次叛乱又以失败而告终。公元955年，马扎尔人入侵巴伐利亚和士瓦本，在奥托一世的协助下，长期侵扰德意志的马扎尔人迅速被彻底打败，从此一蹶不振的马扎尔人便开始转向定居生活，并建立起匈牙利国家。

在奥托不断加强对意大利控制、意大利影响不断上升的同时，损害了拜占庭帝国的利益，引起了当时拜占庭帝国君主的不满，尤其是在公元962年奥托被约翰十二世加冕为“罗马帝国的皇帝”之后，奥托与拜占庭帝国的冲突达到高潮。直到公元972年，拜占庭帝国皇帝约翰一世才最终承认奥托的罗马帝国皇帝头衔。公元963年，曾经为奥托加冕称罗马帝国皇帝的约翰十二世的教皇身份被废除，奥托扶持了立利奥八世作为新任教皇。至此，以往由教会内部自己决定教皇人选的先例被奥托打破，从此开始了由皇帝决定教皇人选的时代。奥托的这一举动，为后来的皇帝与教皇长期斗争埋下了隐患。

2. 神圣罗马帝国

奥托所创的帝国当时并无定名，他自称是“帝国奥古斯都”。奥托之所以用这一称号，意在表明他是加洛林帝国的合法继承者，因而也是欧洲基督教世界和世俗各国之王。后来，到1034年的时候，康德拉二世将东法兰克帝国更名为“罗马帝国”。1157年，腓特烈一世又把帝国更名为“神圣帝国”。到1250年，两称合一，确定为“神圣罗马帝国”，到15世纪以后定名为“德意志民族神圣罗马帝国”。在11世纪上半叶时，神圣罗马帝国王权处于极盛时期。到13世纪中期，中央政权日趋衰弱。1356年，德皇查理四世发表诏书，承认帝侯有选择皇帝的权力，使“神圣罗马帝国”中央皇权名存实亡。

## 北欧海盗

在3世纪和4世纪，中欧的日耳曼部落常常突破罗马帝国的边疆防御，长驱直入去劫掠罗马，抢夺当地的民脂民膏。在查理曼大帝去世后的岁月里，北欧海盗活动频繁，他们的海盗船队光顾了欧洲所有的滨海国家。他们的水手沿荷兰、法兰西、英格兰及德国的海岸，建立起一系列独立小国。他们甚至远航到意大利碰运气。10世纪初期，一个叫罗洛的维京人多次侵扰法国海岸地区。当时的法国国王懦弱无能，无法抵御这些来自北方的凶悍强盗。于是，他想出了一个办法。他允诺，如果维京人保证不再骚扰他的其余属地，他就把诺曼底地区奉送给他们。罗洛同意了这笔交易，定居下来做了“诺曼底大公”。

1. 维京人的基地

维京人生活在1000多年前的北欧，当时欧洲人更多将之称为Northman，即北方来客。维京是他们的自称。在北欧的语言中，这个词语包含着两重意思：首先是旅行，然后是掠夺。他们远航的足迹遍及整个欧洲，南临红海，西到北美，东至巴格达。但他们第一次在当地百姓面前出现，就是以海盗的身份抢劫掠夺。维京时代初期，挪威人就在荒无人烟的苏格兰北部、奥克尼群岛、赫布里底群岛定居。以海岸为基地，一头向爱尔兰、马恩岛扩张，一头往英国和法国袭击。

2. 近战斗士

在肉搏战中，维京战士手持包有铁皮的椴木盾牌，操纵标枪、匕首和剑，十分轻巧。维京步兵力气惊人，能够灵活操纵长柄战斧。在战斗中，敌方骑兵最先遇到的是维京步兵组成的第一阵线，他们所持的战斧能将敌人碎尸万段。维京骑兵队的成员大多来自匈牙利，个个是出色的骑士，他们能够在飞奔的马上射箭，能够在战斗中队列整齐，向前冲锋。

3. 水战霸主

维京人最擅长的是水上功夫。他们善于在深海航行，溯河而上潜入敌境也很在行。在海上相遇时，维京人会一声不吭地将船系在一起，在船头搭上跳板，然后依次上场单独决斗。放弃战斗资格的人与死者无异，从此连家人都会忽视他的存在。维京人的造船技术发展到了较高的水平。维京船一般修长，世称维京长船，长度为 10 ~ 30 米，其平均排水量有 50 吨，并使用搭接法造船。维京船操纵时使用右舷的操纵桨，常以左舷靠码头，高高的曲线型两端及较深的船只吃水使其具有良好的船舶操纵性。它以桨作为主动力，但也悬挂有一面大横帆，色彩鲜明。他们在船舷侧常用五颜六色的盾牌防御敌船弓箭的射入。维京人的龙头船不必掉头就能倒退航行：船首和船尾形状完全一样，只要朝反方向划桨就可以了。

## 统一英格兰

北欧海盗于公元 865 年入侵不列颠后，占领了一个又一个英国的筑防城镇。他们把这些城镇作为据点，对周边地区进行大肆抢掠。大约在公元 870 年，这些海盗控制了英格兰北部和东部的大部分地区。随后，他们又试图占领英格兰南部的韦塞克斯王国。但他们在这里遇到了劲敌阿尔弗烈德大帝。战事一直持续到公元 878 年，阿尔弗烈德最终在爱丁顿战役中击败了这群北欧海盗。公元 892 年，北欧海盗重返英格兰，再一次对韦塞克斯发动攻击。但阿尔弗烈德已有准备。他拥有一支海军，敢于在海上与海盗们抗衡。与此同时，他还加强了各城镇的防御。一部分海盗进入了当时仍在丹麦人统治下的英格兰北部和东部地区，继续从这些地区向韦塞克斯发动攻击。

10 世纪初，阿尔弗烈德的儿子、韦塞克斯新国王爱德华发起了一场旨在收复北欧海盗控制区的战争。 爱德华于公元 909 年开始发动攻击。 他采取的策略是：每当占领一个地区，就建起一个要塞。 这些要塞使爱德华能够有效地控制已收复的地区，防止它们重新落入海盗之手。 到公元 954 年，盎格鲁 - 撒克逊人收复了英格兰被北欧海盗控制的全部土地。

1. 英格兰的“战国时代”

盎格鲁 - 撒克逊人是日耳曼人的一支。 他们和其他日耳曼民族一样，在民族大迁徙的过程中迁入什列斯维希和威悉河、易北河流域。5 世纪开始侵入不列颠，然后沿泰晤士河、汉伯尔河和瓦什湾向内地推进。 不列颠岛上的克尔特人对入侵者进行了顽强抵抗。 但是征服者最终还是在不列颠的东部和南部建立了一些小部落公国。 这些小国之间长期混战，到 6 世纪末、7 世纪初联合成七个王国，形成英国历史上的“七国时代”。 七国之间经常进行战争，势力互有消长。 到 9 世纪初，韦塞克斯王国逐渐成为七国之中最强大的王国。 公元 829 年，韦塞克斯国王爱格伯特把各王国联合在自己的政权之下，初步形成统一国家。 从此英格兰这个名称才见诸于世。

2. 阿尔弗烈德大帝

从公元 851 年开始，英格兰就遭到北欧海盗的入侵，三分之二的国土沦陷。 在这些王国中，只有韦塞克斯王国成功地抵御了外来侵略。 英格兰第一位民族英雄和历史人物由此产生，他就是阿尔弗烈德大帝。 公元 871 年，阿尔弗烈德第一次对海盗军队作战，并取得了决定性的胜利。 不久，阿尔弗烈德统一了英格兰，收复了伦敦。 当他于公元 899 年去世时，丹麦人入侵的最黑暗时期已经结束，他的后代统治的将是一个完整的国家。 他统治期间，通过在当地征兵设立了一系列的要塞(自治市)，以补充新的防御系统。 这些措施确立了英格兰中世纪初期的城市化模式。 阿尔弗烈德还发起了一场文化与知识的更新运动。他的宫廷学者继承了抄写与翻译的工作，盎格鲁-撒克逊贵族与教士还必须用他们自己的语言学习彼得和波伊提乌的作品。

3. 英格兰的国史

从8世纪起，盎格鲁-撒克逊诸王国宫廷寺院中即已开始撰写史书，但体例、内容不统一。公元892年，阿尔弗烈德大帝在统一英格兰后组织学者增删汇编以前各书，命名为《盎格鲁撒克逊编年史》。记载上起公元前55年恺撒入侵不列颠，下止1154年英王斯提芬去世。有7种抄本传世，具有很高的史料价值，也是古代英国散文的典范。

## 哈斯廷斯之战

1066年1月，英王爱德华逝世。临终前，他指定妻弟哈罗德为继承人。不料，爱德华国王的堂表兄诺曼底公爵威廉也要求继承英国王位。在教皇的支持下，他率军在不列颠登岸，并在哈斯廷斯荒野上排兵布阵。哈罗德率领大队人马于9月13日抵达哈斯廷斯城内。两军形成对峙局面。9月14日，大战爆发。诺曼底最终一举将英军围歼。哈斯廷斯战役奠定了威廉公爵征服英格兰的基础。1066年圣诞节，威廉在伦敦威斯敏斯特教堂举行了加冕仪式，正式登上了英格兰王位，称威廉一世。威廉所开创的王朝史称“诺曼王朝”。

1. 把刀剑指向毁誓的人

1066年，爱德华死了，他妻子的兄弟哈罗德被推举为王。这样的王位安排，引起了海峡对岸的诺曼底公爵的不满。

诺曼底公爵威廉是个私生子，因而时常遭到别人的冷眼，这使得他的性格变得刚毅而冷酷。他16岁时已熟练地掌握了格斗的技巧，并不止一次地躲过了暗杀。靠着他的铁腕统治，诺曼底公国成了西欧最强大的国家。他对海峡对岸富庶的英国，觊觎已久，早就想把它弄到手。还在两年以前，威廉对哈罗德就有过救命之恩。当时，哈罗德在法国游玩时，遭人绑架，是威廉把他救了出来。为了感谢威廉的救命之恩，哈罗德曾对天发誓："我——哈罗德发誓，当我王爱德华百年之后，我将运用我在英国的权力和影响，使威廉——我亲爱的兄弟成为英格兰国王。"

可是，当英王爱德华去世后，哈罗德却忘了以前的誓言，自己加冕称王，这使得等候继承权的威廉怒不可遏。威廉决定征服英吉利，把刀剑指向毁誓的人。

2. 渡海远征

威廉为这次渡海远征，做了充分的准备。他在诺曼底大肆招兵买马，许诺在征服英国后，将赏赐手下大量的土地和黄金。整个1066年春天和夏天，他都在制造船只，筹集军需品。到了8月，威廉已经万事俱备，700艘帆船沿海岸一字排开，7000名士兵整装待发。只等海上风顺，便可出兵。

然而偏偏事与愿违。威廉需要南风将他的大军送过海峡，此时正是夏末秋初时分，海峡中总是东北风劲吹，浪高涌大，单凭人力划桨驾船绝对无法到达对岸。威廉大军只好眼睁睁坐以待"风"，一等便是整整6个星期。

可是，出人意料的事发生了。就在威廉焦急地等待南风到来之时，在英国却发生了另一场争夺王位的战争。原来，挪威国王哈德拉德也想当英国国王。9月中旬，哈德拉德率大军在英国北部登陆，一路烧杀抢掠，直向英国中部约克郡杀来。英王哈罗德立即率军北上迎敌，两军在约克郡的斯坦福桥遭遇。经过激战，挪威国王被杀，哈罗德大获全胜。

就在哈罗德获胜两天之后，英吉利海峡的风向转变了，刮起了强劲的南风。9月28日，威廉率领大军起航，乘着大风顺利地渡过海峡，在对岸登陆。威廉刚刚踏上泥泞的英吉利海滩，一不小心摔了一跤。众将以为是不祥征兆，岂料威廉哈哈大笑："此为吉兆，你们看，我的双手已经抱住了英格兰。"

威廉站起后环顾四周，却是静悄悄杳无人迹，他心里疑惑，不知英国人摆的什么阵。很快探子来报，伦敦以南并无英军，所有军队都随哈罗德北上与挪威人打仗去了。威廉听了，长吁了一口气，伸手向天，感谢上帝的安排。

3. 英国历史揭开新的一页

哈罗德正在约克郡庆祝胜利。一匹快马自南方飞奔而来，骑手下马后气喘吁吁地向他报告："那私生子登陆了！"

哈罗德闻讯，大惊失色。他立即命令疲惫不堪的部队立即开拔，向伦敦急行。

10 月 14 日，威廉与哈罗德在哈斯廷斯摆开阵势。威廉的大军沿着山脚排开，兵分三路，左翼、右翼以及威廉亲自指挥的中军。

哈罗德的英军部署在对面的山坡上。1 万余人排成几个密集方阵。方阵最外一层的士兵，身穿锁子甲，人人手擎一块大盾牌，块块盾牌紧密相连，组成刀枪不入的铜墙铁壁，将方阵内的士兵遮护得严严实实。最里层的一个方阵当中，高高飘扬着金线织就的英国王旗，王旗下，哈罗德叉腰仗剑，威风十足。

战斗开始了。威廉先命弓弩手向英军放箭。只见万箭齐发，冰雹般射向敌阵，不料碰在英军的盾牌墙上，却纷纷折断落地，英军毫发无伤。威廉又命重装步兵发起冲击，无奈方阵里的英军突然刺出长矛，许多重装步兵的铠甲被刺穿，负伤的不在少数。

威廉见步兵进攻不能取胜，急命骑兵上阵。这骑兵可是诺曼人的制胜法宝。而英军并无骑兵，上阵全靠步兵作战。步骑相遇，威廉的骑兵风驰电掣，让人猝不及防；再说人在马上，占尽高度优势。

那边哈罗德远远地见骑兵奔来，急令各方阵靠紧，密集队形，盾牌手们臂膀相挽，盾牌如瓦片般相叠，密不透风。诺曼骑兵再厉害，撞在这盾牌墙上，也是英雄无用武之地！而盾牌后的英国兵趁机扔出手斧和标枪，杀死了不少诺曼骑兵。

眼看太阳偏西，威廉久攻不下，不免心急火燎。只见他眉头一皱，计上心来。他重新布置阵势，弓箭手后撤，所有骑兵集中中路，重装步兵调往两翼。当号旗一展，全体骑兵一齐冲上山坡。刚到方阵前面，又是一阵呐喊，全体诺曼骑兵调头后撤。哈罗德以为敌人已溃不成军，遂下令英军下山追击。哪知这是威廉的“佯败”战术。

见敌人果然中计追下山坡，方阵散乱，威廉又命骑兵回马稳住阵脚，两翼重装步兵一齐掩杀过来。可怜英军顺坡而下，收脚不住，前面的撞在骑兵枪剑之上，当场毙命；两边的被重装步兵砍杀，死伤无数。

哈罗德惊得目瞪口呆，急令剩余部队重新集结。万余兵马，只剩下三四千人。哈罗德将剩余部队集中到山顶，以他为核心围成一圈，周围仍然是坚固的盾牌墙。

此刻，夜幕降临。威廉见英军围成一个圆圈，顿时又生一计。他命弓箭手后撤一百步，然后斜斜地向高处射箭。这样，他们的箭跃过盾牌墙落到了方阵内英军的头上。挤成一团的英军躲无法躲，藏无处藏，中箭者无数。这时，突然一支飞箭自天而降，恰好刺入哈罗德右眼窝，他来不及哼一声便扑倒在地，气绝身亡。国王一死，英军将士四散溃逃。

诺曼底公爵威廉终于征服了英国。1066 年 12 月 25 日，他乘战胜之余威，登基成为英国国王，称威廉一世，又称“征服者威廉”，同时兼任诺曼底公爵。他建立的王朝被称为诺曼王朝。威廉没收了英格兰人的土地，重新分封给诺曼的贵族和功臣，在英国实行了封建制。

从此，英国历史揭开了新的一页。

4. 复杂的贵族阶层

诺曼底公爵威廉征服英格兰时带来了许多骑兵。英格兰人把这些骑兵叫“骑士”，意思是“仆人”或“家臣”。在封建制度下，骑士中有不少人成为封臣。因而“骑士”不久便用来指效忠于君主或领主的、全副武装的骑兵。在封建制度下，骑士的社会地位低于贵族，但高于商人和工匠。骑士们应该忠诚、有荣誉感，而且要保护弱者，这就是骑士精神。从此，英国开始出现了骑士，这样一来，贵族阶层中的等级关系变得更为复杂了。在诺曼底的文献中，贵族阶级至少有3个层次：“贵族”“大人”“骑士”。骑士与贵族最初有身份地位上的差别。贵族可以是作战的骑士，而骑士却很难成为贵族。贵族是世袭的土地所有者。他们不仅有大量的财富，而且有广泛的司法权力。骑士处于农民之上贵族之下，是贵族的军事随从，是低等贵族。美国有历史学家将早期中世纪的封建主义称为“两种水平的封建主义”，上层的是大的贵族家族，下层的是他们的骑士侍从。贵族是皇家权威的代表，负责维持地方的和平与公共秩序。他们相信自己拥有神授的能力。而一般骑士是贵族的助手和依附者，他们只拥有少量甚至根本没有土地。

## 塞尔柱帝国的兴起

1064年，塞尔柱突厥人的首领图格里尔之子阿尔普·阿尔斯兰以一支骑兵为先锋，攻占了亚美尼亚和格鲁吉亚，渡过了幼发拉底河，劫掠了叙利亚、西里西亚和卡帕多细亚。在严峻的边界压力下，拜占庭罗曼努斯大军进入亚美尼亚的狄奥多西城。

1071年8月19日，两军决战。拜军战斗力不及突厥人。突厥人以轻骑兵和马弓手为主，杀伤力强。开始时拜军取攻势，一路冲杀，突厥军则且战且退。后来，罗曼努斯发觉情况不妙，唯恐有诈，便下令回撤。突厥人见时机已到，便停止后退转而用马弓手猛攻拜军后翼，迫使拜军回身还击。这时，突厥人按事先计划散布拜军已败的谣言，使拜军军心动摇。于是失去保护的两翼和后队迅速瓦解，中军则孤立无援，阵势大乱。这次大战后，突厥人开始在小亚细亚地区定居，使这一地区开始突厥化。塞尔柱突厥帝国在苏丹马立克沙时期达到极盛。这期间，塞尔柱突厥帝国在政治、经济、文化等方面都很繁荣，伊斯兰教神学和文学也迅速发展。但正因为塞尔柱人强劲的军事力量和富饶的土地，引起了欧洲无数基督教徒所发动的十字军东征。

1. 突厥人

6 世纪时，突厥人建立了两个国家，对中国北疆构成了巨大威胁。公元630 年唐太宗灭东突厥，公元659 年灭西突厥，但在外蒙古仍保留有一个独立的突厥国家。8 世纪初，阿拉伯帝国征服了这个突厥国家的西部。从此，突厥人也开始伊斯兰化。

2. 塞尔柱突厥人的扩张

公元970 年，突厥人乌古思部族在酋长塞尔柱的带领下迁到锡尔河下游，接受了逊尼派伊斯兰教。1037 年，塞尔柱的孙子图格里尔·贝格·穆罕默德开始向中亚扩展。他们击败印度伽色尼王朝的军队后，乘胜征服了中亚许多地区，1043 年进入朱底亚。1048 年以后，开始侵入拜占庭属亚美尼亚边界，与拜占庭军队频繁发生冲突。1055 年，他们进入巴格达，迫使阿拔斯王朝哈里发封塞尔柱为阿拉伯国的摄政，赐号为苏丹，即“权威”之意。

## 十字军东征

1095 年冬天，罗马教皇乌尔班二世在法国的克勒芒城召开宗教会议，发出东征的号召。他对前来听他演说的各国骑士声嘶力竭地叫喊道：“上帝的孩子们啊，我们东方的圣地耶路撒冷（传说耶稣就葬在那里）给异教徒占领了。这是何等的奇耻大辱啊！上帝要你们赶快去夺回我们的圣地。要知道，东方国家遍地是蜜和乳，简直是第二个天堂，你们还不赶快响应上帝的号召吗？”他说：“倘若任何人专为虔诚而不为虚荣和私利去耶路撒冷，以救出上帝之属地，即此种跋涉便足以代替一切的忏悔。”经过教皇这一番煽动，骑士们立刻疯狂地大喊起来：“神意如此！神意如此！让我们奔向东方吧！”东侵的军队打出了“收复圣地”的大旗。骑士们争先恐后地把红十字（十字架是基督教的标志）缝在自己胸前。第一批“十字军”就这样拼凑起来了。经过长途跋涉和激烈交锋，十字军于 1099 年 7 月攻下了耶路撒冷。他们在所占领的地区建立了耶路撒冷王国。可是到了 1187 年，东方的穆斯林在领袖萨拉丁的领导下，消灭了十字军主力，收复了耶路撒冷。

1. 穷人十字军

教皇对参加十字军的人许诺，他们在远征期间可以不还欠债，由教会保护他们的家庭和财产。教皇还欺骗人们，说有罪的人参加圣战可以得到上帝的赦免；农奴参加远征，可以得到人身自由。

教皇的号召很快传遍了西欧各地。饱受灾荒之苦的农民、渴望到东方发财的骑士以及一心想扩充自己势力的封建领主们，纷纷组成了十字军。

最早踏上征途的是一批法国、德国的农民。他们变卖仅有的财产，来不及等待骑士队伍，第二年春天就出发了。这些穷人十字军衣衫褴褛，有的还拖家带口，既没有整齐的装备，又没有足够的给养，靠沿途抢劫才勉强生存。这批乌合之众历尽艰辛到达小亚细亚草原时，他们遇到的是突厥（土耳其）人训练有素的骑兵。一场恶战之后，穷人十字军大部分被歼灭，只有少数人侥幸逃回。

2. 十字军屠城

1096 年秋天，由西欧骑士组成的有组织的十字军，开始第一次东征。他们由封建领主率领，武器精良，组织严密，总数约有 4 万人。到 1097 年春，各路骑士到东罗马帝国首都君士坦丁堡会合，随即渡过博斯普鲁斯海峡，踏上艰苦的征途。他们时而越过陡峭的山脉，时而穿过广阔的沙漠。这些平日里养尊处优的欧洲骑士，此时身着重装铠甲，冒着酷热，忍饥挨饿，生活苦不堪言。而且，突厥人对十字军的入侵采取焦土政策，留给他们的只是一片瓦砾。骑士们不得不忍受饥渴，许多人和马在灼热的阳光下倒毙。直到1099年7月，十字军才到达它东侵的目的地——耶路撒冷。

当时耶路撒冷城内只有1000名穆斯林守军，而围城的十字军达到4万人。十字军尝试着第一次攻城，他们有着狂热的斗志，但缺乏攻城的器械，这次攻城失败了，十字军死伤惨重。此时，十字军干渴难耐，因为穆斯林在方圆几千米的井里都下了毒，井水根本不能喝。

正当十字军一筹莫展之时，一支热那亚舰队运来了投石机和建造攻城塔的材料。这种攻城塔是一种活动堡垒，可以接近耶路撒冷的城墙。十字军迅速行动起来，在造好两座攻城塔之后就展开第二次进攻。一座攻城塔被城上扔下的火炬烧毁了。另一座攻城塔推进到城墙的北面，这一次，十字军冲上了城墙，在城头升起十字旗。十字军冲进城市，杀死他们遇到的每一个人。全城的金银财宝被抢劫一空，7万多穆斯林和犹太人被杀害。为了寻找更多的黄金，有的十字军还剖开死人的肚子，从中取出死者生前吞下的金币。在著名的阿克萨清真寺，躲在里面的一万多无辜平民被杀死，血流成河。

## 重占耶路撒冷

第二次十字军东征失败后，伊斯兰世界再次强大起来。1187年7月，埃及军事长官萨拉丁在提比里亚湖附近发动了对十字军的进攻。耶路撒冷国王德·吕西尼昂集结全国的军队与萨拉丁交战，结果被全歼，连国王也成了穆斯林的俘虏。接着，萨拉丁又切断了耶路撒冷与欧洲的交通。9月20日，萨拉丁围攻耶路撒冷城。耶路撒冷城里的法兰克人先是抵抗，然后通知萨拉丁，如果他不让他们活命，他们就把城里的伊斯兰教徒统统杀光，并在战死前烧掉所有的清真寺。萨拉丁只好作出让步，允许他们以缴纳人头税来换取自由。10 月 2 日，耶路撒冷投降。依据规定男子每人 10 个金币，女子 5 个，7000 个穷人合交 10000 金币。萨拉丁为许多基督教徒付了赎金。总计有 8000 名法兰克人集体赎身，10000 人免费释放。10000～15000 人被当作奴隶卖掉，其中 5000 名被派往埃及建筑要塞。萨拉丁的帝国在其创建者于 1193 年去世后仍然保存了下来。1250 年，法兰克人试图第三次重复耶路撒冷国王阿马里克占领埃及的英勇业绩，但仍以失败告终。

1. 第二次东征

十字军第二次东征，目的是要收回 1144 年被伊斯兰教徒攻占的爱德沙。但是，因为穆斯林教徒团结在埃及苏丹萨拉丁的旗帜下，给了侵略军沉重的打击，第二次东征遭到彻底失败。

2. 萨拉丁

萨拉丁是亚美尼亚库尔德人，青年时代在大马士革受教育。他是一个笃信伊斯兰教的虔诚的穆斯林，一个富有韬略的天才的政治家，勇敢的穆斯林战士和伟大的统帅。

## “狮心王”理查

被英国人称为“狮心王”的战争狂人理查一世是英国金雀花朝的第二代国王。他长得强悍魁梧，膂力过人，骁勇好斗。这个人听到刀剑之声，如同欣赏悦耳的乐曲一样感到舒服惬意。他在位的 10 年间，全都泡在了东征阿拉伯和欧洲大陆的军事冲突之中。10 年间，他在自己本土只待过两次，加在一起仅仅半年左右的时间。第一次是举行他的加冕典礼。第二次就是他被奥地利公爵俘虏获释后，被强行送回英国，住了两个月。这个不爱江山爱战争的暴君，要求国内源源不断地为他输送粮食、装备和物资。他任命的大臣只要能横征暴敛，为他榨取军费，就是好大臣。为了筹措军费，他不时地寻求合适的买主，准备把伦敦卖掉。1190 年 7 月，他用巨额的军费武装军队与德、法组成联军，发动第三次十字军东征。1199 年，狮心王理查一世在他发动的英法战争中冒险冲锋，臂中毒箭，不治而死，时年仅 42 岁。

1. 德皇腓特烈一世

参与第三次十字军东征的德意志皇帝腓特烈一世也是一个战争狂。据说他身材高大，容貌奇伟，长着一口红色的胡须，人们称他为“巴巴罗萨”。他于 1152 年继承王位，出师意大利。在第二次入侵意大利围攻克里马城时，用 50 名俘虏当挡箭牌，阻挡矢石，为德军开路。他曾命令砍下俘虏的头颅，让士兵当球踢着玩耍，以此培养他的士兵残忍好斗的野蛮精神。

2. 狂人受挫

1189 年，十字军企图夺回被伊斯兰教徒收复的耶路撒冷。于是，第三次十字军东征开始了。率领十字军第三路的狮心王理查与伊斯兰教领袖萨拉丁展开了十分激烈的斗争。尽管狮心王理查非常英勇，但最终未能战胜萨拉丁，也未能重新夺回耶路撒冷。1192 年，狮心王理查被迫与萨拉丁签订了一个条约，规定十字军基督教徒只可拥有靠近耶路撒冷沿海的狭长地带，之后理查便撤兵回国了。第三次十字军东征以狮心王的最终失败而告终。

3. 最后的忏悔

1199 年 4 月 6 日，英国国王理查一世去世。去世前，这位已经 7 年没有参加过宗教仪式的国王，要求一位牧师为他祈祷并听取他的忏悔。他还要求将他的尸体解剖，头、心和身体分葬各处。其中，身体葬在他曾与其兵刃相见的父亲的脚边。

## 君士坦丁堡之灾

1202 年，在罗马教皇英诺森三世的竭力组织之下，再次组建了东侵的十字军。这次东征的目标本来是萨拉丁国家的核心埃及。但是埃及是威尼斯的贸易伙伴，而拜占庭却是威尼斯的商业劲敌。在威尼斯商人的利益诱惑之下，这次十字军东征把矛头指向了拜占庭。在当时，拜占庭帝国已经完全地衰落了。1204 年 4 月，十字军攻陷了君士坦丁堡，对这座历史名城进行了长达一个多星期的掠夺，数以万计的艺术珍品和文化古迹被破坏。有的十字军为了掠夺金银财宝，竟然挖掘坟墓，偷窃其中的随葬品。他们完全忘记了自己是基督教徒。十字军的这次东征暴露了西欧封建主组织十字军的真实目的，他们根本就是受利益的驱动，物质利益对于他们来说才是最重要的。他们完全可以因物质利益而去进攻信仰同一宗教的国家。宗教所鼓吹的“圣战”的实质也日益被广大的人民认清，人们再也没有以前那么高涨的热情了。

1. 儿童十字军

在十字军东征的低潮中，出现了所谓的“儿童十字军”。在罗马教皇和封建主的哄骗、煽动下，有五六万儿童参加了十字军。他们大多是农家孩子，年龄不超过 12 岁。因为在基督教中有一种荒谬的说法：成年人是有罪的，儿童才是纯洁的。所以儿童的十字军会受到上帝的保佑，能夺回圣地。他们在法国马赛集合后，被送上木船渡海“东征”。结果，有的船遇风暴，沉入大海；有的船到达埃及，船上儿童全被船主卖为奴隶。在德国，也有许多儿童受骗参军。但当他们好不容易翻过阿尔卑斯山时，就饿死了一大半。剩下几千人到了意大利，又被当作奴隶卖到了埃及。“儿童十字军”的组建坑害了这些天真无辜的孩子。

2. 基督徒的战火

13 世纪上半叶，十字军基督徒发动了多次东征战争，都以穆斯林的胜利而告终。 到了 13 世纪下半叶，十字军的几次东侵和十字军驻军都得到了蒙古人的援助。 但以埃及为首的阿拉伯联军经过多次征战后打败了蒙古军队。 十字军不可避免地走向最终的彻底灭亡。

## 为独立而斗争的凯尔特人

公元 999 年，爱尔兰一代霸主，58 岁的芝斯特国王布莱恩把战场摆到了海盗城都柏林城下的郊野。 布莱恩在部队中间走动，检查战斗准备的状况。 他要向那些敢于问鼎自己王位的暴发户还以颜色。 他发誓，在都柏林城南绿草如茵的各伦河谷，他要两个人给他跪下：一个是都柏林的海盗国王西陲乌克，此人曾被布莱恩收为义子达 10 年之久；另一个是西陲乌克的叔叔，伦斯特国王梅尔毛大。 天色欲明，两军互相逼近。 数千人投入战斗，不到天黑，杀死敌方 4000 多人，战斗胜利了。 布莱恩率领他的战士开进都柏林，烧毁了那座城市。 梅尔毛大躲到一棵紫杉树上避劫。 西陲乌克被枪尖指着驱逐出境，各国都不肯收留西陲乌克。 不久，这只丧家犬灰溜溜地回到都柏林，正式对从前的义父俯首称臣。

1. 爱尔兰的传说

传说，当凯尔特人从欧洲大陆入侵爱尔兰的时候，女神爱尔尤为新来者祝福：“尔其永为此岛之主。 此岛大好，为东土所仅有。”为报答女神之恩，凯尔特人便以女神的名字命名其地为爱尔尤，后来更名为爱尔兰，意思是“女神爱尔尤之地”。 同样，爱尔兰的人名和各地的地名也是来自凯尔特人的传说，后来又加上新来者的影响，包括基督教、海盗和盎格鲁 - 诺曼人。

2. 凯尔特人的爱尔兰

最早的凯尔特人是一些武士和农民，古希腊人称之为 Keltoi。 他们原先生活在中欧，后来扩散到意大利、希腊、巴尔干、小亚细亚，还有法兰西(那时叫高卢)、西班牙、不列颠，当然还有爱尔兰。 凯尔特人尽管文化上在上述地区占过上风，但从来没有形成一个政治上的王国。

公元前 2 世纪，他们日益受到罗马势力的欺侮。 公元前 52 年，凯尔特人在欧洲大陆的最后据点高卢落入恺撒军团之手。 到公元前 1 世纪末，罗马控制了欧洲大陆的全部和不列颠的大部。 幸运的是，爱尔兰从来没有遭到罗马人入侵，于是便成了凯尔特文明的幸存堡垒。由于相对没有受到外来影响，凯尔特人的生活方式在爱尔兰盛行起来，直到 5 世纪基督教文化的到来。

3. 金工楷模

爱尔兰的精致金工开始于公元前 2000 年前后，是跟着铜的发现一块儿兴起的。 金子被制成各种各样的饰物，比如金项圈，也称护喉，还有金簪、金环等。 凯尔特人的拉提奈文化时期，从公元前 5 世纪到公元前 1 世纪兴盛于欧洲大陆。 那一时期形成的金工装饰风格，成为后世爱尔兰金工的楷模。 其特点是色彩亮丽，图案多为抽象主题。爱尔兰的工匠们又在图案设计中融合进斯堪的纳维亚动物主题，终于形成了爱尔兰独有的华美风格。 金工匠人在爱尔兰社会里享有很高的地位。 有的工匠专门在头领们的宫廷里作业，其他人则边做边卖。后来基督教兴起，大多数金工匠人成了僧人，在寺院的作坊里作业。尽管制作的是基督教圣餐餐具之类，但设计和工艺仍然反映了凯尔特人的传统。

## 限制王权的自由大宪章

在 13 世纪的英国，随着商品货币关系的发展，阶级矛盾日益尖锐。 英国王室控制了城市的行政权和征税权，与富裕市民间的矛盾十分突出。骑士阶层站在富裕市民行列，僧俗大封建主也力求维护自身的特权和领地内的劳役制。英王约翰统治时期(1199—1216 年)，英王在法国境内的领地大部分丧失，并对教皇称臣纳贡。由于约翰的政策违反了僧俗大封建主、骑士和市民的利益，因此大封建主利用这个时机，联合其他阶层以武力威胁，于 1215 年 6 月迫使约翰签署了他们草拟的限制王权的《自由大宪章》。

1. 贵族的叛乱

英王约翰即位时，英格兰正忍受着通货膨胀的折磨，政府支出激增。为增加政府财力和筹集军费，约翰滥用封建领主的权力，巧立名目，横征暴敛。不管是否有战争，他几乎每年都征收免役税，并提高了税额，每块骑士采邑加征 2.5 马克。另外，他还强制推行分担制，要求每 9 名骑士要负担供应第 10 名骑士的装备；强迫封臣的遗孀或女继承人服从他的婚姻安排，如有违抗，便处以沉重罚款；滥用领主监护权，竭力提高监护期间的领地收入，甚至把监护权转让或出卖给亲信。他经常以莫须有的罪名，没收封臣土地或进行敲诈。为慑服贵族，约翰国王还经常采用恐吓、酷刑、处死等残暴手段。例如，贵族威廉·德·布雷奥斯原是约翰的宠臣，1207 年被莫名其妙地宣布为叛逆者，土地被没收，威廉携全家逃往爱尔兰。1210 年，约翰抓到了威廉的妻子和儿子，将他们关进温莎城堡，活活饿死。

约翰当政期间，对教会同样实行残暴统治。某些主教、修道院长不堪迫害，逃往国外，约翰便乘机派遣“看守人”，接管这些主教区、修道院的财产，将其据为己有。1205 年，坎特伯雷大主教沃尔特去世，约翰不顾教士大会选出的新人选雷金纳德和教皇英诺森三世的提名人选兰顿，试图把他的亲信司库格雷强加于教会。

这种做法激怒了英国教士和教皇。英诺森三世立即宣布兰顿为新任大主教，约翰拒不接受，并对教会展开疯狂报复。他大肆没收教会财产，据统计，从 1209 年到 1211 年的三年内，他一共掠夺教会财产达2.8万英镑。当兰顿身着教皇亲赐披肩、手持权杖来到英国后，决心为维护“教会自由”而斗争到底。他很快便与怨声载道的贵族联合起来，并成为后来反约翰起义的重要领导人和草拟《自由大宪章》的主持人。

1214年，约翰率军征讨诺曼底，再遭败绩，民众大哗。翌年4月至5月，一批大贵族以约翰未能保护封臣和王国利益为由，发动大规模叛乱。当男爵队伍与王军作战时，市民为叛军助威。王军一败涂地，伦敦洞开城门迎接叛军之师，这场贵族叛乱具备了民众起义的性质，为以后贵族乃至进步势力反对王权提供了范例。

2. 套在王权脖子上的枷锁

《自由大宪章》，共63项条款，主要内容是重申王国贵族的封建权利和防止国王侵夺这些权利。其目的是保卫贵族利益，结束约翰滥用权力的局面。

《自由大宪章》首先宣布了国王不可擅自征税的原则，强调：除传统捐税贡赋外，任何赋税的征收都必须得到“全国人民的一致同意”。所谓“一致同意”，实际是指当时以大贵族为核心的大会议的同意。《自由大宪章》中关于不许对商人任意征税的规定，已突破了以往贵族反抗王权的狭隘性，有助于他们与城市市民的联合。其他关于遗产税、未成年继承人的财产监护权、领主遗孀的嫁妆等，都做了规定。

其次，在国民权利方面也做出了明确的规定，即被协商权。文件在有关立法、征税的多项条文中，都有“应与全国人民普遍协商”或征得“全国一致同意”的字样。其中第14款专门规定，得到全国普遍认可，国王应在规定时间和地点召集教俗两届大贵族和有关人员协商。召集令需载明召集理由，于40天前及时发出。

为防止国王反悔，保障“大宪章”的执行，“大宪章”还规定从大封建主中选出25名男爵组成常设委员会来监督国王的执行情况。

一旦发现国王有破坏“大宪章”条款的行为，便要求国王立即改正。如果40天内不见国王有改正的表示，委员会便有权采取一切手段，包括使用武力，夺取国王的城堡，没收其土地、财产等，直到破坏“大宪章”的行为被纠正为止。

尽管就其内容和性质而言，《自由大宪章》多数条款是重申国王的权限和贵族的封建权利，所以不过是一个典型的封建法和习惯法文献，然而《自由大宪章》的意义却是非常深远。一方面，它通过颁布成文法的形式，比较含蓄地申明和体现了法律至上和王权有限的宪法精神。虽然后来随着时间的流逝，人们渐渐忘却了原文中的许多内容，但是法律至上、王在法下的法则却被久久铭记。另一方面，《大宪章》中规定了国民有被协商权的原则，明确宣告国王必须召开由若干贵族组成的会议，这为数十年后议会的产生铺垫了一块沉稳的基石，为数百年后新兴资产阶级参与议会斗争提供了法律依据。

《自由大宪章》的颁布，无疑是套在王权脖子上的一道枷锁，约翰企图将其废除。由于《自由大宪章》限制了罗马教廷对英国教会的控制，1215年9月，教皇宣布《自由大宪章》是非法的，约翰开始在坎特伯雷组织防卫和征集外国雇佣兵，男爵们也重新拿起武器，并向法王之子路易寻求援助，内战重新爆发。直到1216年10月18日约翰王病死，其子亨利三世继位，内战才结束。教俗贵族总结以往教训，迫使新君亨利三世再三颁布和确认《自由大宪章》。到了中世纪末期，《自由大宪章》先后又被多次确认。资产阶级革命开始后，它又成为议会权利的一个法律依据。

3. 模范议会和上下两院

1295年11月，英王爱德华一世为筹措军费召开议会。出席这次议会的有大主教、主教、住持、伯爵、男爵、郡代表、村代表等共计300余人。在议会开会期间，由郡和城市选举产生的平民代表，同国王指定的代表处于不同地位，分别于两室开会。后来议会逐渐形成两院：贵族院包括贵族和教士，由贵族大臣担任主席；平民院亦称众议院，选出议长1人，主持会议。自此以后，议会按1295年的模式经常召开，所以，人们称1295年的议会为“模范议会”。

1343年，国会正式分为上下两院，上院即贵族院，由贵族和僧侣组成；下院即众议院，由骑士和市民代表组成。下院权力不断扩大，国王通过议会制定法律、规定赋税。这样，等级代表制的封建君主政体在英国确立起来了。但在国会中没有农民和城市平民的代表。

4. 议会的权利

在亨利四世(1399—1411年在位)统治时期，议会已拥有下列四种权利：不经议会同意不得征税；不经议会承认不得立法；议会可弹劾大臣；包括对外宣战和媾和等重大事务，国家大臣可强迫国王接受其忠告。议员享有下列权利：在会议中、出席会议途中和散会归途中，均不得被逮捕；议会中的辩论发言，会后不负责任，不受惩罚。在1640年开始的英国革命中，长期议会成为最高权力机关。1649年3月17日废除贵族院，1657年又加以恢复。英国国会两院制延续至今。

## 百年战争

西方一位历史学家曾说过：“百年战争，就是一场百年的屠杀游戏。当高高在上的王公贵族为自己争得的利益开庆功宴的时候，一些失去家园和亲人的无辜的人们却在无声地痛哭。战争持续了一百年，哭声也持续了一百年。”由于战争始终是在法国境内进行的，法国人民饱受战争之苦。法国的许多城市也在英军粗暴的蹂躏之下，满目疮痍。英国尽管远离战场，但也无法摆脱陷入大战泥潭的厄运。战争非但没有使英国捞到丝毫好处，反而迫使英国放弃了谋求大陆霸权的企图，把全部精力向自己岛屿周围的海洋发展，走上了海洋扩张的道路。

1. 王权继承权引发争端

1328 年，法国加佩王朝国王查理四世死后，无男嗣所引起的王位继承问题是英法百年战争的直接导火线。按照法国的法律，英王爱德华三世的母亲伊莎贝尔作为女性没有继承王位的权利，也不能将王位传给自己的儿子。于是，法兰西贵族拥立了瓦卢瓦伯爵之子腓力为王，称腓力六世。一心想控制法国的英王爱德华三世凭借自己是法王查理四世的外孙的身份，向法国发难，声称自己是法国王位的合法继承人。这引起了腓力六世的强烈不满，遂于 1337 年 5 月，法王腓力六世宣布没收英王领地吉约那。同年 10 月，爱德华三世不顾法国的反对，自称身兼法王，并率部队进攻法国。于是，法国王位继承争端最终演变为一场旷日持久的战争。

另外，英法两国在佛兰德尔的利益冲突也是引发百年战争的重要原因。当时，这个地区是法兰西国王的附庸，但是这一地区与英国有着密切的经济联系。百年战争前夕，英王爱德华三世下令禁止羊毛向该地出口。佛兰德尔地区为了保持原料来源，转而支持英国的反法政策，承认爱德华三世为法国国王和佛兰德尔的最高领主，使英法两国矛盾进一步加深。

2. 克雷西之战

1340 年，英国海军在斯拉斯战役中击败了法国军队，使爱德华国王得以控制了英吉利海峡，并开始了大规模、全方位的入侵行动。1346 年 7 月 12 日，爱德华率领 1.2 万大军登陆诺曼底，军中的士兵都是曾经参加过苏格兰战争的老兵，拥有丰富的作战经验，其中大约有 7000 名弓箭手，个个佩带长弓，射程大约在 250～300 码（1 码 =0.9144 米）。爱德华大军在诺曼底几乎未遇抵抗，陆军长驱直入，席卷法国乡村地区，一路奸淫掳掠、杀人放火，不仅使自己的士兵得到了满足，也使沿途法国士兵的作战士气大为受挫。

法国国王腓力四世迅速集合大批军队试图中途阻截爱德华军队的

行进，他集结了1.2万全副武装的骑士大军以及6000名热那亚石弓雇佣兵，构成了法军的核心力量，另外还有2万~3万人的农民兵，这些士兵既没有经过军事训练，也毫无机动作战性可言，充其量也只能是作为主力部队的补充随军作战。

法军试图将英国人牵制在汹涌的索姆河岸边，但爱德华却率领军队徒步涉过了索姆河，直插克雷西村附近的山坡，并在那里修建防御工事。爱德华将兵力分为3部分，全部以手拿长弓的步兵做主力，布置在2000码长的防御阵地的两侧，还在前沿阵地安排了许多削尖的木桩，开凿了许多隧道，设置了众多障碍；后方则安排了700重装步兵和2000弓箭手作为预备部队。就算在军事备战过程中，英国人仍然不忘从乡村劫掠军需品，同时也使他们在战前得到了充分的休息。

1346年8月26日下午，法国腓力国王率领军队接近英国防御工事，不过他并不急于开战，而是决定先让军队稍作休整。然而许多骑兵统帅和陆军将军非常渴望立即发动进攻，于是一些心急的法国军官擅自展开了军事行动，队伍中冲在最前面的是来自热那亚的弓弩雇佣兵，他们不断地向英军阵地发射弓箭，不过由于距离太远并没有击中目标。爱德华的长弓手们也立即给予反击，击退了热那亚的弓弩雇佣兵和后方的法国骑兵。这些骑兵起初并没有把英国的长弓放在眼里，他们源源不断地向英国阵线冲去，但却遭到了冰雹一样的箭雨，最终无奈撤退。法国骑兵无畏冲杀的结果就是战场上堆积了越来越多的尸体和天空中降落的越来越多的箭头，他们进攻的速度不得不逐渐慢了下来。那些训练有素的英国弓箭手们每分钟可以发射12支箭，而即使是那些没有作战经验的弓箭手也可以达到每分钟6支箭的发射速度。

其实法国弓箭手也可以做到每分钟至少12支箭的发射速度，有时甚至可以达到15支箭，于是他们开始向英国阵地发射猛烈的箭雨攻势，在弓箭的掩护下，有少数几支法军骑兵部队突破了英国阵线，他们派出了重装步兵，与英军展开了直面搏斗，然而这些法国士兵还是很快就被英国军队击退了。英军最成功的一次进攻就是其右翼部队与法军展开的交战，当时，统领英国右翼部队的指挥官是爱德华16岁的儿子黑太子，面临困境的黑太子不得不向父亲请求救援，据说当时爱德华回复说："让这个孩子自己去鞭策自己吧。"

当天晚上，受到鞭策的黑太子就与自己旗下的英国军队取得了胜利，超过1500人的法国骑兵非死即伤，法国腓力国王的上千名士兵，包括绝大多数弓弩雇佣兵也全部阵亡。此外，一些来自于高等贵族阶层的法国统帅也都沦为英国的阶下囚，尽管腓力国王一直坚持作战，但最后还是选择逃离了战场。而英国军队则只有100人阵亡，他们继续保持着严格的军纪和队形，但却并没有去追赶法国逃兵。

爱德华随即移师法国加来港，尽管这场港口围攻战被拖了一年的时间，但英国军队最终以微弱的伤亡代价占领了这座港口城市，得到了这个重兵把守的港口就意味着为英国自由出入法国打开了大门，得以使英国人在余下的战事中有了良好的军事基地和经济中转战。

与占领法国加来港战役不同的是，克雷西战役对今后百年战争的余下战事产生的影响力并不大，其实它最大的意义还是在于长弓的使用改变了未来的整个战争。这对于法国军队来说实在是一件极其不幸的事，长弓的创新使他们的马上骑兵一次又一次地吃尽苦头，包括他们在30多年后的阿琴科特战役中的惨败。

克雷西战役理所当然地成了标志英国从此成为世界军事强国的转折性战役，是严格的军纪和长弓给英国带来了胜利。尽管长弓在之前的战争中曾经发挥过强大的威力，但却是克雷西战役引导它成为领导未来战争的主要武器，并使未来的战争越来越依赖技术。

3. 瘟疫改变战争进程

正当爱德华三世踌躇满志地准备对法国发动更大规模的进攻时，一场突如其来的瘟疫在欧洲流行起来，打乱了战争的进程，加之法国内部政局混乱，双方不约而同地偃旗息鼓，百年战争进入了短暂的间歇期。

将近 10 年的休战之后，1356 年战争又起，这次战役就是著名的以少胜多的“普瓦提埃战役”。这次战役宣告了在欧洲大陆历经近 500 年的封建骑士军事制度的彻底失败。1360 年 5 月 8 日，两王缔结《布勒塔尼和约》，其主要内容为扩大英王在法国西南部的领地，英王放弃对法国王位的要求。战争暂告结束。

1364 年，法国国王约翰二世去世，其子查理即位，称查理五世。查理五世改编了军队，整顿了税制，并以雇佣步兵取代部分骑士民团，建立了野战炮兵和新的舰队。从 1368 年开始，趁着英国瘟疫大流行的机会，查理五世开始逐步收复法国的大片失地。1372 年，法国的舰队又在拉罗谢尔打败英国舰队，重新控制了西北沿海海域。到 1380 年，法军已逐步迫使英军退到沿海狭窄的一隅。这样，整个战争的态势发生了有利于法国的变化。然而，就在查理五世打算一鼓作气收复全部失地时，却突然离开了人世。1380 年继承王位的查理六世是个精神病人，无法治理国家，更不用说带兵打仗。这给了英国人很好的喘息机会，但此时的英国仍陷入瘟疫之中，无力反扑，战争进入僵持状态。由于瘟疫一时难以控制，1396 年，双方停战，缔结了一个为期 28 年的停战协定。

4. 亨利五世发动反攻

1411 年，法国统治集团内部勃艮第派和阿曼雅克派发生内讧，这给了英国以可乘之机。1415 年，英王亨利五世亲率 6 万大军从法国诺曼底登陆，在加莱东南的阿赞库尔会战中大败法军，并在与其结成同盟的勃艮第公爵的援助下占领法国北部。法国被迫与英国在 1420 年 5 月 21 日签订了《特鲁瓦和约》。和约宣布法国沦为英法联合王国的一部分，亨利五世担任法国摄政王，并有权在法王查理六世死后继承法国王位。不料，英王亨利五世和法王查理六世于 1422 年突然先后去世。亨利五世的儿子亨利六世虽然根据条约继承了法国王位，但他不过是一个刚满10个月的婴儿。而这时，查理六世的儿子也在法国南部宣布即位，史称查理七世。于是法国出现了两王并存的局面，战火重新燃起。

5. 百年战争的结局

1450年，法国人在弗米格尼用火炮将配备了大弓的英国军队击溃。随后英国在诺曼底的要塞一个又一个地陷落了。英国人在法国北部的统治已经结束了，尽管英格兰一直到1558年还控制着加莱，但已不足为患。西南部的一些地区仍然在英国人的控制之下。1451年6月，法国人用大炮轰开了波尔多的城门。1453年7月，法国大炮在卡斯特利翁重创了一支英国军队。至此，百年战争真正结束了。

## 圣女贞德

英法百年战争进入第90个年头左右，一个来自农民家庭的姑娘称自己受上帝亲自委派，要从英国人手中拯救法国。1429年1月，贞德赶到卢瓦尔河面见法国王太子即后来的法王查理七世，当时英国人控制的法国王室废黜了他的王位继承权。贞德身着男式黑色长外衣，脚穿长靴，剪成一头短发。她对查理说："上帝让我告诉你，你将在兰斯城接受涂油加冕礼。"贞德得到了他的支持，几百人聚集到她的旗帜下。旗帜是一块白色缎子，上面绘有基督像、宇宙、两个天使和法国的百合花。精神振奋的贞德赶去解救被英军包围的法国西南120千米处的奥尔良。这座城镇从1428年10月12日起就被围困，几乎被英格兰人的堡垒团团围住。5月4日晚上，贞德正在歇息，突然一跃而起。显然她得到了什么启示，说要去攻打英格兰人。她武装披挂，急忙出了东城门，直奔英格兰人的堡垒，果然那里正在战斗。她的到来使法国人大为振奋，一举攻克堡垒。第二天，贞德又向英格兰人发出了挑战书。5月6日早晨，她渡河到达南岸，向另一座堡垒推进。英格兰人立即撤离堡垒，去防守附近一处更坚固的阵地。但是贞德又马上向那里发动进攻，并且攻克了那个阵地。5月7日凌晨，法国军队又向土尔斯堡垒进攻。贞德不幸负伤，但很快她又投入战斗。在某种程度上，正是由于她的榜样力量，才使法国指挥官一直坚持进攻，直到英格兰人最后屈膝投降。

1. 乱世巾帼

1412年，贞德出生在法国东北部香槟和洛林交界处一个叫杜瑞米的村庄里。她的父亲是当地一位受人尊敬的农民，在居民中具有很高的威信。她的母亲同父亲一样，是个虔诚的天主教徒，善良、温和，性格坚强，对子女管教很严。父母虔诚的信仰和正直的品德对贞德从小就产生了巨大的影响。杜瑞米属于法国的领地，与勃艮第公爵的领地相邻。在贞德还是一个孩子的时候，家乡就屡次遭到勃艮第人的洗劫，饱受战争的苦难。另外，全国各地的消息通过南来北往的路人经常传到这里，不断地触动着人们的心弦。国家政治衰败，人民遭受着痛苦，这一切都深深刺痛着贞德的心，使她很快成熟起来，并决心投入到救国战争中去。

2. 国王兰斯加冕

奥尔良大捷后，贞德立即决定向兰斯进军。因为贞德认为，国家的彻底解放没有一个合法的君主是不行的。而按法国的传统，一个合法的国王必须要在兰斯大教堂接受隆重的加冕仪式。因此，夺下兰斯成了法国民族的一件大事。1429年6月10日，法军在贞德的带领下迅速拿下了兰斯。1429年7月17日，查理在兰斯大教堂举行加冕典礼，登上了王位，史称查理七世。

3. 贞德之死

加冕仪式一结束，贞德便赶赴巴黎。但查理已不愿再打仗。失去国王支持的贞德，军事顺势发生逆转，进攻巴黎失败。1431年春天，在巴黎城北的交战中落入英军之手。宗教法庭的代理宣布，贞德听到的声音更可能来自魔鬼而不是上帝，他要求判贞德为女巫和异端。5 月 30 日，贞德被处以火刑。25 年后，教皇卡利克斯图斯三世撤销了对贞德的判决，她的名誉开始恢复。这个过程一直持续到 1920 年。当时教皇本尼狄克十五世追封贞德为圣徒，宣称上帝收回 500 年前教会对这个农村姑娘的谴责。法国人民把每年 5 月第 2 个星期日作为全国性节日，以纪念贞德。

## 黑死病

流行性淋巴腺鼠疫，俗称“黑死病”，是一种以老鼠和跳蚤为传播媒介，传播速度极快的传染病。因患者常伴有淋巴腺脓肿或皮肤出现黑斑而得名。中世纪时，一场肆虐欧洲的黑死病，加上战争和饥馑，使欧洲约半数人口命丧黄泉。就这次灾难所导致的死亡人数、混乱程度和恐怖心理而言，完全可与 20 世纪的两次世界大战相提并论。

1. 黑死病的出现

如果将中世纪的盛期称作“盛宴的时代”，那么中世纪的后期则可称为“饥馑的年代”。从 14 世纪前后一直到 15 世纪中后叶，欧洲各地灾难频仍。这些灾难的严重程度近乎骇人听闻，其持续时间之长甚至让许多人绝望。在这些日子里，欧洲地力衰竭，气候变冷，暴雨频频，妨碍了农业生产，饥馑随之蔓延开来。这些被称作“上帝的惩罚之举”的顶点，就是黑死病以灾难性的规模传播。

1347 年，由寄生在老鼠身上的跳蚤携带的耶尔森氏鼠疫杆菌经地中海各港口传到西西里岛。1348 年，传到了意大利、西班牙、法国和英格兰。1349 年传到奥地利、匈牙利、瑞士、德意志各诸侯国和低地国家。1350 年传至波罗的海沿岸国家和北欧。当时的鼠疫分为腺鼠疫和肺鼠疫两种。因跳蚤叮咬而感染上的是淋巴腺鼠疫，病人的腹股沟或者腋下会出现很大的肿块，继而转为坏疽。随后，病人的四肢也会出现黑色斑点，接着出现的症状便是腹泻不止，三到五天内便会丧生。肺鼠疫是因呼吸感染而致，患病者在大约三天内便会因肿胀甚至咯血而死。有些人前一天晚上上床入睡时还好好的，但经过一夜的痛苦挣扎，天明时便停止了呼吸。在海上，有些船只因水手接二连三地丧生，无人驾驶，长时间在海面上孤零零地漂荡。

在整个14世纪里，黑死病在欧洲各地造成了巨大的灾难。一般说来，城镇中的死亡率要高于农村。在许多人口密度较大的城市，死亡率超过50%。在许多地方，“尸体大多像垃圾一样被扔上手推车”。1335年时的图卢兹城共有人口3万左右，到1340年减少到2.6万，1380年只剩下8000人；东诺曼底的人口在1347年到1357年的10年间减少了30%，到1380年又递减了30%；在皮斯托亚城郊的农村中，从1340年到1404年间人口减少60%。据估计，在14世纪的100年中，黑死病在欧洲共夺去了2400多万欧洲人的生命，约占当时全欧洲人口的1/4。

2. 黑死病对欧洲的影响

黑死病对欧洲的影响，遍布社会的每一个角落。首先，基督教会在瘟疫期间的表现令所有人失望，大部分神职人员不肯履行自己的职责，争先恐后地逃命，使得灾区活着的人没有地方诉苦和忏悔，死者下葬时得不到应有的祷告。更有甚者，许多教士还利用人民的恐惧心理，大肆招摇撞骗，从贩卖一些据说能够祛病的圣物中牟利。

除宗教以外，受黑死病冲击最大的另两个领域是经济和医学。据不完全统计，死者中包括1740万农民，以及610万市民。受此惨重打击，欧洲城镇的手工业几乎消亡，这也是后来文艺复兴强劲市场需求的主要原因。但是，唯有钟表业生意兴旺，这是由于患者生命短暂，所以人们为了观察发病周期，对时间开始特别重视。农民的死亡比例虽然不像市民那么大，但却足以使整个农牧产业崩溃，农牧产品虽然供不应求，市价暴涨，但也无人从事生产。在这种只出不进的形势下，各国的粮食储备很快就枯竭了。1350 年前后的大粮荒，是当时仅次于黑死病的欧洲人非正常死亡原因。为了从这次经济危机中彻底摆脱出来，欧洲花了将近 100 年的时间。

在黑死病爆发前，欧洲的医学相当不发达，远远落后于中国和阿拉伯世界。鼠疫出现后，几乎所有积极为人看病的医生，都在很短时间内染病去世了，而他们都是医学界里业务比较好的。这样一来，就导致优秀的医生奇缺，而市场上对医生的需求又出奇的高。而直到瘟疫结束后上百年，医生们也没有找到真正的病源，和发明治疗它的有效药物。疫情过后，对医学感兴趣的人数猛增，再加上教会的积极协助，就为不久后的西方医学腾飞打下了坚实的物质基础。

1354 年，是黑死病在欧洲有记载的最后一年。此后它又曾在世界各地小范围内时断时续地爆发，但像 1348 年那样横扫整个大陆的瘟疫，却再也没有出现过。

## 阿维农之囚

14 世纪以后，罗马教会不断受到欧洲各地异端运动和城乡起义的打击，不断加强的法国王权也开始向教权挑战。法王腓力四世首先迫使教皇默认了腓力四世对法国教会财产的征税权。1302 年，他又当众烧毁了教皇颁布的“神圣一体敕谕”，否认教皇特权高于皇权，公开与教皇对抗。1305 年，在腓力四世的干预下，法国尔多大主教贝波尔脱朗·特·戈被选为教皇。1308 年，腓力四世将教廷由梵蒂冈迁往法国南部城市阿维农，使教皇完全控制在法王的手中。1309 年 3 月 9 日，教皇克莱门五世从罗马来到法国阿维农。这看似一次短暂的访问，实际上是法国国王腓力四世强制将教廷从意大利迁到法国。从此，教皇成为法国国王的人质近 70 年，史称“阿维农之囚”。直到

1378 年，教皇格利哥里十一世才趁法国忙于百年战争之机将教廷迁回罗马。“阿维农之囚”事件是中世纪教权由盛转衰的标志。

1. 第一次三级会议

为了增加财政收入，1296 年法王腓力四世下令对教会财产征收 20% 的所得税。教皇卜尼法斯八世坚决反对这一做法。但在腓力四世的压力下，教皇被迫默许。1302 年腓力四世召集了法国历史上第一次三级会议。这次三级会议虽然只是高级教士、贵族和市民上层参加的代表机构，排斥了农民和城市平民，但它首开法国等级代表制度的先河，是巩固封建国家的重要步骤，有利于法国政治上的统一。

2. 两种权力的较量

居住在罗马的教皇是西欧教会的首领。教皇希望拥有统治整个欧洲的权力，他们同法国以及罗马帝国的国王进行了多次激烈的争吵。法国国王腓力四世同教皇卜尼法斯八世就教会对土地征税一事进行了争论。1303 年，卜尼法斯教皇宣布他的权力至高无上，腓力四世一怒之下把卜尼法斯关进了大牢。

3. 教会大分裂

教皇流亡阿维农助长了反教权主义与反教皇统治的气势。许多牧师自己也认为，奢华的修道院与世俗的大主教已标志着教会的世俗化。世俗的君主开始在自己的国土上创办类似全国性的教会，由大约 20 名红衣主教掌权以维持其收入及地位。他们推举出两位教皇，第二位就是法国红衣主教。罗马与阿维农的教皇分庭抗礼达 30 年之久，都宣称自己是教会的领袖。8 年之后，又出现了第三个竞争对手。随着教会分裂的逐步扩大，对于教廷的攻击批评变得越来越恶毒。世俗竞争者的参与使得局势更为复杂。阿维农教派大致上由法国、苏格兰、阿拉贡、米兰组成；罗马教派则由英格兰、德意志、那不勒斯及佛兰德斯拥护。

## 玫瑰战争

“玫瑰战争”是兰开斯特家族和约克家族为争夺英国王位而进行的一场内战，始于1453年。由于兰开斯特家族以红玫瑰为族徽，约克家族以白玫瑰为族徽，故称“玫瑰战争”。1454年，议会立约克公爵理查为摄政王。次年，亨利六世的妻子带领一部分兰开斯特家族的贵族反对理查摄政。兰开斯特家族和约克家族各自召集力量开始了漫长的战争。在进行了一系列的战役后，亨利六世逃往苏格兰。约克公爵的长子爱德华加冕为英国国王。爱德华四世统治了22年。爱德华四世去世后，兰开斯特家族的亨利·都铎与篡位的理查三世在波士沃斯特平原展开了争斗。波士沃斯特战役之初，战局对亨利·都铎似乎颇为不利，其对手理查三世的兵力是他的两倍。但由于亨利所部众志成城，而理查三世所率军队军心离散，结果胜利的天平偏向了亨利一边。1485年8月22日，在波士沃斯特战役中，亨利·都铎击败理查三世，自立为王，称亨利七世。都铎王朝的统治开始，“玫瑰战争”结束。

1. 爱德华四世复辟

1454年，英国兰开斯特家族的亨利六世懦弱无能，不同于他强有力的父亲和祖父。“百年战争”中，他面对法国一步步取得胜利而束手无策。他也没有能力控制贵族势力。约克家族的理查要求继承王位，未成，反被免除摄政职位。于是，两大家族爆发战争，理查于1460年战死。而他的儿子在1461年击败亨利，成为英王爱德华四世。1470年，在法国的帮助下，爱德华四世的弟弟克拉伦斯公爵击败其兄，重新拥立亨利六世。同年，爱德华四世击败其弟，亨利六世被囚于伦敦塔。1471年5月21日，亨利六世死于伦敦塔中，爱德华四世复辟。

2. 理查三世的末日

爱德华四世去世时，他的长子小爱德华才 12 岁。 在爱德华五世加冕前夕，他的叔叔理查·格洛斯特篡夺了王位，成为理查三世。 几乎没有人敢违抗他。 兰开斯特家族决心废除理查，他们选择了兰开斯特家族的亨利·都铎为新国王。 1484 年，亨利从法国进军英国，在波士沃斯特战役中杀死了理查三世。

3. 结束战争的都铎王朝

亨利·都铎成为都铎王朝的第一任国王——亨利七世。 他和约克家族爱德华四世的女儿伊丽莎白结婚，从而解决了这两个家族的长期纷争。 都铎王朝的统治者在封建贵族、资产阶级和新贵族共同支持王权的基础上，采取了一系列政策，使专制王权得到巩固。 都铎王朝统治英国直到 1601 年。

## 基辅罗斯

在公元 8—9 世纪的时候，今天的俄罗斯境内生活着斯拉夫人。斯拉夫人是欧洲人数众多的一个民族。 当西欧查理曼帝国一分为三时，斯拉夫人还只是些分散的部落。 这些部落互相争斗不断，甚至没有一个部落强大到能够称霸。

也就是在这个时候发生了一件古怪的事：这些互相争斗的斯拉夫人部落，也就是后来的俄罗斯人部落，请求北欧人（又称诺曼人）的头领留里克来统治他们。 他们对留里克说：“尊敬的大王，我们的国家辽阔而富饶，但却没有秩序，请来管理和统治我们吧！”

留里克心想，如此好事岂有推卸之理？ 于是，他带着一批北欧海盗，来到一个叫诺夫哥罗德的城市，在那里做了统治者。 留里克是斯拉夫人的第一个王。 这时的诺夫哥罗德还只是个公国，因此统治者称大公。 这是发生在公元 862 年的事。

留里克死后，奥列格继位。奥列格是个天生的北欧海盗，一天不打仗就不舒服。他率军南下，征服了斯拉夫人的又一个重要城市基辅。奥列格将基辅作为国家的中心。从此，北欧人建立的斯拉夫人国家，就以基辅为名，称为“基辅罗斯”。

1. 德列夫利安人暴动

奥列格依仗武力，不断地征服其他斯拉夫人部落，使基辅罗斯成为东欧的一个大国。

奥列格一次外出，踩了一条毒蛇被咬后，不久死去，他的继承人是伊戈尔大公。伊戈尔贪婪成性，他继续进行征服，并向被征服地区的居民索取贡物。

每年 11 月，伊戈尔大公就要派兵到各地去“索贡巡行”，即挨家挨户向人民征收贡品——毛皮、蜂蜜、野味等，还把敢于反抗者作为俘虏抓走。这种活动往往要持续整个冬天。

伊戈尔大公开始时把索贡权委托给他的家臣斯维涅尔特。这件事引起伊戈尔亲兵的不满，他们向大公请求：“斯维涅尔特捞得太多了，而我们却两手空空。大公，和我们一起去征收贡物吧，你会大有收获，我们也沾沾光。”

伊戈尔开始亲自“索贡巡行”。公元 945 年冬，伊戈尔和亲兵队到德列夫利安人部落索取贡品。当他们携带大量贡品返回基辅的途中，伊戈尔仍然觉得贡品太少，决定再去搜刮一次。

在贪欲的驱使下，大公带着不多的亲兵又回到村庄上。德列夫利安人被激怒了，他们说：“豺狼如果有了来找牛羊的习惯，就会不断地再来，除非把它杀掉，否则牛羊将被吃光。”

德列夫利安人奋起自卫，消灭了伊戈尔的亲兵队，还将伊戈尔一顿乱棒打死。

伊戈尔死后，他的儿子年纪还小，由他的遗孀奥丽佳摄政。奥丽佳决心向德列夫利安人复仇。她策划了一场骗婚计。

奥丽佳派出使臣对德列夫利安人说："我们的女大公新近丧夫，她想让你们派出最优秀的领袖向她求婚。"

德列夫利安人不知这是奥丽佳的计谋，派出首领前去求婚，不料"求婚者"被奥丽佳活活烧死。接着，她又派出大批亲兵，血洗了德列夫利安人的许多部落。

2. 遭遇偷袭

公元 965 年，奥丽佳的儿子维托斯拉夫成为基辅大公，他亲政以后，更加崇尚武功。他剃了光头，只留一撮额发，戴一只耳环，手握马刀。他在戎马生涯中度过了自己的一生。公元 967 年，大公同东罗马帝国建立联盟，共同出兵打败了保加利亚。这一次的胜利有些冲昏了他的头脑。他在脑海中勾画着宏伟蓝图："定居保加利亚，这里集中了欧洲乃至全世界的珍宝，黄澄澄的是希腊的黄金，白花花的是捷克的银子，雄赳赳的是匈牙利的骏马，沉甸甸的是罗斯的毛皮，水灵灵的是各处的美人……这一切都陈列在我的面前，供我享用！"可惜这一美梦被现实无情地粉碎了。

原来，东罗马帝国早已在窥觑着基辅罗斯，一直害怕它过于强大影响自己的势力。这一次，趁着罗斯大公不备，突出奇兵，大肆砍杀。罗斯军队毫无心理准备，仓促应战，损失惨重，只好撤出保加利亚，踏上归途。

东罗马帝国一心想把罗斯军队彻底消灭，所以早已派出使者请突厥人在半途伏击。本已伤亡惨重的罗斯军队再也招架不住这突如其来的打击，几乎全军覆没，连维托斯拉夫也力战阵亡。

3. 从"野蛮人"到"文明人"

接着，弗拉基米尔当上了基辅罗斯大公。弗拉基米尔在位时做了一件对俄罗斯影响重大的事——改信东正教。

当时的基辅罗斯人还信仰原始的宗教，常常被邻国人讥为野蛮人。这时，有许多外国的传教士来基辅罗斯传教，奉劝罗斯人改信他们的宗教，如犹太教、伊斯兰教、天主教、东正教等。

弗拉基米尔大公便派人详细了解各个宗教的情况，最后得出结论说：犹太教不行，因为它的耶和华神太没力量，不能让犹太人保住他们的巴勒斯坦；伊斯兰教也不行，因为它不准信徒喝酒，喝酒对俄罗斯人来说如同生命一样重要；统治西欧的天主教也不行，因为“在那里看不到荣誉”，教皇的权力要超过国王。他最后选定的宗教是东正教。

他派往东罗马帝国考察东正教的使者回来后告诉他，当他们走过君士坦丁堡圣索菲亚大教堂时，“不知道是在天上，还是在人间，如此美丽、如此壮观的景致，我们难以形容”。

圣索菲亚教堂是东罗马帝国最大的教堂，也是整个基督教世界最金碧辉煌的教堂。弗拉基米尔决定率领俄罗斯人改信东正教。公元988年，弗拉基米尔宣布东正教为基辅罗斯国教。他下令将原先崇拜的各种神像扔进第聂伯河，全体基辅市民跳进第聂伯河洗个澡，就算接受了洗礼，成了真正的东正教徒了。接着，基辅罗斯各地城乡居民也先后在河中受洗，皈依东正教。

选择东正教也使基辅罗斯人接受拜占庭（东罗马帝国）文化，拜占庭文化在当时是非常先进的。由此，俄罗斯人从“野蛮人”进步为“文明人”。到1015年弗拉基米尔去世时，基辅已从一个小城变成文化的大都市，那里有8个大市场，40座令人眼花缭乱的东正教教堂。

## 顿河英雄

1359年，季米特里·伊凡诺维奇担任莫斯科大公。莫斯科公国的实力日趋强大。他大力加强莫斯科的城防，严格训练军队，时刻准备摆脱蒙古人的控制。后来他趁金帐汗国王位更迭，宣布独立。后来经过一场血战，战胜了不可一世的蒙古军队，俄罗斯人送给季米特里大公一个美名，称他为“顿河英雄”。

1. 蒙古入侵

辽阔的俄罗斯命运多舛，遭遇了许多困难和折磨。按北欧习俗，父亲留下的遗产总是由所有儿子平分。待父亲一死，一个建立时本来就面积不大的国家被分为七八份。而儿子们又循例将自己的财产分给下一代子孙。这些相互竞争的小国总是陷于彼此的争吵与内耗中。于是，混乱成了当时唯一的秩序。当一支亚洲蛮族入侵的消息传来时，局面已变得无可挽回。这些小国实力太弱，又过于分散，面对强大的敌人，根本无法组织起像样的防御或反攻。在 1237 年，蒙古人的第一次大规模入侵发生了。伟大的成吉思汗在征服中国后，终于首度率领蒙古骑兵造访了西方。

1243 年，成吉思汗的孙子拔都建立了金帐汗国（意为“黄金部落”）。这个新汗国的疆土包括额尔齐斯河以西，多瑙河以东，克里米亚半岛及北高加索地区以北的广大地区。俄罗斯各公国都沦为金帐汗国的藩属，长期向大汗纳贡。

2. 俄罗斯的统一

到了 14 世纪，莫斯科公国崛起。由于莫斯科地处交通要道，伏尔加河等大河都从城中流过，周围又有森林、沼泽作屏障，离蒙古人统治中心很远，在这里做生意比较安全，因而它逐渐兴盛起来。1325 年，伊凡·卡利达任莫斯科公国大公，他是一位很有谋略的人。他表面上装得非常温顺，千方百计地取悦金帐汗国，不时地把金银财宝献给大汗，由此取得“全俄罗斯大公”的称号。但伊凡在背地里不断扩充自己的领土和势力，到他死时，莫斯科公国的疆域已扩大了好几倍。

1359 年，伊凡的孙子季米特里·伊凡诺维奇担任莫斯科大公，莫斯科公国的实力更加强大了。

季米特里继位时年仅 10 岁，但他的志向很高。他从小随军出征，习惯了戎马生涯，成年后，终于成为一名能征善战的大公。他大力加强莫斯科的城防，用石头城墙代替原来不坚固的木质城墙。他还严格训练军队，寻找机会准备摆脱蒙古人的控制。

这时，金帐汗国内讧不断，开始衰落，就连大汗也不停地更换。季米特里觉得这是一个千载难逢的好时机，于是率领他的军队，一举赶跑了驻在境内的蒙古兵，宣称莫斯科公国从此独立。

对于莫斯科公国的反叛行为，金帐汗国的大汗马麦汗十分震怒，他立即派遣军队去讨伐。结果，在一次会战中，蒙古军陷入重围，被季米特里杀得大败而回。

马麦汗闻讯后恼怒地说："处死那些任性的奴隶！把他们的城市，所有的基督教堂化为灰烬！我们要靠俄罗斯的金子才能活下去！"他准备同莫斯科公国决一死战。

1380 年 9 月，马麦汗亲自率领 15 万大军浩浩荡荡杀向莫斯科。

季米特里迅速派出特使，日夜兼程赶到俄罗斯各公国请求援助。很快，他联合起 10 万兵力，渡过顿河，开进了库里科沃原野。一场大战即将展开。

库里科沃是一个不太大的原野，四周山冈起伏，沟壑纵横，沿顿河一侧丛林密布，原野的中央是一片沼泽地。这种地形极不利于蒙古骑兵的合围战术，却为俄罗斯联军的埋伏提供了良好条件。

9 月 8 日晨，大雾弥漫，季米特里利用地形特点，精心布阵。在中央是大团队，两边是右翼团队和左翼团队，在大团队前面是先遣团队。另外，他还将一些精锐骑兵埋伏在后方的丛林里。整个阵地绵延约 10 公里。

时近中午，库里科沃原野上空的浓雾渐渐消散。蒙古军向前推进，在离俄罗斯联军不远的地方停了下来。按照常规，俄军中冲出一位骑兵勇士向蒙古军挑战，蒙古军也派出一位勇士应战。在两军中间的空地上，两位勇士骑在马上，杀向对方。几个回合下来，双方都受伤落下马来。这时，嘹亮的军号响起了，呼喊声、马嘶声、兵器撞击声交织在一起，双方会战正式开始了。

蒙古兵以排山倒海之势发起猛攻，一鼓作气，先后击退了联军的先遣团队和左、右翼团队。紧接着，蒙古兵分几路向俄罗斯联军的大团队发起更为猛烈的冲锋，企图一举突破联军阵地，直捣中军大营。然而，由于原野上多是沼泽，骑兵行动缓慢，一连几次冲锋都没能得逞。

傍晚时分，蒙古兵的轮番冲锋已经持续了三个多小时了，攻势渐渐减弱。战场上，经过多次冲锋和肉搏，双方死伤累累。库里科沃原野上，几千米宽的地带上都被鲜血染红了。伤者在呼号，尸体成堆。俄罗斯联军损失惨重，连季米特里本人也在交战中受了伤，大公旗帜也被蒙古人砍倒。

天色暗下来了。蒙古骑兵趁着黄昏时微弱的暮色，准备发起最后一次攻击，彻底击败俄军。而季米特里立即组织反击，并且有计划地把蒙古军吸引到联军主力的后方，那里有精锐的骑兵埋伏着。一场恶战在原野上展开，蒙古军撕开了俄军左翼的一个口子，企图借机绕到联军主力的后方，一举包围全歼联军主力。

就在这千钧一发之际，季米特里迅速将丛林中的骑兵队调出。这些俄军骑兵就像猛虎下山一样向蒙古军后方扑去，蒙古军猝不及防，迅速溃败。这时，站在山冈上观战的马麦汗唯恐蒙古军被全歼，赶紧下令全线撤退。于是，蒙古军舍弃了无数的行军帐篷和粮草辎重，仓皇而逃。俄罗斯联军一鼓作气，追出 100 多里，才收住脚步。

库里科沃大战，俄蒙双方都受到很大损失，死伤人数达十几万人。但最终俄罗斯联军战胜了强大的蒙古军队。

由于这场大战的胜利，季米特里大公被俄罗斯人赞誉为“顿河英雄”。库里科沃之战的胜利，打破了蒙古人不可战胜的神话，从根本上动摇了金帐汗国的统治，也让俄罗斯人民看到了独立的曙光。

后来，王位传到伊凡三世手里，莫斯科公国在他统治时期变得更加强大了。16 世纪初，他的儿子瓦西里三世最终完成俄罗斯的统一大业。

## 沙皇伊凡

1552 年 8 月中旬，22 岁的沙皇伊凡四世率军 15 万人，带着 150 门大炮、许多战车到达喀山城下。 而喀山的守军只有 3 万人，用的是火绳枪，装备很差，而且城墙是木头的。 攻守的力量对比极为悬殊。 沙皇依仗军事上的优势，要喀山汗马上投降。 遭到拒绝后，他下令攻城。 但一个多月过去了，喀山城还是巍然挺立，未被攻破。 伊凡见喀山城坚难破，非常恼怒。 他下令说：“马上指挥士兵挖掘地道，用炸药炸断城里水道，让他们全都渴死。”随后，城里的水道被炸断了，喀山守军没有了水源。 这时正是夏季，军民们就喝着污水坚持抵抗。 9 月底，城墙被炸药轰开了缺口，俄军迅速冲入。 喀山军民连同妇女儿童全部出动，在街头与俄军展开争夺战，俄军还是不能占领城市。 于是，伊凡决定动用所有的大炮和炸药向城内轰炸，并下令进城后，处死每个带武器的人，将妇女和儿童全部抓起来。 10 月 2 日，喀山城终于陷落。 伊凡的血腥命令被执行。 全城一片火光，尸体累累，居民财物被劫掠一空。 喀山汗国灭亡，领土纳入了沙皇俄国的版图。 从此，伊凡又给自己加上了一个新的头衔——喀山沙皇。

1. “沙皇”的由来

在莫斯科红场的南面，有一处美丽的彩色建筑，叫圣·瓦西里大教堂。 它由 9 座圆顶高塔组成，中间一塔稍大并高高隆起，四周八座小塔紧紧围绕。 每座塔各有不同形状的圆顶，各塔塔身花纹奇异，色彩绚丽，整个建筑仿佛是一座童话中的城堡。 这是俄国沙皇为纪念征服喀山王国而建造的，它于 1560 年竣工。 因为这座建筑太美丽了，沙皇伊凡四世不想让他的建筑师再造出比这更辉煌的建筑，竟然下令弄瞎了建筑师的眼睛！ 这个沙皇在俄国历史上以暴虐著称。

1530 年 8 月 25 日，莫斯科克里姆林宫诞生了一位小王子，他就是后来的沙皇伊凡四世。这时，阵阵雷声在莫斯科上空轰鸣，万里晴空中，一道闪电击中了克里姆林宫。这是一个不祥之兆。俄罗斯贵族派出一个代表团，来到俄罗斯东边的喀山汗国，请求可汗解释这个天象。这时，善解天象的可汗妻子说："沙皇已经在你们中诞生，他生有两排牙齿，一排用来吞食我们，一排用来吞食你们。"

因为这位未来的沙皇诞生在雷鸣之时，脾气又暴躁，后来被称作"伊凡雷帝"。

伊凡四世从小多灾多难，3 岁时，他的父王便因病去世，8 岁时，代他执政的母亲又被人毒死，剩下他孤单单一人。那些宫廷大贵族从来不把年幼的伊凡四世放在眼里，成天在他面前争权夺利，大吵大闹，甚至威胁他、侮辱他，把他当作克里姆林宫的"囚徒"。这使得伊凡四世从小对那些贵族老爷充满仇恨，并且变得特别残忍。少年时的伊凡四世经常残忍地将小鸟拔掉羽毛、挖掉眼睛，看着它们慢慢死去；或者把小猫、小狗从塔楼上扔下，从中寻找乐趣。好在他的启蒙老师、大主教马卡林教他读书、写作，使他成为一位有文化知识的俄罗斯统治者。马卡林还向他灌输树立君王的权威、建立东正教大帝国的思想。

1547 年，伊凡 17 岁了，到了登基的年龄。克里姆林宫大教堂举行了隆重的加冕仪式，大主教马卡林把一顶从东罗马帝国传下来的皇冠戴在他头上。为表明自己已拥有无限的权力，他采用了"沙皇"的称号。"沙皇"一词并非伊凡的创造，它来源于古罗马皇帝的称号"恺撒"（俄语"沙"是从拉丁文"恺撒"一词转音而来），伊凡四世成了俄国第一位沙皇。

2. 加强皇权

年轻的伊凡虽然加冕称帝，但宫中掌握实权的是大贵族格林斯基家族。格林斯基是伊凡的舅舅，一直在各地横征暴敛，独断专行，莫斯科人民为此怨声载道。

伊凡加冕后的第五个月，一场可怕的大火降临了莫斯科。时值盛夏，久旱未雨，火势凶猛，城市大部分被焚，1700 人被烧死，大批居民流离失所。这时流言四起，人们传说是格林斯基家族的人放的火。于是暴怒的群众将仇恨都集中到格林斯基身上，他们冲进克里姆林宫，找到格林斯基家族中的一人，当场用石块将其砸死。市民又将格林斯基家的住宅洗劫一空，并杀死了所有能找到的格林斯基的家族成员。面对怒不可遏的群众，沙皇伊凡四世发誓将惩处格林斯基家族，群众这才散去。

伊凡四世被这次人民造反吓得胆战心惊，他得出一个教训：应该自己行使权力来治理国家，再也不能让大贵族为所欲为。于是，伊凡四世开始进行政治改革。他大力加强皇权，削弱和打击大贵族势力，提高中小贵族、城市商人的地位。他统一了全国的法律，起用中小贵族担任法官；还颁布《兵役条例》，规定凡拥有 150 俄亩土地的人出一名骑兵服兵役，增加了沙皇军队的力量。

3. 扩大版图

伊凡四世稍稍稳固了自己的统治后，便开始向周边地区扩张，以扩大沙皇俄国的版图。伊凡的侵略矛头首先指向伏尔加河中游的喀山汗国。喀山汗国是蒙古人建立的封建国家，由于地处交通要道，商业繁荣、土地肥沃、物产丰富，俄罗斯历代统治者都对它垂涎三尺。伊凡四世曾三次派兵入侵喀山，但都以失败告终。但他野心不死，在对军队进行改革后，又开始第四次入侵，最终获得了胜利。

以后，伊凡又占领了伏尔加河下游的阿斯特拉罕汗国。为了取得波罗的海的出海口，伊凡又与波兰、瑞典打了一场长达 25 年的战争，结果以失败而告结束。

## 哥伦布发现新大陆

1486 年，哥伦布来到富有的西班牙，向西班牙国王讲述了他想开辟新航路的计划。此时的西班牙很发达，也想向外扩张。国王很欣赏哥伦布的主意。1492 年 4 月 17 日，西班牙国王和哥伦布签订了《圣大非协定》，同意帮助哥伦布。1492 年 8 月 3 日，经过长期的准备，哥伦布的船队从西班牙出发了。他的船队由三艘大帆船组成，总共 87 名水手。船队离开西班牙的海岸，一直向西航行。经过两个多月的航行，水手们实在忍受不了艰苦的水上生活，因此怨声四起，几乎要发生叛乱。这时，一名水手突然惊叫："看啊！前面有陆地！"众人一看，果然是一片长着绿色植物的陆地。待到帆船靠岸，众人下船登上去一看，原来是一个岛屿，上面有水有食物还有人居住。一个水手向同伴们高喊道："啊，救世主！"于是，哥伦布就把这个岛屿叫作"圣萨尔瓦多"（意为"救世主"）。实际上，那个岛就是现在巴哈马群岛中的华特林岛。

1. 哥伦布

哥伦布（1451—1506 年）的出身和出生地一直是个有争议的问题，但大多数学者认为他出身于航海事业发达的意大利热那亚城。他在年轻时就多次参加航海活动，通过阅读马可·波罗的游记和与长期从事远程航行的航海家们的接触，他对富庶的东方产生了浓厚的兴趣。他相信当时已日益流行的地圆学说，认为地球是圆的，只要从欧洲海岸一直向西航行，就可以到达印度，得到大量的黄金、香料。当时，欧洲社会正经历着一场深刻的变革。经过近千年的发展，社会生产力已经有了明显的提高。随着社会经济的发展，人们对货币的需求也在不断增加，由于社会上流通的货币奇缺，严重地制约了资本的积累。当时欧洲使用的货币主要是金币，黄金又是重要的装饰品，是财富的象征，所以人们对它的欲望是无穷的，而欧洲每年的黄金开采量却非常有限。造成黄金缺乏的原因还在于此前东西方之间的不平衡贸易。欧洲社会上层在商品经济日益发展的情况下，对东方奢侈品的需求也在不断增加。东方的香料、丝绸、瓷器和其他产品不断地运往西方，而西方却没有可以交换的产品，只有用黄金和白银来交换，造成了金银的大量外流。这一切导致了人们狂热地寻找黄金。哥伦布曾经说过："黄金是一个令人惊叹的东西！谁有了它，谁就可以为所欲为，做到一切。有了黄金，可以把灵魂送上天堂。"这就是当时欧洲人的心理写照。恩格斯也曾指出："葡萄牙人在非洲海岸、印度和整个远东寻找的是黄金；黄金一词是驱使西班牙人横渡大西洋到美洲去的咒语；黄金是白人刚踏上一个新发现的海岸时所需要的第一件东西。"

然而到哪里去找黄金呢？一些人把希望寄托在遥远的海外和东方。这并不是没有道理的，关键是怎样到达那里。意大利旅行家马可·波罗在他的游记中把东方描写得非常富有，说那里黄金遍地，香料盈野。不过，当时到东方去可不是一件容易的事，去遥远的东方要经过千难万险。11 世纪时，欧洲封建主曾经组织过十字军，企图到东方掠夺一番，结果伤亡惨重。采取和平的方法也是困难重重，当时通往东方的重要商路有三条：一条在北部，经小亚细亚、黑海、里海至中亚细亚；一条在中部，从地中海东岸经两河流域至波斯湾，再从海路到东方各地；还有一条在南部，经埃及的亚历山大港到红海，再从海路到东方。北部的一条被对欧洲人仇视的土耳其人占据着，奥斯曼帝国与神圣罗马帝国正处于战争状态。另外两条被阿拉伯商人控制着，伊斯兰教和基督教的敌对状态使欧洲人休想经过这里。东方与西方的一切交往都必须经过阿拉伯人的手，商品经阿拉伯商人转手后要提高 8～10 倍的价钱。长期以来，欧洲的贵族和商人就想绕过中东地区，另寻途径，到达中国和印度。到了 15 世纪末期，欧洲人终于具备了实现这一愿望的条件。

15 世纪末期，欧洲已经形成比较强大的民族国家，如英国、法国、葡萄牙和西班牙。任何事业都可以在国家的赞助下进行。当时的天文地理知识也有了很大的发展。古希腊地理学家的地圆学说日益流行，在航海方面，欧洲的造船技术得到了很大改善，中国发明的罗盘针在欧洲已经得到了应用，在大海中航行可以不迷失方向，这使远程航海成为可能。同时在欧洲出现了一批敢于冒险的航海家和赞助者。在新航路的发现中，哥伦布是最为典型的代表人物。

2. 欧洲人在美洲的第一个殖民者

哥伦布作为欧洲人中在美洲的第一个殖民者，虽然没有得到大量的黄金，但是仍可以通过其他方式满足自己需求财富的欲望。起初，欧洲殖民者还不是赤裸裸的抢夺，而是进行不平等的贸易。当时这些岛屿上印第安人的生产方式还是极其原始的，因此，欧洲人带来的所有制品，甚至废物、玻璃碎片和每张用过的扑克牌对于他们来说都是宝贝。他们用这些东西大量换取印第安人的贵重物品。印第安人把这些远方来的白人当成神仙派来的贵客，热情地招待，满足他们的各种要求，对于他们的野心并没有提防。然而正是这些人宣布了他们灾难的到来。哥伦布到达海地以后，在那里建立据点，把欧洲的先进武器——大炮和火枪带到了岛上，开始了对当地人民的血腥统治和疯狂掠夺。哥伦布为了炫耀他的成功，带着掠夺来的财富和 10 个印第安人返回，于 1493 年 3 月 15 日回到西班牙的巴罗士港，向欧洲人宣布他已经找到了通往印度的航路。这在欧洲引起了轰动，哥伦布得到了国王的礼遇，成为西班牙的贵族。

## 宗教大改革

1517 年 10 月 30 日，马丁·路德起草了名为《关于赎罪券的功效》的95条论纲。第二天贴在维登堡教堂门口，公开抨击贩卖赎罪券的行为，并宣布他的宗教主张是：信徒得救既不靠教皇，也不靠圣礼，而是靠对基督的虔诚信仰。只有信仰上帝，与上帝直接打交道，灵魂才能得救。1520年12月，教皇下了严厉的敕令，宣布马丁·路德的论点为“邪说”。教皇的敕令到达德国时，群众齐集在路德住所门前的大街上，强烈反对教皇的敕令，支持路德的正义行动。路德迈步走到大街上，手拿着教皇的敕令，发表了激情洋溢的演说：“100年前，捷克的神学教授胡司，为了反对教皇用‘赎罪券’搜刮教徒钱财，被教皇判为‘异端’，用大火活活烧死。现在，同样的命运又轮到了我的头上！”在场的人们满怀怒火地静听着。“我相信上帝，相信真理，我决不妥协！”人们一片高呼，对路德坚持斗争的精神钦佩不已。“必须与罗马教皇彻底决裂。我们要用真理和武器，去攻击那些红衣主教、教皇和罗马教会里的一切狐朋狗党！”“与罗马教皇彻底决裂！”人们举着双手，高声响应。从此，马丁·路德成为德国宗教改革的著名领袖。拥护路德的教派被称为“新教”，以区别于罗马教皇的天主教。

1. 赎罪券

在布满车辙的道路上，挤满了周围乡村的农民，他们有的步行，有的骑马，川流不息地向德国的一个城镇维登堡涌去。在维登堡市场的中央，大名鼎鼎的红衣主教特策尔已搭起了一个讲坛，上面竖起了一个带有教皇像的大十字架。绣着金钱的天鹅绒软垫上放着几份证书，证明他是经教皇本人授权的。讲坛旁摆着一个橡木做的钱柜，两个表情木然的僧侣在看管着钱柜。

原来，罗马教皇以修缮圣彼得大教堂为借口，正派手下人分赴德国各地出售所谓的“赎罪券”。

很快，讲坛周围已挤满了农民和市民。特策尔开始演讲了：“孩子们，上帝是仁慈的，他在尘世间的代表——教皇陛下，派我来这里为你们赎罪。人类犯的滔天大罪一天有多少？一年有多少？一生有多少？真是无穷无尽，罪人要在炼狱中受到最严厉的惩罚。可是靠这些‘赎罪券’，你一次就能终身免除全部惩罚。”

见人们半信半疑，主教又干咳了几声，继续说道：“请把购买赎罪券的钱币投到这个柜子里来吧！钱币落入钱柜，‘叮当’一响，你们的灵魂就可以从炼狱跳上天堂！”

一些虔诚的教徒听了主教的话后，哆嗦着从口袋里摸出钱，投入钱柜。他们小心翼翼地收好“赎罪券”，指望着死后灵魂能进天堂，不再受罪。

可是，也有人在悄声议论：“胡说！我们可不能上当！这是骗钱的把戏！”

“按他的说法，上帝岂不是太贪财了！”

这是发生在1517年4月的一件事。到了这一年的10月31日，维登堡大教堂门口聚集起了更多的人，他们不是来做弥撒的，而是来看教堂大门旁边贴出的一张文告：

“关于赎罪券的效能……”有人大声念着，“……很显然，当钱币投入钱柜叮当作响的时候，增加的只是教皇贪婪爱财的欲望……”

“教皇在一切富人中是最富有的人，他的钱比伊朗高原米底国王的还要多，为什么他自己不出钱造教堂呢？为什么要穷苦百姓筹集募捐呢？……”

每念完一条，人们便齐声叫好：“好啊！说到我们心里去了。”

教堂里的神父挤进人群，看到文告的作者署名“马丁·路德”，他立即去向主教报告此事。马丁·路德1483年出生在一个富裕的市民家庭。他幼年在教会学校受教育，后进入爱尔福特大学，学习法律和哲学。路德口若悬河，滔滔不绝，在学校里就得了“哲学家”的外号。后来他又进入神学院学习，1512年被委任为维登堡大学神学教授。路德从小就信仰基督教，曾在修道院做过修道士。

一次，路德因事到了罗马，他目睹了罗马教廷的腐败、高级教士生活的奢华，没想到圣洁之地会那么肮脏。他对罗马做了这样的描述：“如果有地狱的话，那么罗马就是地狱，基督徒愈接近罗马，就愈变坏。”

从此，路德开始思考怎样才能让基督教进行改革。

路德在家乡看到主教们出售“赎罪券”的丑恶行径，更是义愤填膺。他劝告人们不要购买那骗人的玩意儿，可还是有不少人受骗上当。马丁·路德思索再三，决定拿起笔作武器，在教堂门口贴出了这张《关于赎罪券的效能》的文告，这份文告共有九十五条，所以又被称为《九十五条论纲》。

《九十五条论纲》一贴出来，人们争相传抄，精明的书商又将它印成小册子出售。不到一个月，路德的小册子就传遍了整个西欧。人们开始对教会神权进行反抗。

2. 教会的良医

论纲公布之后，买“赎罪券”的人明显地少了，人们对教会的不满情绪日益增加。教皇慌了神，决定收买路德。他提出只要路德收回论纲，他可以封路德为红衣主教。路德拒绝了。

教皇一计不成，又生一计。他派教廷驻德国的特使、红衣主教卡叶坦劝说路德，要求路德承认错误，放弃自己的观点。但不料路德滔滔不绝地引用《圣经》中的话为自己辩护，卡叶坦被驳得无话可说。教皇十分恼怒，准备把路德抓起来。路德闻讯后，连夜躲到了一个安全的场所。

第二年6月，在维登堡大学600多名手执武器的学生护卫下，马丁·路德来到大城市莱比锡，与教皇的神学家们展开一场公开的辩论。只见路德手捧《圣经》，目光坚定，直截了当地指出：“教皇不是上帝的代表，他也犯过错误。他当年把捷克的神学家胡司判为异端就是错误。我相信上帝，但不相信罗马教皇。”

“人的得救不在于参加不参加宗教仪式，买不买‘赎罪券’，而决定于对上帝的信仰！”

“真理的根据，不是教会或者教皇的意思，而是《圣经》。”

马丁·路德的一席话把在场的听众彻底地征服了。莱比锡辩论过后，德国上下产生空前反响，不但是广大的百姓，而且连一些贵族、诸侯也对路德的观点表示赞同。

教皇怒火中烧，他派人颁布诏书，限马丁·路德60天之内悔过，否则就革除他的教籍。对一个修道士来说，这是最严厉的处罚了。但路德却坚定不移地说：“我坚持我的观点，决不后悔！”

60天很快过去，期限到了。这一天，在路德住所前面的大街上，聚集着维登堡市的许多市民和学生，他们高唱圣歌向路德表示支持。马丁·路德环视了一下围拢的人群，激动地说出了本文开头时的那一番话。

后来，教皇果真开除了路德的教籍。但是这已经没有任何意义了，马丁·路德的思想犹如一支火炬，引导人们摆脱封建教会统治的黑暗。

马丁·路德又做了些有意义的工作，他花了10年时间把希伯来文的《圣经》翻译成德文，从此，德国人可以更清楚地读懂《圣经》的原意，不再受那些教士摆布了。他又穿上修道士的袍服，在维登堡各地传道，向人们传播新的宗教思想。

1525年，路德做出一个大胆的举动，与修女保拉结婚，向中世纪的教士独身习俗挑战。马丁·路德于1546年去世。友人送他的挽联这样写着：“你是学生的良师，教会的良医。”

## 莎士比亚的悲喜剧

1564年4月23日，莎士比亚出生在英国中部艾汶河上的斯特拉福镇。在莎士比亚的幼年时期，伦敦城里一些著名的剧团每年都要从首都来到斯特拉福镇作巡回演出，这引起了幼年的莎士比亚对于戏剧的爱好。他进过文法学校，接触到古代罗马的诗歌和戏剧，后因家庭破产，被迫辍学谋生。1585 年前后，莎士比亚来到伦敦。据说，他起初在剧院里打杂，为看戏的绅士们看管马匹。后来，一个偶然的机会他成为一名雇佣演员。这些职务给了他接触各阶层人士的机会，增加了他的生活阅历。后来，他参加编剧的工作，并且成了剧团的股东。他结识了一些青年新贵族和大学生，扩充了他的生活经验。由于他戏剧活动的成功，他的收入日趋丰富。后来他还在故乡买地置产，并为他的家庭取得了世袭绅士的身份。1608 年前后，他回到斯特拉福镇并定居在那里，于 1616 年 4 月 23 日在故乡逝世。

1.《罗密欧与朱丽叶》

1595 年，莎士比亚写了一个叫《罗密欧与朱丽叶》的悲剧。剧本上演时，不少观众被感动得热泪盈眶。它的故事是这样的：

在意大利的维罗那城里，蒙太古家族与凯普莱特家族是势不两立的仇敌。

一天，凯普莱特家举办了一次盛大的化装舞会。蒙太古家的独生子罗密欧戴着假面具前来参加舞会。他与凯普莱特家的独生女儿朱丽叶一见钟情，坠入爱河。

在劳伦斯神父的帮助下，两人悄悄地举行了婚礼。不幸的是，两家不久又发生仇杀事件。朱丽叶的表兄在决斗中被罗密欧刺死，罗密欧因此被赶出城市。朱丽叶被父亲许配给了另一个贵族青年。

朱丽叶深深地爱着罗密欧，坚定不移。在神父的安排下，她喝下了一瓶安眠药，能假死 40 个小时，同时神父派人通知罗密欧立即赶来。谁知送信人没有及时送达。而罗密欧听说朱丽叶已经死去，急速赶回，他悲愤交加，服毒自尽。朱丽叶苏醒过来后，见爱人已死，便拔出罗密欧的匕首自杀了。悲剧发生后，两家人都感到追悔莫及，最终消除了几代的仇恨，重新和好。

莎士比亚在这部悲剧里，揭露了封建制度的冷酷，歌颂了坚贞美好的爱情。

2. 四大悲剧

《哈姆雷特》以古代丹麦为背景，影射的却是英国的现实生活。阴险无耻的叔父，代表了腐朽黑暗的封建势力；热爱生活、敢于抗争但又优柔寡断的哈姆雷特，则代表具有人文主义思想的新兴的资产阶级。

以后，莎士比亚又写出了《奥赛罗》《李尔王》和《麦克白》。这些悲剧连同《哈姆雷特》，被誉为莎士比亚的四大悲剧，是莎士比亚最重要的戏剧作品。

莎士比亚的作品情节生动，语言精练，笔调幽默辛辣，广泛反映了当时英国的社会风貌。他塑造了哈姆雷特、奥赛罗、麦克白、夏洛克、罗密欧和朱丽叶等许多著名的人物形象。莎士比亚是最伟大的戏剧天才。他的朋友本·琼生说，莎士比亚“不属于一个时代，而属于所有的世纪”。

1616 年 4 月，莎士比亚的好友来他的老家斯特拉福镇看望他，大家开怀畅饮。莎士比亚多喝了几杯酒，不幸得病，卧床不起，于 4 月 23 日溘然长逝。

## 教派战争

1572 年 8 月 24 日，法国国王的妹妹玛加丽特将与她的未婚夫波旁家族的公子亨利举行婚礼。波旁家族在法国是仅次于国王的大贵族，而且是法国新教徒的领袖。而 8 月 24 日这一天，是“圣巴托罗缪”节。在这一天里，基督教徒都要集会，是一个非常热闹的节日。就在圣巴托罗缪节的凌晨，许多教堂同时敲响了大钟。随着一声“杀”

的号令，几千名武装暴徒拥到了街头。他们逐家逐户地进行搜索，只要发现是新教徒，马上闯进去把全家都杀掉。从半夜开始到东方发白，只有几个小时，就杀了好几千人。这帮暴徒闯进了国王妹妹未婚夫的住所，这位波旁贵族的公子亨利只得从床上爬了起来。“你要放弃信仰新教！”暴徒们手持明晃晃的宝剑说。“我……我该怎么办?”亨利被突如其来的情况吓得不知所措。“相信我们天主教！”暴徒吼道。“我同意！同意！”亨利只好勉强答应。这样，总算免于一死。与此同时，法国许多城市同时出现了大屠杀，被杀的都是新教徒。历史上就把这一法国的教派大屠杀，称为“圣巴托罗缪之夜”。

1. 胡格诺战争

“圣巴托罗缪之夜”大屠杀事件是法国封建主为了争夺政权的一次争斗。信奉天主教的一派，主要是法国北部的封建主，以介斯公爵为首。信奉新教的一派，主要是法国南部的封建主，以波旁家族为首。他们为了争夺政权，发生了火并。从 1562 年起，就开始进行内战。战争打了 10 年，国王想通过自己妹妹同波旁公子亨利结婚，推动两派和解。结果，出现了有计划的全国性大屠杀。而指挥这次屠杀的，就是介斯公爵的儿子。两派的仇恨从此更深了，内战只能继续下去。因为法国的新教又名“胡格诺派”，所以这次内战又名“胡格诺战争”。

2. 自由信仰

法国的内战一直打到 1594 年才停止。这时，法兰西国王死了，天主教领袖介斯公爵也死了。法兰西的王位，转到了新教领袖波旁家族的亨利四世手中。亨利四世原是新教徒，后来接受了天主教。天主教方面也就承认他是法国国王。亨利做国王以后，一方面把天主教定为国教，使它取得统治地位；另一方面又发布大赦令，对新教实行赦免，允许新教徒自己建造教堂，获得信仰的自由。这样，延续长达 30 多年的法国内战才算结束。

## 血腥玛丽

1553 年，15 岁的爱德华八世去世后，亨利八世的长女即爱德华和伊丽莎白的姐姐玛丽登上了王位。她是个虔诚的天主教徒，对罗马教皇怀着一颗赤诚的忠心。继位之后，她就三番五次颁布法令，先后废除了爱德华六世时代以及亨利八世的一系列宗教改革措施。她把英格兰教会独立于教廷外，重新隶属于罗马教廷。更令人发指的是她又实行了一项暴虐措施，就是恢复使用人称“火刑柱”的刑具，并用这种刑具烧死大批新教领袖。她用血腥手段推行天主教。在她统治期间，英国新教徒遭到迫害，约有 300 人被处以死刑，更多的新教徒被迫背井离乡，逃亡到欧洲大陆避难。玛丽此举遭到了全国百姓的反对，被人们称为“血腥玛丽”。玛丽暴虐成性，为人乖张，时刻提防伊丽莎白以恢复新教信仰来号召人民。这时，托马斯·怀亚特爵士发动叛乱，公开打出废黜暴君、恢复新教的旗号。由于计划不周，被玛丽镇压下去。平叛以后，玛丽怀疑伊丽莎白是这场叛乱的幕后策划者。这时，西班牙王太子腓力正与玛丽女王商谈婚姻大事。这位太子是神圣罗马帝国皇帝查理五世的儿子。后来，他继承了西班牙王位，世称“腓力二世”。腓力也是一个心狠手辣的人，为了得到玛丽女王的王位，他催促玛丽尽早处死伊丽莎白。于是，玛丽以弑君的罪名将伊丽莎白投入伦敦塔囚禁起来。由于找不到叛逆罪的确凿证据，两个月后，伊丽莎白被转往远离伦敦的一处城堡中，言谈举止都在女王的监视之下。“血腥玛丽”只在英格兰统治了 5 年，于 1558 年 11 月 17 日病死。由于没留子嗣，她临终前极不情愿地确认伊丽莎白为王位继承人。伊丽莎白在钟声、爱国游行以及其他的群众庆祝活动中登上了王位。

1. 独身女王

伊丽莎白女王的婚姻不仅有继承王位的问题，而且还关系到国家外交。国际上，英格兰处于孤立地位，兵力又很弱，急切需要较强的盟国，而通过有利的联姻可以达到这个目的。一些高贵的人士热心上门求婚，如西班牙的腓力二世、奥地利的查理大公、瑞典国王埃里克十四世、安茹公爵亨利（后为法国国王）、阿朗松公爵弗朗索瓦等。在这个问题上，伊丽莎白女王显示了她少有的外交家天赋。她巧妙地使一个求婚者与另一个求婚者互斗，而把联姻的协商拖几个月甚至几年。她在一时之间似乎马上要点头应允，而在另一时间又变了卦，发誓要独身到底。为保住英格兰的独立地位，她最终拒绝了所有求婚者。她说："我已经献身于一个丈夫，这就是英格兰。"

2. 宗教和解

身为国教圣公会领袖，伊丽莎白希望分裂的国家能达成和解，希望在天主教和苛刻的、后来发展成为清教徒的新教之间找到中间地带。她通过了《至尊法令》，宣布女王为英格兰所有教会和僧侣团体的最高领导，一切神父和官吏必须宣誓接受这一领导，并不得服从国外的权力。确立了英格兰国教的统治地位之后，女王又将爱德华六世时的公共祈祷书加以修改，使之也能为天主教徒接受。女王对英格兰激进的清教徒也加以压抑，并力图避免不同教派的教义争论。这种兼容并包、中庸温和的宗教政策为她这一朝代避免了当时在别的国家多处爆发的宗教战争。

## 无敌舰队的覆灭

1588 年，西班牙国王腓力二世对舰队进行了整编。他废弃了一批旧船，挑选战舰 132 艘，火炮 2760 门，士兵 3 万多人，出征英国。腓力为这支舰队取了个好听的名字——"幸运的无敌舰队"。它的司令是西多尼亚将军。当英国舰队发现"无敌舰队"进入英吉利海峡后，立即抢占上风方位，主动出击。西多尼亚则按传统战略，命令西班牙舰队列成半月形迎战。但西班牙舰队的阵势很快被打乱，损失惨重。西多尼亚无心恋战，传令撤出战斗，向东退驶。到了晚上，出乎他的意料，英军又施展火攻。西多尼亚从梦中惊醒，手足无措，慌忙传令：砍断锚索，起航避让。在一片混乱之中，各船竞相逃避，他们或是互相撞沉，或被大火烧毁。西多尼亚原想等火船漂过以后，再恢复战斗序列。谁知由于他错误地下达了断锚的命令，多数军舰根本无法停船，只好任风吹去。强劲的北风使面临绝境的"无敌舰队"摆脱了灭顶之灾。狂风一直将舰队向北吹去。西班牙将士要想回到祖国，只有向南，再次经过英吉利海峡。这无异于自投罗网。西多尼亚眼见大势已去，不敢再战，遂率残舰败卒绕道返国。等他们回到西班牙时，强大的"无敌舰队"只剩下 43 艘残破舰船，几乎是全军覆没。

1. 出战原因

战争的直接起因是苏格兰女王玛丽被杀。

1587 年 3 月 23 日，当信使把玛丽被她的表姐英国女王伊丽莎白送上断头台公开处决的消息，报告西班牙国王腓力二世的时候，旧恨新仇一齐涌上心头：一方面，在争夺新大陆黄金份额和海上霸权上，西班牙和英国早已积下了宿怨；另一方面，英国女王伊丽莎白执意处决苏格兰女王玛丽，严重伤害了西班牙天主教派的宗教感情；第三，腓力二世本想娶玛丽·斯图亚特为妻，他的意愿当然就此破灭。他把自己关在房间里，一个星期没有接见朝臣，当他冲出房间时，这位以谨慎闻名的君主下定了要对英国进行报复的决心。

腓力二世下令组织一支远征英国的大舰队，任命大贵族西多尼亚公爵为舰队总司令，并且在里斯本大教堂举行了舰队授旗仪式。

2. 海战败因

强大的西班牙舰队为什么会一败涂地，人们对此发表了很多不同的见解。

第一，战争基础薄弱说。16 世纪的西班牙，是头号殖民强国，财力和国力都首屈一指，但它的繁荣和强盛不是建立在本民族的经济发展上，而是仰仗于殖民地掠夺。特别是 1492 年哥伦布为西班牙找到美洲后，大批西班牙殖民强盗涌向那里，他们屠杀印第安人，抢掠金银财宝。科尔提斯洗劫墨西哥城，皮萨罗毁灭印加古国，大量运送珍宝的船只驶过大西洋，给西班牙王朝带来空前绝后的财富。既然财富来得轻而易举，也就不去费心发展生产了，这终于导致了民族工业的萎缩、凋敝。腓力二世即位后，对内迫害“异端”，大开杀戒，重税敛财，民不聊生，对外穷兵黩武，连年征战，致使矛盾激化，危机四伏。庞大的“无敌舰队”进攻英国，自然得不到人民的支持。

第二，指挥失当说。西班牙统帅西多尼亚原为陆军将领，因在贵族中的威望较高，深得西王信赖，所以被任命为舰队统帅。但他本人不懂海战，而且晕船，曾多次恳请辞职，却未被批准。用这样的将领带队远征，焉有不败之理?

在战争中，西多尼亚至少有三次重大失策：

（1）7 月 19 日，没有听部下李弗亚的劝告，把英军堵在港口里歼灭，因而失去了战机。

（2）当英国舰队发现“无敌舰队”，立即抢占了上风方位，主动出击时，西多尼亚却只能按照传统战略，命令舰队列成半月形迎战，很快就被英军拦腰切断，打乱阵脚，造成了惨重的损失。

（3）当发现火船后，他手足无措，慌忙传令砍断锚索，起航避让，使多数军舰无法停船，以至于在随风漂流中任人打击。

第三，天灾说。“无敌舰队”首先遇到的对手，不是英军，而是更加可怕而又无法战胜的大西洋的狂风巨浪。“无敌舰队”出师之日，就遭到大西洋风暴的猛袭，致使载有 8449 人的 33 艘战舰失踪。

它战败归国之际，又在爱尔兰西海岸再次受到风暴的打击，许多船舰因破损或触礁而沉没海底。事后，腓力二世也不无感慨地长叹说："我派无敌舰队是去和人作战，而不是去和海涛作战。"这说明，就是这种无法预料的天灾，敲响了"无敌舰队"的丧钟。

上述三说，均言之成理。也许，正是这三者相辅相成，联合作祟，才把外强中干的"无敌舰队"送上了绝路。

# 第二章　动荡中发展的亚洲

当欧洲正处于千年黑暗中的混沌与迷乱，亚洲凭借其灿烂的文化、多彩的艺术、众多的财富开始吸引西方人的目光。这一时期，阿拉伯帝国开始四处征战，日本创作出了世界上最早的长篇小说，“大化革新”让日本日渐强盛，佛教的广泛流传极大地促进了建筑、雕刻、壁画等艺术的繁荣。不过，正是因为亚洲封建社会的太过完备，为它过渡到资本主义社会设置了障碍，注定了近代亚洲的步履艰辛。

## 真主的启示

公元7世纪初，在古城麦加城外，有一个人迹罕至的山洞。山下的人们经常可以看到一位中年男人只身住在山洞里，不知他在干什么。终于有一天，山下有一位老者来到山洞里。他见到了这个有40岁左右、长着一张方正质朴的脸、留着络腮胡须、有一双明亮的大眼睛的人。经过几次接触，老者才知道，此人叫穆罕默德。据说在阿拉伯旧历9月的一个夜晚，穆罕默德在山洞潜修冥想时，真主安拉派遣天使给他传来了启示，命他为安拉的使者和先知。真主安拉的启示就是《古兰经》。《古兰经》是穆罕默德在23年的传教期间陆续宣布的安拉的启示。从此穆罕默德创建伊斯兰教，奉真主安拉为唯一的宇宙之神。他自己则是安拉派到人间的真正使者，最伟大的先知。

穆罕默德出身于麦加古莱西部落中一个没落的贵族家庭。他出生前，父亲就已去世，6 岁时母亲也病死了。他是由祖父和伯父养大的。

他的童年很苦，从小就得自谋生路。他当过放牧人，后来又跟随伯父经商，到过巴勒斯坦和叙利亚等许多地区。在经商期间，穆罕默德增长了见识，对阿拉伯人民的各种痛苦也有了很深的了解。在随伯父在巴勒斯坦经商期间，他又研究了基督教和犹太教的教义，知道了许多神话传说，同时也了解了这些地区的风土人情。另外，他还学会了观测天气、预测风沙和治病的本领。这一切都为他以后创立伊斯兰教打下了基础。

但是他太穷了，他的抱负没有金钱和地位的保证，无法得到施展。在 25 岁时，穆罕默德和一个比他年龄大许多，名字叫赫蒂彻的麦加富商的遗孀结了婚。从此，他在经济上一下子有了保障，并开始进入上层社会。

穆罕默德的才干逐渐显露出来。一次，克尔白神庙由于年久失修倒塌了。古庙修复后，却发生了由谁来把黑色陨石再放回原处的争执。麦加的一些大贵族都争着由自己把陨石放回原处，借以提高自己的地位。大家谁也不肯谦让，在庙里便大吵起来。这时穆罕默德走了出来，他把自己的上衣脱下铺在地上，再把陨石放在上面，然后请争执的人各派一个代表，分别提起上衣的一角，一起把陨石放回原处。争执平息了，大家都说穆罕默德真是一个聪明和识大体的人。此后，穆罕默德的声望和地位也得到了提高。

在麦加城外，有一座幽静的小山，当地人都称它希拉山。穆罕默德经常独自一人到山里的一个小山洞里冥思苦想。他一直在考虑创立一个可以被大多数阿拉伯人接受的宗教，使那些整天处于痛苦之中的同胞得到解脱。他参照基督教和犹太教的经典，将其中他认为阿拉伯人能够接受的教义和阿拉伯原始宗教中的一些教义设法结合起来。但是这个工作太艰难了，穆罕默德为此常常在山中待上许多天。终于，在公元610年的一天，他豁然开朗，想通了最关键的道理。不久，他从山上下来，便开始传教，这就是后来的伊斯兰教。

“伊斯兰”一词在阿拉伯语中原意为“顺从”。穆罕默德宣称，世界上只有一个神——安拉，他是世界的创造者和人的创造者，世界万物都是按照安拉的意志安排的。人的一切也都是安拉赐予的，只有生前服从安拉，死后才能进入天堂，否则死后就会被打入地狱。

穆罕默德自称为安拉的使者，由于自己是安拉的第一个信徒，所以他就是信徒的先知，是安拉派到人间的使者，传达安拉的意旨。信仰安拉的人被称为穆斯林，意为信仰安拉和服从先知。

## 先知立国

公元622年9月，穆罕默德及其信徒为躲避麦加贵族的迫害，被迫离开麦加，秘密迁往麦地那。这一迁徙事件就是著名的“希吉拉”，是伊斯兰教发展史上一个重要转折点。公元639年，哈里发将希吉拉之年规定为伊斯兰教的纪元，并以公元622年7月16日为伊斯兰历的岁首。麦地那原名雅兹里布，位于希贾兹北部，距麦加以北约400千米。穆罕默德迁来之后，以麦地那为基地，把从麦加迁来的穆斯林（称为迁士），与麦地那原居的穆斯林（称为辅士）组织起来，建立一个称为“乌马”的政教合一的穆斯林公社。他同时把雅兹里布改名为“麦地那·乃比”，意为“先知之城”，简称“麦地那”。乌马是以宗教与地区作为基础的、新的特殊形式的国家形态，即政教合一的阿拉伯国家的原初形态。穆罕默德作为安拉的使者，是安拉在大地上的代理人，因此掌握着乌马的最高权力，集宗教、政治与军事大权于一身。

1. 壕沟之战

公元627年，麦加贵族联合麦加周围的游牧部落，集结了1万多人的武装队伍进攻麦地那。穆罕默德鉴于敌我力量悬殊，决定利用麦地那三面环山的天险地势，在绿洲的道路上深掘壕沟，据险固守。麦加联军久攻不下，给养供应困难，不得不退兵。穆罕默德乘势追击，俘敌400余人，斩杀无数，此即有名的“壕沟之战”。壕沟之战，被认为是神助的结果，影响巨大，以致麦加贵族不得不与穆罕默德谋求妥协。公元628年，双方签订10年休战条约。公元630年初，穆斯林的同盟者遭到了贵族结盟者的袭击，协议失效。穆罕默德派出万人大军攻打麦加。公元630年1月，麦加贵族改宗伊斯兰教。穆罕默德定麦加为伊斯兰教宗教中心。从此以后，麦加人皈依伊斯兰教者与日俱增，穆罕默德的声望日益提高。

2. 伊斯兰教教义

伊斯兰教有着严格的教规，教义的核心就是服从安拉，服从先知。所以在传教伊始，穆罕默德就处于至高无上的地位，这也是伊斯兰教的显著特点。穆罕默德强调教徒绝对服从教义，主要是为了统一人们的信仰和思想，用这种办法来解决社会中存在着的各种矛盾。穆罕默德教谕教徒必须要顺从，无论身处何种处境，都要安分守己，因为一切都是安拉的安排，自己是无法改变的。

伊斯兰教的另一个显著的特点是一夫多妻。在伊斯兰教教义中，男女地位是极不平等的。

虽然伊斯兰教教义在解决社会矛盾方面，要求人民采取消极的态度。但在另一方面，又给教徒提出了做人的基本准则，如为人行善、买卖公平、救济贫困、照顾孤寡老人等。此外，对偷盗和欺诈等犯罪行为，伊斯兰教教义规定要给予极为严厉的惩治。这些教义得到了阿拉伯下层劳动人民的拥护。伊斯兰教教义也被信仰伊斯兰教的一些国家长期奉为法律。

## 安拉之剑

穆罕默德去世后，公众推选他的岳父阿布·伯克尔继承了他的职位，称为“哈里发”（即“继承人”的意思）。阿布刚一即位，就发生了内部叛乱。当阿布·伯克尔让大家拿主意时，众首领都推诿起来。这时，从座位中站起一个人来，大声说道：“我愿带兵平定这场叛乱。”众人一看，此人是哈立德。有人愿意出战，哈里发当然高兴，于是下令叫哈立德统率军队前去迎敌。穆斯林的军队与叛军在阿克拉巴进行了一次决战。战斗开始不久，叛军不断猛攻，穆斯林的军队节节败退。前方队伍不得不派人向哈立德求援。为了激发他们各自的斗志，哈立德对他们说：“你们现在只有各自作战，谁也增援不了你们！”使者回去以后，穆斯林的军队见无路可退，只能决一死战。他们拼死压住阵脚，勇猛冲杀过去，结果敌军无一生还，连叛军的首领也被杀身亡。经此一战，哈立德从此崭露头角，成为穆斯林的杰出将领，人们送他“安拉之剑”的美称。

1. 大马士革包围战

公元 634 年 1 月，哈立德率领 2500 名骑兵进攻罗马最富裕的行省叙利亚。为了出其不意，哈立德亲自挑选了一支 800 人的骑兵，横越无人敢走的沙漠，直插叙利亚的首府大马士革。大马士革的守军面对突如其来的阿拉伯人丧魂落魄，外城很快失守。哈立德率领军队把大马士革围困三四个月之久，使城内处于一片混乱状态。由于断水断粮，许多老百姓生存不下去，纷纷跑到教堂去找大主教。后来，大主教在城内居民的要求下和哈立德谈判，大马士革归顺了阿拉伯。大主教让人在夜晚把阿拉伯人接到城内，阿拉伯的骑兵浩浩荡荡开进了大马士革，叙利亚的首府被阿拉伯人占领。哈立德随即打败了拜占庭的援军，杀死了领军的皇帝。两年后又攻克了耶路撒冷，在中东地区站稳了脚跟。

2. 夺取叙利亚

阿拉伯的骑兵在哈立德的带领下几乎战无不胜，把拜占庭的军队打得一败涂地。面对阿拉伯军队的节节胜利，拜占庭皇帝焦急万分，发誓一定要夺回叙利亚。他令自己的兄弟率 5 万大军开进叙利亚战场。哈立德闻讯后，并没有采取死守的办法，而是立即放弃了一些颇有战略价值的城镇，将自己 2.5 万人的军队集中于雅穆克河畔以逸待劳。拜占庭军队虽人多势众，但其成员多为亚美尼亚人及阿拉伯人雇佣军。他们根本不愿为拜占庭政府卖命。在阿拉伯军队的猛烈冲击下，他们节节败退，很快便溃败了。这次失败，使拜占庭完全失去了叙利亚这一富庶的行省。

## 帝国动荡

在控制了叙利亚的大部分领土后，哈里发下令向伊拉克发起圣战。伊拉克是萨珊—波斯帝国最西边的省份。为了统领军队，他起用了一位叫萨德的穆斯林老兵。公元 637 年年初，他率军向位于伊拉克中部的幼发拉底河沿岸进发。抵达那里后，萨德向萨珊朝廷派出了 20 名士兵组成的使团。当阿拉伯士兵被带入国王宫殿的会客厅时，他们的粗布衣衫、简陋的武器和不修边幅的样子引来阵阵笑声。但是这些来自沙漠的人并没有被环绕在他们四周的富丽堂皇搞得窘迫不堪。他们的发言人甚至羞辱了国王。这位傲慢的国王受到羞辱后，让人装了一麻袋土，将这个麻袋捆在那位阿拉伯发言人的背上，而后将他和他的伙伴送出了城。国王企图以这个方式表达他的轻蔑。但是那些穆斯林兴高采烈地回到营地，将那袋土呈给他们的萨德将军。他们喊道："好消息！波斯人将他们的土地送给了我们！"战争随即爆发了。大战持续了 3 天，双方不分胜负。第 4 天，阿拉伯人决定对敌人发动夜间进攻。身心疲惫的萨珊人后来称这晚为“狂暴的夜晚”。翌日黎明，战斗依然继续，阿拉伯人在长期严酷的沙漠生活中造就的毅力开始展现出来了。最后，几个阿拉伯人冲破了敌人的层层防线，杀了国王鲁斯塔姆，萨珊人的防御彻底崩溃了。

1. 安拉之友

公元644年，第三任哈里发被杀，阿里继任哈里发。阿里是伊斯兰教创始人穆罕默德的干弟兼卫兵，也是最早的信徒之一。阿里因长期追随穆罕默德，熟悉《古兰经》内容和降示背景，擅长解释某些隐晦经文。其传述的586条圣训，被布哈里收录29条，被穆斯林收录35条。阿里去世后形成的什叶派给其以很高的评价，称其为“安拉之友”，甚至认为其地位超越穆罕默德。什叶派尊其为第一代伊玛目，是穆罕默德的真正继承人。在阿里成为哈里发之后不久，他便遇到穆罕默德最年轻的遗孀爱莎的挑战。阿里决定予以反击。公元656年，他在伊拉克南部的巴士拉揭开了骆驼之战的序幕。这是穆斯林内部之间第一次重要的战斗。公元661年，在库法的一个清真寺里，一名反叛者用一把带毒的匕首刺杀了阿里，伊斯兰世界由此陷入更为混乱的局面。每隔一段时间，穆斯林社会就要经受争夺哈里发继承权的争斗之苦。

2. 倭马亚王朝

第四任哈里发阿里被刺身亡后，穆阿维亚被拥立为第五任哈里发，建立了倭马亚王朝。穆阿维亚决定将阿拉伯帝国的都城迁出阿拉伯半岛，在大马士革建都。公元661年，修葺一新的名城大马士革张灯结彩，阿拉伯帝国正式建立并在此建都了。倭马亚王朝利用武力、联合贵族等多种手段稳定了国内政局，继续进行大规模的扩张。在西方，首先征服了北非，而后越过直布罗陀海峡，占领了西班牙，在进攻法兰克王国时被击败。在东线，以迅雷之势占领了阿富汗首都喀布尔，以此为基地入侵中亚细亚。但是，由于阿拉伯人在与中国唐朝将领高仙芝的几次会战中都无法取胜，只好止住东征的脚步。

## 扩张的帝国

公元640年，阿拉伯帝国将领阿慕尔攻取了埃及东部的门户鲁西恩。随后，阿军围困了尼罗河上的巴比伦堡。当时阿拉伯军队仅有1万人，远远少于拜占庭军队的人数。但战斗力低下的拜占庭军队根本不是阿拉伯人的对手。经过7个月的激战，到公元641年4月时，阿拉伯军队攻入城内。与此同时，埃及另一城市赫利奥也被阿拉伯军队攻占。最后，阿拉伯大军打到了亚历山大城下。在亚历山大城主教居鲁士主持下，亚历山大人与阿拉伯人签订了《亚历山大港条约》。根据这份条约，拜占庭军队不战而降，埃及行省落入阿拉伯人之手。此后阿拉伯军队沿北非海岸西进，相继占领尼加、利比亚等地。最终，占领了拜占庭的全部北非领地。

1. 吕基亚大海战

公元655年，拜占庭皇帝君士坦丁二世亲自指挥一支海军舰队，讨伐新兴的阿拉伯海军。两军在小亚细亚吕基亚附近相遇。交战时，阿拉伯人把自己的船拴在拜军战船上，使之不能自由行动。然后，阿拉伯士兵冲上拜军战船，与敌肉搏。结果，拜军几乎全军覆没，死伤惨重。这次海战后，拜占庭丧失了对东地中海的控制。

2. 阿拉伯海军

第一支阿拉伯海军是由阿拉伯叙利亚总督穆阿维亚（后被拥立为第五任哈里发）组建的，主要由希腊血统的叙利亚人组成。这支海军在穆阿维亚的率领下于公元649—654年间先后夺取了塞浦路斯、罗得、科斯等岛屿，逐渐取得了东地中海的制海权。公元7世纪后段，拜占庭帝国的生存都受到阿拉伯人海上进攻的威胁。发展海上力量，是阿拉伯人在适应环境方面所取得的重大功绩。从公元669年起，阿拉伯海军开始数次围攻君士坦丁堡。

3. 政教合一的政权体制

除秉持伊斯兰教神权统治原则外，倭马亚王朝还大量吸收以拜占庭帝国为主的其他文明国度的典章制度，形成伊斯兰教世界所特有的政教合一的君主专制政体。哈里发为帝国最高元首、军事统帅和宗教领袖，拥有宗教和世俗大权，控制着从中央到地方的军政、税收和宗教三大权力系统。中央由各部大臣执掌政务，辅助哈里发。地方分为五大行政区，各区设置总督，统理一方军政。但财赋税收一直由哈里发任命的专职税务官司理。地方司法由总督任命的法官负责，专司穆斯林案件，而非穆斯林则由各自宗教领袖负责。帝国高级官员多由阿拉伯贵族充任，低级官吏则由原拜占庭及波斯的官吏担任。公元7世纪与8世纪之交，帝国开始统一铸造货币，金币为第纳尔，银币为第尔汗。倭马亚王朝还将阿拉伯语定为帝国官方语言，使帝国统治披上浓厚的阿拉伯民族色彩。

## 阿拔斯王朝

随着阿拉伯帝国的不断扩张，王朝贵族们也穷奢极欲起来。沉重的赋税使人们难以忍受，在帝国各省不断掀起反对阿拉伯统治者的斗争。不久，在呼罗珊地区，有一个奴隶出身的伊朗人，名叫阿卜·穆斯林。他自称是穆罕默德叔父阿拔斯的后裔，指责倭马亚王朝非法窃据哈里发的地位，号召人们起来反抗倭马亚王朝的统治。这种号召得到了广泛的响应，大批波斯人和阿拉伯人从四面八方汇集到起义地点。令起义的贫民始料不及的是，真正的穆罕默德叔父阿拔斯的后裔阿布·阿拔斯也加入了起义队伍，并得到起义者的拥戴。起义的领导权落到了这个贵族的手里。经过3年的艰苦斗争，起义者终于推翻了倭马亚王朝。但起义却被阿拔斯贵族所利用，成为改朝换代的工具。公元750年，阿布·阿拔斯在库法称哈里发，建立了阿拔斯王朝。

1. 迁都巴格达

公元754年，阿布·阿拔斯的儿子曼苏尔继任为阿拔斯王朝的第二代哈里发。他决定迁都巴格达，以实现他父亲的理想。阿布·阿拔斯从世界各地征集了著名的工程师、艺术师、镶嵌工、制瓦工以及其他各种工匠10万人，于公元762年正式破土动工。新都巴格达的工程历时4年，耗资近500万第尔汗（帝国银币名称）。

2. 圆城巴格达

巴格达全城呈圆形，素有“圆城”之称。它的直径为3200米。城外有宽20米的护城河，河上建有木制吊桥与城门相通。城内有外城、内城和宫城，这3个部分又由坚固的城墙分隔。宫墙最高，达27米。3道城墙以哈里发宫殿为圆心，形成3个面积大小不等的同心圆。每道城墙都有4座城门，从圆心向外辐射，形成4条大街。巴格达城是中世纪典型的城堡式建筑。

3. 王朝的衰落

由军事封土制造成的强大地方割据势力，对阿拔斯王朝统治构成了严重威胁。各地总督和军事统帅，因封土制的推行，逐渐获得拥兵自重、割地自立的经济基础和军事力量。公元9世纪初，帝国内部的离心倾向已不可阻遏。公元800年，大将伊本·艾格莱卜建立了艾格莱卜王朝。东西各地几十位总督、军事统帅皆乘机自立，并力图染指中央政权。

## 阿拜战争

公元715年，苏莱曼一世登位哈里发。为了夺取君士坦丁堡这一东方名城，苏莱曼派弟弟麦斯莱麦为统帅，率海陆两路大军向君士坦丁堡进发。当时，拜占庭刚刚摆脱内乱，利奥三世登上皇帝宝座。从军队数量上看，拜军居于劣势。但利奥三世临危不乱，充分发挥了他的指挥作战的才能。他巧妙地利用天时地利，安排了对阿拉伯军的反攻。他先借用金角湾的海湾强流，向阿军发动突袭。接着，他放开了拦截金角湾水路的防卫铁索，引敌军入港，然后出其不意地放出“希腊火”，使阿军舰队遭到重创。这时阿军面临食物短缺、瘟疫流行的困境。利奥抓住时机指挥军队对阿军发动了突然袭击，使之遭受重创。阿拉伯军队被迫撤军。但他们乘的船中途遇到风暴，全军覆没。拜占庭军队取得的这场胜利，彻底打消了阿拉伯人向欧洲和小亚细亚发展的气焰。

1. 阿米苏斯会战

公元 863 年，阿拉伯属中亚马拉提尼地方的艾米尔·奥马尔率军进犯安纳托利亚，攻占了黑海港市阿米苏斯，洗劫了帕弗拉格尼亚。拜占庭立即派军前往抗击。9 月 3 日，双方大军在阿米苏斯附近激战，阿军大败，奥马尔战死。这次会战在两国的战争史上具有重要地位。这次战斗后，两国在战争中的位置发生了根本的转变。

2. 叙利亚之争

在马其顿王朝皇帝尼斯福鲁斯二世时期，拜占庭对穆斯林的战争披上了圣战的外衣。尼斯福鲁斯二世宣布，凡是对穆斯林战争中的捐躯者，将被奉为殉道者，受到后人的崇敬。他从继位那年起，多次兴兵进入小亚细亚和叙利亚。公元 966 年，尼斯福鲁斯二世发兵进攻安条克，但未能攻克。公元 968 年，尼斯福鲁斯重回叙利亚，并于公元 969 年攻占安条克。几个月后，阿拉伯方面被迫求和，拜占庭收复了叙利亚一部分领土，另一部分也承认了拜占庭的宗主权。

## 高句丽建国

传说中的高句丽始祖朱蒙降生在古国扶余。朱蒙长大以后，武艺日益高强。这引起了扶余王的惧怕，就命朱蒙去牧马，以试探他是否忠心。朱蒙心里非常愤恨，向母亲询问："我想到南方的土地上去建立一个国家，但是不敢私自做主，请母亲大人指教。"他的母亲对朱蒙说："你有此雄心就要做好准备，我去帮你选一匹良驹。"母子二人来到朱蒙的牧马场，他母亲为他选了一匹良马。朱蒙暗自将一根钢针扎入马的舌根，马因为舌痛而不食水草，显得非常瘦弱。一天，扶余王来朱蒙牧马处巡视，看到群马皆肥，甚为高兴，将那匹瘦马赐给了朱蒙。朱蒙得马后拔出了扎在马舌根上的钢针，每天精心喂养，不久马就变得膘肥体壮。朱蒙还暗暗结交了 3 个朋友，名叫鸟伊、摩离、陕父。做好了一切准备之后，朱蒙便与好友一道悄悄离开了扶余。途中他们又遇到 3 个人，叫再思、武骨、默居。他们都归顺了朱蒙。朱蒙一行来到卒本川，只见这里土壤肥沃，山河险固，于是想在该地建都。众人在这里盖了房子，建立了国号为高句丽的国家。朱蒙成为高句丽始祖东明圣王，时年 22 岁。

1. 卫满夺权

在中国的春秋时代，黄海西岸的东夷同周朝人发生冲突。这导致他们向满洲南部和朝鲜半岛迁移。中国殷朝臣民箕子约在公元前 13 世纪进入朝鲜半岛，引进殷国的文化。接着，位于中国东北地区的燕国入侵，古朝鲜在公元前 3 世纪丧失了辽河以西的领土。这时候，出现了铁器时代文明。战国诸国向东驱赶难民，移民中有一个叫卫满的，在古朝鲜出任军事指挥官。他把准王赶到南方，夺取了政权。公元前 107 年，古朝鲜被汉朝打败，汉朝在东北南部和朝鲜半岛北部设立了 4 个都督府。后来，所有的都督府于公元 313 年被摧垮。

2. 一统朝鲜

在古代中国发展的同时，古代三韩的部族联盟逐渐发展到建国阶段。在南方，突出的是百济和新罗，在北方是高句丽。在唐朝兴起后，唐太宗沿着辽河修筑了防御工事和墙垣，准备对高句丽大举用兵。公元644年、648年和655年，唐太宗多次入侵未果。唐朝于是向新罗求助，新罗说服了唐朝皇帝来帮助它征服百济和高句丽。双方先是攻打百济，然后攻打高句丽。立国最晚的新罗最后打败了另外两国，统一了朝鲜。

## 亡伊起义

1176年1月，高丽公州贱民区的鸣鹤所在首领亡伊的领导下起义了。他们一举占领了公州城。高丽国王以为一伙贱民无足轻重，就派了3000军队前去镇压。谁知这支军队还没有到达公州，就在半路上遭到了起义军的伏击。国王见起义军难以镇压，急忙召集大臣计议。一个老奸巨猾的大臣说："把鸣鹤所提升为县制，让亡伊当知县，贱民自然就散伙了。"国王一听此计可行，于是下了一道诏书，派了一名特使，前往鸣鹤所与亡伊谈判。国王此计被亡伊识破，于是起义军继续作战，连连攻下骊州、镇川、牙州诸城，直逼首都开城。一时天下大震，参加起义者有五六万人之多。朝廷知道，这次全国性的大起义，领头者即是亡伊，所以想方设法要除掉他。1177年7月，起义军逼近开城的时候，高丽国王假称准备退位，让亡伊提出未来国王人选。谁知此次亡伊竟信以为真，不幸被国王抓获。不久，就被斩首示众了。亡伊一死，起义军群龙无首。官军便集中兵力，很快打败了亡伊这支起义军。

1. 高丽王国

统一的新罗后来被像甄萱和弓裔这样的造反领袖闹得四分五裂。甄萱于公元900年在全州宣布成立后百济，弓裔于翌年在开城宣布成立后高句丽。最后，一个贵族子弟王建成了弓裔的首席大臣。王建于公元918年以弓裔行为不轨和滥用权力而推翻了他。他于公元943年轻而易举地向后百济发动袭击。不久，后百济自动投降。第二年，王建又接受新罗景顺王的退位，在开州建立了统一的高丽王国。

2. 高丽的制度

高丽王国的政府组织是按唐朝体制设立的，但是建立了官吏向国王进言和对国王的决定进行审查的制度。有了这样的制度，使得高丽朝政不致腐败。光宗王（公元 949—975 年在位）为了削弱地方权力，着手解放奴婢以恢复在公元 956 年被不公正地降为奴婢者的平民身份。此举有助于增加岁入，并受到被不公正地强迫当奴婢的人的欢迎。两年后，他实行了科举制度，以择优遴选官吏。他的继位人景宗（公元 975—981 年在位）实行给官吏分配土地和山林的办法。这些政策使高丽国得以作为中央集权政府立住了脚跟。公元 982 年，成宗（981—997 年在位）采纳了儒学家崔承老的上疏，为用儒家模式治理国家铺平了道路。地方官吏由中央政府任命，一切私人拥有的武器都收集起来改铸为农具。

## 李成桂兵变

1335 年 10 月 11 日，李成桂出生于元朝辽阳行省双城总管府（高丽称为和宁府，今朝鲜民主主义人民共和国咸镜南道金野郡黑石里）的李子春私邸。后来李成桂即位建国后，出生之地被改称为“永兴郡”（现称金野郡），并修建宫室，称为“永兴本宫”。

李成桂的籍贯并不在出生地永兴，而是在朝鲜半岛南部的全州。15 世纪中叶朝鲜王朝曾创制一首用谚文歌颂李成桂的诗歌，叫《龙飞御天歌》，将李氏家族比作根深叶茂的大树和源远流长的溪流。但实际上，全州李氏并非高丽王朝的名门望族，顶多只是地方土豪。李成桂的始祖是新罗司空李翰。后传了十多代，到李成桂的高祖父李安社（后追尊为朝鲜穆祖）时，因为与当地官员争夺官妓的风波而弄得在当地无法容身，于是就举家迁徙到江原道三陟，后又迁到东北面宜州

（今朝鲜元山），高丽政府曾任命李安社为宜州兵马使。后来李安社又投降蒙古，才在今咸兴一带定居下来，这是1254年的事。当地聚集了很多女真人，李氏家族深受女真影响，并出任了蒙古元朝在当地的军事指挥，进而成为这一地区的豪族。

李成桂的曾祖父是李行里（后追尊为朝鲜翼祖）、祖父李椿（后追尊为朝鲜度祖，蒙古名字颜帖木儿）、父李子春（后追尊为朝鲜桓祖，蒙古名吾鲁思不花），世袭元朝斡东千户所千户兼达鲁花赤。李成桂的母亲则是崔氏（后追尊为懿惠王后）。李成桂自幼爱好打猎，武艺高强。他22岁那年，即1356年，高丽恭愍王利用中国爆发元末农民起义的机会，发兵北拓领土，吾鲁思不花成为了高丽的内应，协助高丽军队攻占元朝双城总管府，此后李成桂与其父归顺高丽，成为高丽将领。吾鲁思不花归附高丽后，恢复高丽名李子春，官至荣禄大夫判将作监事、朔方道万户兼兵马使。

1. 南征北战

高丽末年国内战乱连连，此时正是李成桂赚取政治资本的时机。1361年9月，秃鲁江万户朴仪反叛，官军平叛不力溃败。此时，李成桂官居通议大夫东北面上万户、金吾上将军，以1.5万的兵力大破叛军，初战告捷。这是李成桂出仕以来的首次战功。当年年底，中国境内的农民起义军——红巾军4万人渡过鸭绿江，攻入高丽境内。红巾军的活动范围与高丽相隔万里，但是两方早已结怨甚深。亲元的高丽恭愍王迫于蒙元的征召，发兵帮助元军镇压红巾军，由是双方产生摩擦。此次红巾军入侵即为报复而来。在潘诚的率领下红巾军攻破静州、铁州、麟州，进而攻入西京（今朝鲜平壤），蹂躏高丽的国土。

1362年正月，高丽参知政事安佑与上将军李芳实回师20万攻击西京红巾军。李成桂本次领兵2000人参战，由东大门奋勇进击，率先登城，又立大功一件，从此威名日著。此后，李成桂不断建立武功。

1362 年 2 月、7 月，李成桂任东北面兵马使击败元朝军阀纳哈出。1364 年击败依附元朝的高丽反政府者崔儒，同年 2 月，侵入和宁（今咸镜南道永兴，现今的金野郡）以北讨伐女真。1370 年以骑兵 5000、步兵 1 万自东北面渡鸭绿江攻打东宁府。北元东宁府同知李吾鲁帖木儿逃往于罗山城。李成桂一度到达辽阳。仅以身免的纳哈出称李成桂“年少而用兵如神，真天才也，将任大事于尔国矣”。凭借战功显赫，李成桂得宠于高丽恭愍王，官至密直副使，进阶奉翊大夫，赐端诚亮节翊戴功臣之号。逐渐替代了权臣李仁任，与崔莹、曹敏修掌握实权。

1377 年，李成桂在智异山歼灭倭寇名声大振，同年 8 月在西海道（黄海道）一带大破倭寇。1380 年倭寇 500 只船侵入云峰（今韩国全罗北道南原郡）占领引月駅，高丽败北，驻扎在当地的将军阵亡。李成桂被任命总指挥官击败倭寇首领。

1382 年，明朝命北元降将胡拔都深入到东女真地区，招抚当地的女真人等。翌年 8 月，胡拔都又率部进抵端州，女真首领金同不花降附，高丽命令其大将李成桂率兵出击，双方战于吉州，女真败退。

李成桂通过一系列重大战绩取得很高的威望，他也与郑道传、赵浚、尹绍宗等新兴士大夫势力联手，抵制高丽王室和崔莹代表的权门世族的旧势力。1388 年，明朝在原双城总管府之地设置铁岭卫，移文告知高丽。高丽国王王禑、门下侍中崔莹密议进攻辽东，守门下侍中李成桂反对无效。是年 4 月，王禑派左军都统使曹敏修、右军都统使李成桂出兵攻辽。5 月，李成桂渡过鸭绿江后，发觉行军困难、粮饷不济，上书要求班师，王禑不听。于是李成桂劝服曹敏修，果断在威化岛回军，返回开京（今朝鲜开城），流放崔莹，此后掌握高丽政权。6 月，王禑退位，其子王昌即位，以李成桂为东北面朔方、江陵道都统使，赐忠勤亮节宣威同德安社功臣之号；8 月，都总中外诸军事；10 月，兼判尚瑞司事。1388 年 11 月，王禑意图复辟，事败，李成桂以明朝称王昌非恭愍王之后而不许入朝为借口，废王昌为庶人，改立高丽宗室王瑶，是为恭让王。王禑被流放江陵，王昌被流放江华，12 月被杀。恭让王只是李成桂的一个傀儡，他以李成桂为奋忠定难匡复燮理佐命功臣，爵和宁君、开国忠义伯，食邑 1000 户，食实封 300 户，田 200 结、奴婢 20 口，称中兴功臣，父母妻封爵，子孙荫职。

以威化岛回军为契机，掌握实权的李成桂与新兴士大夫势力开始进行私田改革，主要以限制权门世族和佛教势力为目的，这种对经济基础的重新洗牌成为新王朝建立的前奏。一方面，李成桂下令调查全国土地，1390 年将所有现存的公私田册档都予以焚毁。次年颁布了土地制度的新法令——科田法。规定科田只能取自京畿地区，按每人已有的官阶对官僚集团成员实行分配，其他郡县土地属于公田。这样，高丽权门世族和佛教势力的经济基础遭到彻底破坏，从而敲响了他们的丧钟。另一方面，私田改革也象征着高丽王朝本身的没落，公田的增长使政府收入相应增加，为朝鲜王朝开国奠定了经济基础。

2. 迁都汉城

李成桂即位后，认为开京王气已尽，开始积极谋划迁都。即位后一个月就下旨由开京迁都汉阳（今韩国首尔，1395 年改称汉城），建宗庙社稷、宫室城池，并在 1394 年开始营建景福宫。其间，一个传说相当传神地刻画了当年围绕新都争论的激烈情形：李成桂的挚友、高僧无学大师曾对汉阳的城池布局提出意见："以仁王山作镇，白岳南山为龙虎。"首席谋臣郑道传则以儒家立场反对怪力乱神之说："自古帝王皆南面而治，未闻东向也。"二人互不相让，场面剑拔弩张。最后，李成桂采纳了郑道传的意见，无学挖苦郑道传："不从吾言，垂二百年当思吾言。新罗义湘大师云：择都汉阳，郑姓人是非之，不过五世，篡夺之祸生；岁才二百，板荡之难至。”1396 年，在宗社宫阙营建完成以后，朝鲜正式定都汉城。李成桂即位后，对内继续依靠郑道传等人实行改革，规划新王朝的蓝图，对外则通过招抚、武力征服朝鲜半岛东北地区的女真部落，进一步加强了对该地区的管辖，使其疆域达到图们江。

## 朝鲜卫国战争

1592 年春天，日本的丰臣秀吉借口朝鲜拒绝帮助日本攻打中国，调集近 20 万大军，700 艘战船，悍然发动了对朝鲜的侵略战争。

日军在朝鲜登陆，仅 3 个月的时间，就接连攻陷了朝鲜的京都汉城及平壤、开城等重要城市，国王逃到鸭绿江边躲藏了起来，整个朝鲜如覆巢之卵，岌岌可危。丰臣秀吉见初战告捷，颇为得意，他狂妄地对部下说：

“你们等着瞧吧，好戏还在后头呢，要不了多久，朝鲜、中国的臣民就会俯伏到我的脚下，听候我的驱遣！”

可是，他做梦也没有想到，在海上他们遭受了前所未有的惨败，因为他们碰到了朝鲜的爱国名将李舜臣率领的海军。

1. 玉浦海战

李舜臣出生于 1545 年，他原来只是一个小县城的狱吏。因为他刚毅勇敢、足智多谋，被首相破格提升为全罗道左水使，扼守朝鲜海峡，他早就看出了日本想吞并朝鲜的狼子野心，于是非常重视训练水师，并特别改进了传统的龟船。

龟船是朝鲜人很早就发明的一种战船，船身装有硬木制成的形似龟壳的防护板，故叫龟船。李舜臣改进了龟船的结构和设备，把船身造得更大。每艘船身长十余丈，宽一丈多，甲板之上有厚木制成的顶盖，并且裹上铁板，可以掩护船上水军避免敌人火器投射，顶盖上和甲板旁装着许多尖锐的大钉和铁钩，使敌人不敢攀登，船头上安装着一个大龙头，上穿两个大炮眼，头尾都装有金属尖杆，必要时可用来冲击敌船。船身前后左右有74个枪眼，射手可以伏在内部施放火器。船身两侧又各设10支大桨，全部划动，急驰如飞。加上船身很大，可以装载很多饮水和粮食，这使龟船更适于水面久战了。

龟船有许多优点，指挥它的李舜臣又多谋善断，难怪日军在他面前要撞得头破血流了。

这年5月1日，李舜臣得知玉浦港停靠着50余艘日本兵船，船上的士兵大都上岸抢劫百姓财物去了，他立即指挥90多艘龟船去偷袭日军。日军从未见过这种战船，远望还以为是一群大乌龟朝他们爬过来了呢！

过了一会儿，才看清了那群“乌龟”原来是战舰，日军顿时慌了神。当他们仓皇跑上船，准备起锚逃离时，已经来不及了。

“开炮！”李舜臣一声令下，千百道火龙扑向日船。“轰轰……”日船上百花齐放，烟火缭绕。在强烈的炮火下，日军抱头乱窜，鬼哭狼嚎，转眼间40余艘日船被炸毁、击沉，士兵伤亡不计其数。不可一世的日军舰队就这样被李舜臣的“大乌龟”们吞没了。

2. 临危受命

玉浦海战的胜利，粉碎了丰臣秀吉从海路侵略朝鲜沿海地区的计划，侵略军、后勤物资的运送也处于瘫痪状态，陆军的进攻也因此受到阻滞。20多天后（5月29日），李舜臣又打响了第二次大海战。

当时，10多艘日船停泊在泗川岸边，日军自以为有险可据，想等朝鲜船只靠近了再打。李舜臣看穿了敌人诡计，故意引船后退。日军以为他惧阵脱逃，就驾船追击，不料，刚离岸不久，李舜臣就让龟船掉头向日军猛攻。霎时，枪炮齐鸣，火焰纷飞，日船又被“大乌龟”吞没了。

接着，在唐浦，李舜臣又率领龟船攻击日军阵地。他先用“擒贼先擒王”的战术，俘获日船21艘，后又巧妙地运用引蛇出洞的策略，用3艘龟船伪装侦察地形，引诱敌人，主力船只则预先埋伏在山脚下。日船果然倾巢出击，进入伏击圈，结果遭到前后夹攻，26艘日船全被焚毁。战斗中，李舜臣左臂受伤，血流不止，但他屹立船头，指挥若定。

7月的一天，在闲山岛地区，李舜臣又同日军展开大战，最后一举歼灭日军水师主力，控制了海域，李舜臣也因屡战告捷，功勋卓著，被晋升为三道水军统制使。

就在这时，中国明朝政府应朝鲜政府要求，派出援军与朝鲜军队并肩作战，两军很快收复平壤、开城，把日军赶出朝鲜北部。丰臣秀吉被迫与朝鲜进行和平谈判，可惜在日本间谍的破坏和奸臣的诬陷下，李舜臣竟在1597年2月被免职治罪。

丰臣秀吉见自己的眼中钉被拔去，立即中止谈判，派出15万大军再犯朝鲜。

当时，指挥朝鲜海军的是一个昏庸无能的军官，他根本不是日军的对手，交战不久，朝鲜军节节败退，海军几乎全被击溃，大片国土又重新沦入敌手，朝鲜政府见情势万分危急，只得重新起用李舜臣，并请求中国再次出兵援助。

李舜臣临危受命，重整水师。他团结抗日将士，惩办怕死官员，又吸收忠勇的农民参加水师，在不到一个月的时间内，在残余的12只战船和100多名水兵的基础上，又重新组建了一支骁勇善战的强大水师。

他率领这支水师利用天时地利，巧布铁索阵，在鸣梁海峡诱敌深入，以12艘龟船击沉30多艘日船，击毙击伤日军4000多人，致使丰臣秀吉的如意算盘又落空了。

1597 年冬，朝中联军在李舜臣和中国老将邓子龙的率领下同日军主力在露梁海打了一场空前激烈的海战。

交锋开始在深夜，当 500 余艘日船抵达露梁海时，朝中战船同时发出猛烈的炮火，海面上烈火冲天，亮如白昼，战士们勇敢地跳上敌船，杀得敌人横尸满舱。

敌军惶如瓮中之鳖，急欲夺路逃跑，但被切断退路，于是集中火力负隅顽抗。在激烈的交战中，李舜臣发现邓子龙身陷重围，就立即驶船去援救，不幸左胸中弹，他忍着剧痛，嘱咐部下不要声张，并将军旗交给副手，要他代施号令，战斗一直由夜晚打到白天。第二天中午时，朝中水师共击沉、击毁敌船 450 艘，歼灭日军 1 万多人。至此，持续了 6 年之久的朝鲜卫国战争终以辉煌的胜利结束了。这场战争开始于 1592 年，按农历属壬辰年，所以朝鲜历史上把它称作“壬辰卫国战争”。

在这场战争中，李舜臣和邓子龙虽然壮烈牺牲了，但他们的精神光辉却映照千秋万代，而李舜臣的作战实践，也为在海上进行反侵略战争提供了宝贵的经验。

3. 战后朝鲜

17 世纪，朝鲜战后时期的迫切任务是改组国防部队和增加国家收入。备边司被提升到事实上的决策机构的地位。从战争直到选立储君等国家大事，都由一个由议政大臣、六曹大臣和军事参谋部将军们组成的国防委员会决定。战后的国防工作中，在中国南部沿海抗击日本海盗的战斗中证明有效的作战策略被放在首要的地位。可是，这种军队训练制度需要额外的预算，必须作为税款向农民征收。大力恢复作为国家收入的主要来源的农业经济已成为当务之急。

## 飞鸟时代的推古女皇

日本皇室豪族苏我马子于公元 587 年 7 月彻底击败物部氏豪族之

后，经与丰御食炊屋姬商议，推定戴泊濑部皇子(苏我马子之外甥)于8月2日继承皇位，此人即是日本第32代天皇崇峻天皇。苏我马子实际操纵着中央实权，一味独断专行。苏我马子并未料到，崇峻天皇对苏我马子的垄断朝政极其反感和痛恨。公元592年的一天，有人向天皇献上野猪。崇峻天皇见猪而想到苏我马子的可恨，指着野猪说道："什么时候能把我所讨厌的人杀掉，就如同砍断这头野猪的脖颈一样。"苏我马子听到这番话后，便在11月指使其亲信东汉直驹将崇峻天皇暗杀。然后苏我马子又找借口杀掉了东汉直驹。公元592年12月8日，敏达天皇的皇后、苏我马子的外甥女，幼名额田部皇女，后来的谥号是丰御食炊屋姬在苏我马子的保荐和支持下，即位做了第33代天皇——推古天皇(公元592—628年在位)，就是她创造了日本史上著名的飞鸟文化时代。

1. 大和统一日本

日本历史上邪马台国在公元3世纪后半期被大和国所替代。大和国所在地区是中国大陆文化输入近东地区的咽喉地带。这里水利条件优越，农业较发达。经过长期对各地部落、部落联盟或小国的征服，"东征毛人五十五国，西服众夷六十六国，渡平海北九十五国"，终于在公元4世纪末与5世纪初，完成了日本列岛各主要地区的统一。自公元313—477年，日本经过5代倭王(赞、珍、济、兴、武)的统治终于控制了东到关东、西达九州的广大地区。大和国的经济和政治均取得了明显的成就。公元5世纪末和6世纪初的日本，在大和政权统治下，社会迅速地向前发展，国际地位逐渐提高。

2. 豪族争权

日本上古时，统治阶级上层的要职长期由固定的一些豪门姓氏所把持。这些豪门从氏族社会末期起，其姓氏是世袭不变的。而且以皇室为中心，依次有臣、君、连、造、村主等姓，上下有别，等级分明。但由于大氏姓贵族之间关系和矛盾转换，6世纪时各大氏姓的权力亦有明显变化。大和国内掌握中央政权的大贵族，大致可分为两大部分：一部分是由葛城氏、平群氏和苏我氏等臣姓的豪族们掌握，他们主要是在以大和平原为中心而发家的；另一部分是由大伴氏和物部氏等属于连姓的豪族控制。这两部分中央贵族的政治地位，臣姓的豪族高于连姓的豪族，但连姓豪族对王室尊重，与王室关系较好。这两部分豪族之间矛盾重重，钩心斗角。为争夺中央实权，他们常在王位继承人问题上各执己见，相持不下。

## 镰仓女皇

1160 年，日本发生“平治之乱”。当时的武士源赖朝随父而战，不幸兵败，被流放到伊豆岛，由伊豆的长官北条时政监视起来。他也因而认识了北条家长女北条政子。北条政子摆脱家庭束缚，毅然投奔到这位英雄怀里。随后 20 多年，源赖朝转战南北，建立了强盛的镰仓幕府。1199 年，源赖朝因病而逝。北条政子青灯礼佛，准备就此了却残生。但她的大儿子源赖家实在不争气，导致手下家将纷纷叛乱。北条政子为了丈夫的事业站了出来。她见源赖家太无能，就扶第二个儿子为王。结果大儿子勾结父亲生前对头阴谋推翻幕府。北条政子联合父亲北条时政组成 10 万大军。两军一交手，叛军大败，源赖家也成了阶下囚，被勒令服毒自尽。此时，北条时政也想夺过镰仓幕府的政权，并改立名号。北条政子闻讯大怒，立即起兵讨伐亲父，没多久便剿灭了他的军队并将他驱回伊豆。1225 年 7 月，北条政子病逝。在她统治的 10 多年内，镰仓幕府保持了比较兴盛的发展势头。

1. 镰仓幕府

1180 年 4 月，源赖朝等人打着“以仁王令旨”的旗号，联合源氏各系子孙起来讨伐执政平清盛，但不久失败了。平清盛下令彻底消灭源氏。在这种形势下，源赖朝奋起反抗。他在斗争中迅速发展，很快就在关东地区确立了自己的统治。1185 年，源赖朝彻底消灭了平氏，建立了镰仓幕府。源赖朝直率地承认拥有土地的武士贵族的至高地位，据此改组了政府。为避篡位之嫌，源氏首领只采用了一个军衔，号称“将军”，表面上是充当天皇的代理人。实际上，在此后 6 个世纪中（1192—1867 年），日本一直存在着双重政府：一个是京都的文官政府，以天皇为首，包括各级朝廷贵族，他们只有虚名而无实权；另一个是以将军为首的幕府，下辖有权势的武士首领，他们据有全国大部分土地。

2. 承久之乱

在源赖朝死后长达 20 年间，幕府内部不断的斗争经常引起地方大大小小的叛乱，但这些叛乱比较容易地被镇压下去了。后鸟羽天皇见到幕府的内讧和武士叛乱，认为是推翻幕府的最好机会。1221 年（承久三年），他向全国武士下达讨伐北条义时的命令。但北条氏方面充满信心和勇气，要把敌人消灭在他们的老巢。另外，后鸟羽所指望的僧兵和不属御家人的武士，只有少数人参加。幕府的军队出兵仅两三天，就占领了京都。这就是“承久之乱”。

## 武士与天皇的较量

传说中，后醍醐天皇在考虑如何夺回皇位时沉沉睡去，做了一个有预言性的梦。梦中的后醍醐天皇确信他必将夺回皇位，而且领悟到怎样才能夺回皇位。梦境中他看到一棵枝叶繁茂的大树下有一把南向的空椅。醒来后，后醍醐天皇为自己释梦，认为空椅象征皇位，为他而设；而由“树下南向”之情景，他得到“楠木”两字。他询问他的随从：是否有一个以“楠木”为姓的武士？随从告诉他，是有这样一个武士，叫楠木正成。后醍醐天皇于是宣召此武士前来晋见。楠木正成来自大阪奈良之间、京都以南的河内。他大约 30 岁，其父是位名不见经传的乡下人，曾经参与对周围各地的劫掠。楠木正成在一所寺庙中受过教育，然后就子承父业。他富于号召力，在河内附近的金刚山保持一个据点。他的部属纪律严明，团结忠诚，是一支战斗力颇强的队伍。楠木正成并不臣属于任何领主，和将军府之间亦无宗从关系。不管怎样，晋见后醍醐天皇后，他表示效忠天皇，愿意响应号召，对幕府开战。他建议天皇要有耐心，不要指望一战而胜，也不要因为早期的失利而灰心丧气。“只要楠木正成活在世上，陛下的事业一定成功！”楠木正成随即发动为维护后醍醐天皇权威的战争，这一战事持续了半个世纪之久。

1. 内战纷争

1333 年，后醍醐天皇试图消除幕府这一僭越的机构而亲理朝政。他集结了足够的军事力量攻入幕府的总部镰仓，结束了北条氏的摄政统治。然而，这一大胆行动所带来的只是长达半个世纪的内战，形成了南北两个天皇对立的局面。随着另一个大的武士家族足利氏的胜利，皇室的大分裂得到消弭，秩序暂时又得到了恢复，但天皇再次降到名存实亡的地位。

2. 日本武士

日本的武士被称为侍或武士，其地位和职业相当于欧洲中世纪的骑士。武士形成了一种友爱精神，拥有一套他们引以为豪的特权的行为准则，即“弓马之道”（“武士道”一词在 18 世纪才开始为人使用，是旧的封建礼法的一种浪漫的和矫揉造作的说法）。与欧洲的骑士准则一样，它强调勇猛、效忠和重名轻身。武士的首要职责是保卫自己的领主，为他报仇雪恨，为此不惜献出自己的性命。如有必要，他也应不惜献出全家人的性命——在把家庭关系看得神圣无比的日本，这是一个引人注目的理想。武士容不得自己的名誉受到任何伤害，如果没有别的途径洗刷罪名，他就应剖腹自杀(即切腹)。

## 本能寺之变

1582 年（日本天正十年），日本最大的领主织田信长达到了他事业的顶峰。因为实力的雄厚，他决定统一全国。东海道大将德川家康，为答谢与织田信长的厚谊，于 1582 年 5 月 15 日抵达安土（织田信长的根据地）。织田信长闻听德川家康来了，特派懂礼仪的明智光秀负责接待。为款待贵客，他特意到明智光秀住所查看准备情形。谁知进门后，闻到鱼肉腐臭的他，闯入厨房说："这样子，不能做接待家康的宴礼！"就以别人代替了明智光秀。

明智光秀认为受到了羞辱，把食品抛入濠中，而后返回了领地丹波。29 日，织田信长为援救部下丰臣秀吉前往京都，留宿在京都本能寺，当时他的护卫仅几十人！6 月 1 日晚，织田信长在睡梦中突然被闹声惊醒，不久听到炮声，弹丸如雨般打来。知道不妙的他，命侍童去看叛徒是谁。侍童回报道："好像是光秀的兵。"敌人此时已经从四面攻来。织田信长取弓放箭，但弓弦却断了，他拿十字枪与敌人大战，不久力尽被杀。原来明智光秀返回丹波后，调兵遣将向京都行进。抵达后，他对将士喊道："敌在本能寺！"6 月 1 日晚上，他就发动了兵变。一代雄主织田信长就此饮恨而亡。

1. "敌在本能寺"

"敌在本能寺"已成为日本人的口头禅。这句话的牺牲者，不仅是日本战国时期的风云人物织田信长，还有它的提出者明智光秀。明智光秀兵变之后不久就被攻灭。最终本能寺之变唯一的受益者变成了日本历史上的另一位大人物——丰臣秀吉！

2. 织田信长

织田信长自幼在武士之家中培育成长，熟悉兵法，精于武技。1551 年父亲去世后继承家业。经过东征西战，他于 1559 年统一尾张。1568 年，他拥足利义昭入京都，为室町幕府第 15 代将军，而由他自己掌握实权。1570 年，他采取各个击破的策略，分别击败了浅井长政、朝仓义累、六角义贤等有力大名，并放逐足利义昭，成为中部日本的霸主。1582 年在京都本能寺被部将明智光秀所杀。

## 元和偃武

1600 年，作为五大老（官名）首席的德川家康率东军与五奉行（官名）之一石田三成的西军在关原发生战斗。因小早川秀秋等倒戈，西军失败。关原之战后，日本的实权归德川家康。但国家的制度仍是丰臣秀吉所定，德川家康曾苦心加以改变。1611 年，他废黜丰臣秀吉拥立的后阳成天皇，立后水尾天皇。

1614 年，德川家康以丰臣家族招聘武士为借口起兵。丰臣方面坚守大阪城，利用险要地形抗击德川家康，后以填平城外壕沟为条件讲和。但德川家康违约，连城内壕沟也填平。

1615 年双方再次交战，失去防御的丰臣家族虽出城奋战也无济于事，大阪城最终陷落。这次战役以后，日本国内再无大的战乱，一直持续了 200 多年，史称元和(天皇年号）偃武。

1. 德川家康

德川家康是江户幕府的第一代将军，初名元信、元康，后改名家康。1562 年，他与织田信长结盟，平定三河。织田信长死后他又协助丰臣秀吉统一天下。1590 年，他随丰臣秀吉在小田原攻打后北条氏，得后北条氏故地关八州，遂以江户为驻地。丰臣秀吉死后，1600 年他在关原击败石田三成，逐步扫清了对抗势力。1603 年任征夷大将军，建立江户幕府。1616 年，德川家康死后，将领导权传给儿子。德川的统治延续了多年，幕府所在江户成为日本的政治中心，同时也是当时世界上最大的城市。日本在德川家康后代的统治下，度过了

250 年和平稳定的时光。

2. 丰臣秀吉

丰臣秀吉出生于尾张爱知郡的一个贫苦农民家庭，后投靠织田信长幕下。他在战场上屡建战功，成为织田信长部下大将。1582 年本能寺之变后，他赶回京都，在山崎打败明智光秀，拥立织田信长之孙，次年正式取代幼主成为主君，随之着手统一大业。1584 年，他与德川家康战于尾张的小牧，迫其妥协。1585 年，平定四国的长宗我部氏。1587 年平定九州岛津氏。1590 年，平定关东的后北条氏和奥羽地方，完成全国统一。他梦想建立亚洲大帝国，于 1592 年和 1596 年两次入侵朝鲜，均以失败告终。1598 年，在内部权力之争激化之时病逝。

## 戒日王

公元 7 世纪初，印度半岛上各邦分立。北面有一个小邦。公元 606 年，一位青年成为这个小邦的国王，人称戒日王，他是大乘派的信徒。有一次，戒日王亲自去攻打一个小国。这个国家的和尚都是信小乘教的，根本不相信大乘教义，一位小乘教大师还写了一篇《破大乘论》进行讽刺。戒日王看了勃然大怒，派人到中国去请大乘教的大师来同他们辩论。中国派来的是中国唐朝的三藏法师玄奘。三藏法师特地写了一篇《制恶见论》，作为反驳小乘教的专论。公元 642 年 12 月，戒日王在曲女城召开了佛教两派的论辩大会。三藏法师作为一派的论主，对佛教的教义进行了全面阐述，并对小乘派的不足之处进行具体的批评。之后，戒日王再请他参加全印度五年一次的“无遮大会”。所谓“无遮大会”，是一种讲解佛法和施舍财物的大会，任何人都能参加。大会先后开了 75 天，称得上是印度历史上最盛大的一次“无遮大会”。

1. 戒日王的军队

戒日王即位以后，建立了象、车、马、步四支军队。象军全以大象为主要作战工具。每一头大象身上，都披挂着坚硬的铠甲。它那长长的象牙就是武器。如果遇上步兵，只须象鼻一甩，就能把敌人抛出几丈远。车军以四匹马拉一辆马车为一组。每辆车上有军官一人，负责驾驭方向；另有士兵若干人，手持长柄武器，便于在较远距离内杀敌。马军就是骑兵，步军就是步兵。他们都是身强力壮的年轻小伙子，一个个身背大盾牌，或手执长戟，或手持刀剑，奋勇前进，锐不可当。

2. 戒日王的信仰

当时佛教分为大乘和小乘两派。大乘主张普度众生，小乘主张自我解脱。戒日王是大乘派的信徒。戒日王笃信佛教，到处营造佛塔，兴建佛寺，雕塑佛像，仅在首都曲女城里，就有 100 多所佛教寺院。同时对其他宗教也都采取扶植政策，鼓励各教派进行宗教学术交流。每五年举行一次的无遮大会，是各个教派都可以参加的宗教大集会。中国玄奘访印期间，正值戒日王治世，颇受礼遇。

## 建寺王朝

公元 849 年，缅甸族移居伊洛瓦底江流域，建立蒲甘城，形成国家。1044 年，缅王阿奴律陀即位后建立了蒲甘王朝，统一上下缅甸，建立了缅甸历史上第一个统一的封建王朝（1044—1287 年）。11 世纪末至 13 世纪初，蒲甘王朝处于强盛时期，执政者制定法律，开凿运河，广建寺庙，促进了国家经济的发展。在蒲甘王朝的统治者阿奴律陀国王统治时期，缅甸从斯里兰卡正式引进上座部佛教——小乘佛教，并且用缅文拼写了巴利文的三藏典籍。自此，整个刚刚统一的缅甸开始成为信奉单一的小乘佛教的国家。蒲甘王朝大兴佛事，史有

“建寺王朝”的称号。据说，在面积并不算大的蒲甘城内，竟造有佛塔440多万座，号称“四百万宝塔城”。13世纪后，蒲甘王国国势日渐衰落，1287年被元朝灭亡。

1. 泰缅战争

1538年为争夺地区霸权，缅甸与泰国的阿瑜陀耶王朝进行了长期战争，史称泰缅战争。阿瑜陀耶王朝又称大城王朝，其创建者是乌通王拉玛底帕提。他原为罗斛国国王，因瘟疫流行，于1350年率部迁都阿瑜陀耶（又名大城府）建立阿瑜陀耶王朝。1569年以后的15年一直臣服于缅甸。1584年纳黎萱宣布摆脱缅甸的统治而独立。

2. 多宝之城

缅甸最后一个王朝曼德勒王朝，对于佛教推崇更甚。曼德勒城，梵语即“多宝之城”，城中有一个世界著名的佛教圣地——曼德勒山。传说，2400年前，释迦牟尼曾派弟子阿难陀来到这里宣讲佛法。现在，在曼德勒山寺院的佛龛里还供奉着释迦牟尼的遗物。从山麓到山顶有一条长廊，一层层蜿蜒而上，共有3380多级。山上有8座大寺院，里面有许多佛像，大部分用金箔包身。其中有一尊释迦牟尼的木雕立像，高达9米，手中持念珠，姿态美妙，栩栩如生。

3. 佛教建筑

在缅甸众多的佛教建筑中，只有仰光大金塔最为杰出。仰光大金塔坐落在仰光市区北部茵雅湖畔一座林木葱翠的登哥德拉圣山之上，像一口覆盖在地上的巨钟，又称“瑞大光塔”。在缅甸文字中“瑞”是“金”的意思，“大光”是仰光的古称。

## 古寺寻踪

传说柬埔寨金边湖畔有一座古城，那里藏着无数的珍宝，建筑都是由黄金构成，镶着价值连城的宝石，金币银币到处都是，铺满了路面。河里流淌着牛奶，房间里摆满了美味……那是一个极乐世界。但是，只有幸运的人才能找到它。亨利·莫阿是一位幸运者，他证实了那个美丽的传说。1861 年 1 月，法国科学家亨利·莫阿来到了金边湖畔。当他正用锋利的刀劈断藤葛时，他的视线被一大块平整的巨石吸引，这里怎么会出现人工建造的石块？他疑惑地抬头四面眺望，透过层层的树影，看见一片辉煌的建筑群。他惊异地跑过去，登上高处。在苍茫的林海中，隐现着无数的宫殿、宝塔与寺庙。这就是吴哥古寺的遗址，它在 1433 年消失了。直到亨利·莫阿，才为世界人民寻回了这无价的珍宝，让世界人民为东方古代文明的辉煌而赞叹。现在，吴哥寺已成为世界著名的游览圣地。

1. 吴哥古迹

吴哥古迹位于柬埔寨西北部，金边湖北。9 世纪至 15 世纪时为吴哥王朝的都城。约在 14 世纪，由于遭到外族入侵，吴哥逐渐被深埋在丛林荒野之中。吴哥古迹共有大小 600 多处，散落在方圆 45 平方千米的土地上，主要分为吴哥城和吴哥石窟(吴哥寺)两部分。其中，吴哥寺是柬埔寨故都吴哥建筑群中最为壮观的一景，整个建筑占地长 1550 米，宽 1400 米，建于 1112—1152 年。当时正是高棉国王苏利耶跋摩二世统治盛期，经济繁荣，文化兴盛，造就了这一东南亚最宏伟壮丽的建筑群。吴哥寺全部建筑用石块砌筑，有的石块竟重达 8 吨。建筑时没有使用灰浆之类的黏合剂，显示出柬埔寨人民的勤劳与高超的建筑艺术，以及繁荣的文化艺术底蕴。

2. 石头上的电影

吴哥窟的伟大不仅在于寺庙建筑的本身，还在于回廊上的石刻浮雕，它表现了高棉工匠们卓越的艺术才能。

最底层的回廊高 2 米，四周长约 800 米。所有壁面都布满精巧的石刻浮雕。由于回廊有屋顶覆盖，所以，石刻至今保存得很完整。浮雕的题材大多取材于印度的神话故事。这种浮雕被称为“石头上的电影”，以连环画的方式讲述着一个个神话故事。还有一些浮雕描绘了战斗场景，在金边湖上展开的水战，双方军队乘着多桨的战船，互相厮杀。在激烈的水战中，受伤的士兵倒挂在船旁，被鳄鱼咬住……

吴哥窟的石料来自40多千米外的扁担山。那里出产的一种质地极好的砂岩石，是很理想的雕刻材料。它石质松软，颗粒细密，便于精雕细刻。采用这种石料，艺术家们运用纯熟的手法，刻出了一幅幅逼真的瑰丽画卷。

数百年来，吴哥宝窟隐藏在浓密的森林中。20世纪开始，人们有计划地把这座城市从森林的巨掌中解救出来，这是一项长久而艰巨的工作。高大的榕树和木棉树将根枝伸进了每一个裂缝，裂开了石柱门框，推倒了巨石，还将宏伟的神殿缠绕了起来。

现在，那些摆脱了植物围困的古建筑又受到新的威胁，古庙由于失去几百年来缠绕着、保护着它的植物，受到了热带暴雨的侵蚀；松软的砂岩在细菌的攻击下已开始分解。唯一的解救办法是把这些建筑的石头一块块拆下来，在加固的水泥地基上再建起来，并在四周铺设排水管道。患了“石头病”的建筑，还须涂上特制的化学保护剂。

一直到今天，拯救吴哥宝窟的工作仍在继续中。

## 山岳大帝

公元790年前后，耶跋摩二世成为高棉相互竞争的诸多君王之一。他为争夺湄公河下游洞里萨湖一带的平原而征战。在征服许多相邻的土地以后，他在库伦山上扎根。公元802年，“精通魔法的”印度教婆罗门为他主持了一个仪式。在仪式上，印度教婆罗门宣布，耶跋摩二世是整个宇宙的统治者，按照着神的旨意成为国王，他是道成肉身的湿婆。作为国王，耶跋摩二世有权要求其民众对他效忠。而今，他已经如同神灵一样，受到崇奉和敬拜。他宣布，神灵将使他成为万王之王。耶跋摩二世在山上登基，这为他提供了更多的力量，以获得“山岳之帝”的称号。

1. 人间天堂

在柬埔寨中部地带，强大的高棉帝国曾在这里兴起。这里的人们将印度的佛教和印度教的信仰纳入自己的智慧和传统之中，并创造了世界上空前的艺术成就。前吴哥时期的刻石工匠已经掌握了圆雕石像的工艺，如7世纪时雕刻的印度教幸福之神甘尼莎。当时，同时代的印度工匠还在进行较原始的浮雕雕刻。耶跋摩二世于公元802年创建吴哥作为都城。此后，高棉用4个多世纪的时间建造多层级石构神庙，献给印度教以及佛教的神灵和他们的国王。他们认为国王是道成肉身的神灵。通过建造神庙，高棉的艺术家和建筑师相信，他们正在创造人间的天堂。

2. 高棉人民的日常生活

高棉人民是建造者、工匠、渔民、农夫和战士。许多人住在里萨湖沿岸用支架撑着的房屋里。他们的主食是大米。独特的灌溉系统使庄稼可以一年三熟。国王们仍然信奉印度教，但大多数民众都是佛教徒。他们按季节举行繁杂的宗教仪式。他们与印度、爪哇还有中国进行贸易，以香料和犀牛角交换瓷器和漆器。王族妇女下半身穿裙子，上身裸露着。王室鼓励她们学习法律、占星术和语言。男人们只缠着一条松松的腰带。

## 莫卧儿大帝

1505年1月，一队人马冲出了阿富汗的喀布尔城，向东奔驰而去，不一会儿就把白雪皑皑的兴都库什山远远抛在后面。几天以后，他们进入了印度北部的大平原。这个远征队的首领是21岁的巴卑尔，他是中亚费尔干纳王国的统治者。巴卑尔从未到过印度，他在日记中写道："在印度看到的是另一个世界：花草鲜美，林木茂盛，遍地飞禽走兽，这令我们惊讶不已。"

巴卑尔这一次来印度是抢掠，不久他就带着丰富的战利品回到阿富汗。可是印度的无穷财富深深地吸引了他，他下决心要将印度据为己有。20年后，他又带着队伍回到了这个地方，建立起庞大的莫卧儿帝国。

1. 成吉思汗的后裔

巴卑尔出生于突厥化的蒙古贵族家庭。他是帖木儿的六世孙。帖木儿身经百战，凶猛异常，14世纪在中亚建立起一个非常强大的国家。但不久帖木儿帝国就分裂了，费尔干纳就是分裂出的一个小王国。巴卑尔母亲的家世可以追溯到成吉思汗。巴卑尔在出身血统上是蒙古人，"莫卧儿"是阿拉伯语"蒙古人"之意，所以巴卑尔在印度开创的帝国被称作莫卧儿帝国。

1494年，年仅11岁的巴卑尔就继承了费尔干纳王位。他精通骑射，又善于从政，一生几乎都是在流亡和征战中度过。但他也有相当高的文化修养，他终身都记日记，给后人留下了一份详尽的史料。他几次带兵攻打旧时帖木儿帝国首都撒马尔罕，但都失败了。于是他把注意力转向东方。

当时的印度，气候干燥炎热，地貌崎岖不平，但地域广大，物产丰富，人口众多。从1505年开始，巴卑尔先后四次入侵印度。

2. 向印度进军

16世纪初，整个印度四分五裂。北印度处在阿富汗人建立的洛提王朝统治之下。易卜拉欣·洛提，是该王朝第三代国王，他性情暴虐，杀戮朝臣，引起国内强烈仇恨，其统治摇摇欲坠。巴卑尔见时机已到，1525 年 11 月，率领一支 25000 人的部队向印度进军。易卜拉欣也率领 10 万大军离开首都德里，迎击入侵者。1526 年 4 月，两军在帕尼帕特相遇。

帕尼帕特位于朱木拿河边，只要夺取此地，就可以进入一望无际的大平原，这里常常是决定印度命运的地方。

易卜拉欣的军队人数是巴卑尔的 4 倍，还有战象 1000 头。因此巴卑尔采取守势，挖战壕，设障碍，将 700 辆战车连在一起，留出空隙让他的骑兵穿过。战车后设步兵，手持毛瑟枪，还布置了新近才从奥斯曼帝国购得的野战火炮。

巴卑尔做好了迎击进攻的准备，可是 8 天过去了，并无动静。4 月 20 日，巴卑尔派人进行了一次偷袭，未能成功，不过他达到了预期的目的——促使对方采取行动。

4 月 21 日清晨，易卜拉欣的阿富汗军队出动了。他们向巴卑尔军方向迅速扑来，然而就在快要到达莫卧儿人防御阵地的时候，前锋部队犹豫起来，放慢了脚步。后面的队伍继续压向前方。士兵们挤在一起，开始出现混乱。巴卑尔抓住战机，向传令兵布置："立即让两翼的骑兵和弓箭手包抄过去，从后面杀伤敌人。正面的步兵和炮兵用密集的火力向敌人开火，让他们尝尝大炮轰击的滋味！"

"轰隆隆！轰隆隆！"巴卑尔的大炮声震天空。

"嗞嗞嗞！嗖嗖嗖！"莫卧儿弓弩手的弓箭满天飞。阿富汗人挤在一起，既无法挥动武器，又无法前进或后退。他们的战象受到炮火的惊吓，到处狂奔，踩死踩伤了很多自己人。

战斗进行到中午，阿富汗人彻底溃败，2 万士兵阵亡，其余的全部逃跑了。易卜拉欣本人也在混战中被杀，头颅被割下呈送给了巴卑尔。帕尼帕特战役胜利后的第六天，巴卑尔率领大军开进了德里。1526 年 4 月 27 日，在德里大清真寺的礼拜仪式上，他被宣布为"印度斯坦的皇帝"。这样，莫卧儿帝国开始统治印度。

以后，巴卑尔又打了两次胜仗，消灭了阿富汗人在印度的残余势力，巩固了他在印度的统治。

## 神秘的夏连特拉王朝

公元778—864年期间，夏连特拉王朝统治着印度尼西亚的爪哇中部。那里耸立着庞大的佛教建筑婆罗浮屠，它大概建造于公元750—800年之间。在婆罗浮屠建成1个世纪以后，佛教王朝夏连特拉的势力开始衰弱。而被驱逐到爪哇东部的赞耶王朝仍然保持着强大的势力。公元850年前后，雄心勃勃的夏连特拉王子巴拉普特拉想成为爪哇的最高统治者。他和赞耶国王展开消耗战，夏连特拉战败并逃往邻近的苏门答腊岛，使赞耶占领并开始统治整个爪哇。在岛上再没有兴建其他的佛教建筑。然而，在公元928年，赞耶所创造的文明时期宣告结束。它的灭亡可能只是一场“灾难”的结果，也许是一次火山爆发，也许是瘟疫和干旱，也许是夏连特拉从苏门答腊岛发起的一次报复性进攻。就像婆罗浮屠神庙被埋藏的经过一样，几百年来没有被人发现，赞耶文明灭亡的真实原因现在仍然不得而知。

1. 婆罗浮屠

婆罗浮屠是一座高大的寺庙建筑，台基呈正方形，边长120米。它建造在爪哇的克都平原中部，底部有6个正方形的台基，接着是3个圆形的台基，最上面是一座钟形的佛塔。它是一座传统的陵墓建筑，同时又是一座佛教建筑。婆罗浮屠于1814年被欧洲人发现，从那时起，它被认为是一座不同寻常的寺庙古建筑。不仅因为它的规模宏大，而且含义相当复杂。寺庙的每一层四周都有一条通道，由大约1460块经过雕刻的石板建成，还有500多尊宣讲佛教教义的佛像。寺庙的顶部有一座宝塔，代表最后进入最高境界。事实上，婆罗浮屠显示着一条通往智慧的道路，它代表着佛教的宇宙观念。

2. 印度尼西亚人的传统

印度尼西亚的爪哇岛、巴厘岛和苏门答腊吸引着印度的商人来到这里。他们寻找香料、金子和银子以及其他的东西。印度尼西亚人敬拜祖先和有灵万物，这种传统由来已久。然而他们接纳了印度教的超自然的神灵，包括许多神秘的创造物，甚至还受了密宗佛教的宗教仪式。利用印度宗教中的这些特点，印度尼西亚人建造了许多神庙，修建了沐浴用的池塘。在印度人的观念中，水具有净化的力量。而在当地，人们认为水能够滋养万物。他们把这两者结合起来，以独特的方式信仰着印度教。

# 第三章 非洲文明的扩展与成熟

富饶的非洲一直以来都为野心勃勃的征服者们所垂涎,汪达尔人、阿拉伯人、蒙古人都曾涉足。非洲商业贸易繁盛,在东南部的大津巴布韦,来自阿拉伯、印度和中国的商人用工具、布匹、玻璃和瓷器换取非洲人的黄金、象牙和野生动物。西非金矿的丰富蕴藏与大量开采,让国王们变得无比富有。15世纪,西欧探险家到达非洲,他们的到来开始了非洲人民近现代几百年里被压迫、被奴役的苦难史。

## 阿克苏姆王国

公元纪年开始前后,在今埃塞俄比亚西北部和厄立特里亚大部分地区兴起了一个名叫阿克苏姆的王国。这是埃塞俄比亚人最早建立的国家,以其都城阿克苏姆而得名。这个国家的农业、畜牧业和手工业均发达,国内外贸易也很活跃。它在红海岸的港口阿杜利斯,是当时非洲东部最重要的贸易中心。以埃及、希腊、意大利为一方,印度为另一方的贸易商品,大多由此过境转运。阿克苏姆王国在港口设置关卡,对进出口货物和过境商品分别征税。王国财政收入很大部分来自这种税收。它是阿克苏姆王国得以兴起和发展的一个重要因素。

1. 埃扎纳国王

阿克苏姆王国与红海对岸的南阿拉伯半岛上的国家关系密切。阿克苏姆的早期文字，就是在萨巴文字的基础上发展起来的。公元2世纪，阿克苏姆王国的势力开始伸向阿拉伯半岛。随后，控制了经过红海的东西方贸易通道。公元320年，埃扎纳继王位。在他的治理下，阿克苏姆王国臻至鼎盛。

埃扎纳是阿克苏姆一位有作为的君主。少年时聪明好学，深受父王埃拉·阿米达的喜爱。后来，阿米达让一位叙利亚籍的年轻基督教徒弗鲁门蒂斯做他的家庭教师。他熟知《圣经》，了解许多阿克苏姆以外的世界。公元320年埃扎纳继王位不久，就由多神崇拜改信基督教，并下令在全国建造教堂和修道院。教堂和修道院大都建在难以攀登的山顶上。据传说，建造著名的德布拉达摩修道院时，人们是抓着魔蛇的尾巴上去的。今天人们参观这座修道院，通常要拴着绳子或乘坐铁笼子才能上去。为了便于基督教的传播，埃扎纳还下令对现行的阿克苏姆文字进行改革，使原来只有子音符号的文字加上了母音符号，从而创立了至今仍在埃塞俄比亚通用的文字。公元330年，鉴于基督教在阿克苏姆已广为传播，亚历山大城的总主教决定设立阿克苏姆教会，并任命弗鲁门蒂斯为第一任主教。

埃扎纳还着力发展经济，拓展疆土。在埃扎纳执政期间，由于农业、畜牧业和手工业的发展，商品交换也进一步发展起来，流通领域中刻有国王头像的钱币——金币、银币和铜币增多了。阿克苏姆是撒哈拉以南非洲第一个使用铸币的国家。

埃扎纳通过多次战争，把阿克苏姆的势力扩大到埃塞俄比亚高原的内地，征服了白尼罗河与青尼罗河地区的库施王国，打败并占领了南阿拉伯半岛上的萨巴、希米亚里特和莱丹尼特等王国。阿克苏姆王国对被征服地区和国家的居民征收大批贡赋，并使许多人沦为奴隶。埃扎纳还与罗马帝国皇帝君士坦丁缔结了同盟。正是慑于埃扎纳统治时期阿克苏姆国家的威力，周围被征服地区的国家和部落不仅向埃扎纳称臣纳贡，而且尊他为“众王之王”。所以，君士坦丁皇帝在他离世的前一年，即公元 336 年说：“阿克苏姆王国可与罗马帝国匹敌，它的公民有资格同罗马公民享有同等的待遇。”

2. 与世隔绝

阿克苏姆王国这一强盛阶段持续到公元 6 世纪。公元 570 年，波斯帝国向南阿拉伯半岛扩张，阿克苏姆被迫从该地区撤退。公元 7 世纪伊斯兰教兴起后，阿拉伯人截断了地中海与印度洋之间的商路，随后又毁坏了阿杜利斯港，阿克苏姆丧失了红海过境贸易这一重要财源。同时，游牧民族布来米人经常袭扰北方边境。所有这些，都迫使阿克苏姆的政治、经济中心不断南移。绍阿地区逐渐成了王国的中心。从此，埃塞俄比亚人的阿克苏姆王国处于与世隔绝的状态。但这个地区的基督教会继续存在，历代国王都信基督教。16 世纪，当奥斯曼帝国侵占中、近东大片土地的时候，埃塞俄比亚人顶住了种种压力，一直保持着国家的独立地位。

## 神蛇的传说

加纳早在公元 3 世纪就已经建立了。它经历了 20 个王朝，而以西塞王朝统治时间最长。这个王朝的保护神是一条神蛇。据说，它住在一个山洞里，这个山洞隐没在一片被称为“圣林”的森林里。每年，加纳老百姓都要进献一个美丽的姑娘给神蛇。多少年来，不知牺牲了多少个姑娘，老百姓愤怒到了极点。一次，朝廷要把首都最漂亮的姑娘西姬献给神蛇。原因是，她的未婚夫阿马杜得罪了国王，因而朝廷有意要报复他。勇士岂能甘心受欺！阿马杜下定决心要消灭这条妖蛇。他叫西姬准备好一匹骏马，然后向圣林走去。突然，迎面刮来一阵阴风，蹿出一个黑影。阿马杜仔细一看，原来是一条有水桶那么粗、10 来米长的大蛇。这家伙头上还戴了一个黄金的顶冠。“它一定就是妖蛇！”阿马杜一个箭步跳了过去，手起剑落，把神蛇的头砍了下来。可没想到神蛇居然会长出新头。这样一连砍了7次，神蛇仍使劲儿地扭动着身子，但是再也长不出新的头来，最终瘫在地上死了。阿马杜立即奔出森林，和西姬一起，跨上骏马向远处奔去。从此，加纳朝廷再也用不着在百姓中挑选美女去喂蛇了。

1. 黄金之国

加纳古国是非洲最早的王国之一。公元8世纪时，它已是一个重要的王国，前后约存在了10个世纪。在鼎盛时曾横跨900千米，南邻尼日尔和塞内加尔，北接撒哈拉沙漠。它以盛产黄金闻名于世。因为把货物运到加纳就能换回黄金，所以，有许多阿拉伯商人宁可花几个月的时间，穿过危险可怕的撒哈拉大沙漠，来到这个黄金之国，同加纳人做生意。

2. 无声的买卖

加纳国的交易很特别，市场设在一块空地上。远道而来的商人们把一堆堆的货物，分门别类地陈列在地上，然后走出市场敲起手鼓。加纳人听到鼓声，都出来了。他们在自己需要的货物旁，放上一定数量的金子，什么也不拿就走开了。于是商人们走过来，把放在可以成交的货物旁的黄金拿走，而对于那些认为不能成交的货物旁的黄金则不去动它。商人拿走黄金之后，加纳人再走进市场，把收过黄金的货物拿走，而在未收黄金的货物旁增放一些金子。待商人拿走了黄金之后，加纳人才把货物取去。整个市场没有人讲一句话，而且买主与卖主是互不见面的。外地人把加纳人的这种贸易方式说成是“无声的买卖”。

## 称霸西非

继加纳之后，称霸西非的是马里王国。马里王国的建立者名叫孙迪亚塔。在他幼年时代，他的祖国就被索索国的军队占领。于是，他和母亲逃到了东卡拉。10 多年后，他担任了东卡拉的副统帅，决心收回失地。索索国的国王听说孙迪亚塔带兵打回来，马上派他的儿子带领了大批的人马迎敌。可惜这个王子根本不懂打仗，把军队布置在一个宽阔的山谷里。到了傍晚时分，孙迪亚塔仔细地观察了索索人的阵势，决定出其不意，发动突然袭击，很快便取得了胜利，孙迪亚塔军威大震。被索索人侵略蹂躏的其余部族的首领，纷纷带了军队来和孙迪亚塔会合，并且一致推举孙迪亚塔为同盟军的统帅。在一个平原上，各部族的士兵列成方阵，各种颜色和各种图腾徽号的旗帜迎风飘扬。只听见孙迪亚塔高举着巨大的拳头，声若洪钟地发出誓言："我们要为自由而战斗下去！我们决不做索索人的奴隶！"事隔不久，索索国内部由于国王的残暴也出现了分裂，加上外部受敌，最终被他们打败了。孙迪亚塔灭亡了索索国以后，正式成为新建立的王国的国王。孙迪亚塔把他的王国取名为马里王国。"马里"，就是"主人居住的地方"。后来，马里成了西非最强大的王国。

1. 神秘的木雕

在古代马里，常用来雕刻的原材料都是质地较为硬实的木材，用来雕刻的工具无非是刀、凿等。雕刻完成后，再予以精心打磨，敷上各种染料进行涂抹。在制作木雕时，工匠往往去一个隐秘场所偷偷工作，不让外人知道。据说，这样做出的木雕具有一种神秘的力量。在马里的木雕中，有人像，有法器，还有相当一部分以雕花门窗和生活用品上的装饰形式存在，特别是一些勺、杯之类，为数更多。非洲的面具实质上也是一种木雕，面具具有浓郁的巫术气息。它们往往雕刻成兽形，这些兽形所代表的精神凝聚在面具上，并赋予无限的神奇力量。这些面具往往在祭礼、丧葬、祈雨等宗教活动中得以运用。

2. 马里王国

西部非洲是撒哈拉以南非洲古老文明发展最早的地区之一，尼日尔河则是西部非洲古老文明的发祥地。早在公元前4000—前3000年间，西非的早期居民就在尼日尔河上游独立地发展起灿烂的农业文明，培育出高粱、非洲黍、豇豆、地豆、西瓜、南瓜、可可、油棕、芝麻等多种农作物，然后向四周传播。农业的发展，使西非的居民较早地从石器时代发展到冶炼金属和使用铁器的时代。大约到公元前300年前后，西非许多地方的居民都学会使用铁器丁。

西非居民首先使用铁，随后才使用铜。所以，在他们的语言中，铜的名称是“红铁”。进入铁器时代以后，随着社会生产的发展，先后出现过许多国家，如加纳、马里、桑海、苏苏和莫西等，其中尤其以马里出名。

马里王国约建于公元8世纪初。其创建者是马林克人。发祥地是尼日尔河上游的康加巴。公元9—11世纪加纳王国强盛时期，马里是它的属国。11世纪中期，马里王室接受伊斯兰教。11世纪下半期，加纳王国势衰，诸属国纷纷叛离，马里乘机崛起。

## 慷慨阔绰的国王

曼萨·穆萨是马里帝国最伟大的国王之一。他的统治时期最能显示该国是多么富有。像每一个虔诚的穆斯林一样，为了使自己在有生之年成为一名哈吉，这位国王十分向往到圣城麦加进行朝拜。按照计划，在穿过了撒哈拉沙漠这段艰难的路程之后，曼萨·穆萨将到达埃及暂作歇息。为此，他提前向埃及苏丹敬献了“拜帖”——由使者先行奉上5万金第纳尔。1324年，曼萨·穆萨到达了埃及首都开罗。他此行带来了8000名随从，赶着100头骆驼，每头骆驼都驮着300磅黄金。12年以后，回忆起曼萨·穆萨的来访，埃及地理学家阿尔奥马里依然啧啧称奇。他记述道：“此人的慷慨阔绰如同洪水一般席卷了整个开罗，无论是朝廷大臣，还是苏丹属下任何部门的大小官吏，没有一个人未曾接受他的黄金。不管是商家买卖还是接受礼物，开罗人从他那里得到的金钱不计其数，大量黄金开始在开罗流通，以至于金价都到了贬值的地步。”

1. 曼萨·穆萨的功绩

在曼萨·穆萨的统治下，马里的权威延伸到了廷巴克图、杰内和加奥。他利用其看上去没有穷尽的黄金供应，聘请西班牙和中东的学者和建筑师，把马里各城市改变成了伊斯兰世界大的学术中心。主要的知识分子被派往摩洛哥和埃及进行更高水平的学习，并在廷巴克图著名的桑库拉清真寺为一所大学奠定了基础。曼萨·穆萨去世后几十年间，马里仍以其法律、秩序和安全以及高水平的社会道德和学术活动在伊斯兰世界享有盛誉。人们和货物自由流动，廷巴克图、杰内和加奥等大城市得以发展成为重要的集市中心。在曼萨·穆萨的领导下，伊斯兰教在贵族心中深深地扎下根来，并在各重要城镇广泛传播。

2. 桑海帝国

曼萨·穆萨在建立高效率的行政官僚体系方面取得了很大进展。但他没有确定继承原则。每一个国王死后，宫廷密谋和派别之争就随之出现，中央权威不可避免地受到了削弱。在曼萨·穆萨之后，马里帝国的统治者都是一些妄自尊大、昏庸无能之辈。他们引发的一系列内战与政变破坏了国家的团结统一。在尼日尔河河套的东部，桑海人居住的中心地带，一个名为加奥的强大城邦于 1375 年脱离马里宣布独立。由于马里帝国分崩离析，出现权力真空，桑海逐渐建立起一个新的帝国。到 1493 年，它已经占据了西非中部的所有地区。在桑海帝国的强权之下，就连杰内也沦落到一个附庸的诸侯地位。

## 谜一样的起源

班图人是赤道非洲和南部非洲国家的主要居民，是非洲最大的人种集团，几乎占全非人口的1/3，但是目前史学家们正展开一场班图人起源于何处的探讨。

1. 班图人迁徙

从公元1世纪开始到15世纪，班图人开始从赤道附近向南部非洲扩展，足迹遍布撒哈拉在内的非洲大陆，历史上称这次扩展为“班图人迁徙”。这次大迁徙分为三路，即东、南、西三路，并且这次迁徙使班图人自身的人口增值，使农业逐渐遍及到其他地区，畜牧业逐渐成为主要生计来源，原始氏族部落逐渐开始瓦解，最初的国家逐渐开始建立，由此，使非洲民族的格局极端复杂化。那么，最初的班图人到底来源于哪里呢?

2. 各持己见的争论

对于班图人的起源地，许多史学家们纷纷进行研究，结果对此问题各持己见。

首先格斯里认为，班图人起源于扎伊尔森林以南大草原地区。格斯里是一位从事班图语的专家，他曾经对350种班图语和方言进行过深入的研究，在研究中，他把一些互不相同语言中的同源词汇中的词根分离出来，得到2004个词根，结果通过对这些词根进行对比发现，有23％的词根是在整个班图语区通用的，而61％只在特定的语言区使用。这样格斯里把这些词根制成索引，结果发现位于赞比亚和扎伊尔两河之间的分水岭地带的扎伊尔森林以南大草原上一个地区，有超过50％的班图语保持率。由此，格里斯认为，班图人正是由这个区域开始向四处扩散的。

此外，格斯里还从班图人的方言即东班图语和西班图语出发展开研究，结果发现二者之间存在 60 % 的同源词，通过对这些同源词的研究，格斯里发现一些有关的地理秘密：在这些同源词中有很多是关于动物的词，而与植物相关的词却很少见。通过出现的这些动植物的同源词，格里斯分析，说这些语言的班图人居住的地区其地理环境是处于森林或其边缘地带。并且那里气候湿润，水资源丰富。就此格里斯认为，原始班图人有可能生活在扎伊尔森林的南边，但是，语言只是原始班图语的遥远后代，而不是它的祖先。

但是，格林伯格则认为班图人来源于尼日利亚和喀麦隆交界处。早在 1889 年，迈因霍夫就认为班图语和西非诸语有某种联系，然而，各种班图语之间的差异远远不及西非各种语言之间的差异那样大。格林伯格从非洲语言中挑选出了 800 种语言进行研究，在这些语言中，他发现西非语比日耳曼语更加接近班图语，有 42 % 的班图语目前仍然存在于最接近的西非语中。由此，格林伯格班图语的发源地在尼日利亚和喀麦隆交界处的推论，也受到其他学者的认可和支持。

此外，近年来研究的新动向和新成果主要有如下几点：第一，班图人的扩张首先是在森林带的西北部，然后扩展到东北部和西南部。第二，班图母语应是一群而不是一个村社共同体语言。而这些共同体的文化特征可能相异，社会组织亦不尽相同。第三，班图母语的起源地也不确切，几种语言和村社散布在贝努埃河、克罗斯河和萨纳加河之间。第四，班图母语的存在时期尚未确定，约为谷牧物农业出现和铁器文化出现之间。

综上所述，似乎我们得到的观点越来越逼近其真实性了，但是，班图人究竟起源于何处还仍然留有悬念，还需要史学家们继续努力寻求史料来进一步证明。

## 阿尔哈桑传奇

在充满浪漫色彩的《基卢瓦记事》中，记载着一个叫阿里·宾·阿尔哈桑的传奇式人物。该书成于 16 世纪，记述的都是一些口头传说中的历史事件。《基卢瓦记事》流传至今的有两个版本，一个是 1552 年出版的葡萄牙语翻译删节本，另一个则是 19 世纪印制的阿拉伯语原著。尽管两个版本在细节方面有些差异，但是它们都讲述了基卢瓦的历史。基卢瓦是斯瓦希里的一个城市。该城位于基卢瓦岛，从 12—15 世纪一直是东非最重要的港口，当时非常繁荣。实际上，毫不夸张地讲，斯瓦希里文明就是在这个城市度过了它的黄金时代。根据《基卢瓦记事》的记载，该城起源于 10 世纪。当时，一位父亲带着他的 6 个儿子，每人各驾一艘帆船，驶离了他们的家乡——波斯的设拉子(现位于伊朗西南部，为古波斯文化中心)。其中一个儿子名叫阿里·宾·阿尔哈桑，他在基卢瓦建立起苏丹的统治。他的到来并非侵略，《基卢瓦记事》将其接管基卢瓦描绘为一次和平的商业交易，他用长度可以围住全岛的一匹布从“不信仰伊斯兰教的人”那里换取了对基卢瓦的统治。据说，当阿里成为该岛的新主人之后，他在这个王国的统治时间长达 40 年之久。

1. 斯瓦希里文明的产生

“斯瓦希里”一词源自阿拉伯文“斯瓦希拉”，意为“沿海地区居民”。这些人因与波斯和阿拉伯半岛有着频繁的贸易而兴盛起来。他们逐步把其商业活动向南扩展到讲班图语、靠捕鱼为生的公社中。随后，自索马里以南的东非沿海地区又来了新的民族。一些人是自内地而来的班图人，一些人是来自索马里沿岸和波斯湾设拉子的阿拉伯人，少数来自印度西北部。非洲人以外的移民是些靠海为生，寻求非洲矿产、象牙和奴隶的商人。班图人与内地相连，最能满足他们的要求。到12世纪，设拉子人建立了一系列沿海穆斯林城邦，向南一直延伸到今莫桑比克。他们与当地班图人统治家族联姻，开创了伊斯兰教王朝。索法拉和基卢瓦建于9世纪之前，是起主导作用的非洲—亚洲人城镇，它们成了内地津巴布韦和加丹加高原所产黄金和铜的主要输出口。10—11世纪间，一种独特的斯瓦希里沿海文明产生了。斯瓦希里文明混合班图、阿拉伯半岛和印度文化而成。斯瓦希里清真寺在形式和建筑上有独到之处，具有鲜明的非洲沿海地特征。

2. 兴盛的城邦

斯瓦希里城邦信奉伊斯兰教，具有文化相同但在城邦上各自独立的特征。他们因其所处生产者和消费者之间的中间人地位而兴盛起来。虽然基卢瓦在1131—1133年断断续续地支配了索法拉的商业，但是未显示出任何扩张主义趋势。反过来，各个城镇，比如摩加迪沙和巴拉瓦(今索马里)、杰迪、蒙巴萨和帕特(今肯尼亚)，桑给巴尔和基卢维(坦桑尼亚)，以及索法拉(莫索比克)等，彼此之间展开了激烈竞争。一些城镇甚至自铸货币并保持庞大的宝库。

## 非洲的不速之客

1415年8月20日，直布罗陀海峡掀起一股恶浪，一支来自葡萄牙的庞大舰队在国王若拉一世的指挥下，对摩洛哥北部沿海城市休达发起突然袭击。休达守军奋起抵抗，终因寡不敌众而失败。当天，葡军占领了休达。在对这座美丽的城市进行一番抢劫之后，若拉一世命令3000士兵留下驻守。西方列强对非洲的侵略就这样开始了，休达成了西方列强在非洲建立的第一个殖民地。

1. 冲在最前面的葡萄牙

葡萄牙之所以率先走上侵略非洲的道路，首先是因为它早在13世纪末就先于欧洲其他国家完成了民族和国家的统一，便于运用国家力量从事海外扩张。其次，葡萄牙自身疆土不大，又位于大西洋沿岸，三面为西班牙所包围，这使它在一般情况下不会把自己有限的财力浪费到欧洲争霸战争中去，而是致力于海外发展。再次，葡萄牙掌握较多的海洋知识，有发达的造船业，有一批颇有才能的航海人才。这些航海人才大多在若拉一世之子亨利创办的航海学校受过培训。在这些航海人才中，除了葡萄牙本国人之外，还有意大利人、西班牙人和丹麦人等。

占领休达后，葡萄牙人从被俘的摩洛哥士兵那里得知越过撒哈拉沙漠就是著名的黄金产地几内亚，于是决定经由海路探寻这一地方。几经艰险，在通过西撒哈拉沙漠沿海后，1446 年葡萄牙人在塞内加尔河口登陆，建立据点。1460 年，葡萄牙人抵达塞拉利昂沿海，在海岸地区建立商站，并宣布整个上几内亚为葡萄牙王室的领地。1471 年，他们在今加纳沿海登陆，发现附近有丰富的黄金矿藏，称之为米纳，意为“富矿”。1483 年，他们到达刚果河口，在河岸上树起一座 7 英尺（2.13 米）高的大理石柱，作为葡萄牙领有该地的标志。

2. 无耻的掠夺

由于葡萄牙人侵略非洲初期的政策主要是掠夺黄金和其他贵重自然资源，所以他们每到一个地方其兴趣主要集中在对黄金、象牙、胡椒等的掠夺上，掳掠和贩卖奴隶，被看作附带的事情。他们对有的地方实行占领或建立据点，则是为了便于长期有效的掠夺。互通有无的等价贸易，一开始就不曾有过。早在 1415 年葡萄牙人占领休达后不久，殖民者就在摩洛哥西部沿海地带用梳子、镜子一类的小商品，向当地居民交换黄金、象牙和胡椒等。1446 年，在比绍建立据点，他们除了与附近居民进行不等价的“物物交换”之外，还竭力与西非内地国家进行类似的贸易。在到达加纳沿海的 1471 年，同样用不等价交换办法从那里运走了第一批黄金。 到 15 世纪 80 年代，在加纳沿海先后建起埃尔米纳、阿克西姆和阿克拉等要塞，每年从这些要塞运往葡萄牙的黄金估计达 40 万美元，占当时世界黄金年产量的 1／10。 16 世纪初，葡萄牙人在东非沿海站稳脚跟后，每年从莫诺莫塔帕王国劫掠的黄金，其价值在 12 万～14 万英镑之间。

葡萄牙人在非洲攫取大量黄金的消息不胫而走，荷、英、法、丹、西等国急起直追，争相在非洲沿海地区设立商站或要塞。 这些商站和要塞起初是他们在非洲掠夺黄金、象牙、香料等珍贵物品的转运站。 到 15 世纪末，又成了他们掠夺非洲奴隶的转运站。 自然，这些据点也是欧洲殖民者东通印度、中国等亚洲国家的中途站。

在对非洲掠夺性的贸易中，与葡萄牙人一样，荷、英、法等国商人采取的主要手段也是不等价的“物物交换”。 他们用玻璃珠子、纽扣、别针、镜子、甜酒及其他一些粗劣低贱的东西，向商站和要塞附近的居民换得大批黄金、象牙、胡椒等珍贵物品，甚至黑人奴隶。据记载，16 世纪中期，西方商人在几内亚沿海地区用一个铜脸盆就可换得价值约 30 英镑的黄金。 1554 年，一位叫洛克的英国商人，在加纳沿海地区，用梳子、镜子、纽扣一类物品，先后换得重达 400 多磅的黄金，36 桶胡椒，250 根象牙。 西方商人还根据不同地方的主要掠获物，给西非沿海地区取上“象牙海岸”“胡椒海岸”“黄金海岸”和“奴隶海岸”等名称。 这表明当时西方列强殖民掠夺的商业特点。

在对非洲掠夺性的贸易中，葡萄牙的商务大权是掌握在王室和贵族手中，大商人仅分享部分利润，而荷、英、法等国的商务大权则掌握在大商业资产阶级或商业化的贵族，即大商人手中。 荷、英、法等国的大商人用组织特权垄断公司(英国的“皇家非洲公司”是其中之一)的办法来进行这种贸易，并从国家得到特许状和各方面的支持。 特权垄断公司在非洲有开设商站、建筑要塞的权利。 它得到的权力主要有：发行货币，组织武装，进行战争与媾和，以及在非洲某些地方对当地居民进行司法审判和征税等。对攫取到的财富，这些公司不像葡萄牙那样消耗在王室和贵族的靡费上，而是作为资本集中在私人手中。这些公司在非洲通过不等价的“物物交换”，尤其后来通过奴隶贸易而夺得的财富，是构成欧洲资本原始积累的重要因素之一。

# 第四章 古老而神秘的美洲

在哥伦布发现美洲大陆之前，居住在这里的印第安人已经创建了不同于欧亚大陆、具有独特风格的古代文明。富裕的印加帝国的都城人民和黄金白银霎时消失无迹的神秘，莫奇王国卓越的农业技术和高超的陶艺制作，玛雅人的智慧与神奇……美洲人分为许许多多的部落、部群和氏族，操着1700多种语言，创造了各色各样的文明。但是，随着欧洲航海业的兴起，很快，欧洲人就把烽火引向了这片宁静而美丽的土地。

## 活在人间的神

大约从8世纪时起，纳齐兹人就生活在密西西比河流域附近。他们至高无上的统治者是“大阳”，这是一个活在人间的神。人们相信他是太阳的嫡系后代或是太阳的亲兄弟。他得到他在人间的兄弟“刺花蛇”的帮助，后者是一位勇猛的军事首领。包括“大阳女”——“大阳”的母亲和姐妹在内的“大阳”家族的其他直系亲属也来协助他。在统治阶层中，在他们之下的是7个不同地区——也叫作卫星村的首领。这些人和其他的高级人员是“大阳”较远一些的亲戚。作为第一家庭的成员，他们受到高度的尊敬。再低的一个等级是“圣者”，接下来的就是“尊者”，再低一级的就是寻常百姓了。他们做着那些“不体面的”工作，为主人获取食物，并一筐筐地把土拖到土丘顶上。在纳齐兹语中，对这些可怜的人的称呼是“劣种”或是“卑贱者”。“大阳”生活在部落的统治和宗教首府，实际上那里并不比其他地方大，而他的住所就在一座平台式土丘的顶上。首府之外是其他的村落。每一个聚集地都拥有自己的政治和宗教中心，其中包括一座庙丘、几处建在丘上的贵族住所以及一个中心广场。社区里的其他人耕种着小片的土地。他们建立的家庭和村落之间相互隔绝。他们就以这种形式四散分布在整个地区中。

1. 最早的城镇

北美洲第一批真正的城镇出现在密西西比河和俄亥俄河沿岸。就在今天的美国境内，形成了所谓的筑墩(土墩)文化。每个城镇都有一个中心广场，广场周围约有20个矩形土墩，土墩顶上是安置死者的灵堂。一圈木栅栏围住中心广场。栅栏外面，约有上万人民住在土砖墙茅草顶的长屋里。人们沿河进行贸易，可能也把铜从威斯康星运到了墨西哥。他们既狩猎也耕作，种植玉米、向日葵、大豆和南瓜。他们和阿尔冈昆等部落之间也发生战争，并在公元800年左右开始使用弓箭。筑墩文化于12世纪发展到顶峰，但到1450年就神秘地消失了。在其他地方，永久村落文化正在发展。

2. 密西西比的战争

对密西西比人来说，战争极具意义。不仅是因为这是个生死攸关的问题，而且还是一种满足整个团体的需要，并保证稳定团结的方式。部落通过自己的势力和魄力，不断得到更新。参战是贵族成员的良机，通过在战场上奋勇抗击，他们在社会阶层顶端的地位才得以确定。对于那些第一级的战士来说，作战技巧是他们得到认可和取得更高地位的铺路石。敌人的首级，作为战利品之一，足以证明他们的英勇。既然要通过军事成功来保证社会地位的稳定，那么和天下所有力量保持良好关系就十分必要了。此外，还要不断通过视觉效果来显示自己战争的荣耀。在密西西比艺术中，有无数好战的标志。其中一个最普遍的就是鸟形人，可以飞跃在所有人之上，通常被描绘为一个有着“天界”鹰头的战士。

## 早期的天空观望者

1054 年 7 月 4 日，一颗超新星降临。这是一颗猛烈爆发的恒星，其爆发强度巨大。在全球范围内，白昼可见时间达 3 周，夜间可见时间近两年之久。这次不寻常的事件就发生在查科峡谷的阿那萨齐人建筑最密集的阶段，他们观察到了这颗超新星。在查科峡谷中佩纳斯科布兰科的普韦布洛遗址上发现了一幅棕红色石壁画。画中有一只手(可能表示该地点的神圣性)、一颗星和一弯新月。在这些图像下方，三个同心圆围绕着一个圆点，可能指太阳。这幅画生动地“再现了 1054 年 7 月 4 日的天文景观”——一颗星，即超新星，出现于一弯新月的南方，太阳则在地平线之下。天文在很多方面影响着阿那萨齐人的生活，包括他们举行仪式的时间、打猎、耕作，甚至房屋的朝向。

1. 阿那萨齐人

“阿那萨齐”是一个纳瓦霍语词，意思是“并非我族的古代人”。阿那萨齐人种植玉米、大豆、南瓜和棉花，居住在普韦布洛(村落)里。他们住的房子很奇特，都建在峡谷的高处。他们擅长制作陶器、纺织物和艺术品。在查科峡谷，约 400 千米长的道路把 125 个村落连接起来。阿那萨齐人有发达的巫师宗教仪式，会跳大规模的部落招魂舞。他们有自己独特的知识和传说，并在地下建有举行仪式的会堂，称为“大地穴”(地下礼堂)。

2. 普韦布洛文化

公元 700—1300 年期间，美洲西南地区有几种文化繁盛起来，其中包括阿那萨齐文化、霍霍卡姆文化等。它们是今天霍皮族文化的前身。人们居住在小镇里，靠农耕和贸易为生。这些人从“窖屋”（在挖出的大洞上盖有屋顶）搬到多层公共大屋里，有的土屋能住 250 个人。他们使用灌溉系统，依靠巫师来预测天气。到 1300 年，这些独特的文化都消失了。

3. 丰富的艺术作品

在西南部古文化留下的丰富遗产中，最具有说服力的是艺术作品，即那些留在他们住地岩石上的绘画及雕刻。他们利用矿石的自然颜色，或用石头工具在峡谷的峭壁、大石头上和洞穴里雕琢，创作了一些可以帮助人们理解他们文化景观的图像。在这些图像中反复出现过的有举行仪式用的面具、人手及其他如驼背吹笛人、鸟类、昆虫、蛇、猎物和其他抽象图形。绘画作品称为壁画，雕刻作品称为石画。学者们常将它们归到特定的人群中——阿那萨齐人、霍霍卡姆人和莫戈隆人。

## 失落的帝国

1532 年 11 月 15 日，西班牙野心家法兰西兹哥·皮萨洛率领 170 名士兵，来到秘鲁北部高原上的卡哈玛卡。适逢印加皇帝艾塔华尔帕也驻扎于此，他便派两名部下前往邀见。当时印加人以为“猫眼、尖鼻、红发、皮肤白皙、蓄着胡须”的西班牙人是上帝派来的天使。艾塔华尔帕接受“天使的蒙召”，带着 2000 名随从，手无寸铁地诚心接受召见，谁知竟被监禁起来。不怀好意的皮萨洛久闻印加帝国拥有无法数计的金银财宝，假意允诺印加人民以跟监禁艾塔华尔帕牢房同容积的黄金赎回他们的皇帝。他却在黄金运抵之后，冷酷杀掉艾塔华尔帕，然后率领士兵赶往印加首都库斯科，企图掠夺更多的黄金。然而，他们失望了，眼前的库斯科城中空无一人，宫殿和神殿里堆积如山的黄金白银也搬运一空。几乎傻了眼的皮萨洛马上派出骑兵四处追寻，也找不到蛛丝马迹。几百年来，更没有人知道，库斯科居民和财富何以会在霎间消失无踪。

1. 绳结之谜

直到今天，人们仍然不能确定印加人用来统计帝国资源的打结绳子——“葵布”的准确含义。每个葵布都是独一无二的。主绳上结系着不同组合、长度和颜色的绳子，其意义或许只有葵布的设计者同时也是解释者才清楚。有人认为，结代表着十进制技术体系，而结在绳子上的位置则表明它们的位数值。但是，这种说法并没有得到证实，尚待进一步考证。

2. 对石头的崇敬

印加人不仅把石头视作坚固、丰富的建筑材料，而且对石头有一种毫不掩饰的宗教热情。周围安第斯山的诸多荒凉山峰形成了印加概念中的宇宙轴心，露出地表的岩石遍布全国。这种地表特征有很多被尊为“瓦卡”——具有自身内在力量的神秘之地。所以，出于实用目的和宗教目的，印加石工的高超技艺应用到自然形成的石头上也就不足为奇了。这些建筑历经西班牙侵略者的蹂躏，无数次的地震和风吹雨打，依旧巍然屹立。除了技艺高超外，有些建筑中的石头巨大得令人难以想象印加人是如何从事规模如此巨大的工程的。

## 莫奇王国

公元100—800年间，秘鲁北部海岸的莫奇文明，在武士、僧侣的集权统治下欣欣向荣，盛极一时。莫奇王国领土并不辽阔，其子民多居住于太平洋沿岸地带，或由岸边往内陆去，最多不过100千米长的干燥河谷区。这个王国的所在位置，几乎是全球最干燥与荒凉的区域。莫奇文明会这么兴盛，全拜其特殊的自然环境所赐。莫奇人以卓越的农业技术，利用安第斯山流下来的雪水构筑大型河谷灌溉系统。所开拓出的肥沃土壤，除供应丰富有余的粮食外，尚可大量种植棉花，编制精巧织物。而附近太平洋海域中，秘鲁洋流所带来的冷流，形成强劲的涌升流，由海床卷起营养丰富的浮游生物，吸引数百万的海鱼蜂拥觅食。莫奇渔民以芦苇舟捕捞鱼群，再将鱼加工干燥或磨碎，制成营养丰富的海鱼餐。由于食物来源充裕，莫奇人丰衣足食，王国繁荣鼎盛。富裕的统治者高高在上，居住于壮丽的泥砖金字塔之顶。武士僧侣自视为生者与灵界力量间的媒介。他们的生活以战争、祭祀与外交为中心，随时面对其他首领的竞争，以及对其威望永无休止的挑战。

1. 崩溃之谜

莫奇王国在所向无敌的统治者领导下，曾经盛极一时。但如此繁荣的文明，却在短时间内突然衰落。而其崩溃的原因，我们一直到现在才得以大致了解。干旱是原因之一。公元 6 世纪时，由于干旱情况日益严重，水源供应减少，河谷内地下水位下降，各种作物枯萎。各统治者想必采取了粮食供给节制政策，因而得以维持稳固的控制。同时定期发生的地震撼动了莫奇人的家园，大量的碎砾由山坡落入河谷。公元 7 世纪的一次超强圣婴现象，冲毁加林与彭巴格兰得一带大部分灌溉田地。北部海岸地区也再次发生干旱，使得原来便已严重的粮食不足状况更加雪上加霜。最后，当故步自封的武士僧侣再也无计可施时，伟大的莫奇文明便就此崩溃了。

2. 圣婴现象

圣婴现象即厄尔尼诺现象，是由于西南太平洋中，大气与海洋间的复杂交互作用，导致秘鲁沿岸不定期发生向南流动的逆向海流。涌入的暖流改变了正常海流，短时间内使鱼的数量大幅减少。向来干燥的海岸地区大雨倾盆，暴洪滚滚而下，淹没河谷；鱼类尸体堆积在海滨，污染周围的海水；沿岸地区和岛屿上的海鸟因缺乏食物纷纷逃离。这些对当地的生态打击可想而知。

## 寻找黄金之国

哥伦布第一次远征时，在埃斯帕尼奥拉岛(意即小西班牙岛，即海地岛)上建立的第一个小殖民点，很快就被印第安人摧毁，但随之而来的却是规模更大更凶残的征服。哥伦布本人在几次航行中，一方面带去来自各个阶级的移民者，如工匠、士兵、律师、传教士和贵族冒险家，及其在新世界成家立业的一切必需品，如牛、马、羊、猪、鸡等，及建筑工具、谷物和果树的种子；同时，还确立了西班牙人奴役美洲的经济政策。他责令印第安人在规定时间内送交一定数量的黄金，并开始把印第安居民变成奴隶使用。其他殖民者也步着哥伦布的后尘，为了寻找黄金之国，像一群凶恶的野兽涌到西印度群岛来。正如西班牙著名作家塞万提斯所描写的："西印度群岛是西班牙的浪子到了山穷水尽地步时的栖身之处，是无家可归的人的教堂，是杀人犯的避难地，是赌棍和骗子的安乐窝，是一般荡妇的收容所，是个吸引大多数人的普遍去处，也是个极少数人的乐园。"

1. 西班牙的殖民者

为了在西印度群岛确立永久性的统治，1496 年开始，巴托罗梅·哥伦布(系克里斯托弗·哥伦布之弟)即在埃斯帕尼奥拉岛建立圣多明各城，作为西班牙殖民者在美洲的第一个永久根据地。

1502 年 2 月，西班牙国王又命大贵族奥瓦多，率领 30 艘船，2500 个殖民者(其中包括 73 对夫妇和 12 个传教士)从加的斯出发前往埃斯帕尼奥拉。奥瓦多随身带来了种子、牲畜和农具，正式在圣多明各建立殖民统治机构。此后，哥伦布的大儿子迭戈·哥伦布又于 1509 年继任奥瓦多的职务。他们二人先后在埃斯帕尼奥拉大力推行殖民统治，至 1513 年，埃斯帕尼奥拉岛上便已经有了 13 个殖民城市。

1511 年，埃斯帕尼奥拉的督军又派贝拉斯克斯正式占领了古巴。

贝拉斯克斯特别残忍而贪婪，他除掠夺印第安人的土地，对印第安人推行委托监护制的奴役外，还整批整批地屠杀那些拒绝交出土地和不愿接受奴役的印第安人。但是，西班牙殖民者并不以占领埃斯帕尼奥拉和古巴为满足，他们继续扩张，在很短时期内，又占领了波多黎各(1508 年)、牙买加(1509 年)以及其他西印度富饶岛屿。

2. 无情的镇压

西班牙殖民者在征服过程中，用尽一切无情的恐怖手段，来镇压印第安人的抵抗。仅仅在几年之间，西印度群岛上的印第安人，或被殖民者直接杀害，或死于殖民者所带来的天花、麻疹等传染病，或死于殖民者奴役下的繁重劳役，也有因无法生活而被迫自杀的。巴哈马群岛在 12 年内，差不多一个印第安人也没有留下。古巴的 30 万印第安人，至 1548 年差不多濒于绝迹。海地岛的约 25 万印第安人只剩下 500 人。这种惨绝人寰的现象，真是有史以来所罕见的。总之，西印度群岛最早被西班牙殖民者所发现，也最早被征服。其土著居民的遭遇也最为悲惨，因为他们不愿做奴隶，而岛小人少，容易被征服，由于无处可逃，所以不到一个世纪，他们便灭绝了。以后，这里就成了欧洲白人和非洲黑人的居住地。

# 下篇

## 近现代时期：向自由与繁荣迈进

# 第一章　欧洲的变革与发展

17 世纪的英国资产阶级革命掀开了世界历史的新篇章。一种生气勃勃的新型制度以摧枯拉朽之势倾覆了封建专制制度。18 世纪下半叶,工业革命浪潮席卷欧洲,资产阶级开始了对世界各地的殖民掠夺。《共产党宣言》、巴黎公社、十月革命,一种更为新型的社会制度也在欧洲腹地悄悄孕育成形。欧洲大地上,两度燃起世界大战的战火。当硝烟散去,欧洲已失去它世界中心的地位。东欧剧变、欧盟的成立,让古老的欧洲向自由与繁荣迈进。

## 吸血公司

1600 年，英国东印度公司在伦敦成立，总部设在阿姆斯特丹及雅加达，目的是团结在东南亚做生意的英国商人。 但东印度公司却用尽卑劣手段，在印度疯狂掠夺殖民利益。 它到处发动殖民战争，攻陷城池，抢劫国库，掠夺金银。 1757 年，殖民强盗头子克莱武率军攻陷孟加拉首府加尔各答。 饿虎般的公司军队冲破孟加拉的国库大门，扑向堆满各个角落的珠宝。 这次行动，抢夺了价值 6000 万英镑的财宝，仅克莱武一人就抢走了价值 20 万英镑的各种珠宝。 他还觉得“非常遗憾”，没能拿走更多。 1799 年公司军队攻陷迈索尔首府时，又抢夺了价值 1500 万英镑的珍贵的王室珍宝。 为了保护东印度公司的正常收入来源，他们强迫印度农民交纳极为苛重的田赋，而且硬性规定手工业者应交纳产品税。手工业者所得报酬甚至不足以购买原料，纷纷破产倒闭。从18世纪60年代起，东印度公司开始强迫孟加拉农民种植鸦片。印度的鸦片被殖民者偷运到邻近的中国，中国人民的身心遭到了严重的毒害。而英国却从鸦片贸易中赚取暴利，鸦片收入约占公司总收入的1/7。东印度公司替英国在印度乃至包括中国在内的亚洲其他地方掠夺了巨额财富，为英国资本主义原始积累提供了重要来源，大大加速了英国的工业革命，使英国一跃成为世界上最大的工业国。

1. 分而治之

东印度公司能够步步侵入，牢牢控制印度的原因是什么呢？“分而治之”是秘诀。处于上升时期的英国，巧妙地利用了印度的封建割据落后状态和错综复杂的社会矛盾，采取分化瓦解，各个击破，使用“印度人打印度人”的阴毒手段来进行征服和统治。这种“分而治之”的重要支柱就是雇佣军政策。这些雇佣军表面上是由印度的封建王公豢养的，但实际上王公受东印度公司“保护”，雇佣军实际上由英国指挥。另一方面，英国利用印度封建王公之间的矛盾，进行无耻的挑拨离间，然后趁火打劫，坐收渔利。

2. 东印度公司的衰落

从18世纪60年代起，东印度公司开始走下坡路。最重要的原因是，英国工业资本兴起和壮大，使东印度公司代表的垄断商业资本的利益受到排挤。1767年，东印度公司无法向英国政府交纳规定的40万英镑。1813年，东印度公司被取消对英国的贸易垄断权。1858年，东印度公司被英国政府正式取消，标志着英国工业资本对商业资本的胜利。

## 海上马车夫

西班牙“无敌舰队”覆灭后，一个新的海上霸主出现了，这就是后来被称为“海上马车夫”的荷兰。17 世纪中叶，荷兰的造船业居当时世界首位。船舶运费成为荷兰资产阶级资本积累的重要来源。阿姆斯特丹当时是国际贸易的中心，港内经常停泊着 2000 艘以上的商船。东方商品和中欧、北欧的粮食、鱼类、木材、毛皮等货物都在这里集中和转运；欧洲各国商人在这里通过荷兰经纪人订立合同，规定价格；各贸易公司股票在这里开价；给各国政府的借款在这里分配。有 15000 艘船只的荷兰商船队几乎垄断了当时的海上贸易。他们从东波罗的海沿岸抢购粮食，再到地中海各国市场上转售。德国的酒类、法国的手工制品、西班牙的水果和殖民地商品，也大都由他们转运到北欧。在出入波罗的海的船只中，有 70% 是荷兰的。荷兰还排挤了英国，在俄国的对外贸易中占首位。1609 年，荷兰以其雄厚的资本创办了世界上第一个资本主义性质的银行——阿姆斯特丹银行。1602 年，荷兰成立了东印度公司，垄断了对印度尼西亚的贸易。1622 年，荷兰殖民者又成立了西印度公司，垄断了美洲和西非洲的贸易。“海上马车夫”的腰包就这样一天天膨胀了起来。

1. 发达的造船业

进行海上扩张必须有大量舰船，因此荷兰十分重视发展造船业。在 17 世纪末 18 世纪初，荷兰已经可以同时建造几百艘船，仅在阿姆斯特丹一处就有几十家造船厂。荷兰的船只造价比英国低 1/3 ~ 2/3，比其他国家则低许多倍。因此，许多欧洲国家的商船，包括英国的一些商船，都在荷兰打造。

2. 贸易战争

“海上马车夫”的好日子并没有持续多久。17 世纪 50 年代初，英国针对荷兰的海上霸权，颁布了《航海条例》。这严重损害了荷兰殖民者的利益。荷兰要英国废除它，英国断然拒绝，于是爆发了三次英荷战争。

第一次英荷战争：1652—1654 年。1652 年 5 月，两国舰队在多佛海峡发生英荷战争冲突，7 月 8 日正式宣战。英国海军封锁了多佛海峡和北海，拦截荷兰商船，荷兰则组织舰队护航，双方海战逐渐由封锁反封锁的贸易战发展为主力舰队间争夺制海权的决战。1653 年 8 月，荷兰集中海军力量与英国决战被击败，英国控制了制海权，使依赖贸易生存的荷兰经济瘫痪。1654 年 4 月，两国签订《威斯敏斯特和约》，荷兰承认英国的海上霸主地位。

第二次英荷战争：1664—1667 年，英国与荷兰争夺海外殖民地。1664 年，英军攻占北美的新阿姆斯特丹，改名纽约。荷兰立即进行反击，同年 8 月攻占被英军占领的西非据点。1665 年 6 月 22 日，两国再次开战，英国舰队随后在洛斯托夫特海战中重创荷兰舰队，法国、丹麦与荷兰结成反英同盟。1666 年 5 月，经过修整恢复的荷兰舰队击败了英国舰队，8 月荷兰舰队进入泰晤士河攻打伦敦，遭到英国岸炮和海军的联合打击，遭到重创，英国重获制海权。同年 9 月 10 日伦敦发生大火，城市大部遭焚毁，无力继续战争，试图与荷兰和谈。荷兰舰队趁机于次年 6 月 19 日进入泰晤士河偷袭了伦敦，歼灭了驻泊泰晤士河的英国舰队，破坏了船厂，并封锁了泰晤士河口。1667 年 7 月，英国被迫签订《布雷达和约》，在贸易权上作出了让步，并重新划定了海外殖民地。

第三次英荷战争：1672—1674 年。1672 年 5 月，英法联合对荷兰宣战，分别从陆地和海上发动进攻，荷兰无法抵挡法军进攻，被迫掘开海堤淹没国土，才使法军撤退。1673 年 3 月，荷兰海军击退英国舰队。6 月英法联合舰队与荷兰进行了两次斯库内维尔德海战，8 月法国退出战争，英荷都无力继续战争，于 1674 年 2 月签订《威斯敏斯特和约》，战争结束。

英国通过三次战争耗尽了荷兰的贸易和海军实力，夺取了海上霸主地位，建立了海权—贸易—殖民地的帝国主义模式，成为世界海军发展史上的里程碑。侧舷炮战的海战样式得到巩固和发展，形成了战列舰和巡洋舰的舰种划分。

## 英王授首

1649年1月30日的伦敦，清冷而阴暗。天刚蒙蒙亮，市民们便冒着凛冽的寒风，成群结队地向国会宴会堂外面的广场涌去。

浓浓的大雾笼罩着整个广场，太阳出来了，渐渐驱散了浓雾。这时候的广场已是人山人海，万头攒动，虽然寒冷，人们心中却是一团火，因为今天要在这里处决国王查理一世，大家怀着激动的心情焦急地等待着。

下午一点半，面对广场的宴会堂中间的那扇门打开了，全场顿时肃静下来。只听见一个洪亮的声音："把暴君、叛徒、杀人犯和全体善良的英国人民的敌人，国王查理一世送上断头台。"广场上一阵欢呼。

紧接着，全身黑色装扮、面色惨白的查理一世被押上了广场中间的断头台。刽子手举起了明晃晃的大斧，对准查理一世的脖子用力砍去，一颗曾戴过王冠的头颅立即滚了下来。广场上又是一阵欢呼，人们互相拥抱，纷纷把帽子扔向天空，庆贺这个伟大的时刻。

臣民们把自己的国王送上断头台，这在人类历史上还是头一次。这是英国资产阶级革命的伟大成果，从此，欧洲的历史揭开了新的一页。

1. 尖锐的矛盾

17世纪初期，英国的资本主义经济已经得到了比较大的发展。毛纺织业是英国当时最发达的工业，另外，采煤、冶铁以及锡、铜等冶炼方面也建立了手工工场。有的工场规模很大，拥有几千名工人，出现了如肥皂、火药、玻璃等新兴的工业部门。对外贸易和海外殖民地的发展也很快。但是，英国封建王朝为了保证国家的税收，把肥皂、纸张、玻璃、毛纺织品等几百种商品划为王家的专利，实行专卖。这大大损害了新兴工商业者的利益，他们对国王的政策非常不满。同时，国王还对农民进行残酷的统治和压榨，农民们忍无可忍，纷纷揭竿而起。英国的阶级矛盾空前尖锐。

2. 国王与议会的斗争

1639 年，苏格兰爆发了反英起义，起义军迅速攻入了英国北部。为筹措军饷，1640 年 4 月，查理一世被迫召开已经解散了 11 年的英格兰议会。三个星期后，查理一世又解散了议会，因为议员们争论不休，根本解决不了实际问题。1640 年 11 月，查理一世不得不再度召开议会。

“肃静！肃静！”议长摇铃高声喊道。“现在议会开始！今天的议题是讨论增加税收。国王陛下已经下令进攻苏格兰。他要议会讨论，怎样多收捐税充当军费。”

“我反对！”议员汉普敦当即站起来说，“老百姓还有钱缴税吗？他们已经一无所有了。”

“我也反对！”上届议会的议长皮姆高声说道，“我们不能再向人民征税，我们没钱给国王。我提议，第一，否决国王征收军费的诏令；第二，逮捕大臣斯特拉福和大主教洛德；第三，宣布我们的议会是长期议会，不允许国王任意解散议会。”

“说得好！”“好极了！”台下响起热烈的掌声。

“赞成！”“通过！”“完全赞成！”在一片赞同声中，议会通过了皮姆的提议。议会的决议鼓舞了伦敦市民，他们涌上街头，散发传单，发表演讲，游行示威，拥护和支持议会。

1641 年 3 月，议会下令逮捕斯特拉福和洛德大主教，判斯特拉福死刑。事情发生的第二天，查理一世亲自来到议会大厦。

“我命令你们立即放回斯特拉福伯爵和洛德大主教！”查理一世

对皮姆等人说。

“他们犯了叛国罪，议会要处决他们！”皮姆沉着地说。“什么？”查理一世愤怒地高声叫喊起来，“处决他们？ 不！ 这绝对不行！”

正在这时，外边传来一阵怒吼：“处死斯特拉福！”“处死洛德大主教！”“支持议会！”

查理一世隔着窗玻璃向外望去，只见议会大厦前拥挤着成千上万的市民，高声喊叫，表示支持议会。 国王感到一阵恐慌，一言不发地转身急匆匆走了。

当晚，查理一世派人秘密去北方送信，命令约克城的驻军司令马上进军伦敦，用武力解散议会，救出自己的两个宠臣，但信使没出伦敦就被市民们抓住了。

5 月 12 日，整个伦敦沸腾了。 20 万群众包围了王宫，举行示威，要求处死斯特拉福。 查理一世不得不在死刑书上签了字。

但查理一世怎能甘心呢?

经过几天的精心策划，查理一世亲自带领 400 名武装卫队冲入议会，企图逮捕正在开会的皮姆和汉普敦等 5 名议员，扬言“要揪着那些反对派的耳朵，把他们拎出议会”。 不料，他扑了个空，皮姆等人早听到风声，已经躲到伦敦市内去了。 国王进入议会大厦后，伦敦城内立即响起了警钟，市民们拿起武器，决心用武力保护议会。 查理一世垂头丧气地离开议会时，武装起来的群众已在外面等着他了。

“特权！ 特权！”“打倒特权！”在一片呼喊声中，查理一世灰溜溜地离开了。

第二天，查理一世又指挥卫队搜捕，数万武装群众包围了他们。接着，市郊的农民组成了民兵，拿着刀枪棍棒也开进城来支持议会。查理一世感到在伦敦，他已经孤立了。

“国王逃跑了！”“国王逃跑啦！”伦敦市民在奔走相告，原来，查理一世悄悄离开了王宫，跑到北方寻找支持者。

3. 被审判的国王

1642 年 8 月 22 日，查理一世在诺丁昂城扯起国王的军旗，正式向议会宣战。

战争刚开始时，训练有素的王家军长驱南下，一直打到离伦敦只有 50 英里的牛津。议会军节节败退，议会内部一片混乱，有的主张打下去，有的认为应当和国王谈判，大家争吵不休，不知如何是好。后来，还是克伦威尔和他的农民军扭转了战争的局面，拯救了议会。

克伦威尔是一个乡绅的儿子，他带着自己招募的 60 名农民骑兵加入了议会军队。这支队伍在历次战斗中都非常勇敢，越战越强，数量也不断增加，被称为“铁骑军”。因此，克伦威尔得到了官兵的拥护，当上了议会军统帅。

1644 年 7 月的一个傍晚，在约克城西的马斯顿草原上，议会军和王家军突然遭遇。克伦威尔指挥议会军不到两个小时就击溃了王家军，取得了第一次大捷。

1645 年 6 月 14 日，议会军和王家军在英格兰中部的纳斯比村附近展开了决战。克伦威尔的“铁骑军”以迅雷不及掩耳之势冲破了王家军阵地。查理一世还没有清醒过来，王家军就已溃散，四处奔逃。查理一世见势不好，急忙化装成一个仆人，逃到了苏格兰。国王军队全军覆没。

1647 年 2 月，英格兰议会以 40 万英镑的高价，把查理一世买了回来，囚禁在荷思比城堡中。

1648 年 2 月，查理一世逃了出来，勾结苏格兰人，在许多地方发动武装叛乱，挑起第二次内战。这年 8 月，克伦威尔击溃了王家军，9 月，占领了苏格兰首都爱丁堡，将查理一世再次抓获。

议会组成了一个高等法庭，对查理一世进行审判。最后，法庭宣布查理一世是“暴君、叛徒、杀人犯和人民公敌”，判处其死刑。

处死国王查理一世后，英格兰宣布为共和国。英国资产阶级革命达到了高潮。

## 护国之主

1653 年 12 月 16 日，伦敦市政厅内挤满了当时英国社会中的头面人物。正中间的椅子上端坐一人，身穿黑色长袍，戴着宽金边的帽子，神态庄严。伦敦市长站起来，大声说道："先生们，今天，我们在这里举行盛大的仪式，请奥利弗·克伦威尔将军就任英格兰、苏格兰、爱尔兰的护国主。同时，还将宣布新的英国宪法——《统治文件》。"这时，礼宾官送上国玺，伦敦市长献上了国剑，克伦威尔起身一一接受。从此，克伦威尔成为英国的最高统治者。

1. 马斯顿之战

英国第一次内战期间，在英格兰北部的马斯顿大草原上，国王军与议会军展开了血战。议会军的炮弹像长了眼睛似的直向国王军的阵地飞去，频频击中目标。国王军陷入一片火海之中。正当他们被打得晕头转向的时候，又传来了一阵喊杀声，一支骑兵突然冲了过来。这支骑兵骑着高头大马，举着雪亮马刀，朝国王军阵地猛杀过来。国王军吓得转身就逃，可是，没走多远就陷入骑兵的重重包围之中。仅仅一个晚上，国王军就有 4000 多人被杀，1500 人被俘，许多大炮及其他各种武器，都落入议会军手中。组织和指挥这支英勇善战的议会军骑兵的，便是奥利弗·克伦威尔。

2. 比魔鬼还可怕的人

1649 年 8 月 13 日，一支载满着 1.2 万名士兵的船队从英格兰的港口，横渡圣乔治海峡，驶向爱尔兰的都柏林。一位身材魁梧、衣着华贵的统帅，威风凛凛地站在主舰的甲板上，他就是克伦威尔。自从半年前查理一世被送上断头台处死后，他成为没有国王的英吉利共和国最有实权的人物。

一阵风浪袭来，船身剧烈摇晃。克伦威尔顿时脸色惨白，晕乎乎地直想吐。他赶紧躲进船舱内，思考着如何镇压爱尔兰民众的反英大起义。

舰队到达都柏林后，克伦威尔先发表了一篇讲话："我带兵来这里，是来进行一项神圣的工作。我要传播基督的福音，使血迹斑斑的爱尔兰土地，恢复原先的幸福与安宁……"

然后，克伦威尔又发兵攻打德罗盖达城。他将攻城大炮运到城下，集中炮火轰开了城墙，杀死了手持武器抵抗的两千多名爱尔兰士兵。对于固守在教堂里的守军，他用火攻，烧了教堂，击毙了从火堆中逃出来的爱尔兰士兵。他又将这种"屠城"的残杀情况，通告爱尔兰各城守军，威胁他们交出城池，举手投降。

9 个月后，镇压了爱尔兰民族起义的克伦威尔又匆匆赶回英格兰。因为议会让他回来带兵出征苏格兰。苏格兰拥护王权的封建贵族，已拥立查理一世的儿子查理二世当新的国王。

克伦威尔率领 1.6 万名士兵进军苏格兰。英勇善战的苏格兰人顽强抵抗。苏格兰士兵熟悉地形，经常在凌晨时分袭击英格兰军队的后卫部队。

这天，克伦威尔的 1 万余士兵被 2 万多苏格兰人阻挡在海边的邓巴城郊。决战前夜，克伦威尔打着火把，骑马来回奔跑，调动布置自己的部队。

第二天天刚亮，克伦威尔的 6 个骑兵团和 3 个步兵团就发动了攻击。苏格兰人措手不及，匆忙集中兵力反击。一阵激烈的拼杀后，克伦威尔将 4 个团的后备队再次投入战场。这时，朝阳从海面升起，克伦威尔喊道："上帝高高升起了。让他的敌人见鬼去吧！"

训练有素的英格兰士兵奋勇拼杀，苏格兰军队被击溃了，阵亡 3000 多人，还有 9000 余人被俘。而投入进攻的英格兰士兵一共才

1.1 万多人。

“克伦威尔比魔鬼还可怕。《圣经》上说世人抗拒魔鬼，魔鬼就会离开你。可你如果抗拒克伦威尔，他却向你迎面扑来。”邓巴城郊的战斗后，一个苏格兰传教士惊魂未定地这么说。

经过几次大的战斗，拥护查理二世的苏格兰人被彻底打败，查理二世逃往国外。爱尔兰和苏格兰的土地都被并入英吉利共和国内。

3. 大独裁者

战功显赫的克伦威尔得意扬扬地回到伦敦。议会把汉普登宫奖励给他，作为他的别墅。可是克伦威尔却又有了个新的念头。

12 月里的一天，一些议员与几位大臣被召集到议长府邸聚会。一进门，他们才发现真正的召集者是克伦威尔。他说今天是自己召集手下的高级将领开会，同时邀请你们几位来，是请大家一起议一议，英格兰究竟建立共和体制好，还是封建君主体制好?

“英格兰数百年就是君主制。如果从继承传统的角度看，建立君主制更好。得要有一个好君王啊。”那是议员和大臣的意见。

“不！为了推翻君主制，我们的将士流血苦战，如今已经宣布共和体制，为什么要改回去呢？”军官们坚持共和制。

他们可能并不完全明白克伦威尔想成为一国之君的真实想法。克伦威尔知道自己当君王，必然会遭到议会中那些忠于王权和忠于共和议员的双重反对。于是他让忠诚于他的一些高级军官出面。

这天，克伦威尔召集军官们开会，又特地邀请一些议员参加。

“关于解散议会，制定新宪法的问题，我们早就向议会送上请愿书，为什么迟迟不给我们答复！”一位军官高声责问后，马上得到了其他军官的赞同。

“我们已经组织一个委员会，正开始讨论。明天，我想我们会加快进行这件事的。”紧张的气氛使这些议员深感不安。

次日，议会果然加紧讨论此事。但这时，门被粗暴地推开了，克伦威尔怒气冲冲进来：“你们在这里待的时间太长了，应该让位给更合适的人。你们这些酒徒、色鬼、恶魔，不配再担任议员！我以上帝的名义让你们滚开！”

在克伦威尔身后，是几十名全副武装的士兵。

从 1640 年 11 月开始的这届议会长达 13 年，史称“长期议会”，就这样被克伦威尔驱散了。这天是 1653 年 4 月 20 日。

后来，克伦威尔授意组成的一届新议会，也因未能符合他的意愿，再次被他解散。

8 个月后，在没有议会的情况下，由克伦威尔手下高级将领成立的“军官议会”拟出一个《施政文件》，这是英国历史上第一个以文件形式出现的成文宪法。《施政文件》宣布克伦威尔成为终身制的“护国主”，并规定英国国家政权由“护国主”、议会和国务会议共同掌管。事实上“护国主”是英国的独裁者。议会决议和国务会议委员人选，都必须经过“护国主”批准才能生效。

1653 年 12 月 16 日，克伦威尔举行宣誓仪式。

“由于国会处在解散状态，而国家的形势迫切需要一个强有力的统治，请阁下接受‘护国主’的职位。”兰伯少将说完后，一名高级军官宣读《施政文件》。克伦威尔随后举起右手，宣誓自己忠于并遵守《施政文件》。他解下自己的佩剑，取过兰伯少将呈上的另一把剑挂在腰间。这样便象征着“护国主”今后将按宪法，而不按军事指挥权来统治英国。

克伦威尔郑重其事地做完这一切，心中欣喜万分。不久后他又设法让议会通过决议，宣布“护国主”是世袭的。克伦威尔从此成为不是国王的国王，独裁统治英国达 5 年之久。

克伦威尔的军事独裁统治引起国内广大人民群众的不满，全国各地发动了反对克伦威尔军事独裁统治的暴动，王党分子也乘机蠢蠢欲动。当时，国家财政濒临崩溃的边缘，1657 年，预算赤字达 154 万多英镑，国内危机四伏。忧心如焚的克伦威尔于1658年9月3日病死，时年59岁。

## 光荣革命

1685年，查理二世去世，他的弟弟詹姆斯二世即位。詹姆斯二世是个狂热的天主教徒，他任命天主教僧侣担任国家职务；大批释放天主教会人员，在宫廷里举行天主教的祈祷仪式；甚至公开宣称把天主教作为国教。詹姆斯二世的行为激怒了英国的资产阶级新贵族。以天主教为国教，其目的就是要收回资产阶级新贵族的土地，这直接侵犯了他们的利益。资产阶级和新贵族发动了一次政变，结束了詹姆斯二世的统治。1689年2月，议会宣布威廉为英国国王，玛丽为女王，实行双王统治。随后，议会又通过了《权利法案》和《王位继承法》，规定：未经议会同意，国王不得下令废止法律，不得任意征税，不得任意招募军队及维持常备军。王位继承问题也要由议会讨论通过。1688年政变，是一次没有经过流血而完成的政变，所以又称“光荣革命”，意思是不流血的革命。

1. 斯图亚特王朝复辟

1658年9月，克伦威尔逝世。他的儿子理查·克伦威尔继任护国主。理查是个庸碌无能之辈，那些高级军官根本不听他的，不到一年他就被迫辞职，国家政权落到了高级军官集团手中，他们谁也不服谁，你争我斗，把国家搞得乌烟瘴气，一片混乱。

克伦威尔死后，保王党分子也活跃起来。

1660年2月，保王党分子、英国驻苏格兰军队司令蒙克率军进驻伦敦。他一来，马上派人到法国去请查理一世的儿子查理·斯图亚特回来当国王。经过一番谈判，这年4月，查理在荷兰的布列达发表宣言，声明：赦免参加过革命的人；保证宗教信仰自由；承认革命时期变动的土地产品。议会通过议案，宣布查理·斯图亚特为“英格兰、苏格兰、爱尔兰最强有力的和不容置疑的国王”。就这样，斯图亚特王朝复辟了。查理二世一上台，马上翻了脸，把布列达宣言忘得干干净净，对革命进行了疯狂的反攻倒算。他残酷迫害过去的革命者，把凡是参加过审判查理一世的人都加以“弑君者”的罪名，判处重刑。活着的一律处死，死去的也不能放过，克伦威尔的尸体，从坟墓里被挖了出来，吊在绞刑架上，然后又把头砍掉挂在审判查理一世的威斯敏斯特厅里示众。

由于查理二世流亡期间得到法国国王路易十四的庇护，所以，在国家大事上一概听从路易十四的支配。他不顾国内人民的反对，把克伦威尔从西班牙人手中夺得的敦刻尔克卖给法国。敦刻尔克是重要的商业港口。他这样做的结果，使英国失去了在欧洲大陆的唯一立足点，对外贸易遭受了很大损失。

2.“进口”的国王

1688 年，反抗詹姆斯二世的运动在英国兴起。人们拒绝参加采用天主教仪式的礼拜，一听到美化和吹捧国王的宣传时，便都马上走开。詹姆斯二世对不听从他命令的主教实行残酷迫害，把他们交给法庭审判。在资产阶级新贵族和广大人民的支持下，法官却宣布遭国王迫害的主教无罪。双方的冲突日益激烈，预示着可能会再来一次革命。

资产阶级和新贵族决定发动一次政变，结束詹姆斯二世的统治。他们开始同荷兰国王威廉谈判，要求他对英国进行武装干涉。威廉是英王詹姆斯二世的女婿，他的妻子玛丽是詹姆斯二世的长女。由于詹姆斯二世没有儿子，她是王位的当然继承人。

1688 年 6 月 10 日，詹姆斯二世的王后生了一个儿子，王位的继承权发生了变化。30 日，英国议会向威廉发出邀请书，请他立即到英国来保护他们的自由。威廉立即同意。10 月 10 日，威廉发表宣言，对英国人民的苦难处境深表“同情”，并声明自己到英国的目的是为了保护英国“新教、自由、财产及自由的议会”。

1688 年 11 月 5 日，威廉率 600 艘军舰和 1.5 万名士兵，在英国西南部的托匀基海港登陆，随即向伦敦进军。 威廉进入英国后，受到了贵族和乡绅们的支持，许多高级军官亲自到威廉的驻地表示支持，甚至詹姆斯二世的第二个女儿和女婿都背叛了他，投向威廉。 詹姆斯二世逃往法国。

“光荣革命”彻底结束了英国的专制主义统治，开始了君主立宪制的统治。

## 攻陷巴士底狱

巴黎市郊东部，有座阴森森的古堡。 它像一头巨大的怪兽瞪着平民百姓。 8 个高大塔楼、宽阔的深水壕沟，1382 年建造的这座巴士底城堡到了 16 世纪，成为法国专制君王关押政治犯的牢房，所以被人们称为巴士底狱。 1789 年 7 月 14 日清晨，成群结队的巴黎民众涌向巴士底狱。 他们要攻占这座象征法国专制王朝的魔窟。

1. 到巴士底狱去

就在 20 多天前，法国国王路易十六在凡尔赛宫召开三级会议。那个时代，法国国家权力由国王和封建贵族、宗教僧侣掌握。 这次三级会议的召集，就是国王想在封建贵族和宗教僧侣，当时被分别称为第一等级、第二等级的代表支持下，向第三等级的代表施加压力，要第三等级拿出钱来，解决国王、贵族胡乱花钱造成的国库空虚的财政危机。 第三等级的成员，包括新兴资产阶级、农民、城市平民、手工业者和自由职业者等。 他们是当时法国社会财富的创造者，可在政治上没有实际权利，以前一直得听国王、贵族的吩咐行事。 然而在这次三级会议上，第三等级的代表不再那么顺从了，他们要求限制国王权力，把三级会议变成法国的最高立法机关。国王路易十六怎么能允许这种敢于犯上作乱的行为呢！在巴黎广大民众支持下，第三等级的代表在网球场单独举行会议，邀请包括一些自由派贵族在内的第一、第二等级代表参加。这场政治斗争到了7月11日，形势突变。国王调集军队来凡尔赛宫，准备以武力威胁，解散第三等级召集的国民议会。巴士底狱塔楼也安装了大炮。

巴黎人民对路易十六的昏庸统治早就强烈不满了。市民们纷纷涌上街头，与军队发生冲突。7月13日，巴黎上空响起了警钟，手工业者、小商人、职员和大学生们手持斧头、短刀，冲进军火库，夺取了几万支枪。武装的民众几乎控制了巴黎所有的街区。到了第二天清晨，只剩下巴士底狱还在国王军队手中。

“到巴士底狱去！到巴士底狱去！”武装民众黑压压地冲了过去。

“开炮！”巴士底狱守卫司令命令道，于是塔楼的大炮向民众轰击，守军从堡垒窗口开枪射击。武装民众在街垒后开枪还击，一些同情民众的士兵也加入攻击巴士底狱的行列。由于巴士底狱围墙厚，门外有又深又宽的壕沟，守军已经拉起吊桥铁索。再多的民众也无法攻下这座古堡。

“他们有炮，我们也有炮！”几尊锈迹斑驳的古炮不知从哪里被找到拉来了。谁当炮手呢？“我来！”一名小酒铺的伙计自告奋勇。古炮的威力太小了。武装民众一个个被守军的炮火、枪弹击伤。

“我们要真正的大炮！去找，让那些站在我们这边的士兵兄弟来吧！”

“木匠！架起云梯，烧这些国王走狗！”火把点了起来，云梯运来了，但是隔着壕沟，无法靠近巴士底狱。这时已混战大半天了。

突然，一片欢呼声响起：“我们的大炮来了，我们的枪手来了。”

同情民众的炮兵拉着大炮出现了。炮火猛烈地轰击巴士底狱。炮弹击中吊桥的铁索，吊桥坠落下来。民众踏上吊桥冲过壕沟，杀进巴士底狱。守军无奈地挂起了白旗。

2. 这是一场革命

路易十六在凡尔赛宫听到民众攻占巴士底狱的消息，气急败坏地说：“这简直是造反！”

“不，陛下。这是一场革命。”一位贵族回答。这个贵族已感受到法国资产阶级大革命的威力了。

革命烽火也相继在法国全国燃起。各地城市民众涌上街头，占领市政府。农民们也拿起农具造反，烧毁地主庄园。

路易十六和封建贵族在强大的民众面前只得让步，承认了国民议会。后来国民议会又改称制宪会议，专门讨论制定宪法，限制封建国王的权力。巴黎成立了由资产阶级代表组成的市政厅，管理巴黎市，还组织了国民自卫军。曾经参加美国独立战争、担任过华盛顿副官的拉法耶特出任国民自卫军司令。

“我宣誓，愿把自己的生命献给保卫自由的事业。”32 岁的拉法耶特当场持剑在手，郑重宣誓。他下令拆毁巴士底狱，又决定采用蓝、白、红三色帽徽作为国民自卫军的徽章。

3.《人权宣言》

拉法耶特原先是法国三级会议中第一等级贵族的代表。他赞成第三等级，原因之一是参加北美独立战争的经历，使他拥护自由、平等、博爱的资产阶级革命口号。就在民众攻打巴士底狱的前几天，国民议会开会时，拉法耶特掏出一份纸质泛黄的文件，这是他从美国费城带回，珍藏 10 年的材料。然后，他一字一句地朗读起来。他朗读的这份《欧洲人权和公民权宣言》，日后成为《人权宣言》的草稿。《人权宣言》的第一句就是：“人生来是自由的，权利上是平等的。”

法国制宪会议通过了《人权宣言》，倡导自由、平等、博爱，推翻了千年来的封建特权和贵族等级制度。它不但动摇了法国封建王朝，也使俄国、普鲁士和奥地利的王室感到震惊。尽管拉法耶特是《人权宣言》的起草者之一，但他本质上是主张君主立宪的贵族。攻下巴士底狱后，法国的政权落到拉法耶特等君主立宪派人士的手中。路易十六表面顺从，暗中却筹划着向革命民众反扑的阴谋。

## 丹敦之死

1794 年 4 月初的一天，高高的断头台矗立在法国巴黎的一个广场上。刽子手凶神恶煞般地站在一旁。广场周围人山人海，人们沉默着，目光流露出疑惑。这个断头台，斩过无数反革命分子的头，可眼下将在这里丧生的却是一个革命者。法国大革命卓越的领导人之一——丹敦，却被革命的法庭以反革命的罪名判处极刑。临刑前，丹敦以他特有的大无畏的革命演说家气概，对刽子手说：“请你把我的头高高举起，拿给人民看看，它是为人民的，值得人民瞻仰！”

1. 投身革命

位于法国香槟省奥尔河畔的阿尔西小城，既有广阔无垠的草原，又有优美的森林。1759 年 10 月，丹敦就出生在那里。他 3 岁时，父亲去世。从此他和母亲相依为命，过着贫困的生活。丹敦很小的时候就坚信要成为一个伟大人物，必须经历常人没有经历的磨难。童年生活使他学会了勇敢和大无畏的挑战精神。中学毕业后，丹敦像同时代大多数青年人一样，幻想着有朝一日出人头地。但阿尔西只是一个偏僻小城，远离繁华。年轻的丹敦只身到了巴黎。

狄德罗曾经说过：“在巴黎有一万桌筵席，但没有一个空位子会留给你；巴黎有的是鼓鼓囊囊的钱袋，金币满得掉出来，但不会有一枚掉进你的口袋。”来自阿尔西的乡下青年丹敦身无分文、举目无亲，他看到的无疑是地狱一般的巴黎：到处是贫民窟、流浪汉，到处充斥着饥饿和寒冷。但聪明勤奋的丹敦并没有被这些吓住，他先在一家检察官事务所谋到一个办事员的差使，然后一步一步成为巴黎第一流的大律师。丹敦成了有钱有地位的人，理想仿佛已经实现，可以衣锦还乡了。但一场大革命的风暴席卷过来，谁也躲不开它产生的强劲旋涡。

7 月 14 日，巴黎人民攻打象征着封建堡垒的巴士底狱，揭开了这场革命的序幕。丹敦没有参加 7 月 14 日的战斗，但他在前一天晚上发表了战前动员演说，号召人民拿起武器。第二天就加入了科德利埃区国民军，成为一名上尉。由于他的声望和卓越的组织领导才能，很快他又担任了区革命委员会主席一职，丹敦的表现令熟悉他的人大感意外。从此，他个人的生活融入了国家的命运之中。革命给他带来了桂冠与辉煌，使他天生的革命家才能得以充分地发挥。

2. 保卫巴黎

革命后的巴黎，成立了代表着大资产阶级利益的巴伊政府。这是一个软弱和妥协的政府，混杂着保皇派和一些新贵族。广大群众依然被饥饿和寒冷的阴影包围着，逃往国外的王公贵族带走了一切能带走的金银财宝，而留在巴黎的照样花天酒地。跑到凡尔赛的国王路易十六，大声咒骂高举革命旗帜的巴黎人民。巴黎人民被激怒了，丹敦发表了战斗檄文般的演说。

10 月 5 日，6000 余人向凡尔赛出发，把路易十六抓回了巴黎。但巴伊政府只是把国王简单地一关了事，反而对到处进行宣传鼓动的丹敦充满仇视。他们说丹敦是英国间谍，是疯子，是挑拨离间者，是奥尔良保皇派的走狗。丹敦以沉默代替反驳。

1791 年 6 月 21 日上午，三声炮响和市政厅钟楼的钟声向巴黎人民通报了国王路易十六逃跑的消息。顿时，整个巴黎群情激愤。丹敦不客气地指责巴伊政府："你们曾说国王不会出逃，结论只能是，或者你们出卖了祖国，或者你们愚蠢到了极点，两者必居其一。" 6 月 23 日，丹敦又在雅各宾派俱乐部发表演说，要求免除路易十六的王冠。路易十六不甘心就这样下台，他暗中勾结普、奥，企图引狼入室，恢复自己昔日的统治。1792 年 8 月 10 日，巴黎人民冲向土伊勒里宫，将路易十六废黜。巴伊政府也倒台了。代表工商业资产阶级的吉伦特派掌握了国家权力机构——立法会议。丹敦因获得票数最多，担任立法会议组织的国家最高行政机构——临时执行委员会的司法部长。

1792 年 8 月 19 日，普奥联军越过边境侵入法国领土。23 日，吉伦特派政府准备放弃巴黎逃往法国南部。丹敦在临时执行委员会抨击了这种临阵脱逃的行为，大声疾呼要不惜一切代价守住巴黎。他把自己年过七旬的老母从阿尔西接到巴黎，表示要与巴黎共存亡。9 月 2 日，凡尔登失守，通向巴黎的最后一道屏障被打开了。巴黎城内的吉伦特党人乱成一团。这时，高大魁梧的丹敦再次出现在讲台上，发表了他最著名的一次演讲："警钟已敲响，但这不是报警的信号，而是向我们的敌人发起冲锋的信号。为了战胜敌人，我们需要勇敢，再勇敢！法国必将得救！"法国再次从危急的境地中走出。

3. 雅各宾派掌权

1793 年英国也加入了反法同盟，联军对法国发起了新的进攻。这一年 6 月 2 日，由于吉伦特派对外战争连连失利，对内采取高压政策，巴黎人民再次起义，163 门大炮对准了议会大厦。激进的革命党——雅各宾派掌握了国家权力。虽然由于丹敦的革命表现，他仍然被选进最高政府机关——救国委员会，但是他从雅各宾派的领袖罗伯斯庇尔低沉的声音中听出了某种敌视情绪，预感到不祥。12 月 3 日，丹敦在雅各宾派俱乐部遭到攻击。有人指责他脚踩两只船；有人指责他是革命队伍中的投机分子，扬言要对他的生活和个人财产进行调查。

1794 年 3 月 30 日，丹敦被捕。经缺席审判后，他被处以极刑。

丹敦死后，雅各宾派专政的社会基础大大削弱了，人民对罗伯斯庇尔政府的不满日益加剧。雅各宾派的专政已处于严重危机之中。

## 热月政变

自从 1793 年 6 月雅各宾派执政以来，资产阶级革命取得了前所未有的辉煌胜利。可是，1794 年 7 月 9 日这一天，事情却发生了根本性的改变。国民公会照例是下午开会的。然而，这一天的上午 11 点，就有许多代表来到会场。中午 12 点刚过，国民公会的议长就宣布开会。执政党雅各宾派的领袖罗伯斯庇尔坐在会场正中的前排，面对着主席台，全神贯注地在听代表们的发言。“我要把黑幕揭开！”“打倒暴政者！”“逮捕罗伯斯庇尔！”代表们纷纷把矛头指向雅各宾派。“我要求发言！”罗伯斯庇尔端庄地站了起来。但是，当他刚要跨上讲台的时候，议长使劲儿地摇起铃铛，意思是禁止罗伯斯庇尔发言。“逮捕他！”“逮捕他！”会场上又响起了一阵喧哗声。“现在表决……好，通过！”议长的话还没有结束，一群宪兵冲了进来，把罗伯斯庇尔逮捕了。“共和国完了！强盗们胜利了！”当罗伯斯庇尔被押出会场时，他激昂地高呼着。这天是 7 月 27 日，因这一月为“热月”，故史称“热月政变”。

1. 罗伯斯庇尔

马克西米利安·罗伯斯庇尔是国王学院的优秀生，1781 年毕业后，他开始了律师生涯，但他主要的兴趣却在社会科学方面。罗伯斯庇尔阅读了大量著名思想家的著作，特别欣赏卢梭的思想，并且潜心研究社会政治理论，把大量时间投入到对时局的关注上。1789 年，未满 31 岁的罗伯斯庇尔通过竞选当上了全国三级会议的代表，后来又成为国民公会的议员。

在议会上，罗伯斯庇尔发言不多，可是往往一语中的。凭着雄辩的口才、犀利的观点以及正直的人品，他很快就成为颇具影响力的议员之一。那时法国大革命已经开始了，民众要求共和、反对封建王朝的呼声一浪高过一浪。1791 年，被民众力量吓坏了的国王路易十六写信请求外国军队进驻法国，自己却化了装企图逃跑，终于在边界上被抓住了。对于如何处置国王，已经控制法国政局的资产阶级革命力量各派别意见不一。罗伯斯庇尔彻底抛弃了对国王的幻想，在制宪会议上做了一次极有分量的发言。他认为路易十六勾结外国军队来镇压人民，已经对人民犯下了滔天大罪。他慷慨激昂地说道："路易应该死，因为祖国需要生！"

罗伯斯庇尔主张立即判处国王死刑的这一句名言使民众的情绪沸腾到了极点，全国上下立即传遍了"处死国王"的呼声。于是，在 1793 年 1 月，路易十六被送上了断头台。

处死国王、废除王权之后，经过武装起义，代表工商资产阶级利益的吉伦特派（吉伦特派的成员大都来自法国的吉伦特省）被推翻。法国新政权由以罗伯斯庇尔为代表的小资产阶级激进分子掌管，由于这些人常在巴黎的雅各宾修道院聚会，所以被称为雅各宾派。雅各宾派掀起的革命暴风雨吓坏了欧洲各国的封建王朝，外国封建势力纷纷派兵干涉法国大革命；同时法国国内各派政治力量斗争激烈，商人乘机哄抬物价，经济与治安一片混乱。

针对这错综复杂的局面，雅各宾派推出了当时世界上最激进的资产阶级宪法，公布了土地法令，实行经济统制政策，颁布"全面最高限价法令"，以稳定局面。这些措施赢得了广大民众的支持，社会混乱的局面得到控制。已成为雅各宾派领袖人物之一的罗伯斯庇尔，成为当时最高权力机关公安委员会的首脑。

2. 革命民主专政

法国大革命取得了初步胜利，但参与革命的各派力量的斗争却越来越激烈。罗伯斯庇尔为了实现他的政治主张，即卢梭的人民主权、人民暴力革命和人民公仆的思想，开始实行“革命民主专政”的恐怖政策。1794 年 6 月，执政的雅各宾派公布了新的法令，废除被告预审制，甚至规定在缺乏证据的情况下，法庭可以根据“内心的确定”来定案。如此种种极端的法令很快地导致斗争的扩大化，法国近代史上的“大恐怖”开始了。

从 6 月 10 日至 7 月 27 日，在不到 7 星期的时间里，就有 1376 名男女被砍头，每天都有人在证据不足的情况下被处死。掉落的人头如同屋顶落瓦，造成巴黎人人自危、草木皆兵的恐怖局面。人们不敢上街，不敢说错一句话。社交生活完全停止。国民公会形同虚设，委员们不敢投票。雅各宾派专政变成了恐怖暴政的代名词。

从巴黎开始向全国扩散的恐怖暴政，严重地损害了法国大革命。然而罗伯斯庇尔没有清醒过来，仍然在忙于清除反对自己的左派和右派力量。1794 年 7 月 27 日的国民公会上，好几位国民代表在一片混乱中提议逮捕罗伯斯庇尔。接着大会迅速投票表决，通过决议，逮捕了罗伯斯庇尔和他的三个战友。

平时极其自信、自尊心极强的罗伯斯庇尔忍受不了这突如其来的变故，举枪自杀，但由于他没有拿稳枪，子弹只打伤了脸颊和下巴。第二天下午，四辆囚车把罗伯斯庇尔等人送到革命广场断头台。在途中，他听到旁观者高呼：“打倒极权！”沿途不少原来的贵族、上流社会人士在看热闹，广场四周的窗口都高价出租以供人观看，许多妇女甚至穿上节日的盛装，如同去赴宴一般。当年那些被罗伯斯庇尔的演讲鼓动得热血沸腾、热情拥戴他的人，今天却兴高采烈地来看他的死刑！

罗伯斯庇尔面对这一切，心中真是五味杂陈，感慨万千。当行刑者举起罗伯斯庇尔的头颅示众时，人群中爆发出一阵阵欢呼，恐怖时代终于结束了！

法国资产阶级革命家罗伯斯庇尔的悲惨结局告诉人们，无节制的权力会导致疯狂，缺乏深谋远虑、仓促制定的政治措施，即使是良好的愿望也不会产生符合客观实际的效果。政治家的决策，必须反映广大人民的共同意愿，人民的拥护是政权稳固的基础。任何违背历史潮流的人物，哪怕他再杰出，他的结局也一定是悲剧性的。

## 给自己加冕的人

1799 年 10 月，拿破仑从埃及回到巴黎。11 月 9 日（雾月十八日），他依靠军队的力量，在巴黎大资产阶级的支持下，发动政变，史称“雾月之变”。次日，解散五百人院，夺取了政权，组成执政府，拿破仑自任第一执政。1802 年，拿破仑规定第一执政终身任职，并有权任命后继人。1804 年 5 月，他再次修改宪法，宣布法国为帝国。1804 年 12 月 2 日，拿破仑在巴黎圣母院举行加冕典礼，称拿破仑一世。举行加冕典礼的这一天一大早，已因大典被装饰一新的圣母院内外便拥满了人。上午 10 点，由 8 匹骏马拉着的华贵马车载着教皇来到圣母院。早以蔑视教皇著称的拿破仑却直到正午才携约瑟芬到来。本已在冷风中瑟缩半日的教皇现在有理由更加气愤，因为马上要登基的拿破仑竟穿一身猎装。依照定好的程序，仪式冗长繁杂，持续了约 6 小时之久。当教皇小心翼翼地捧起皇冠，口中念念有词地要为拿破仑加冕时，他突然一把抢过皇冠，自己戴到了头上，随即又给约瑟芬戴上了一顶凤冠。在此之前，拿破仑早已是哈欠连天，表现得甚为疲惫。戴过皇冠，拿破仑又将了教皇一军。他当众宣布，从今以后，教皇必须效忠皇上，向他宣誓，把自古已有的规矩推翻了。

拿破仑加冕后，称拿破仑一世。在“皇帝万岁”的呼喊声中，法兰西第一帝国代替了法兰西第一共和国。拿破仑成了资产阶级的皇帝。

在拿破仑统治时期，完成了法国资产阶级中央集权的国家机器，这个庞大的军事官僚国家机器的主要支柱是军队、警察和教会。拿破仑凭借他掌握的这支欧洲最庞大的军队维护大资产阶级的统治，对外占领了欧洲大片领土，天主教会再次成为法国人民的精神枷锁，警察控制了居民和官吏。

拿破仑大力加强中央集权制，建立了资产阶级官僚统治制度，划全国为 88 个郡，郡长官由中央任命。郡长官有权任命和撤换城市和乡村的长官。

拿破仑陆续颁布了《民法》《商法》和《刑法》等一系列重要法典。其中《民法》是他对资产阶级立法的最大贡献。他曾说："我的真正光荣不在于打了 40 次胜仗，但不能被遗忘的，将万古长存的，乃是我的《民法》。"

1807 年，这部《民法》被命名为《拿破仑法典》，它最集中地反映了拿破仑帝国的阶级实质和保卫资产阶级私有财产的原则。民法规定，除法律所禁止外，所有权是对物质的绝对无限制的占有和处置的权利。除因公共利益得给价征收外，不得强迫任何人出让其所有权。民法还要求工人遵从雇主关于工资额的规定；丈夫必须保护妻子，妻子必须服从丈夫；支配子女的权利属于父亲。

《刑法》中更明文禁止工人组织工会和罢工，违者处以监禁；规定工人必须持有"身份证"，否则视同流浪者，可以治罪。

《商法》中规定贸易自由，大商业公司有权得到国家的津贴。拿破仑为了大资产阶级的利益，采取促进资本主义工商业发展的政策，采用国家订货、政府津贴、奖励出口等办法，鼓励和刺激资本主义工商业的发展。

1800 年建立法兰西银行，随后又大力发展军事工业，由政府给以大量订货。资产阶级获得了巨大的利润，城乡人民生活则日益困苦。

## 帝国的扩张

拿破仑帝国时期，是欧洲社会从封建主义过渡到资本主义的一个重要阶段。为夺取欧洲大陆的霸权和征服世界，拿破仑对外发动了接连不断的战争。其目的是掠夺欧洲财富和土地，为资产阶级争取在欧洲和海外的工商业霸权。战争使军需供应业主大发横财。军队中高级将官也富裕起来，革命的军队开始腐化变质。

1. 反法同盟

拿破仑的扩张野心和正在进行工业革命的英国发生尖锐矛盾。法国工业的迅速发展和它在大陆上的军事胜利令英国非常不安。1805年4月，英国联合俄国组成第三次反法联盟，参加者有奥地利、瑞典、那不勒斯等。拿破仑迫使西班牙参加法国方面作战，积极准备渡海进攻英国，在法国北部布仑港集结了15万大军。

10月21日，法国和西班牙的联合舰队同纳尔逊指挥的英国舰队在特拉发加海角遭遇，法、西舰队在激战中惨败，拿破仑不得不放弃在不列颠岛登陆的企图。但在陆战中，法军取得重大胜利。10月，法军在乌尔姆击溃奥军，11月攻下维也纳，12月初奥斯特里茨一战，消灭俄奥联军3万余人。拿破仑称此战为他一生中40次胜利中最典型、最光辉的一仗。此后，奥地利被迫与法国议和，第三次反法联盟解体。

拿破仑的扩张活动加重了英俄的不安。1806年，第四次反法联盟组成，普鲁士也加入了。10月，战争再次爆发，普鲁士在耶拿一役中被击败。10月底，法军占领柏林。1807年拿破仑击败俄军后，和俄、普签订《提尔西特和约》。根据和约，俄国退出反法联盟，承认法国对已经取得的国外土地的占领。普鲁士丧失领土1/3，付出1亿法郎赔款，还须裁减军队。拿破仑在波兰建立华沙大公国，在德意志境内建立威斯特发利亚王国。

1809 年，英国又与奥地利组成第五次反法联盟，战争又趋激烈。法军连续战败奥地利军后，迫使奥地利签订《维也纳和约》。奥地利向法国割让大片土地，赔款 8500 万法郎。

1811 年，拿破仑帝国的扩张达到顶点，但帝国实际上是虚弱的、不巩固的，国内外危机四伏。各国人民的反法民族运动，动摇了拿破仑帝国的统治。西班牙、葡萄牙人民在各地展开游击战。拿破仑虽在比利牛斯半岛上驻军 20 余万，但始终未能扑灭葡、西人民反法斗争的火焰。德意志的民族运动也在蓬勃发展。拿破仑统治在国内的社会基础也日渐缩小，在国外所遇到的反抗日益剧烈，帝国面临着严重的危机。

2. 兵败俄国

拿破仑经过与欧洲反法各国的几次大战，地位更加巩固，实力也大大增强了。但强大的俄国在沙皇亚历山大的统帅下，一直与拿破仑明争暗斗。为了彻底打败俄国，拿破仑使出了他惯用的计谋。

1908 年 9 月，拿破仑与俄沙皇亚历山大在德国埃尔富特城郊进行“友好和平”的会谈。这次会谈是拿破仑邀请亚历山大而进行的，但是，拿破仑真正的目的并不是为了真正的“友好和平”，他是要通过与沙皇会谈，摆出友好姿态，同时了解沙皇对战争的准备情况。果然，拿破仑认为有机可乘，心中暗暗地定下了摧毁俄国的具体计划。

1812 年 5 月，法军占领下的德国德累斯顿，拿破仑威严地检阅着他的部队。士兵们情绪高昂，不断地高呼：“皇帝万岁！法兰西万岁！”拿破仑喜不自胜，对未来一战充满信心。检阅完毕，拿破仑振臂一挥，下令道：“出发！”60 万大军浩浩荡荡地开赴俄国境内。

经过艰难的战斗，法军虽然占领了莫斯科，但随着冬天的到来，本来就已十分短缺的军需物资，这时更是紧张。将士们以生命换来的成果，却因为缺衣少食而难以维持，法军内部怨气冲天。10 月 18

日，俄军又袭击了法军，打死打伤法军3000余人。面对这种情况，拿破仑感到，他的部队已不堪一击，已经无力再继续占领俄国了，否则，不是被俄军打死，就是被饿死、冻死。所以，他于10月19日率11.5万残兵从原路返回。回国途中，又不断遭到俄国伏击，加上天寒地冻，风雪交加，无数士兵大批大批死去。11月29日，在渡过一座桥时，士兵与随军家属互相争抢过桥，又有1.2万人掉入河中淹死。12月中旬，拿破仑终于离开俄国，但原来的60万大军，现在只剩下2万瘦弱的士卒了。

莫斯科一战，法军遭受重大损失，趁法军退出俄境的时候，沙皇立即联合奥、普军队追杀过来，1813年与法军会战于德国莱比锡，法军又遭重创。之后，1814年3月31日，亚历山大与各国反法联军进入巴黎，拿破仑被迫退位，被流放厄尔巴岛。路易十八在法国复辟了波旁王朝。

## 滑铁卢之战

地中海的厄尔巴岛很小，岛上却住着个大人物——当过法兰西皇帝，现在被逼退位的拿破仑。

1815年的一天夜里，有条小船从法国漂向厄尔巴岛。拿破仑悄悄带兵乘船离岛。

拿破仑进入巴黎后，许多市民欢呼着、叫唤着甚至哭泣着迎接拿破仑的军队，因为路易十八的倒行逆施，使他们生活得更苦。路易十八和他的亲信贵族听到拿破仑回来的消息，却没命地逃离巴黎。

维也纳的皇宫中，奥地利皇帝弗兰茨正得意洋洋地与参加维也纳会议的普、英、俄等国的亲王大臣们交谈着。不一会儿，周围的王公贵族们神情紧张地小声交谈着，因为他们相继得到了拿破仑已重返巴黎的报告。

决不能让这个“科西嘉怪物”重霸欧洲！ 英、普、奥、俄等国组成第七次反法同盟，结集70万人马，从三面分头进攻巴黎，揭开了滑铁卢之战的序幕。

当时，联军准备分头进攻巴黎：巴克雷指挥17万俄军和25万奥军集结在莱茵河方面，向洛林和阿尔萨斯推进；弗里蒙指挥奥—撒丁联军6万，集结于法意边境，准备随时向法进军；普鲁士的布吕歇耳元帅率12万普军、300门大炮在沙罗瓦和列日之间集结；英国的威灵顿将军指挥一支由英、德、荷、比人组成的混合部队约10万人、200门大炮，驻扎在布鲁塞尔和蒙斯之间。 另外，联军还有一支30万人的预备队。 联军约定在6月20日左右开始行动。

法军方面，拿破仑也在加紧备战，到6月上旬，已有18万人集结在鹰旗之下，他希望到6月底能有50万人上阵。 但令拿破仑遗憾的是，过去富有作战经验的老将已不愿再为拿破仑效力，这对法军非常不利。

对于联军的强大阵容，拿破仑认真地进行了分析，他决定要化被动为主动，以攻为守。 他认为威胁最大的是比利时方面的英普军队，所以要集中主要兵力对付，而莱茵河、意大利方面的联军，只要派少量兵力进行牵制就行了。 同时，他还决定，要趁联军尚未会齐的时候，争取战机，率先击溃英普联军，打败了威灵顿和布吕歇耳这两个老将，其他联军便好应付了。

计划已定，拿破仑便于6月12日派12.5万法军（其中有近卫军2万人）、火炮300门，悄悄移动到比利时边境，驻扎到离普军只隔一片密林的地方。

6月16日下午2时，战斗打响。 法军主力7万人在林尼附近同普军主力8万人交战，拿破仑另派5万兵力牵制英军，他希望能够把英、普军队切开，然后各个击破。

战斗进行得异常激烈，又加上天公不作美，下起了大雨，枪炮声、雷雨声相互交加、轰轰作响，一直到傍晚雷雨过后，布吕歇耳才发现，法军已占领林尼村，普军防线已被切断。而且，法军迅速包围了普军，布吕歇耳也摔伤。普军见形势不利，四散溃逃。拿破仑认为普军败局已定，令法军休息一日，然后才令格鲁希元帅追击普军残兵。这样，坐失了歼灭普军的大好时机，逃散的普军在瓦弗方面重新集结，对法军构成了新的威胁。

击溃了普军的拿破仑，亲率大军转攻英军，威灵顿听到布吕歇耳战败，害怕孤军作战，便迅速撤退到滑铁卢方向。法军将领内伊受命拦截英军，但内伊优柔寡断，英军顺利撤走。拿破仑气愤异常，也尾随英军至滑铁卢附近。

这时，被拿破仑击溃的普军重新集结，兵分两路，一路增援滑铁卢附近的英军，一路直接围攻法军右翼。

威灵顿率 6 万余英军、大炮 156 门，在滑铁卢村南布阵。阵地后方是圣让山，前面地势低洼，左侧是几个小村和沼泽、灌木林，右侧有坚固的乌古蒙堡垒，阵地中央是圣拉埃村。威灵顿号称“铁公爵”，在战术上长于防守而短于进击，所以在与拿破仑交战之前，他更加谨慎，着重防守，这一正确战术原则为他最后胜利奠定了基础。

滑铁卢总决战之前，拿破仑只率 7 万士兵、270 门大炮，但这些大炮因为天下大雨而只有一小部分进入阵地。拿破仑将总预备队置于中央后方，并正确判断出英军弱点在其中段，所以他决定佯攻英军右翼而重点攻击中部。

6 月 18 日上午 11 时决定历史进程的时刻到来了。法军抢先开炮，向英军右翼乌古蒙堡垒射击，形成对峙。中午 1 时，拿破仑按照计划，准备进攻英军中部，但情况发生了重要变化，布吕歇耳率普军一部分及时赶到，拿破仑不得不从预备队中抽出 2 个骑兵师迎击布吕歇耳。同时，拿破仑急速传令格鲁希元帅让其增援，然后率部猛攻英军中部阵地。威灵顿顽强抵抗，双方互相争夺，伤亡都很大。下午 6

时，拿破仑令内伊元帅要不惜一切代价攻克英军中部，内伊不愧为“勇士中的勇士”之称，经过奋勇拼杀，终于完成任务，占领了圣拉埃村。英军无力支持，法军也疲惫不堪，双方都在焦急地等待援军，谁先到达一步，谁就会左右历史进程，这才是极其关键的历史时刻。

黄昏时分，终于从远处飞驰过来大队人马，双方都在祈祷上帝：来的是自己人！终于那支部队走近了，双方都看得非常清楚，那高高飘扬的是普鲁士军旗！

顿时，英军士气高涨，精神振奋，威灵顿立即命令部队作最后反击，英普联军热血沸腾，疯狂地扑向少气无力的法军。

拿破仑见状，内心暗骂格鲁希“死在了何处”！此时此刻，他也深感大势已去，但仍然在作最后的决战。他立即命令近卫军投入战斗，拼死抵挡联军的进攻，但已无回天之力，终因腹背受敌而全军溃败。拿破仑乘马逃出战场，仓皇离去。

在此次战争中，英军统帅威灵顿临危不惧，沉着应战，抓住援兵到来的有利时机转败为胜，击败拿破仑，从此名震欧洲。

1815 年 6 月 21 日，拿破仑败归巴黎，百万反法联军也长驱直入进入法国边境。7 月 7 日，联军进入巴黎，拿破仑宣布退位，结束了他的“百日执政”。不久，他被流放到位于大西洋南部、远离欧洲大陆的圣赫勒拿岛，直到 1821 年 5 月死去。

## 弗里德里希大帝

如果不是父亲威廉的强烈反对，他的儿子弗里德里希二世很可能就成为一名优秀的音乐家了。

弗里德里希自幼聪慧机敏，显露出了出众的音乐才能，吹得一手很好的长笛；而且喜欢收集名画，写诗作曲。但他的父亲、普鲁士国王威廉则相反。这位普鲁士国王性情粗鲁残暴，惯用棍棒、体罚来管教臣民，“治理”国家。那时，普鲁士是德意志帝国下面的一个邦国，原本并不强大，威廉凭借他的铁腕，将普鲁士推上了强国之路。他对人们称呼他为“士兵国王”感到非常自豪，竭力向儿子灌输军国主义思想，决意要把儿子培养成一名标准的普鲁士军人。

于是，酷爱艺术的儿子与崇尚强权的父亲发生了激烈的冲突，闹得不可开交。结果，1730 年 3 月，18 岁的弗里德里希干脆逃往国外，但在过边境线时被守军截住。威廉龙颜大怒，下令将桀骜不驯的儿子关进牢房；陪伴弗里德里希同行的好朋友凯特则被处死。

父子两人的这场尖锐对立，以一年后儿子的让步而告终。弗里德里希答应学习军事，老国王这才把儿子接回了王宫。

经历了这场风波后，弗里德里希似乎成熟了许多。他把精力投入到了学习之中，尤其是在 1736—1740 年这 4 年间，他如饥似渴地阅读了许多哲学、历史、文学著作。26 岁那年，他写信给自己的崇拜偶像、法国启蒙思想家伏尔泰，从此，两人以散文和诗的形式保持书信往来，伏尔泰还帮助这位普鲁士王子修改和润色法文文稿。弗里德里希二世即位后不久，曾邀请伏尔泰来访，这位启蒙巨人在波茨坦客居了 3 年。自然，聪明的弗里德里希二世心里明白，这非常有助于树立他开明专制君主的形象。

弗里德里希的下属对此最有发言权。他们发现，平时温文尔雅、风流倜傥的王子一到军营观看演习操练，或者外出视察，监督税收，就完全变成了另外一个人。这时的弗里德里希一丝不苟，严厉地要求下属遵守秩序和纪律，无条件地服从他的命令。他们预感到，这将是一位说一不二、果断威严的君王。

1. 扩张之旅

1740 年，威廉去世，弗里德里希二世登基。他在位达 46 年，刚登基时普鲁士军队只有 9 万人，到 1786 年则达到 20 万人。他深知，军队是他开疆拓土、侵略扩张的最重要的工具，因此，不惜以国民收入的 4/5 充作军费，投入到军队的建设中。在他强有力的组织下，普鲁士军队成了欧洲大陆上一支装备精良、战术先进、纪律严明、训练有素的劲旅。

1740—1742 年和 1744—1745 年，弗里德里希二世指挥他的军队，两次对奥地利发动西里西亚（在今波兰西南部、捷克北部和德国东部）战争，最终打败了奥地利，普鲁士终于占有了土地肥美、物产丰饶，面积约 3.5 万平方千米，有“奥地利王冠上的明珠”之称的西里西亚，国土一下子扩大了 1/3。

弗里德里希二世从此被普鲁士人尊称为弗里德里希大帝（又称腓特烈大帝）。

2. 七年战争

奥地利人咽不下这口气，1756 年 8 月，普鲁士与奥地利重新开战，七年战争（1756—1763 年）爆发。法国与奥地利结成同盟，俄国与瑞典不愿看到普鲁士强大，也加入到了法奥同盟中；而普鲁士只有英国一个盟友。在七年战争中，普鲁士四面受敌，处境非常不利。虽然弗里德里希二世以他的军事指挥才能一度挡住了敌军，但战局很快急转直下。1760 年，俄军攻占了东普鲁士后，长驱直入，一度占领了柏林；法、奥军队乘机夹击，使普军雪上加霜。弗里德里希二世濒临绝境，他在给兄弟的信中沮丧地写道：“谁也不来帮助我们……我看不出有任何拖延或者防止我们灭亡的可能性。”

极度绝望的弗里德里希二世甚至准备退位了。这时，发生了一件意想不到的事。1762 年 1 月，俄国女皇叶丽萨维塔去世，即位的彼得三世是弗里德里希二世的狂热崇拜者，他立即下令俄军撤兵，并在 5 月 5 日单独与普鲁士签订和约，归还所有被俄军占领的地区；还出兵帮助普军攻打奥军，使普军转败为胜。

1763 年 2 月，普鲁士与奥地利签订《胡贝尔茨堡和约》，普鲁士对西里西亚的绝对占有权得以确认。普鲁士由此跃居欧洲军事强国之列，迈出了雄踞德意志、争霸欧洲的重要一步。

3. 文治武功

弗里德里希二世有句名言：“国王是国家的第一仆人。”他统治期间，减轻了农民负担，修筑公路，开凿运河，促进了采矿、纺织、造纸和玻璃工业的发展，建立了简便而有效的税收制度，使国力迅速上升。他还对普鲁士的法律进行改革，取缔了中世纪遗留下的多种酷刑，选拔了一批受过良好教育、公正廉明的法官。他受启蒙思想的影响，提倡科学和艺术，聘请许多具有启蒙思想的学者到他设立的科学院中任职。普鲁士的初等教育在他统治期间也有所发展。

与这些文治相比，弗里德里希二世的武功更加显赫。1772 年，他伙同沙皇俄国和奥地利第一次瓜分波兰，夺得了波兰约 3.6 万平方千米的土地。1786 年弗里德里希二世病逝后，普、俄、奥又在 1793 年、1795 年两次瓜分波兰。1740 年弗里德里希二世上台时，普鲁士的国土为 11.8 万平方千米，到 18 世纪末，则扩张到 30.5 万平方公里，人口从 224 万增加到 868 万，普鲁士成为德意志境内最大的邦国。

弗里德里希二世的军事思想则给后人留下了一份有价值的遗产。他推崇进攻，认为战争的目的就是消灭敌人的有生力量，主张选择有利战机，集中优势兵力，分割敌军，各个击破。拿破仑就从他的这种战略思想，以及他所创立的炮兵与骑兵结合的战术中得到借鉴，进而称雄欧洲大陆的。

## 铁血宰相

柏林的普鲁士王宫，威廉一世在此单独召见普鲁士驻法大使俾斯麦。

威廉一世登基一年多来遇到了最困难的局面。他雄心勃勃要增加军费，改变兵役制年限的主张被议会下院否决。因为议会担心国王这样做会扩张权力，危及他们代表的资产阶级利益。威廉一世倔强地拒绝让步，并准备以退位相威胁。俾斯麦朝见时，看到桌上放着威廉一世的退位书。

"陆军大臣罗昂向我举荐了你。"国王说。

"陛下，如蒙您恩准，我将不理睬那些议员的反对意见，坚持执行您改革军队、建立新兵役制等强兵富国的决定。"俾斯麦表示了他的效忠决心。

两个小时的谈话后，威廉一世撕掉了退位书，说："我任命你为国务大臣，代理首相职务组织新内阁。"这天是 1862 年 9 月 22 日。

1. 用铁与血解决政治问题

俾斯麦于 1815 年 4 月 1 日出生在普鲁士大容克贵族地主家庭。他在父亲的庄园里度过了自己的童年。后来入大学学习，在学习期间，他强硬蛮横、凶悍粗野，曾与同学决斗了 27 次。大学毕业后，他回到家乡管理自己的两处领地。

1848 年，德国爆发革命，俾斯麦在自己的领地上组织起军队，准备武力镇压革命。1851—1858 年，他担任普鲁士邦驻德意志联邦代表会的代表，1859 年任驻俄大使，1861 年改任驻法大使。

俾斯麦当上宰相的第一周，就在邦议会上发表了他的首次演说，他非常激动地说道："当代的重大政治问题不是用说空话和多数派决议所能决定的，而必须用铁和血来解决。德国所指望的不是普鲁士的自由主义，而是他的武力！"这就是"铁血宰相"的由来。那么他这番演说用意何在呢?

原来，许多世纪以前，德国就一直处于四分五裂的状态之中，这种群龙无首的情况名闻欧洲。1815 年，各封建国家在维也纳召开会议，建立了"德意志邦联"，它包括力量较强的奥地利、普鲁士和其他小国共 34 个国家和 4 个自由城市。但这个邦联并不是一个统一的国家，各小国仍然具有完全独立的主权，有各自独立的政府和军队，有各自不受侵犯的疆域、不同的关税政策以及不同的发展水平。实际上，所谓组成邦联，只不过徒具形式而已。

小国互相主动联合，说明了一个重要问题，即分裂不利于经济发展。为了全体德意志小国的共同利益，他们宁愿联合起来。可以说，德国的统一是历史发展的必然趋势。但是，怎样统一？由谁来统一？这个问题显然非常难办。光靠这种松松垮垮、无任何约束力的“邦联”是不行的。形势显然对当时实力较强的两个大国有利，那就是奥地利和普鲁士。

奥地利想以自己为中心来统一德国，并希望把普鲁士与别的小国一样，包括在内。而普鲁士则不同，他们计划要统一的国家中，排除了奥地利。

1862 年 9 月，俾斯麦担任首相之职时，正是普鲁士军事力量处于上升时期，这正好为他的铁血政策打下了坚实的基础。

俾斯麦深知，议会里的资产阶级议员只会吵吵嚷嚷，他们懦弱无能，根据没有实力对抗政府，所以，为了更有效地实行“铁血政策”，他干脆一脚踢开议会，在议会指控政府“违背宪法”的情况下，他不但不害怕，反而公开扬言：“冲突在所难免，在冲突中最有力量的方面，一定获胜！”一副挑战者的姿态。同时，他还知道，一旦自己的“铁血政策”得到最后胜利，取得了全德的统一，那么，这些叽叽喳喳的资产阶级议员就会立刻拜倒在他的面前。

2. 普奥战争

俾斯麦“铁血政策”的第一步，就是向丹麦进攻。1863 年末，丹麦合并了属德意志邦联的施勒斯维希小公国。次年年初，俾斯麦联合奥地利对丹麦作战。俾斯麦之所以要联奥抗丹，原因是既能解除后顾之忧，又能共同对外。奥地利马上同意了普鲁士的要求，普奥联合向丹麦发出最后通牒，随即开始战争。丹麦以 4 万士兵对 6 万敌人，结果战败。普鲁士得到了施勒斯维希。奥地利也得到了另一小公国何尔斯泰因。

“铁血政策”的第二步，就是挑起对奥地利的战争。打败丹麦后，俾斯麦调转枪口，对准了奥地利。

但打败奥地利并不像打败丹麦那样容易。于是俾斯麦先联合意大利，意大利因威尼斯地区一直受奥地利欺凌，所以马上答应了普鲁士的请求，双方结成反奥联盟。然后，俾斯麦三次亲往法国，假意许诺拿破仑三世，打败奥地利后，让法国得到一份领土报酬。这样，稳住了法国。

做好了这些后，俾斯麦对奥地利一再挑衅，要求奥地利将不久前从丹麦手中得到的小公国何尔泰因让给普鲁士，同时提出改革德意志联邦法案，以期排除奥地利在整个德意志的影响。奥地利当然不答应，于是就联合不少德意志小国对普鲁士进行“制裁”。于是普奥战争爆发。

1866 年 6 月，奥军 28 万人对付普军 25 万人，7 月 3 日，双方集结于萨多瓦村附近展开决战，俾斯麦下决心一举击溃奥军，并自带毒药，准备一旦失败就服毒自杀！

结果，普军大获全胜。10 天后，俾斯麦逼近奥地利都城维也纳。在有人提议一举占领奥地利全境时，狡猾的俾斯麦没有听从，他估计到法国会出面干预，另外，他可能还会利用奥地利。

果然，拿破仑三世出面进行了调停，双方达成协议。奥地利宣布退出德意志，并将四个邦国和一个自由市让给普鲁士。这样，普鲁士就统一了德国整个北部和中部地区，建立起了一个北德意志联邦。这时只有德意志南部紧邻法国的四个小邦国仍旧保持着独立。

俾斯麦想兼并这四个小国，但他知道，法国也有同样想法，而法国是如此强大，不打败它，德国的统一将不可能实现。同时，俾斯麦对法国境内富裕地区阿尔萨斯和洛林也很感兴趣，早已垂涎三尺。所以，俾斯麦“铁血政策”的第三步，就是进行普法战争，打败法国，从而引发了改变欧洲格局的普法战争。

## 普法战争

“一个在政治中按照原则行事的人，好比一个嘴里横着木杆想穿过树林的人……政治是量力而行的艺术。”俾斯麦自我总结的这两点，是他发动普法战争的外交方针。为了统一德意志南部，普鲁士必须打败法国。但为了不致引起其他欧洲各国的干涉，又必须让法国先向普鲁士宣战。俾斯麦苦苦寻找的这个机会，在 1868 年普法之间为西班牙王位继承人问题发生争议时出现了。

当时，西班牙议会决定将王位交给普鲁士王室的利奥波德亲王，引起法国强烈不满。威廉一世劝说利奥波德亲王放弃了王位。但法皇拿破仑三世还是强横地命令法驻柏林大使赶到威廉一世度假的温泉，要求普鲁士国王保证永远不支持利奥波德亲王家族染指西班牙王位。这强横的要求遭到国王威廉一世拒绝。国王随即又将此事用电报告知首相俾斯麦。俾斯麦读了电文，心中一阵狂喜。他立即命人巧妙地编排电文词句，使人读后产生法国大使对普王无礼，普王被逼无奈粗暴回敬的感觉。

次日，被改编的电报在报上刊出，如同俾斯麦所料，“像红布刺激公牛一样”，法国感觉脸面丢尽而向普宣战，普法战争爆发了。

战争开始时，拿破仑三世充满了信心，他把号称 40 万的大军调到前线，准备采用先发制人的策略一举冲入德意志境内，打败普鲁士。于是他自封司令，在 7 月 28 日到前线视察。可是，当他到前线后却发现，前线只有 20 万军队。军事要塞麦茨的兵力不足 10 万，而且装备不齐，物资不足，编制混乱。作战命令已经下达了，不少官兵还未找到自己所属的部队，根本无法投入战争。战机一个个失去了。

法军坐失良机，普军却赢得了时间。

8 月 2 日，法军闯入德境，立即遭到普鲁士军队的迎头痛击。

8 月 4 日，普军转入反攻，向法军发起凌厉的攻势，攻入法境内法军前哨阵地维桑堡，法军败退。 拿破仑三世大怒，急忙电令麦克马洪夺回他丢失的阵地。 8 月 6 日，麦克马洪率军开到维桑堡西南的维尔特村。 被普军拦截，双方展开激战，结果，法军全线溃败，继续撤退。 普军乘胜追击，战场全部移入法国境内。

拿破仑三世看到情况不妙，立即打退堂鼓，他把元帅印交给元帅巴赞，自己乘上一辆马车向西逃窜。 8 月 14 日，巴赞又被普军严密包围在麦茨要塞孤城，已无反抗之力。

拿破仑三世见势不妙，又随麦克马洪所率的 12 万大军逃向东北，到 8 月 30 日，不得不退守色当。 普军随即也向色当集结。

9 月 1 日，色当会战开始了。 普军 700 门大炮猛轰法军营地，炮弹像雨点一样落向法军阵地。 色当全城一片火海，硝烟弥漫。 法军死伤无数，余下的急忙钻进堡垒。 麦克马洪几次受伤。

接着，普军 20 万人向色当发起猛攻，下午 3 时，法军终于支撑不住，在色当城楼举起了白旗，拿破仑三世还向普鲁士国王写了一封投降书，竟无耻地说：“我亲爱的兄弟，因为我未能死在我的军中，所以我只得把自己的佩剑献给陛下。 我希望继续做陛下的好兄弟，拿破仑。”

9 月 2 日，拿破仑三世会见德国首相俾斯麦，正式签署了投降书。拿破仑三世、法军元帅以下的 39 名将军，10 万士兵全部做了普军的俘虏。 650 门大炮也被普军缴获。

9 月 3 日，拿破仑三世向巴黎发电：“军队已被击败，全体官兵和我本人都已成为俘虏。”

1871 年 1 月 28 日，普法签订《巴黎停战协定》，宣布法国投降。5 月 10 日，双方在法兰克福签订《法兰克福和约》，法国割让了阿尔萨斯和洛林给德国，并赔偿 50 亿法郎，宣告战争结束。

## 彼得大帝

1682年，一个刚满10岁的小沙皇登基了。他就是俄国罗曼诺夫王朝的第四代沙皇彼得·阿列克塞耶维奇·罗曼诺夫。

彼得即位不久，他的同父异母姐姐索菲娅借助射击军兵变，上台执政。彼得被迫和母亲住在莫斯科郊外。他从小就喜欢军事游戏，把自己的小伙伴编成两个“游戏”兵团，整天在绿荫环绕的村庄中，建筑土堡，进行军事演习及防战游戏。

7年以后，彼得长大了，他的游戏兵成了两支训练有素的近卫军。索菲娅意识到，彼得是个危险的对手。1689年8月，她发动兵变，企图废掉彼得，但是阴谋失败，索菲娅被送进修道院。

彼得开始亲自执政。这时的俄国基本上是个内陆国家，经济也很落后，要改变这种状况，彼得认为首先要有出海口，他宣称“水域，这就是俄国所需要的”。有了出海口，就等于打开了通向西欧的窗口。

1695年1月，彼得亲率3万大军进攻土耳其，企图占领亚速海。由于没有海军，彼得不能从海上包围亚速城堡，而土耳其舰队却可以经常提供援助，这次远征失败了。他并不灰心，用一年多时间建立了一支舰队。1696年春天，30艘俄国战舰出现在亚速海上，俄军水陆并进，围攻亚速城堡，土耳其战败求和，亚速海落到了俄国人手中。

占领亚速后，俄国并没有打通南方的出海口。因为土耳其不仅占领着亚速海的门户——刻赤，而且它拥有一支强大的海军，统治着黑海。彼得觉得应该向西欧学习，他决定派一个使团到西欧各国考察。

正当彼得在国外考察时，国内射击军发动兵变，要求立索菲娅为沙皇。彼得闻讯后，急忙赶回国内，残酷地镇压了叛乱，处死了1000多人。他强迫索菲娅当修女，还把195名叛军的尸体吊在她的窗前。

1. 全面改革

平息叛乱后，彼得开始在俄国进行全面改革。他大力鼓励本国商人和外国商人投资发展工业，先后开办了冶金、纺织、造船等工厂200多家。他又征召大批农奴开凿运河，建设通商口岸，发展商业。

彼得非常重视文化教育，先后开办了工程技术学校、航海学校、造船学校、海军学校等专门学校，派遣留学生到西欧学习。他还创建了博物馆、图书馆和剧院，创办了俄国第一份报纸《新闻报》，由他亲任主编。

彼得又改革了礼仪制度，甚至采取强制性手段，迫使俄国贵族接受西方习俗。彼得1698年从国外回来接见贵族时，当场剪掉他们的长胡子，禁止他们下跪，后来又下令禁止穿俄罗斯长袍。彼得鼓励贵族学习西方人的嗜好，要他们头戴撒了香粉的假发，脚穿喇叭口的长筒靴，带着妻子儿女参加各种晚会、舞会、进行社交往来等。

彼得对国家行政机构进行了全面改革。撤销了原来那些守旧无能、臃肿混乱的政权机构，把地方政权完全集中到中央，也就是彼得一人手中，这些改革使俄国皇帝有至高无上的权力，俄国也变成了绝对君主专制的国家。

彼得花了很大力气进行军队的改革。兴办兵工厂，造船、铸炮，改善军队的武器装备。同时，扩大征兵，建立了一支拥有130个兵团、20万士兵的强大陆军和一支拥有48艘战舰的海军。

在改革过程中，彼得深深感到过去按门第选用官吏的腐败，决定打破旧传统，按能力和才干任用各级官吏。这一改革，使一些出身低微的人在政府中升任要职。彼得的第一位总检察长雅古任斯基小时候放过猪，他的亲信大臣、陆军元帅缅西科夫曾经在莫斯科街头卖过肉包子。

2. 寻找出海口

改革之后，俄国富强了。彼得又开始为俄国寻找出海口，南方不行，就把眼光投向北方，首要的进攻目标就是瑞典。瑞典是北欧最强大的国家，也是欧洲强国之一，它拥有一支强大的军队。彼得要和瑞典争夺波罗的海是一个非常大胆的决定，是对俄国的一次严重考验。

1700 年秋天，彼得率 3 万大军包围了瑞典的城堡纳尔瓦。18 岁的瑞典国王查理十二世，先击败了俄国的盟友丹麦，接着带领 1 万多精兵向俄军发动猛攻。俄军全线崩溃，几乎全军覆没，彼得只身逃回了莫斯科。

惨重的失败没使彼得丧失信心，他利用查理十二世进攻波兰的有利时机，以最大的努力重建军队。

彼得从全国各地征集新兵，加紧训练。没有大炮，他命令每三个教堂交出一口铜钟来铸炮。一年之后，俄国铸出了 300 门大炮。1703 年，俄军再次进攻瑞典在波罗的海沿岸的要塞，占领了尼恩尚茨·纳尔瓦。然后在涅瓦河口附近的科特林岛上修建要塞卡朗施塔特，在叶尼萨利岛上建立彼得—保罗要塞。彼得—保罗要塞地处大涅瓦河、小涅瓦河的汇合点，控制着通向波罗的海的水路。彼得选中这块地方作为未来的首都，使它成为真正的通向欧洲的商口。

1712 年，彼得在涅瓦河两岸的荒岛上建立了一座新城市，取名为彼得堡，把首都从莫斯科迁到这里。

1709 年 6 月 27 日，俄国和瑞典在波尔塔瓦展开了规模空前的激战。彼得亲临前线指挥，他的帽子和马鞍都中了枪弹。最后，瑞典溃败，查理十二世逃到土耳其。后来俄军又多次在波罗的海打败瑞典。1721 年，双方签订和约，俄国从瑞典手中夺得了芬兰湾、里加湾沿岸的土地，从而解决了北方出海口问题。

1721 年 10 月，俄国枢密院尊称彼得为“大帝”和“祖国之父”，俄国也正式改称“俄罗斯帝国”。

## 十二月党人

1825 年 12 月 26 日，是新沙皇尼古拉一世举行登基仪式的日子。这个身材高大、矫揉造作，装出威严模样的尼古拉坐上皇位，实在有几分心虚。他的大哥沙皇亚历山大一世突然死亡，因为他没有儿子，按理应由二哥，当时任华沙总督的康斯坦丁继位。可是，据说康斯坦丁声言放弃皇位，这才轮到尼古拉一世当沙皇。因为为人粗野、独断专行，尼古拉知道自己在彼得堡的近卫军中缺乏威信。甚至彼得堡总督米洛拉多维奇将军都说，尼古拉即位称帝，他不敢保证首都治安的稳定。

果然，尼古拉在当天上午 10 时，对向他宣誓效忠的贵族大臣说“哪怕我只做一个钟头的皇帝，我也要尽职”时，圣彼得堡参议院广场上，彼得大帝铜像前，有 800 余名近卫军士兵手执武器列成方阵。还有一些军队也陆续赶来。军官们对部下鼓动道：“康斯坦丁已被关进了牢房。我们决不向尼古拉宣誓效忠。”反对沙皇的起义就这样开始了。

1. 残酷的镇压

指挥起义的是一些反对专制统治，要求在俄国实行宪法、废除农奴制的贵族军官组织的秘密团体。他们的计划是在尼古拉即位之际，发动武装起义。首先占领参议院广场，强迫参议院宣布在俄国废除农奴制、实行民主宪法、召开制宪会议，阻止尼古拉当沙皇；然后就夺取冬宫，逮捕皇室成员，占领涅瓦河口的军事要塞和军火库，控制邮政局和其他政府机关。

不巧的是，这天尼古拉一世一早就命令参议院成员向自己宣誓效忠。贵族议员在仪式举行完后已经各自散去。尼古拉一世的登基诏书也已经在城内散发。起义计划的预定步骤被打乱了。同时，不知什么原因，负责指挥起义队伍的特鲁别茨科依上校也一直没出现在广场上。一时起义部队无人领导，白白在广场上挨冻，没有发动军事攻击。

尼古拉一世虽然不全知晓这些，可早已慌了手脚。他无法调动近卫军，只得匆忙发令调首都卫戍部队。下午2时，大批忠于尼古拉的军队赶到，将起义军队包围起来时，广场的起义官兵们已有3000多人了。因为原计划集结的各支反对尼古拉的近卫军都赶到了广场。

首都卫戍部队发起了攻击，立即被起义士兵击退。一些胆大的百姓也用木柴在背后投掷卫戍部队。

总督米洛拉多维奇将军被皇帝命令到广场去劝说起义军，他是参加过1812年俄国抗法卫国战争的名将，或许有些威望，可以安抚军心。但是，起义军官用手枪击伤了他。

下午5时，去远处军火制造厂拉炮弹的马车终于赶到。排炮开始向起义军队发起两轮炮击。冬天，天黑得早。大炮的轰击火光中，在广场冻饿了一天的起义官兵一片混乱，有不少人逃到冰冻的涅瓦河上。

“朝涅瓦河上的叛乱者开炮！”冰层被炮弹炸裂开了，不少士兵掉进冰河中死去。反对沙皇的贵族革命起义就这样被残酷地镇压了下去。

2. 贵族叛乱者

在彼得堡，对起义者的全面搜捕展开了。在乌克兰，起义者在南部的暴动计划也被沙皇军队镇压了下去。

因为这次起义发生在12月，所以起义者被称为“十二月党人”。被抓捕的十二月党人几乎全部是贵族，相当多还是军官。121名“叛乱者”中，13名有上校军衔。

尼古拉一世亲自参加对十二月党人的审讯。他软硬兼施，威逼他们认罪。他一会儿许诺给某人的家属发一笔安抚费；一会儿竟然流着眼泪，对某人诉说俄国的不幸局面。

尼古拉一世下令，判处100多人流放西伯利亚服苦役。他冷冷地说："我在位一天，他们就休想离开西伯利亚。"另有5人被判处死刑，其中有少尉别斯土舍夫、彼斯杰尔上校和诗人雷列耶夫。

在彼得堡的保罗要塞，处决彼斯杰尔上校和诗人雷列耶夫的绞索断了。两具尸体从空中沉重地摔下，四肢摔断了。行刑者又将鲜血淋淋的尸体套上绳子，残忍地再次吊起来示众。雷列耶夫生前写过一首长诗，诗中借主人公的自由，表示自己为反抗暴政将义无反顾：

如果有谁最早站起来，
去反抗压迫人民的人们，
我知道毁灭将等待着他。
命运已经注定我应该死去，
但请告诉我，
何时何地曾经有过不需要牺牲就能获得的自由？

十二月党人失败的重要原因，是他们只相信自己而不发动广大民众参与革命。但是，他们的勇敢精神以及沙皇对他们的疯狂迫害，呼唤着俄罗斯人民起来反抗暴政。

## 万有引力定律

1666年秋天，正当坐在苹果树下的牛顿沉浸在苦苦思索之中时，忽然有一个苹果从树上落下来，掉在他身边。他看见了，觉得很奇怪，他想："这个苹果为什么会落下来呢？是因为它熟透了吗？可是，它熟透了为什么只向地上落，而不向天上飞呢？""苹果落地，那是因为地球在吸引它。地球对苹果的引力，就是在高山上也不会减弱。如此说来，这种地球引力也能够到达月球了！"牛顿的眼里闪出了奇异的光芒，长期以来思考的问题终于找到了解决的线索。牛顿从地上一跃而起，高兴得往家跑去。晚上，在烛光下，牛顿开始根据笔记本上的记录计算起来，得出了地球引力的减弱是与地球中心到月球的距离的平方成反比的。这就是“平方反比律”。后来他又联想到太阳、行星，也计算出引力同距离的平方成反比。这时，牛顿已经发现了万有引力定律，但他却把它放到桌子里了。因为他认为在未能证明这一定律的正确性之前是不能发表的。直到 1687 年，牛顿在证明了万有引力定律后，才最终在《自然哲学的数学原理》一书中发表了自己的万有引力定律和运动三定律。牛顿还在 1668 年设计并实际制造了第一架反射式望远望，即今天大多数天文观测使用的望远镜。他对现代数学最重要的成就就是发明了微积分。

1. 出版风波

牛顿的《自然哲学的数学原理》一书出版时，英国科学家胡克却说，平方反比定律的第一位发现者是他，而且牛顿的研究工作是由他才产生的。牛顿认为胡克也不是不讲理的胡说，于是在书中确认了胡克的独立发现权。牛顿的《自然哲学的数学原理》出版后，惠更斯专程去和牛顿会面。英国诗人波佩赞美牛顿说：“大自然和它的规律，隐藏在黑暗之中，上帝说：‘让牛顿去吧，一切便灿然明朗。’”

2. 宝刀不老

晚年的牛顿依然宝刀不老。1696 年，瑞士数学家伯努利出了两个问题，向欧洲数学家挑战。牛顿知道后，当天晚上就解决了，寄给伯努利。伯努利说：“我一眼就认出了狮子的利爪，这肯定是牛顿所为。”据说莱布尼茨也出题挑战牛顿，牛顿虽然 75 岁了，但只用了一下午就解决了问题。

## 一脚踢出了“珍妮机”

影响世界历史进程的英国工业革命，是被一个男子“一脚踢出来”，然后才开始的。

事情要从 1764 年里的一天说起。英国兰开郡有个纺织工詹姆斯·哈格里夫斯，那天晚上他回家，开门后不小心一脚踢翻了他妻子珍妮正在使用的纺纱机，当时他的第一个反应就是赶快把纺纱机扶正。但是当他弯下腰来的时候，却突然愣住了，原来他看到那被踢倒的纺纱机还在转，只是原先横着的纱锭现在变成直立的了。他猛然想到：如果把几个纱锭都竖着排列，用一个纺轮带动，不就可以一下子纺出更多的纱了吗？哈格里夫斯非常兴奋，马上试着干，第二年他就造出用 1 个纺轮带动 8 个竖直纱锭的新纺纱机，功效一下子提高了 8 倍。为了纪念自己的妻子，机器被他取名为“珍妮机”。由于当年他没能申请到专利，因此只能自己生产“珍妮机”来赚钱。“珍妮机”不但效率高，而且纺出的纱质量也比较好，因此哈格里夫斯的生意不错，“珍妮机”也渐渐流传开来了。

1. 不断的改进

一天夜晚，哈格里夫斯夫妇晚餐后正在谈论“珍妮机”给他俩带来的日渐富裕，突然一阵杂乱的脚步声出现在他家门口，然后，门被粗暴地撞开，一群怒气冲冲的男男女女冲进来。他们不由分说，将房里制作好的“珍妮机”通通捣毁：“你制作的害人机器见鬼去吧！”甚至有人还放火，点燃了哈格里夫斯的房屋。他们夫妇俩被赶出了兰开郡的小镇。

原来，英国工业革命发生后，大量失去土地的农民涌入城市，为工场主打工谋生。当时英国占领了印度作为殖民地，印度生产的棉纺织品价廉物美，热销一时，引发了英国本土棉纺业的繁荣。但是，织布机械由于机械工人凯伊发明飞梭技术，生产率大大提高。织布需要的棉纱，却还是依靠众多家庭手工业的纺车慢慢纺出来。所以棉纱供不应求，收购价格较高。“珍妮机”的发明使棉纱产量上升，于是，织布厂收购棉纱价格下跌。那些没有使用“珍妮机”的纺纱工人不但产量低，而且棉纱又卖不出好价钱。日子久了，他们的怒气爆发，才有捣毁机器那一幕的发生。

哈格里夫斯夫妇不得不流落诺丁汉街头，但他们还是努力改进“珍妮机”。

1768 年，哈格里夫斯获得了专利；到了 1784 年，“珍妮机”已增加到 80 个纱锭。4 年后英国已有 2 万台“珍妮机”了。

2. 层出不穷的新发明

工业革命不断地催生出新的发明。1769 年，理查德·阿克莱特发明了卷轴纺纱机。它以水力为动力，不必用人操作，而且纺出的纱坚韧而结实，解决了生产纯棉布的技术问题。但是水力纺纱机体积很大，必须搭建高大的厂房，又必须建在河流旁边，并有大量工人集中操作。于是，1771 年，他建立起有 300 名工人的工厂；10 年后工人增加到 600 名。纺织业就这样逐渐从手工业作坊过渡到工厂大工业，到 1800 年，英国已有这样的工厂 300 家。但这种机器纺出的纱太粗，还需要改进。

童工出身的塞缪尔·克隆普顿于 1779 年发明了走锭精纺机。它结合“珍妮机”和水力纺纱机的特色，又称“骡机”。这种机器纺出的棉纱柔软、精细又结实，很快得到应用。到 1800 年，英国已有 600 家“骡机”纺纱厂。

英国纺纱业的大发展，使织布业反倒显得落后了。1785 年，牧师卡特赖特发明水力织布机，使织布工效提高了 40 倍。到 1800 年，英国棉纺业基本实现了机械化。

就这样，从工场手工业过渡到机器大工业的工业革命，是先从英国的纺织业开始的。继而，工业革命的先进技术又被美、法、德、俄等欧美列强广泛吸收和采用，大大提高了劳动生产力，又促进了商业和运输业的发展，加速了城市化的进程，极大地改变了人们的生活。

## 瓦特蒸汽机

你听说过“水壶的故事”吗？ 故事中说，瓦特小的时候，看见炉子上壶里的水沸腾了。 蒸汽把壶盖顶了起来，瓦特从中受到启发，长大后发明了蒸汽机，成为著名的发明家。 其实，那只不过是传说而已，瓦特发明蒸汽机并不是他幼时的灵感，而是吸收前人的成果和他个人艰苦努力的结果。

1. 失败的试验

1736 年，瓦特生于英国造船业发达的格拉斯哥城附近的格里诺克镇。 他的祖父和叔叔是机械工人，父亲是造船工人。 因为家里穷，瓦特几乎没上过学，但在家庭的影响下，从小就懂得了不少机械制造的知识，培养了制造机械的兴趣。 瓦特 18 岁那年进格拉斯哥城学习手艺，后来又去伦敦专门学习机械制造业。 1757 年，瓦特到格拉斯格大学当实验员，专门制作和修理教学仪器。 大学为瓦特提供了良好的学习与实践的机会。 他孜孜不倦地学习，还掌握了德文和意大利文，一有机会就向大学里的教授请教，有时还和他们争论科学技术问题。

1763 年，外边送到大学里的一台蒸汽机要瓦特负责修理。 瓦特和另外几个人详细地研究起来。

这台蒸汽机是一个名叫纽克曼的苏格兰铁匠发明制造的，这在当时是最先进的蒸汽机了。 在纽克曼之前，有许多人都对蒸汽当作动力用于生产怀着很大的兴趣。 1688 年，法国物理学家德尼斯 · 帕潘，曾用一个圆筒和活塞制造出第一台简单的蒸汽机。 但是，帕潘的发明没有实际运用到工业生产上。 10 年后，英国人托易斯 · 塞维利发明了蒸汽抽水机，主要用于矿井抽水。 1705 年，纽克曼经过长期研究，综合帕潘和塞维利发明的优点，创造了空气蒸汽机。

经过认真研究，瓦特发现纽克曼蒸汽机有许多缺陷，主要是燃料耗费太大，笨拙，应用的范围有限，只能用于矿井抽水和灌溉，瓦特决心造一台比它更好的蒸汽机。

一年之后，瓦特自己制造的蒸汽机开始点火了。但水沸腾起来之后，蒸汽机一动不动，水汽从里面冒了出来，屋子里搞得雾气腾腾，原来蒸汽机漏气，瓦特的第一次试验失败了。

2. 蒸汽时代

当时，造一台蒸汽机需要几千英镑，而瓦特一年的工资也才不过35 英镑，他只好向朋友求助。一个经营铁工厂和煤厂，名叫巴克的朋友为他提供经费，给予他很多帮助。当试验眼看就要成功的时候，巴克却突然破产，瓦特又走投无路了。

“瓦特，我给你带来好消息了。”正当瓦特在自己的实验室里一筹莫展的时候，好心的巴克却在四处奔走，想法为瓦特寻找支持者。

“什么好消息，快告诉我。”瓦特兴奋起来，感到事情又有希望了。

“伯明翰有一个铁器制造商，叫马太·波尔敦，他答应为你提供经费。”

“他有什么条件？”

“他将为试制蒸汽机提供一切费用，并且维持你的生活，直到这个事业获利为止。你要用蒸汽机专利权的 2/3 作为对他的补偿。”

“好，我同意了！”

瓦特很快赶到伯明翰，在那里，经过反复实践，终于在 1776 年制成了有分离冷凝器的单动式蒸汽机。这种蒸汽机比纽克曼的蒸汽机有显著的优点，可节省 75 % 的燃料。

瓦特并没满足于已取得的成就，1782 年，他又成功地制造了联协式蒸汽机。1784 年，瓦特对它进行了改进，为它增加了一种自动调节蒸汽机速率的装置，使它能适用于各种机械的运动。从此之后，纺织业、采矿业、冶金业、造纸业、陶瓷业等工业部门，都先后采用蒸汽机作为动力了。

1807 年，美国人富尔把瓦特的蒸汽机装在轮船上，从此，航运中的帆船时代结束了。

1814 年，英国人史蒂芬把瓦特的蒸汽机装在火车上，陆路运输的新时代开始了。

19 世纪三四十年代，蒸汽机在欧洲和北美被广泛采用，这就是所谓的“蒸汽时代”。

瓦特逝世于 1819 年，后人为了纪念他的伟大发明，把发电机和电动机的功率计算单位称为“瓦特”。现代家庭用的电灯、电暖器、电熨斗的功率都称为“瓦”，那是“瓦特”的简称，也是为了纪念他为人类作出的杰出贡献。

## 照亮精神的思想

进入 18 世纪，法国启蒙运动正式开展。“启蒙思想家”所利用的武器，主要是所谓的“理性主义”。他们不承认任何外界的权威，批判王权、教权，表达资产阶级的意志和愿望。经过伏尔泰、孟德斯鸠和后来卢梭的发动、引导，“理性主义”深入人心，给天主教会和专制王朝以沉重打击，广大青年深受教育，新一代启蒙学者大量涌现。启蒙运动在 18 世纪 50 年代逐渐走向高潮，著名的《百科全书》的编撰和出版，是其重要标志。百科全书派的核心人物是以狄德罗为首的几位唯物主义哲学家，狄德罗是启蒙学者中的第二代精英人物。他本是制刀匠之子，靠为教会誊写文字、译书、做家庭教师为生，后来才应出版商之约主编《百科全书》。除该书外，他还写有多部论著，无不将矛头直指封建统治和教权制度。他说，宗教神学都是“以最可疑之事，证明最不可信之事物”。他讥讽说，《圣经》上声称，妇女因触犯上帝遭到惩罚，所以分娩时必遭痛苦。但是母猪生崽的时候也无一个不痛，不知它们为何事也得罪了上帝呢？身为《百科全书》的主编，狄德罗为该书的出版呕心沥血，艰苦奋斗几十年。他在伏尔泰等前辈的支持下，克服各种困难，顶住教会、政府和反动文人各种形式的迫害，冲破道道禁令，终于按计划将书全部出齐，为法兰西民族建立了一座精神文明的纪念碑。

1. 启蒙运动

18 世纪初，法国仍然是一个封建等级森严、专制的、天主教会的国家，封建制度已非常腐朽。与此同时，法国社会内部的资本主义生产关系已有很大增长，资产阶级强烈要求自由发展，同旧制度之间的矛盾日益尖锐。资产阶级要求进行改革和革命，扫除封建制度的阻碍。有了革命的要求，就会产生革命的理论。资产阶级的各个阶层，都涌现出许许多多理论家。他们著书立说，大声疾呼，批判封建制度的不合理，宣扬建立“合理”的社会制度。他们的宣传启发了人们的反封建意识，所以被称为“启蒙”思想家。可以说，启蒙运动是资产阶级为了向封建统治夺取政权、确立资本主义统治而做的舆论和意识形态方面的准备。

2. 百科全书派

《百科全书》的第一卷于 1751 年问世，全书直到 1772 年才出齐。其中汇集了当时自然科学和社会科学的最新成果，也团结了思想领域的一切反封建战士。它用科学成果对抗宗教迷信；用民主理想反对专制统治，沉重打击封建势力，深入持久地教育人民。参加编撰《百科全书》的启蒙思想家，被尊称为“百科全书派”。

## 追赶牲畜的思想家

在卢梭的一生中，爱自由、爱共和的思想种子，形成了他倔强高傲以及不受束缚和奴役的性格。每逢这种从幼年起就培养起来的性格不能发挥的情况下，就会使他感到特别苦恼。卢梭每读到一位英雄的传记，就把自己想象成传记中的人物。读到那些使他深受感动的忠贞不渝、威武不屈的形象，就两眼放光，声高气壮。他想象着罗马和雅典，仿佛同罗马和希腊的伟人在一起生活。每当在书中读到凶恶暴君的残忍，或是那些邪恶僧侣的阴谋诡计的时候，卢梭有时真想去把这些无耻之徒宰掉。有时候他看到一只公鸡、一头母牛、一只狗或是其他牲畜侵害别的牲畜，往往会满身大汗去追它，或用石块去打它，唯一的理由就是因为它恃强凌弱。这种感情是卢梭的天性。周围的人们用“魔鬼般的倔强”来形容他的不屈不挠。在他当学徒的时候，由于酷爱读书，常常被师傅看见而遭受毒打，他用眼泪和鞭痕换取知识。

1. 坎坷的经历

卢梭在近 14 年的流浪生活中，做过雕刻匠，当过家庭教师，也给贵妇人做过杂役，每种工作时间都不长，结果一事无成。这期间，青年卢梭结识了华伦夫人。华伦夫人给了他许多帮助和保护，后来，他们便相爱了。这使卢梭有了一个安宁的住所和自学环境。1741 年，卢梭来到巴黎。他经常参加一些沙龙，结识了许多著名的学者，如狄德罗、伏尔泰等人，也接触过一些上流社会的贵夫人。但是，在与这些人的交往中，贫困的卢梭感到很压抑，上层的奢靡生活使他厌恶，他的经历也使他更为同情下层群众的疾苦。因此，他终于渐渐疏远了上层社会的一些朋友，同一位不识字的旅馆女佣同居了。

2. 创作的旺盛时期

从 1756 年开始，卢梭退出了巴黎喧闹的舞台，来到蒙莫朗西森林附近的“退隐庐”蛰居。在这里，他先后创作了《新爱洛伊丝》《社会契约论》和《爱弥儿》三部代表性的作品，奠定了他在法国文学史上的地位。

3.《忏悔录》

卢梭在晚年也写了不少著作，其中最著名的是《忏悔录》。这部世界文学名著，不仅以坦率的态度叙述了他的生活史，更重要的是他用美妙的文笔和卓越的才能维护他的学说，回击了他的论敌。1778年，这位杰出的民主主义思想家与世长辞了。在大革命期间，这位导师的遗体以隆重的仪式移葬在巴黎名人公墓，和伏尔泰墓并列。

## “狡兔三窟”的哲学家

1750 年，伏尔泰应普鲁士国王腓特烈二世邀请，作为贵客访问柏林。他来到一个比法国更黑暗、更残酷的封建专制国家，却幻想借助“开明君主”的力量，进行某些社会变革，实现启蒙主义理想。然而，被伏尔泰误认为“开明”的腓特烈二世只是把伏尔泰当作宫廷点缀，沽名钓誉，给外人一个“开明君主”的印象，实际上他实行的是军国主义的野蛮扩张政策。伏尔泰因为尖锐地讽刺了普鲁士官方科学堡垒——柏林科学院而激怒了腓特烈，二人之间“友谊”很快破裂。伏尔泰客居普国 3 年之后不得不离开柏林，他的政治抱负终因不遇“开明君主”而无法实现。通过这些痛苦的经历，伏尔泰决心不再与任何君主往来。他深悟当今之世，哲学家要逃脱迫害，必须学会“狡兔三窟”，于是他努力为自己找寻一个安全的藏身之处。就这样，他于 1755 年在法国和瑞士边境的佛尔奈购置了一所宫堡及其附近地产，在此度过了富裕的一生中最后的 20 余年。此间，他更全力以赴投身于启蒙运动中，与法国年轻一代的启蒙运动者密切来往。他一面积极从事创作，一面支持《百科全书》的编纂工作，应狄德罗之邀，撰写若干条目，辑成了重要著作《哲学辞典》。此外，他还关心法国现实，推动了进步的思想运动。更令人钦佩的是，在他高龄之年，还积极参加社会活动，为无辜受害人士奔走。

1. 结怨人生

启蒙运动的健将，如狄德罗、卢梭等人身为伏尔泰的后辈，尽管在某些问题上意见仍有分歧，但在反封建的斗争中却团结在一起，并公认伏尔泰是他们的导师，对他推崇备至。但令后人遗憾的是，伏尔泰老人与激进的后学怪杰卢梭未能结成忘年之交，却成了当时的冤家对头。原因是卢梭曾欲献给伏尔泰一首他自鸣得意的诗作《永世的颂歌》，伏尔泰浏览了一下还给卢梭说："这是一封肯定没有人收的信……"一句话使两位启蒙运动健将结怨至人生终结，真是历史上的一大憾事。

2. 永世凭吊

在排练《伊兰纳》时，伏尔泰劳累过度，开始吐血，终于长病不起。他的遗产继承人一心只为钱财，根本无心关照老人死活，垂危的老人被弃置孤屋，忍受煎熬。他一生清洁无比，平时宁可一天换衣三次，也不让衣服上有个小污点，而卧病时因无人给水喝，竟去吮吸尿液。他悔恨万分，怪自己不该陶醉于浮世虚荣。1778 年 5 月 30 日，生命垂危的老人猛然说"让我死吧"，不久蓦地大叫一声，离开了人世，享年 84 岁。

## 天才作曲家

1764 年的一天，著名的奥地利波伦亚音乐学院正在进行着一场特殊的考试。学院的几位教授为检验一个孩子的音乐才能，把他带进一间屋子，并交给他一个小纸包。"孩子，这个纸包里是一首乐曲的题目，我们要求你在两个小时以内按这个题目创作出一支钢琴曲来。"教授们说罢，就把房间的门锁上，走了。时间在一分一秒地过去，专家教授们在小屋外一边悠闲地喝着咖啡，一边聊着天等待。还不到半个小时，"笃笃！ 笃笃！"小屋里响起一阵敲门声。教授们惊异地打开房门一看，只见那个孩子手持一份写得密密麻麻的试卷笑嘻嘻地走了出来。教授们仔细地评议了他的作品，感到非常满意。因为在这么短的时间内创作这样一支颇有难度的钢琴曲，恐怕对于他们自己来说也很难做到。于是，他们破除了院方“凡年龄不足20岁的人，不能从这所学院领取荣誉学位”的传统规矩，将学位证书颁发给了这个年仅14岁的孩子。这个小孩子就是伟大的奥地利天才作曲家、誉满全球的乐坛神童莫扎特。

1. 音乐神童莫扎特

据说，音乐神童莫扎特3岁就懂音乐，4岁会弹琴，5岁能作曲，6岁就随父亲和姐姐到欧洲各地演出，8岁时可以隔着白布在看不见的琴键上演奏，10岁时已成为小提琴和钢琴的演奏明星，12岁就成功地写出了他的第一部歌剧《本都国王米特里达特》。在他成名以后，每场演出完毕，观众都全体起立齐声高呼：“大师万岁！”他的音乐才华使整个欧洲音乐界都为之震惊，从而获得了“音乐神童”的美誉。

2.《安魂曲》

莫扎特的绝笔之作是《安魂曲》，这是他受人之托而作的。当时他已病势沉重，生命垂危。这天，一个仆人穿着一身黑衣服来取稿，进院后他高声喊道：“准备好了吗？已经到期了。”躺在床上的莫扎特认定，这个黑衣人是天国派来的使者，是来向他宣布他死期已至的。1791年12月4日，《安魂曲》交出来了。第二天，莫扎特的灵魂也交出来了。

## 达尔文与“进化论”

1831年，达尔文从剑桥大学毕业。他放弃了待遇丰厚的牧师职业，将全部精力都投入到自然科学研究。同年12月，英国政府组织了“贝格尔号”军舰的环球考察。达尔文经人推荐，以“博物学家”

的身份，自费搭船，开始了艰苦的环球考察活动。达尔文每到一地总要进行认真的考察研究，采访当地的居民，有时请他们当向导，跋山涉水，采集矿物和动植物标本，挖掘生物化石，发现了许多没有记载的新物种。后来，达尔文又随船横渡太平洋，经过澳大利亚，越过印度洋，绕过好望角，于1836年10月回到英国。在历时5年的环球考察中，达尔文积累了大量的资料。1859年11月，达尔文经过20多年研究而写成的科学巨著《物种起源》终于出版了。在这部书里，达尔文旗帜鲜明地提出了“进化论”的思想。

1. 少年达尔文

1828年的一天，在伦敦郊外的一片树林里，一位大学生围着一棵老树转悠。突然，他发现在将要脱落的树皮下，有虫子在里边蠕动，便急忙剥开树皮，发现两只奇特的甲虫，正急速地向前爬去。这位大学生马上左右开弓抓在手里，兴奋地观看起来。

正在这时，树皮里又跳出一只甲虫，大学生措手不及，迅即把手里的甲虫藏到嘴里，伸手又把第三只甲虫抓到。看着这些奇怪的甲虫，大学生真有点爱不释手，只顾得意地欣赏手中的甲虫，早把嘴里的那只给忘记了。

嘴里的那只甲虫憋得受不了啦，便放出一股辛辣的毒汁，把这名大学生的舌头蜇得又麻又痛。他这才想起口中的甲虫，张口把它吐到手里。然后，不顾口中的疼痛，得意扬扬地向市内的剑桥大学走去。

这个大学生就是查理·达尔文。后来，人们为了纪念他首先发现的这种甲虫，就把它命为“达尔文”。

1809年2月12日，达尔文出生在英国的施鲁斯伯里。祖父和父亲都是当地的名医，家里希望他将来继承祖业，16岁时便被父亲送到爱丁堡大学学医。

但达尔文从小就热爱大自然，尤其喜欢打猎、采集矿物和动植物标本。进到医学院后，他仍然经常到野外采集动植物标本。父亲认为他“游手好闲”“不务正业”，一怒之下，于 1828 年又送他到剑桥大学，改学神学，希望他将来成为一个“尊贵的牧师”。

达尔文对神学院的神创论等谬说十分厌烦，他仍然把大部分时间用在听自然科学讲座，自学大量的自然科学书籍，热心于收集甲虫等动植物标本，对神秘的大自然充满了浓厚的兴趣。

2.《物种起源》

《物种起源》的问世，第一次把生物学建立在完全科学的基础上，以全新的生物进化思想，推翻了“神创论”和物种不变的理论。《物种起源》是达尔文进化论的代表作，标志着进化论的正式确立。

《物种起源》的出版，在欧洲乃至整个世界都引起轰动。它沉重地打击了神权统治的根基，从反动教会到封建御用文人都狂怒了。他们群起攻之，诬蔑达尔文的学说“亵渎圣灵”，触犯“君权神授天理”，有失人类尊严。

与此相反，以赫胥黎为代表的进步学者，积极宣传和捍卫达尔文主义，指出：进化论轰开了人们的思想禁锢，启发和教育人们从宗教迷信的束缚下解放出来。

紧接着，达尔文又开始他的第二部巨著《动物和植物在家养下的变异》的写作，以不可争辩的事实和严谨的科学论断，进一步阐述他的进化论观点，提出物种的变异和遗传、生物的生存斗争和自然选择的重要论点，并很快出版这部巨著。晚年的达尔文，尽管体弱多病，但他以惊人的毅力，顽强地坚持进行科学研究和写作，连续出版了《人类的由来》等很多著作。

1882 年 4 月 19 日，这位伟大的科学家因病逝世，人们把他的遗体安葬在牛顿的墓旁，以表达对这位科学家的敬仰。

## 死里逃生的“炸药大王”

1862 年，瑞典化学家诺贝尔首次进行了普通火药作硝化甘油引爆物的试验，虽获得成功，但效果不够理想。诺贝尔又开始寻求更有效的引爆物。一次次的实验，一次次的失败。1864 年，最不幸的灾难落到诺贝尔的头上：在一次实验中发生了极为猛烈的硝化甘油大爆炸，整个实验室随着一声巨响化为废墟，5 名实验人员当场身亡，其中就有诺贝尔 21 岁的弟弟。他的父亲老诺贝尔重伤致残，哥哥也身负重伤。他本人因当时不在实验室，才幸免于难。这就是轰动一时的“海伦堡事件”。这次事件之后，诺贝尔仍然继续他的实验。1866 年 8 月的一天，“轰隆”一声巨响，打破了德国汉堡城的平静，一股股黑乎乎的浓烟从人称“炸药大王”的诺贝尔家的实验室涌了出来。人们失声惊呼：“诺贝尔！诺贝尔给炸死了！”正当人们惊魂未定之时，浓烟中跌跌撞撞冲出一个满脸鲜血、浑身乌黑的人，嘴里狂呼着：“我成功了！我成功了！”是诺贝尔，他还活着！人们为诺贝尔感到庆幸，这个“炸药大王”又一次死里逃生了。

1. 炸药的发明

1842 年，诺贝尔一家离开瑞典的斯德哥尔摩，移居到俄罗斯的圣彼得堡。到了 16 岁，他成为合格的化学家，并精通 5 种语言。后来诺贝尔回到瑞典，开始生产具有爆炸性的硝化甘油。不过，没有多久工厂便发生爆炸，造成 5 人死亡，他遂被禁止再开设工厂。他仍不放弃，自己私下进行实验。后来，他发现硝化甘油如果混合一种叫矽藻土的物质，便可以安全控制爆炸过程，其成果便是炸药。他继续加以改良，研究出更具威力的炸药。

2. 诺贝尔奖

诺贝尔研制炸药本是为了生产建设，为给人类造福。可是战争贩子们却把炸药当成杀人武器，给人类带来了灾难。这使一生厌恶战争、热爱和平和人民的诺贝尔十分痛心。他在 1896 年临终前立下了遗嘱，将自己毕生发明所积累的巨大财富（约 3300 万瑞士克朗）除极少部分赠与亲友外，其余 3100 多万瑞士克朗全部献给国家，作为奖励那些在科学、文学和世界和平事业上对人类有杰出贡献的人们。这就是这位“炸药大王”给世界留下的他一生中的最后一项伟大发明——诺贝尔奖。

## 宪章运动

缀满乌云的夜空是如此压抑，压抑中又透出丝丝激动与不安。一支上千人的矿工队伍正行走在英国南威尔士的蒙摩斯河谷边上。他们带着木棍、长矛和短枪等简陋武器，要在天亮前赶到纽波特；攻下这座城后，再向南约克郡进发。

突然，一声响雷，霎时间就下起了倾盆大雨。人们淋得浑身湿透，路浇得泥泞难行，队伍行走的速度明显减慢了。这时，队伍中不知是谁哼起了歌：“电光闪过天空，雷声咆哮。嗬，要把压迫者烧焦，因为他们扣压了宪章。小伙子们，起来攻击敌人。真理与理性就是你们的武器……”

越来越多的人唱起这支歌，雄壮的歌声振奋了矿工们的斗志，他们的脚步也不由自主加快了。

第二天黎明时分，也就是 1839 年 11 月 4 日清晨，矿工队伍赶到纽波特，才发觉早有提防的政府军队已在西门饭店布置了防线，军队用密集的枪弹迎击矿工。不少人中弹倒下，但是勇敢的矿工仍然无所畏惧，沉着应战。在装备精良、训练有素的士兵攻击下，矿工队伍坚持战斗了 20 多分钟，终因伤亡过重而被击溃。除了战死的以外，矿工队伍中有不少人遭到了逮捕和判刑。

这次发生在南威尔士的起义，是由于英国政府镇压工人递交“人民宪章”请愿书而引发的。

1. 人民宪章

“人民宪章”是怎么回事呢？原来 19 世纪 30 年代，由于工业革命的完成，英国资产阶级富上加富，工人阶级则越来越贫困，而且毫无政治权利。英国国会1834年通过的"新贫民法"，居然还逼迫贫苦民众进工厂接受剥削，激起了民众的强烈不满。两年后，技术工匠洛维特在伦敦发起成立伦敦工人协会，散发小册子鼓动工人争取选举权，进入国会，以合法的政治身份代表工人阶级讲话。出身海员家庭的哈尼，也积极参与其中的活动。曾经担任过国会下院议员的律师欧康纳在1837年创办了《北极星报》，呼吁工人们团结起来，为争取自身的政治权利而斗争。

1838年，伦敦工人协会提出名为"人民宪章"的六点政纲，其中包括"凡年满21岁、身体健康、无刑事犯罪的男子均有选举权；全国划分人数相等的300个选区；取消候选人的财产资格限制；实行秘密投票"等现代选举制度的基本内容。

"人民宪章"一公布，立即受到广大工人的热烈拥护。有128万人签名要求实现"人民宪章"的请愿书被送到国会，却被国会冷冷地断然否决。政府又派出军警镇压，于是激起工人与民众的反抗，示威、演讲、集会等抗议活动在英国各地此起彼伏、不断出现，南威尔士起义就是其中唯一的一次武装斗争。政府却以此为借口悍然将欧康纳等宪章派领导人抓捕判刑。世界近代史上称为"宪章运动"的第一次高潮就这样被镇压了。

2. 团结就是力量

3年以后，在出狱的欧康纳等人领导下，拥护"人民宪章"的工人们已成立了有严密组织的全国宪章派协会，入会者已达到5万人。他们再次向国会递交请愿书，内容还增加了废除"新贫民法"和教会的什一税等，签名拥护的工人多达300多万。可是由于宪章派领导成员间意见分歧，面对政府再次进行的否决与武力镇压，宪章运动第二次高潮又被强行平息。

1848年法国爆发了二月革命。宪章运动的报刊《北极星报》等抓住有利时机，宣传宪章派政治主张。这样一来，代表资产阶级利益的英国政府官员们紧张万分。

这年4月初的一天，伦敦警察当局的官员们开会商议对策。会议桌上，放着一份2月26日出版的《北极星报》，其中的一篇文章里写道："如果英国人不是最可厌的奴隶的话，他们就会立刻开始——和平地、合法地争取宪章的实现……"

警察厅混入宪章派内部的密探报告：4月10日在伦敦坎宁顿草场将有数万工人集会，集会后这数万名宪章派成员将再次向国会递交请愿书。"据说这次有500万人在请愿书上签名！"一名官员补充道。

"500万人！这时候，与工人发生面对面冲突是不明智的。"一个官员老成持重地说。

谁都知道，差不多一个月前的3月6日，伦敦有近万人参加了宪章派大会。散会时警察跟与会民众发生冲突，引发了一场大规模骚乱。同一天，格拉斯哥的失业工人愤怒地捣毁了食品店与武器库！

官员们面面相觑。在此非常时期，内阁大臣已训令除非发生暴动等特殊情况，警察当局不得干涉宪章派集会，并且不许抓人。如此多的工人，力量不可小看。

"有了！"一个官员面露奸笑，他指着《北极星报》上那篇文章中"合法地"那个词……

4月9日深夜，一队警卫森严的车队从英国王宫疾驶而出，护送女王去怀特岛的行宫暂住。当局生怕明天工人集会时发生意外，会危及女王安全。

第二天，数万名民众陆续来到坎宁顿草场。欧康纳照例是坐马车来到集会处，他将替民众去威斯敏斯特国会大厦递交请愿书。但是马车被警察拦下，一名警官神色严厉地对他说，自己受伦敦警察厅之命转告，集会是允许的，但率众去国会大厦，将被视作游行，是威胁政府的非法行为，必须承担一切后果。

欧康纳又看到大批军警正整队往肯宁顿草场而去。面对威胁，欧康纳屈服了。他来到集会处，面色苍白，神色惶恐，流着泪向民众讲话。原先他讲演时口若悬河的风采不知哪去了。他居然还说游行去国会大厦是愚蠢的。这番演讲使集会的民众对欧康纳失去了信心，数万名集会的民众就这样逐渐散去。然后，欧康纳又规规矩矩地上车，自己去国会大厦递交请愿书。结局是可想而知的，请愿书再次被国会否决，宪章运动第三次高潮就这样因领导成员的临阵动摇而被当局再次压服。

宪章运动尽管没取得胜利，但它标志着在人类历史上，无产阶级第一次作为独立的政治力量登上了历史舞台。它推崇的普选制和政党组织方式，成为现代政治活动中的基本模式。宪章运动的领导成员哈尼和琼斯，后来也得到过马克思的指点。尽管宪章运动中除了南威尔士武装暴动外，始终在当时英国法律许可的范围内，用大规模的群众集会、游行、签名请愿等形式，争取自身的政治权利，可是英国政府还是动用暴力手段加以镇压。

当然慑于工人阶级团结起来的强大威力，英国政府也不得不相继颁布了一些有利于改善工人劳动状况的法令，终于或多或少地缓解了英国社会阶级矛盾冲突的尖锐程度。

## 烧掉国王的座椅

巴黎市区东部的巴士底广场，曾矗立着法国反动王朝的象征巴士底狱。1789 年 7 月 14 日，巴黎市民在法国大革命的风暴中攻占了巴士底狱，并且拆毁了它。59 年后，在巴士底广场上，又出现了情绪激昂的巴黎革命民众，只见他们点燃火堆，将一只精致的座椅投入熊熊烈火中烧毁，并且拍手叫好。这是怎么回事呢？

原来，拿破仑在滑铁卢之战后下台，法国进入封建王朝复辟时代。从1830年起，法国国王是路易·菲利浦。也是差不多从这年开始，法国为占领阿尔及利亚，耗费了大量军费和动员十多万军队，用了近20年时间，残酷镇压了阿尔及利亚的民族独立运动。法国国内，工人在资本家的剥削下，每天要劳动十二三个小时，还有大量工人失业。农民生活也日益贫困，还得交各种苛捐杂税。于是，忍无可忍的民众以罢工、起义等各种方式反抗。1848年2月22日，巴黎爆发了武装起义。路易·菲利浦眼看局面无法控制，仓皇逃往英国。民众冲进王宫，把国王的座椅搬出来，这就有了在巴士底广场烧毁座椅，成千上万民众拍手称快的一幕。

1. 法兰西第二共和国

在起义民众的强烈要求下，法兰西第二共和国成立了。但在关于共和国国旗的颜色问题上，出现了重大分歧。革命民众认为应该用红旗。临时政府中占多数的资产阶级代表认为必须保留三色旗，但可以在旗杆上系一条红色绶带。

二月起义推翻了帝制后，共和国政权实际掌握在代表资产阶级的临时政府官员手中，所以国旗最终还是采用三色旗，而且旗杆上的红色绶带后来也被去掉了，同时又几乎原封不动地保留了封建王朝的军队和警察队伍。

迫于革命民众的压力，临时政府开始在巴黎以及另一些城市开办“国家工厂”，解决大量失业工人的生计问题。这些工人进“国家工厂”，就是在修筑道路、开挖运河、开辟公共绿地中干一些挖掘土方等工作，每月工资只有两个法郎。临时政府用这个办法，搪塞大量失业工人提出的“劳动权”的要求。

临时政府接着又召开制宪会议，企图通过选举这个合法的手段，将议会牢牢控制在资产阶级手中。这时举行制宪会议对工人等广大民众非常不利。当时，法国已有不少革命民众组成的社团，他们号召人民抗议，要求延迟召开制宪会议。可是政权掌握在资产阶级手里，临时政府还是按期进行选举，召开了制宪会议。果然一切按照资产阶级的筹划顺利进行，议会880席中，只有18个席位是工人代表。

愤怒的民众不愿再受资产阶级临时政府的愚弄。1848年5月15日，15万工人举行示威游行。游行队伍进入制宪会议所在地的波旁宫。示威群众控制了会场，那些议员纷纷溜之大吉。

“我宣布：解散制宪会议！成立一个新政府，新政府成员应该由代表我们革命民众的人担任。”一个示威游行的领导人神情激昂地宣布。示威者齐声赞同。

这次自发的示威游行，正好被执政的资产阶级政府利用，成为他们调动军队、发布禁令、抓捕革命运动领袖的借口。新任军政部长的卡芬雅克，是凶残镇压阿尔及利亚民族独立斗争的将领。这时，他秘密调动大批军队进入巴黎，准备对革命民众下手了。

6月22日，资产阶级政府突然宣布：解散“国家工厂”，18～25岁未婚男子一律编入军队，25岁以上男子全部送到巴黎以外的省区开荒或修建工程。于是，巴黎工人除了起义，别无选择。

2. 六月起义

巴黎筑起了街垒。街垒上红旗飘扬，挂着“没有面包，就要斗争”“民主的共和国万岁”等标语。起义工人发表宣言，提出解散制宪会；军队撤出巴黎；将起草宪法的权利归还人民；保留“国家工厂”；保证劳动权等要求。但资产阶级政府根本不予理睬，他们调集了20多万军队，准备镇压。当时，工人武装只有4万多人。

巴黎被街垒分成东西两部分，工人们据守东面。6月23日，占据西部的反动政府指挥军队向东攻击。战斗整整进行了4天。

工人武装由当过军官的克尔索斯指挥，他说：“我计划，从东区集中4个纵队，进攻市政厅、波旁宫和杜勒里宫。”虽然这次起义工人没作充分准备，缺乏统一领导和组织，但是他们的正义感和勇气势不可挡。到了第四天上午，巴黎城郊全部由起义工人控制。在市区，工人的队伍击退反动军队，进攻到离市政厅只有几十步远的地方了。

卡芬雅克突然下令，用大炮轰，发射榴弹、燃烧弹。工人街垒顿时一片火海。工人们不屈不挠，前面的倒下了，后面的接着冲。“我的士兵被子弹射中，倒下了。可那些工人都像雄狮一样抵抗着，我们进攻了 20 次，就被打退了 20 次……”一名反动军官这样向上级汇报。

最后，作好充分准备的政府军，兵力强大，攻势猛烈。工人寡不敌众，6 月 26 日，起义终于被残酷镇压了。

巴黎六月起义是无产阶级第一次与资产阶级面对面进行的武装斗争，由于缺乏无产阶级政党的组织和领导，没有得到农民等其他革命力量的支持等众多原因，最终失败了。但是这 4 天的激烈战斗，展示了工人阶级武装斗争的力量，令资产阶级胆战心惊。

## 光辉的宣言

“他们一直在坚持他们的意见，态度很坚决，我们该怎么办？”

“我认为，我们应该盛情邀请他们，完全同意他们的观点，这对我们同盟的未来有莫大好处！否则将是不明智的。”“不，那样将改变我们同盟的性质，那也是不堪设想的！”“没有什么不堪设想的！既然我们的同盟有不少缺点，而他们的思想体系是正确的，那么，抛弃落后的东西代之以进步的观点又有什么遗憾呢？”

这是 1847 年发生在“正义者同盟”总部的一场争论，争论非常激烈，争论的问题是：是否全盘接受马克思、恩格斯的思想，进而改组“正义者同盟”。因为马克思、恩格斯都不是“正义者同盟”盟员，所以不少人持反对意见。又因为这是本同盟高层人士会议，所以会议开得激烈而又严肃。

最后，“正义者同盟”中的先进人物从全局着眼，以多数赞成的表决结果同意了接受马克思、恩格斯思想体系的方案。并立刻全权委托同盟代表约瑟夫·莫尔前往布鲁塞尔和巴黎，与马克思和恩格斯面谈、盛情邀请他们。

其实，马克思和恩格斯一直在关心着“正义者同盟”的活动，因为当时在欧洲的许多工人团体和共产主义小组中，“正义者同盟”影响最大，而且其思想、宗旨也较为进步。同盟在欧洲各国都有会员。马克思和恩格斯早就有意参与他们的工作，只不过时机不到。而且，同盟中陈旧的宗派主义传统很严重，要参加的话，必须彻底改组，使它成为国际无产阶级革命斗争的领导组织，让它带领全世界无产阶级以科学共产主义理论改造世界。

现在机会终于来了。

1. 共产主义宣言

1847 年 6 月，正义者同盟在伦敦召开了第一次代表大会。因为经济困难，马克思未能出席。恩格斯根据事先同马克思商量好的计划，与威廉·沃尔佛一起指导了同盟的改组工作。

根据马克思、恩格斯的提议，大会决定把“正义者同盟”改为“共产主义者同盟”。大会还通过了恩格斯为同盟起草的章程。章程已经删除了旧章程中所有过去秘密活动时和宗派活动时遗留下来的东西，而代之以民主集中制原则。其第一条明确规定了同盟的行动目的，推翻资产阶级，建立无产阶级专政的政权，消灭旧的以阶级对立为基础的资产阶级社会，建立没有阶级，没有私有制的新型社会。

根据马克思、恩格斯的建议，同盟原有的口号“人人皆兄弟”予以废除，代之以“全世界无产者，联合起来”的新的、富有战斗意义的伟大口号。

这样，一个最具进步意义的、新型的无产阶级政党——共产主义者同盟诞生了，此后的无产阶级革命事业将进入一个崭新的发展阶段。

1847 年 12 月 29 日，共产主义者同盟在伦敦召开第三次代表大会。马克思和恩格斯都出席了会议。

这次大会的主要任务，是通过新的章程和制定纲领。大会共开了 10 天。早在两个月前，同盟中央委员会曾用一种问答的形式写成了纲领草案——《共产主义信条的象征》，同盟把它分发给全体成员讨论。因为这份纲领还具有不少空想成分，如把共产主义看成是思想家的发现。为此，恩格斯又草拟了一份纲领，也是用问答体，名为《共产主义原理》。新章程的讨论比较顺利，但在讨论纲领时，第二次代表大会产生了激烈的争论。于是，马克思和恩格斯耐心地做了宣传和解释工作，渐渐地使代表们的意见趋向一致。最后，大会同意了马克思和恩格斯的观点，并且决定委托马克思和恩格斯起草一个宣言，作为共产主义同盟的行动纲领。同时，也作为同盟的重要文件，向全世界公开发表。

马克思和恩格斯吸收了《共产主义原理》中的基本观点，在大会结束以后，积极投入新宣言的写作，不久，《共产党宣言》顺利完成了，并于 1848 年 2 月在伦敦正式出版发行。《共产党宣言》是科学社会主义的第一个纲领性文件，它系统地阐述了共产主义理论，成为全世界无产阶级斗争的总纲领。它着重阐明了资产阶级的灭亡和无产阶级的胜利都是不可避免的这一客观规律，明确规定了无产阶级革命的任务和目的，提出了无产阶级革命的策略思想。

《共产党宣言》的结尾，马克思、恩格斯豪迈地宣称：让统治阶级在共产主义革命面前发抖吧！无产者在这个革命中失去的只是锁链，他们获得的将是整个世界！

最后，以“全世界无产者，联合起来”作为《共产党宣言》庄严的结语。

《共产党宣言》发表后，很快就被翻译成各国文字，在全世界广为传播。

《共产党宣言》的发表，是世界历史上划时代的大事，它标志着马克思主义的诞生，标志着人类思想史上一次伟大的革命。无产阶级革命者从此可以用崭新的世界观来观察世界和改造世界。

2.《资本论》的诞生

1848 年欧洲大革命失败以后，马克思和恩格斯到了巴黎，他们认真地总结了革命失败的经验教训，从中认识到，要建立无产阶级政权，必须打碎旧的国家机器，建立无产阶级领导的工农联盟。这对于指导今后的工人运动具有重要意义。由于马克思领导了工人运动，他也成了巴黎“不受欢迎的人”。1849 年夏末，马克思第四次接到“驱逐出境”的命令，以前，普鲁士政府、比利时政府、法国政府均曾驱逐过他。为此，马克思曾愤然退出普鲁士国籍，要做一个没有国籍的“世界公民”。

但是，既然不为反动派所容，就只有另奔他国了。马克思携带全家，变卖掉所有日常用品，来到了著名的雾都伦敦。来英国之前，马克思一家两手空空，到了伦敦，仍然是身无分文。因此，他们一次又一次地因为付不起房租而被迫举家迁移。

1850 年 12 月，马克思领到了一张英国博物馆的阅览证，从此，阅览室成了他的半个家，他每天从上午 9 点一直工作到下午 8 点左右，回到家里还要整理阅读材料所记录的笔记，一般情况，他都是到深夜两三点钟才休息。他曾对别人说，我为了为工人争得每日 8 小时的工作时间，我自己就得工作 16 小时。那么，马克思在伦敦博物馆里都做了些什么呢？原来他是在认真写揭露资本主义罪恶的皇皇巨著《资本论》。他每天所摘录的大量资料，都是在为写作《资本论》做准备的。其实，早在 1843 年，马克思就开始研究政治经济学了，只不过到这时，他把主要精力集中运用到了这部书上。据有人统计，在世界一流的伦敦博物馆所藏图书中，马克思阅读过的书籍有 1500 多种，他所摘的内容和整理的笔记有100余本！

为了更好地完成《资本论》，他广泛收集有关各学科资料，如农艺学、工艺学、解剖学，更不用说历史学、经济学、法律学了。总之，只要与《资本论》有关，不管多么艰难，他也要寻找下去，研究下去。

1856年10月，马克思迁居到伦敦西北的肯蒂士镇，这样，离伦敦博物馆更远了。但马克思并未间断工作，他仍然没日没夜地在博物馆里工作着。饿了，啃一口干面包；渴了，喝一杯白开水；疲倦了，就站起来跳两下，然后继续工作。不管是刮风下雨，他也从未因天气问题而不到博物馆去。终于，1867年，《资本论》第一卷出版了。马克思怀着无比兴奋的心情紧紧地捧住了这部刚刚出版的著作。

《资本论》的出版，是国际共产主义运动史上的一件重要大事，它迎来了无产阶级的新的斗争历程。

在这部书中，马克思通过大量事实，详细而深刻地分析了资本主义的发展历史，揭穿了资本主义迅速发展的“秘密”，暴露了资本主义残酷剥削工人阶级的丑恶本质，也指出了工人阶级之所以极其贫困的原因。

马克思在《资本论》中断然指出，资本主义必然灭亡和无产阶级的必然胜利都是不可改变的，是历史发展的必然趋势，这就为无产阶级的革命斗争提供了理论武器，增强了无产阶级革命斗争的决心和信心。

## 萨拉热窝的枪声

1914年6月28日是一个晴朗的星期天。这一天上午，波斯尼亚首府萨拉热窝的街头，人头攒动，好一派热闹的景象。原来是奥匈帝国的皇储斐迪南大公和妻子索菲要访问这座城市。10时过后不久，前后6辆敞篷汽车缓缓地从车站方向驶来。斐迪南突然准备改变行程，走在前面的司机并没有被告知行程的改变，造成了一个小小的混乱。总督发现路线不对，命令司机掉头行驶。这个小小的混乱给暗杀者——加夫里洛·普林齐普的暗杀行动造成了一个绝妙的时机：斐迪南大公夫妇的车子距离他不到2米。机不可失，普林齐普迅速拔出一支小手枪对准斐迪南大公夫妇，"砰""砰"就是两枪。这两颗子弹都没有白费，第一颗子弹射进了斐迪南大公的脖子，第二颗则洞穿了大公的妻子索菲的腹部。事情发生得如此突然，站在车子踏脚板上的侍从官一时间不知所措，总督也慌忙中命令司机返回总督府，没有顾及到斐迪南大公夫妇的伤情。斐迪南大公夫妇也还直挺挺地坐在那里，呆滞的目光凝视着前方，车辆的震动使斐迪南大公口中喷出一股股鲜血，过了不一会儿，斐迪南夫妇双双死去。

1. 塞尔维亚在行动

奥匈帝国在欧洲的地位并不显赫，普鲁士在统一德国、建立德意志第二帝国时，把原来在神圣罗马帝国中居核心地位的奥地利排除到帝国之外。打击接踵而来，被奥地利统治的匈牙利人又闹起了独立，好不容易才摆平匈牙利，和奥地利一起组成了奥匈二元帝国。为了摆脱颓势、重整雄风，奥匈帝国把目光对准了急于摆脱奥斯曼土耳其帝国控制的巴尔干地区，那时，奥斯曼土耳其已是日薄西山，气息奄奄了。

奥匈帝国在巴尔干的扩张，引起了塞尔维亚的极大不满。1912年和1913年两次巴尔干战争后，塞尔维亚获得了马其顿的大片土地，许多斯拉夫民族将它视为民族的救星。塞尔维亚也想借机摆脱大国的控制，把巴尔干半岛上所有的斯拉夫人团结在一起，组建一个统一的南斯拉夫人国家。俄国为了夺得巴尔干地区的控制权，便以同是斯拉夫人为理由，支持塞尔维亚与奥匈帝国抗衡，巴尔干成了欧洲的"火药桶"。

当时，德国经济发展迅速，已经超过英、法，居世界第二位。实力座次的变更，必然导致新一轮争夺殖民地和世界霸权活动的开始。英国和德国是欧洲和世界霸权最有力的一对竞争对手，他们在一系列问题上针锋相对、互不相让，造舰竞赛、殖民扩张，斗得不可开交。

奥匈帝国因为历史、民族的原因，以及在争夺巴尔干问题上需要德国的支持，所以和意大利一起，与德国结成了三国同盟，与英、法、俄组成的三国协约全面对抗。1914 年 6 月底，奥匈帝国在波斯尼亚举行以塞尔维亚为假想敌的军事演习，向塞尔维亚进行军事挑衅，激起了塞尔维亚民族主义者的极大愤慨。一个名为黑手党的塞尔维亚民族主义军人团体，决定以刺杀皇储斐迪南的行动，来打击奥匈侵略者的气焰。

2. “一战”爆发

斐迪南大公的死使奥匈帝国 82 岁的皇帝老泪纵横，陆军参谋借机敦促他向塞尔维亚宣战。在得到德皇的支持后，他向塞尔维亚提出了苛刻的条件，最后借口条件没有被满足，于 7 月 28 日中午向塞尔维亚宣战。这一下捅了马蜂窝，短短的几天之内，德、俄、英、法等欧洲帝国主义大国纷纷卷入战争，第一次世界大战爆发了。这次大战很快从欧洲扩展到亚洲、非洲和美洲，日本、美国等国家宣布参战。到 1918 年，先后有 30 多个国家卷入了战争。

## 毒气战

1915 年 4 月 21 日，德军开始进攻依普尔。4 月 22 日凌晨，驻守依普尔的英法联军突然发现黑压压的 100 多辆德军军车向阵地开来，便立即用各种炮队还击。打了一阵，德军似乎招架不住，向后仓皇撤退。英法联军不知是计，便跃出战壕，向德军猛追过去。忽然间德军大炮齐鸣，截断了英法联军退路，前面逃跑的德军也停下脚步，转而向联军射击。几万名英法联军只好在这片空旷的地面上寻找小丘或树丛作隐蔽。就在这时，几十架德军飞机从东南方直飞过来，一到这片空旷的地带，便纷纷投下炸弹。这些炸弹坠落在地面时，并没有多大的爆炸声，却个个腾起团团浓烟。英法联军顿时醒悟，知道这是敌人在施放毒气，纷纷系上毛巾。但这根本不起什么作用，靠近毒气弹的战士们纷纷倒下，头晕目眩，呼吸急促，紧接着便口角流血，四肢抽搐起来。飞机刚刚飞过，位于西北面高地上的德军又不断地发射毒气炮弹，大量毒气笼罩着大地。这时，头上裹着防毒纱罩的德军，从四面八方冲向联军阵地，轻松地占领了依普尔。

1. 以毒攻毒

1915 年，英法联军在一次袭击中抓获了 19 个戴防毒面具的德国俘虏，这样才仿制出比较有效的防毒面具。后来，德国又研制出一种新的毒气——光气。它是无色气体，施放时对方无法辨认。它比空气重 3. 5 倍，杀伤力比氯气大 10 倍。英法联军方面以牙还牙，也制造了自己的毒气炮弹。这种炮弹中有剧毒的起泡剂，能使敌人皮肤腐烂。到了战争的最后一年，德军发射的炮弹中，有 50% 都充有毒气。

2. 毒气受害者

在双方进行的这场惨无人道的毒气战中，最大的受害者自然是士兵。大约有 100 万以上的士兵中毒，其中 1/10 死亡。这是人类战争中第一次大规模使用毒气。在战场上，成千上万的英法联军的战士蜷缩成一团，令人惨不忍睹。战争使这些青年丧失了他们的青春和生命。

## 凡尔登绞肉机

在第一次世界大战中，最惨烈的一次战役就属凡尔登之战了。这是一次空前的血战，双方损失兵力 65 万多。因此，凡尔登这个当时只有14000多人口的小镇，被人们称为“凡尔登绞肉机”。

1916年2月，德国皇太子亲自率领10个师27万人，拉了1000多门大炮开到了前线。这个月的27日清晨，天气严寒，凡尔登要塞周围寂静无声。7时15分，突然炮声大作，山摇地动起来。沿着1万米长的前线，隐蔽的德国炮群以每小时10万发炮弹的速度，把炮弹齐刷刷地射向凡尔登。这样的轰击一直持续到下午4时。双方在凡尔登的战斗持续了几个月，都付出了巨大的代价。德军用毒气弹、飞机、重炮猛攻法军阵地，使法军伤亡惨重；而法军的顽强抵抗也使德军横尸遍野。7月初，战局出现了转机。英法联军和俄军从多方面向德国发起进攻，迫使德军放弃了进攻凡尔登要塞的计划。9月2日，进攻凡尔登的德军接到统帅部命令，停止了进攻，战场的主动权一下子转到法军手里。10月1日，法军开始反攻，夺回了被德军占领的都蒙炮台和大部分阵地。12月18日，法军夺回了全部阵地，凡尔登战役结束。

1. 制胜因素

在凡尔登战役中，有两件事对这次战役起了决定性作用。其一，一个法国的新炮手在无意中击中了德国一个非常隐蔽的弹药库，这个弹药库中藏有45万颗大口径炮弹。这是一批法军不知道的弹药，被隐藏在斯潘库尔森林里，但是不小心装上了引信。其二，到4月初，在德国的防区内的每一门37厘米和40厘米的大炮都被法国炮兵所摧毁。这两件事被后来的军事分析家和历史学家认为是法国击败德国入侵者起了决定性作用的因素。

2. 一战转折点

凡尔登战役是第一次世界大战的转折点。在这次战役中，德军不但没有消灭法军，反而使自己的人力、物力遭到无法弥补的损失，陷入内外交困之中。从此，德军在西线战场时时处于被动地位，协约国在整个战争中取得了主动。

## 分赃会议

1918 年 11 月 11 日凌晨 5 时，两名德国代表在法国巴黎东北茨比涅森林的一列火车上签下了条件苛刻的停战协定，第一次世界大战在这一天全面停止。1919 年 1 月 18 日，一场分赃的丑剧在巴黎的凡尔赛宫正式上演。参加会议的 32 个国家，1000 多名代表自会议一开始，就陷入了激烈的争吵之中，尤其是英、法、美等主要战胜国，有时甚至达到以退会相威胁的程度。虽然帝国主义列强在上述问题上争论不休，但是反苏的态度却出奇地一致，他们密谋把新生的苏维埃俄国扼杀在摇篮之中。1919 年 5 月 7 日，德国代表被召进会场，在苛刻的条约上签字。德国代表看到苛刻的《凡尔赛条约》后，气得浑身发抖，愤愤地说："我们虽然对战争负有不可推卸的责任，但我们不是唯一的罪魁祸首。有些在战争中大发横财的国家，也应该受到惩罚。"言外之意是说英、法等战胜国同样有不可推卸的罪责。在英、美等国的武力威逼之下，德国代表被迫在和约上签字。

1. "雪耻之会"

巴黎和会之所以要选在凡尔赛宫，是因为凡尔赛宫原是法国封建帝王的行宫。1871 年 1 月 18 日，普鲁士国王以战胜者的傲态闯入法国凡尔赛宫，宣布自己为德意志帝国的皇帝。为了回击他的不敬，和会开幕式上，法国总统洋洋自得地说："48 年前的今天，德意志帝国就出生在这个大厅里，因为它生于不义，所以自当死于耻辱。"

2. 凡尔赛体系

《凡尔赛条约》签订后，协约国与其他各战败国相继签订了一系列和约，如《圣日耳曼条约》《纳伊条约》《特里亚农条约》《色佛尔条约》和《洛桑条约》等。这一系列条约，构成了凡尔赛体系。

## 末代沙皇

尼古拉二世是俄国的末代沙皇，他的血液中流淌着历代沙皇热衷于侵略扩张的遗传因子。第一次世界大战中，俄国与英国、法国结成三国协约后，他便盼望着能在这场世界大战中打败德国、奥匈帝国，进而夺取在巴尔干地区的控制权，保证连接黑海与地中海的博斯普鲁斯海峡、达达尼尔海峡牢牢掌握在沙俄手中，让他的舰队能够畅通无阻地出入地中海。

自然，尼古拉二世还想通过这场大战转移国内人民的斗争视线，平息俄国各地风起云涌的革命浪潮，从而稳固自己摇摇欲坠的统治。

尼古拉二世野心勃勃，亲自担任俄军总司令。但是，由于工业落后，交通运输极其混乱，造成前线的补给跟不上，缺枪少炮，结果开战第一年，俄军就在东线战场伤亡了 200 万人，远远超过对手德国，也超过了盟友英法两国。

1. 内外交困

东线战场的形势没有好转，俄国国内的经济、政治局面却在不断恶化。沙俄政府征集了 1500 万壮丁去打仗，农村里的男劳力丧失了近一半，大片大片的土地因为无人耕种而荒芜，结果粮食产量大幅度下降，粮价飞涨。

城里的居民在挨饿，前线的士兵也吃不饱饭。有的伤兵几天领不到食物和纱布。武器弹药的补给也没有丝毫改善，甚至出现了俄军士兵把刺刀绑在棍棒上去冲锋的笑话；有的只好赤手空拳去折断敌军带刺的铁丝网。

俄军的节节败退，国内经济的几乎崩溃，使得广大民众的不满和反抗之火终于爆发了。工人们在布尔什维克党的领导下，掀起了罢工的怒潮。“打倒战争！”“打倒沙皇！”愤怒的口号在示威游行的队伍中此起彼伏，响彻阴霾沉沉的俄罗斯天空。

2. 推翻沙皇

1917 年 3 月 8 日（俄历 2 月 23 日），布尔什维克党中央和彼得格勒（即圣彼得堡，“一战”后改为彼得格勒）委员会举行集会，庆祝国际妇女节，号召广大妇女立即开展反对饥饿、反对战争、反对沙皇制度的革命运动。散会后，女工们纷纷上街示威游行，男工们也潮水般地加入她们的行列。这一天参加罢工的人数达到了 9 万人。

布尔什维克抓住时机，在 3 月 10 日转变为声势更为浩大的总罢工。尼古拉二世狗急跳墙，当天晚上就命令彼得格勒军区司令：“着令于明日将京都中的骚乱悉行制止。”沙皇军队连夜出动，逮捕了彼得格勒布尔什维克党的 5 名领导人；首都市中心和各个交通要道迅速布满了军警，密密麻麻的屋顶上和角楼里架起的机枪，无情地射杀了不少游行示威的工人。

然而，星星之火，已经燎原。3 月 11 日，布尔什维克党决定发动广大工人和同情革命的士兵举行起义，对沙皇政府展开最后的决战。第二天，成千上万的工人浩浩荡荡涌向市中心，士兵们纷纷倒戈，与工人们并肩战斗。他们迅速占领了克里姆林宫、兵工厂、火车站、警察局、电报局等；打开监狱，释放了大批无辜的政治犯。

3 月 12 日晚上，布尔什维克党中央向全国发表《告全体俄国公民书》，庄严宣告沙皇制度已经推翻，工人阶级和革命军队将建立民主共和国，没收地主土地，实行 8 小时工作制，联合各国人民制止帝国主义战争。

尼古拉二世见大势已去，被迫在 3 月 15 日宣布退位。统治俄国长达 370 年的罗曼诺夫王朝终于垮台。由布尔什维克党领导的这场推翻沙皇的革命，发生在俄历 2 月，所以史称“二月革命”。

至于那位残暴昏聩的末代沙皇尼古拉二世，则在十月革命后被苏维埃政权处决。

## 十月革命的炮声

1917 年 11 月 7 日，夜幕刚刚降临，一只小船划向俄国停泊在涅瓦河的“阿芙乐尔”号巡洋舰，一个年轻的小伙子从小船跳到舰上。一个放哨的士兵走上前来，厉声喝道：“干什么的？”“我马上要见别雷舍夫！”年轻小伙子气喘吁吁地说道。别雷舍夫出来后，年轻小伙子急忙上前，迫不及待地问道：“您就是别雷舍夫同志吗？”“这是革命军事委员会给您的命令！”说完，从怀中掏出一封信来。别雷舍夫接过信一看，转身对大家说道：“同志们，军事委员会命令我们，今晚 9 时 40 分向冬宫开炮！”别雷舍夫回到舰上后，迅速把军舰从城外驶到交通要道尼古拉桥，恢复那里的交通。9 时 40 分，别雷舍夫果断地发出命令：“舰首炮，准备！”炮手们“喀嚓”一声把炮弹推上膛。接着，他将高举的右臂向下一劈，喊道：“放！”“轰”的一声巨响，炮弹带着硝烟从炮口直冲冬宫。紧接着，其他大炮也一齐轰鸣，颗颗炮弹向冬宫落去。然后，几千名革命者涌进冬宫，四处搜索敌人。革命者冲到一个大房间，看到几个人在东躲西藏，便举枪喝道：“缴枪不杀！”这群衣着讲究、脸色苍白的家伙，颤抖着举起双手。他们正是临时政府的副总理和诸位部长们。“我们以革命军事委员会的名义宣布：你们被逮捕了！”革命者严厉地说道。这些平时专横跋扈、不可一世的达官贵人终于低下了他们高傲的头。

1. 攻打冬宫

由布尔什维克党领导的二月革命，推翻了沙皇的专制统治，但俄国随即出现了两个政权并存的奇怪局面：一个是占据实权的资产阶级临时政府；另一个则是彼得格勒工兵代表苏维埃。临时政府一上台就宣布：继续忠于协约国，把世界大战进行到底。而广大贫困的民众依然挣扎在饥饿和死亡线上。

俄国向何处去？为躲避沙皇政府的迫害，在国外流亡了 15 年之久的布尔什维克党的领袖列宁，心急如焚，设法从瑞士回到了祖国。第二天，也就是 4 月 17 日，列宁就在党的会议上发表了著名的《四月提纲》，明确指出应该将资产阶级革命过渡到社会主义革命，并提出了“全部政权归苏维埃”的口号。

为了加快革命的进程，7 月，布尔什维克党组织了一次有 50 万工人和士兵参加的示威游行。他们举着“要和平！要面包！要自由！”的标语和旗帜，走上了首都的街头。

但是，大游行遭到了临时政府的残酷镇压，有 400 多名工人和士兵倒在了血泊中。资产阶级通过这次大屠杀结束了两个政权并存的局面，社会革命党头目克伦斯基爬上了临时政府总理的宝座。

冷酷的现实促使列宁和布尔什维克党彻底认清了临时政府的狰狞面目。他们认识到，革命和平发展的可能性并不等于现实性，必须使用暴力，才能推翻资产阶级，建立无产阶级政权。党中央决定，改变斗争方式，进行武装起义。

随着“阿芙乐尔”巡洋舰的隆隆炮响，最后的决战——攻打冬宫开始了。

2. 第一个人民做主的政权

攻占冬宫的胜利消息马上传开了。已经两夜没合眼的列宁顾不得休息，马上起草了《和平法令》和《土地法令》，并在第二天召开的苏维埃代表大会第二次会议上通过。在这次大会上，成立了苏维埃政府，列宁当选为人民委员会主席。人类历史上第一个由人民当家做主的政权诞生了。《和平法令》建议参战各国立即进行和平谈判，缔结不割地、不赔款的和约。《土地法令》宣布无偿地没收地主的土地，归国家所有，并分配给农民使用。

## 纳粹党夺权

1920 年 4 月 1 日，臭名昭著的德国纳粹党正式建立，从此，包括德国在内的整个欧洲人民走上了苦难的历程。“纳粹”是译音，它的全称是“德国民族社会主义工人党”，前身是 1919 年 1 月 5 日由慕尼黑铁路工人安东·德莱克斯勒创建的“德意志工人党”。“德意志工人党”最初只有几十名党员，希特勒是第 55 名党员，他扮演的角色是宣传鼓动，也正是这个角色，使他在政治舞台上崭露头角。他以自己擅长演讲和为党募集资金为资本，迫使政敌听命于他，轻松得到了主席的职位，从此希特勒独揽纳粹党的一切权力。1921 年 7 月 29 日，希特勒在纳粹党内确立了“领袖原则”，纳粹党的各级头目从此不再由党员群众选举产生，而由党的领袖直接任命。

1. 啤酒馆政变

1923 年 11 月 8 日，纳粹党头目阿道夫·希特勒在慕尼黑东南郊一家名叫贝格勃劳凯勒的啤酒馆发动政变，这是他的法西斯理论的第一次实践，也是他想在德国建立一个法西斯独裁政权的第一次尝试。这一天晚上 8 时 45 分，希特勒带领冲锋队员包围了贝格勃劳凯勒啤酒馆，扣押了巴伐利亚邦的头头儿卡尔、洛索夫及警察局局长赛赛尔。希特勒告诉三人，他们都可以在巴伐利亚政府中或者在他与鲁登道夫一起组织的全国政府中保有重要的职位。但三人对此无动于衷，希特勒毫无办法，于是急中生智，登上讲台，对乱哄哄的人群叫喊道：“巴伐利亚政府已经撤换，新政府今天将在慕尼黑这个地方宣布成立！鲁登道夫将担任国防军的领导工作。”希特勒的谎言和欺骗确实灵验，喧闹的人群立即安静下来。事不凑巧，希特勒突然接到报告说，“高地联盟”在陆军工兵营房与正规军发生了激烈的冲突。他急于解决，就把啤酒馆里的一切交给鲁登道夫处理。希特勒走后，三人纷纷找借口溜掉，鲁登道夫未加任何阻拦。等希特勒兴高采烈地回来时，局面已无法挽回，柏林很快下达了镇压政变的命令。不久，鲁登道夫、希特勒被捕，纳粹党被勒令解散，希特勒的第一次政变以他的全面失败而告终。希特勒虽然受到了审判，但这次审判不仅没有断送他的前程，反而让希特勒和纳粹党捞取了一笔宣传资本。经过这次审讯，希特勒名震巴伐利亚，乃至整个德国，甚至许多外国报纸都登载他的名字。政变没有成功，但他却由此变成一个著名的政治人物，这为纳粹党的复兴奠定了基础。

2. 大独裁者

1933 年 1 月，柏林寒流滚滚，冷气逼人。经过希特勒的阴谋策划，刚刚执政 57 天的施莱彻尔内阁又垮台了。1 月 30 日 11 时，希特勒驱车来到总理府，总统兴登堡将总理的大印授予了纳粹党头子希特勒。那天晚上，从黄昏到深夜，2500 名冲锋队员高举火把，在街头举行盛大游行，纳粹党旗在火光的映照下疯狂舞动，“恢复帝国光荣”的叫喊声连成一片。希特勒向最高权力又迈近了一步。1934 年 8 月 1 日，德国总统兴登堡病死，这为希特勒登上权力顶峰提供了良机。兴登堡病死的当天，内阁宣布德国总统与总理合二为一，总统原有的权力移交给帝国总理阿道夫·希特勒。希特勒攫取了德国最高权力之后，纳粹党在全国掀起了一个崇拜希特勒的热潮。

3. 第三帝国

希特勒上台一个月后，便以“国会纵火案”为借口，终止了魏玛共和国的宪法，废除了魏玛共和国的法院。纳粹党接管了报纸和电台，并指挥冲锋队员横扫德国每一个城镇的大街小巷，消灭了共产党、社会党、和平主义者、自由主义者、工会组织、有地方倾向的地方政党和其他政党，以官方的教会替代民间的教会，并规定纳粹党是德国唯一的合法政党。然后，通过一次清洗，消灭党内的竞争对手和魏玛共和国后期参过政的军人们。1933 年 7 月，他宣布“纳粹主义革命”已经完成，魏玛共和国结束与建立“第三帝国”。1939 年 7 月，希特勒以元首的身份宣布成立“大德意志帝国”。

4. 灭绝人性的集中营

希特勒是一个狂热的种族优越论的鼓吹者，他对犹太人充满了偏见和仇恨。希特勒上台以后，对犹太人实行种族灭绝政策，大肆驱逐屠杀犹太人。奥斯威辛集中营的建立就是其中最典型的一例，它写满了法西斯所犯下的滔天罪恶。奥斯威辛原是波兰的一个小镇，这里曾经有一个被遗弃的兵营。1942 年春，德国党卫队头子希姆莱在兵营旧址上建立了一个集中营，数月之后又建起了另外两个集中营，总称“奥斯威辛集中营”。奥斯威辛集中营主要是用来关押、奴役和屠杀犹太人的。自从它建立后，至少屠杀了 130 万～150 万人，其中犹太人就有 110 万。

## “二战”爆发

波兰位于欧洲东部，东接苏联，西临德国，南接捷克斯洛伐克，北濒波罗的海，战略地位十分重要。波兰当时还是英、法在欧洲诸盟国中军事上最强大的一个国家。德国若占领波兰，不仅能获得大量的军事经济资源，而且还能大大改善自己的战略地位。既可消除进攻英、法的后顾之忧，又可建立袭击苏联的基地。1939 年 9 月 1 日早晨，德国法西斯撕毁了《德波互不侵犯条约》，出动 1400 架战斗机和轰炸机对波兰前沿阵地、纵深军事设施和交通枢纽进行破坏性轰炸。开战头两天，德军就掌握了制空权。在空军的掩护下，德军机械化部队越过国境线，很快就突入波兰深处。德军的快速部队在波兰广阔的国土上到处袭击，很快就把波兰军队打得七零八落。波兰政府无力挽回败局，于 9 月 16 日撤离华沙，经罗马尼亚，先到达巴黎，后流亡伦敦。华沙军民拒绝投降，在极端困难的条件下顽强抗击德军，德军直到 9 月 27 日才占领这座孤立无援的城市。德军的闪电行动终于奏效了，仅仅用了一周时间，就使波兰全境失陷，国家灭亡。第二次世界大战就这样爆发了。

1. 马其诺防线

马其诺防线的名称来自当时法国的陆军部长马其诺（1877—1932 年），从 1929 年起开始建造，1940 年才基本建成，造价 50 亿法郎。防线主体有数百千米，主要部分在法国东部的蒂永维尔。第二次世界大战之前位于法国东方所设的防御工事，由钢筋混凝土建造而成，十分坚固。由于造价昂贵，所以仅防御法德边境，至于荷兰则由英法联军作后援。防线内部拥有各式大炮、壕沟、堡垒、厨房、发电站、医院、工厂等，通道四通八达，较大的工事中还有电车通道。

1940 年 5 月，德军突袭比利时的埃本埃马尔要塞，同时，德军也在荷兰城市鹿特丹着陆。而另一些德国武装也在跨越荷兰边境向鹿特丹进发。在南面，两支装甲部队轰轰隆隆开过马斯河，挺进比利时。英国的派遣部队（驻法英军）和数支法国部队北移进入比利时，以阻击德军。法国和英国人不知道的是，大批德军正穿过马其诺防线北方的阿登山区狭窄的林间道路前进。德军正是经阿登山区而绕过了马其诺防线，然后向北到达英吉利海峡。同时，他们成功地将法国和英国的武装一分为二。

2. 敦刻尔克大撤退

1940 年 5 月，德国以迅猛的攻势分别用 5 天和 18 天征服了荷兰和比利时，然后绕过法德边境上的马其诺防线，从防御薄弱的法比边境攻入法国。1940 年 5 月 24 日，担任西线主攻任务的德军部队攻占了布伦，包围了加莱两个主要港口，距离敦刻尔克只剩下 32 千米。英法盟军的 40 个师 34 万人被包围在弹丸之地敦刻尔克。盟军三面受敌，一面临海，随时都会遭到德军毁灭性的攻击。但是，就在这千钧一发之际，在 24 日这一天之内，希特勒连续签发 7 个秘密手令，命令停止进攻敦刻尔克。德军将领古德里安眼巴巴地望着大海，望着乱哄哄的、犹如热锅上蚂蚁似的英法官兵。只要一声令下，他的坦克部队就会把他们“推”入大海。两天以后，德军情报机关窃听到盟军在伦敦发给在加莱的英军司令的无线电：“你继续存在的每 1 个小时都是对远征军的极大帮助。”这时候，敦刻尔克的 34 万大军已经登上运输舰船向英国本土撤退了。希特勒意识到了自己的错误，命令古德里安和其他的德国部队“前进！发起攻击”！可 34 万盟军在 1000 艘舰船的帮助下，渡过多佛尔海峡，顺利地退回到英国本土。这就是举世震惊的奇迹——敦刻尔克大撤退。

## 不列颠大空战

1940 年 8 月 23 日晚上，有 12 名德国轰炸机驾驶员奉命对伦敦郊外的飞机场和油库进行轰炸，但由于航向错误，把炸弹扔到伦敦市中心去了，炸毁了很多住房，并炸死了很多老百姓。为了报复，英国空军第二天晚上也派了 18 架飞机轰炸了柏林。那天晚上，柏林上空浓云密布，英国空军只有半数找到了目标，柏林的损失并不大。但是这件事对德国的士气影响却很大。因为这是柏林第一次受到轰炸，也是战争开始以后，第一次在德国首都打死了德国人。早在大战之前，戈林就曾经吹嘘德国的防空能力，说：“一颗炸弹也扔不到德国来，要是有一架敌机到达鲁尔的话，我的名字就不叫赫尔曼·戈林。”现在英国的炸弹竟落到首都柏林来了。英国空军还撒下许多传单，上面写着：“希特勒要打多久就打多久！”而德军居然连一架英军飞机也没给打下来。于是希特勒和戈林改变了对英国空袭的目标。9 月 7 日，伦敦市区开始遭受德国空军的恐怖袭击，有 1000 架轰炸机对那里进行了狂轰滥炸，先是重磅炸弹和燃烧弹，炸得伦敦市区到处起火，硝烟弥漫。接着是延时炸弹，使大段大段的铁路线、交通枢纽和重要道路多次中断。但是英国人民并没有被法西斯吓倒，他们怀着对法西斯暴政的仇恨，沉着应战。

1. 丘吉尔临危受命

1940 年 5 月 10 日，英国首相张伯伦由于形势所迫，辞去了首相职务。丘吉尔以首相的身份组织了联合政府——战时内阁。5 月 13 日，下院召开特别会议，要求对新政府举行信任投票，丘吉尔在会上发表了出任首相后的首次施政演说。他说："我没有什么可以奉献，有的只是热血、辛劳、眼泪和汗水。摆在我们面前的，是一场极为痛苦的严峻考验。在我们面前，有许多漫长的斗争和苦难的岁月。你们问：我们的政策是什么？我要说，我们的政策就是用我们的全部能力和上帝给予我们的全部力量在海上、陆地和空中进行战争，同一个在人类黑暗悲惨的罪恶史上所从未有过的穷凶极恶的暴政进行战争。这就是我们的政策。你们问：我们的目标是什么？我可以用一个词来回答——胜利，不惜一切代价去赢得胜利……我要说：起来吧，让我们把力量团结起来，共同前进！"丘吉尔的讲话赢得了与会议员暴风雨般的掌声，全体议员一致投赞成票，其结果是 381 票对零票，丘吉尔组织的新内阁得到了全国人民的一致支持。从此，他团结、领导全国人民，同仇敌忾，奋勇抗击德国法西斯。

2. 孤军作战

经过短暂的战斗，德国人征服了整个西欧。只有英国仍在继续抗击希特勒的武装。在首相温斯顿·丘吉尔的演讲鼓舞下的英国有着被占领的准备，但希特勒必须先赢得英国南部的制空权。在英国南部的空中战斗被称为不列颠之战，是一场险胜的战役，也是历史上第一场仅仅是敌对双方空军参战的战役。1940 年整个夏季，德国空军的各个中队主要从法国北部基地起飞，对零散分布在英国南部的各皇家空军机场猛攻。英国皇家空军战斗机指挥部有两大显著优势：一是宽范围早报警的雷达系统；二是一名能力极其突出的领导人休·唐丁爵士。唐丁最大限度地发挥了他有限队伍的力量抵抗袭击者。尽管如此，从8月份到9月份，皇家空军损失的飞行员人数超过了它能够补充的人数，它的飞机场遭到德国炸弹的轮番轰炸。

后来，由于德国将主要力量放在对平民的屠杀上，英国的雷达站、飞机厂终于缓过劲来，扭转了战场上的劣势。丘吉尔知道，空军力量的缓慢恢复，是以城市平民的牺牲为代价的。伦敦南部贫民地区受炸后，他马上赶去视察。到场后，面对冒着黑烟的废墟和满身尘土的人们，他流下了眼泪。一个妇女大声叫着："他哭了，他真的关心我们!"丘吉尔后来在回忆录中特意更正了这一说法，深情地写道："那不是关心，是感激。"

1941年5月10日，德国飞机在最后一次轰炸了伦敦后终于认输了。当8个月的空战结束后，始终留在伦敦的英国国王爱德华七世，在巡视千疮百孔的伦敦街道时，神态安详地对人民说："英国度过了最黑暗的时期。"

## 奇袭苏联

1941年6月22日，正是星期天，凌晨3时1刻，苏联西部长达1800千米的边境突然失去了黎明前的宁静，巨炮狂吼，机群轰鸣。德军共出动190个师、3800辆坦克、5万门以上的火炮和迫击炮、5100架飞机向苏联发动了突然袭击。战争的第一天就突破了苏军第一道防线，15天后，德军向苏联纵深推进了400千米。西部重要的城市、交通枢纽、陆海空军基地及部队营房遭受毁灭性打击，几乎全部瘫痪。西部地区的66个飞机场全部遭到空袭，共损失1200架作战飞机。面对敌人的猛烈突袭，苏军几乎完全丧失了抵抗能力，只得向内地撤退。由于战争的突然爆发，苏军的指挥系统也呈现出紊乱和不得力状态，为了适应战局的变化和新形势，许多高级将领建议，成立一个类似德军总参谋部那样高效率的统帅部作为指挥中枢。6月30日，联共（布）中央委员会，最高苏维埃主席团和苏联人民委员会联合决议，成立以斯大林为主席的国防委员会。7月19日，斯大林又被任命为国防人民委员（即国防部长）。8月8日，他再次被任命为苏联武装部队最高统帅。苏联人民在斯大林的领导下，浴血奋战，苏联不仅没有在两个月内被希特勒消灭，反而经过不到4年的时间就攻克了柏林，灭亡了希特勒的第三帝国。

1. 莫斯科会战

1941年9月初，希特勒发布第35号训令，向莫斯科、列宁格勒和罗斯托夫3个方向发起进攻，以夺取莫斯科为主要目标。进攻莫斯科的战役代号为“台风”。1941年9月30日至1942年4月20日，苏德双方进行了举世瞩目的莫斯科会战。这次会战按苏军行动性质分为防御、反攻和总攻3个阶段。德军莫斯科会战失利的主要原因是，希特勒及其统帅部低估了苏联军事潜力及苏军的战斗力和士气，他们认为莫斯科以东没有大量的苏军。同时，希特勒与陆军总部对战略打击重点存在严重分歧，在作战指挥上犹豫不定，造成德军兵力分散，延误了进攻莫斯科的时间。还有，德军兵力消耗得不到补充，严冬天气，后勤补给极差，削弱了战斗力。莫斯科会战，使德军在第二次世界大战中首次遭到挫败，德国的“闪电战”宣告破产。德国侵略开始由盛转衰。

2. 斯大林格勒保卫战

1942年7月17日，德军在顿河河曲发动外围攻势，以鲍卢斯将军率领的第6军团和霍特将军的第4坦克集团开路，凭借优势的兵力和精良的武器装备不断突破苏军的防线。苏军在防御作战中，歼灭了大量德军，保存了自己的有生力量。8月23日，顿河630千米长的防线和顿河与伏尔加河之间工程浩大的防御工事被德军突破。9月13日，德军兵临城下，战斗达到了白热化的程度。在近两个月的激战中，苏军击退德军700多次冲锋，使德军始终无法攻占全城。进入冬季后，苏联最高统帅部决定组织力量进行大反攻。1942年11月19日拂晓，苏联2000门大炮齐鸣，以坦克为前导，兵分两路：一路直捣德军的后方，一路南下直取德军集聚点卡拉奇，构成铁钳攻势。23日傍晚，会师于卡拉奇的苏军将德军主力鲍卢斯率领的第6集团军包围在斯大林格勒城下。到1943年2月2日，被围困的33万德军被歼灭，9万被生俘，其中包括鲍卢斯元帅和24名将军。斯大林格勒保卫战的胜利是世界反法西斯战争的一个转折点。

3. 库尔斯克战役

库尔斯克战役中苏军的司令官是格奥尔吉·朱可夫将军，正是他率领红军于1945年攻入柏林。1943年，当朱可夫得知德军意欲攻击库尔斯克后，就着手将城市周边地区建成堡垒。库尔斯克有三道防线保护，每一道防线都包括密布的雷区、密集的铁蒺藜、掩护苏军战士的战壕以及反坦克炮和炮兵部队的掩体。朱可夫为即将来临的战斗制订的计划很简单。首先，要挫败德军的首轮进攻。德军要想到达库尔斯克必须闯过他布下的三条防线。朱可夫认为，经过这三道防线后，德军的战斗力会大大减弱。朱可夫也安排了几支装甲部队作为后备。假如受挫的德军真能突破防线向库尔斯克城逼近时，他会让自己的坦克部队杀向敌人，苏联空军来对付德国空军，并为苏军地面部队提供援助。朱可夫的计划十分奏效。德国部队7万人死伤，3000辆坦克和1000门加农炮被毁或丢弃，1400架飞机被击落。

## 诺曼底登陆

1944年6月6日凌晨2时，德军总司令伦斯特得到前线紧急报告：“有一股英、美空军部队着陆，看来这一次是大规模行动……”

“这并不是一次大规模行动，空降伞兵是英、美惯用的声东击西手法。”伦斯特正在睡觉，他漫不经心地回答。6月6日早晨6时30分，美军第4师在强大炮火掩护下，开始在诺曼底滩头阵地登陆。7时20分，由蒙哥马利指挥的英国第2集团军也登上海岸。消息传到德军西线总司令部，伦斯特立即打电话到隆美尔家中。这时，西线司令部里已聚集了好几个将领，他们正在用电话与希特勒联系，要求批准急调两个精锐坦克师去诺曼底。但是希特勒回答说，这两个坦克师不能轻易调动，要看一看形势的发展。说完，希特勒就上床休息了。当下午3时希特勒醒来时，盟军已经有大批部队登陆，并深入陆地几公里。这时希特勒才行动起来。他批准派装甲师支援诺曼底，同时又发出命令：“必须在今天傍晚前，消灭登陆敌军，收复滩头阵地……”然而，这一切都已太晚了。到傍晚时，盟军已在欧洲大陆建立了牢固的立足点。深夜，将近10个师的部队已经上岸，坦克、大炮、后续部队源源不断地开来。到7月5日，盟军登陆部队已超过100万人。从此，希特勒的“大西洋铁壁”被完全突破，德国陷入了苏联和美、英盟军东西夹击的铁钳之中。这就是著名的“诺曼底登陆”。

1. 开辟第二战场

早在1941年9月，英国就着手计划跨越英吉利海峡进攻法国。不过，对这个计划进行真正严肃的讨论是在12月份美国参战之后。到1944年5月底，复杂的进军计划已着手实施。具体策划的任务最终交到被新任命的盟军最高司令艾森豪威尔将军手中。这个计划的代号被定为“霸王”，英国将军伯纳德·蒙哥马利为这次行动的总司令。第二战场开辟后，欧洲反法西斯联盟的武装力量从东西南三个方向向法西斯收缩罗网，使战争进入了粉碎纳粹德国的最后决战阶段。

2. 最后的战斗

1945年1月底，德军在战争初期所占领的地区全部被盟军收回。盟军继续向莱茵河挺进。由于希特勒拒绝向莱茵河以后撤退，致使他的大部分残余部队缴械投降。2月9日，科尔马德军的小块阵地也被攻破。3月7日，在雷马根，盟军非常幸运，毫发未损地拿下了横跨莱茵河的大桥，使得美军能够顺利进入德国境内。22日，巴顿将军的部队在奥彭海姆也渡过莱茵河。23日，蒙哥马利将军所率领的军队在韦瑟尔渡河成功。盟军过河后，德军的有效抵抗彻底结束了。盟军继续向柏林挺进，于4月18日攻下了德国的工业中心——鲁尔区，同时俘虏了那里的30万名德军。5月初，美军和英军到达了易北河，在那里他们与苏联红军胜利会师。2日，柏林被彻底攻陷，德国最终于5月8日正式投降，这一天也叫“欧洲胜利日”。

3. 希特勒之死

1945年4月，不可一世的纳粹第三帝国被全世界爱好和平的人民的反法西斯战争击垮了。5月7日凌晨，纳粹德国被迫签订了无条件投降协定。5月8日，苏军在柏林总理府花园的弹坑里找到了两具尸体，经解剖和希特勒与爱娃法医检验，确认是希特勒和他的情妇爱娃·布劳恩。

4. 墨索里尼的下场

1943年7月25日，墨索里尼由于军事上失利和国内反法西斯运动高涨被撤职，并被监禁在阿布鲁齐山大萨索峰顶。9月被德军伞兵救出后，在意大利北部萨洛出任“意大利社会共和国”傀儡政府总理。

1945年4月27日，墨索里尼在逃往德国途中被意大利游击队捕获，次日被处决并暴尸米兰广场示众。

## 联合国诞生

1945年3月5日，一份《召开联合国家国际组织会议邀请书》拟定成功，开始飞向世界各国，邀请来自五洲四海的朋友共商大事。4月25日，美国旧金山歌剧院聚集了来自50个国家的282名代表、

1726 名顾问、专家及其他人员。美、苏、英、中作为 4 个发起国，首席代表分别为美国国务卿斯退丁纽斯、苏联外交人民委员莫洛托夫、英国外交大臣艾登、中国政府代理行政院长宋子文。大会史无前例，盛况空前。25 日下午 3 时，歌剧院内人头攒动、摩肩接踵，各路人士带着共同的心愿和不同的心事纷至沓来。“和平”与“合作”是与会发言者的两大主题，开幕大会洋溢着和谐、友善的气氛。会议进行了两个多月，大大小小的国家经过激烈的争论，于 6 月 25 日通过了《联合国宪章》和作为宪章组成部分的《国际法院规约》。中国代表团第一个在宪章上签了字。波兰政府由于改组问题错过了签字时间，而于会后补签。因此，联合国的创始会员国总数为 51 个。10 月 24 日，《联合国宪章》正式生效，从此，这一天就被定为“联合国日”。

1. 三巨头会晤

1943 年 11 月 28 日至 12 月 1 日，苏、美、英三国首脑在德黑兰举行了会议，就战后如何处置德波边界的变迁、成立国际组织、苏联参加对日作战等问题进行商讨，在某些问题上达成一致。德黑兰会议为雅尔塔体系的建立奠定了基础，巩固了反法西斯联盟；但这次会议也反映出了大国强权政治的倾向，预示着几个大国对战后国际事务的主宰。1944 年 8 月至 10 月，美、英、苏三国和美、英、中三国先后在美国敦巴顿橡树园举行会议，就建立战后国际组织的问题专门进行讨论，最后通过了“关于建立普遍性的国际组织的建议案”。1945 年 2 月 4 日至 11 日，在法西斯灭亡的前夕，苏、美、英三国首脑在雅尔塔举行了首脑会议。这次会议在安排战后世界的问题上达成了许多协议。雅尔塔会议对苏、英、美三大国此前商谈过的问题进行了调整与总结，为战后世界格局确定了基本框架以及赖以建立的精神原则。因此，人们把战后的国际秩序以“雅尔塔”来命名。

2. 东西德与柏林墙

雅尔塔会议后，柏林城受苏、美、英、法等国分别管辖。1949

年，德国分为联邦德国和民主德国，由英、美、法分管的西柏林属于联邦德国管辖。柏林墙是一条长40千米、高约4米的水泥墙，是1961年由民主德国建造的。后来，由柏林墙延伸165千米，作为民主德国与联邦德国的边界。

## 正义的审判

“二战”的硝烟在欧洲刚刚散去，欧洲国际军事法庭在德国南方城市纽伦堡，对第一批21名首要战犯进行了审判。

1945年11月20日，纽伦堡，欧洲国际军事法庭。

审判大厅里，人声嘈杂。来自英、法、美、苏，以及德国和其他国家的工作人员、辩护律师及听众把大厅挤得满满的，战犯们也已坐在被告席上。他们以前那种颐指气使的神气一扫而光，看着他们那副无辜的神情，很难想象他们曾经使整个欧洲暗无天日。

当各国法官走上法官席时，大厅里安静了下来。英国的劳伦斯法官主持审判，主起诉人宣读了5万多字的总起诉书，战犯们被起诉的罪名有策划阴谋罪、破坏和平罪、战争罪以及破坏人道罪。赫尔曼·戈林、鲁道夫·赫斯、冯·里宾特洛甫、卡尔滕·布隆那、罗森伯格、邓尼茨、沙赫特等战犯无一例外地否认有罪，戈林甚至准备了长篇的书面发言为自己辩护，被法官制止后，还悻悻地声明他是无罪的。

大厅里开始不安地骚动起来。这时，苏联主起诉人走上了讲台，他准备好了用事实进行回击。应他的要求，法庭播放了一部影片，它是用缴获的德军拍摄的影片剪辑而成的。由于没有倒片，所以放出的影像是倒立的。战犯们当然不肯放过任何一个嘲笑苏联的机会，在被告席上笑得前仰后合。不过，他们很快就笑不出来了，影片中德军的暴行震撼了在场的每一个人。战犯们开始默不作声，竭力装出一副与己无关的样子，只有与苏德战场没有多大关系的赫斯在座位上不安地扭动起来，不久就中途退场了。

重挫了战犯们的气焰后，苏联主起诉人指出：这次审判具有深远的历史意义。这是有史以来第一次，将那些把国家作为犯罪工具的罪犯们送上了法庭，这也是有史以来第一次，不仅将对这些罪犯本人，还将同时对犯罪机构和组织进行审判，对用来欺骗民众的思想和理论做出审判。

1. 无耻的抵赖

在纽伦堡审判期间，战犯们对犯下的罪行百般抵赖。

戈林，希特勒最重要的帮凶之一。这个一战时德国的空军英雄，挺着肥大的肚子，脸上堆满微笑，在公众场合总是摆出和蔼的面容倾听他人讲话，具有极大的欺骗性，被德国人称为赫尔曼大叔。但实际上他是一个城府很深、内心狠毒的家伙。正是他帮助希特勒建立了冲锋队和秘密警察，对德国乃至整个欧洲进行特务统治；正是他在担任经济部长期间，无视凡尔赛和约，推行四年计划，将德国资源的一半用于军事目的，使德国转入整体战经济轨道；正是他指挥德国空军对华沙、敦刻尔克、伦敦、列宁格勒和许多城市进行了狂轰滥炸；正是他与希特勒一起制定了进攻苏联的“巴巴罗萨”计划；正是他自认为居功至伟，要求希特勒指定他为元首继承人。此时却装出满脸的无辜，对任何问题的答复总是闪烁其词，把责任推得一干二净。

卡尔腾·布隆那，秘密警察的头子。在他领导下，杀人居然实行了流水线化。成千上万的犹太人被火车运到集中营，在挑出需要的技术人员后，其他人被赤身裸体地送入所谓的淋浴室。不幸的犹太人从水管中得到的不是清水，而是毒气。他们痛苦地尖叫着，手指在身上抓出一条条血痕，到处寻找可以逃命的出口，可是纳粹怎么会留一丝缝隙给他们呢。毒气室的门口，青肿的尸体一层又一层地堆成小山。

死后尸体还不得安宁，焚烧前要拔下牙齿、剪去头发，因为在纳粹看来这也是战略物资。尸体则用轨道车运到大型焚尸炉焚毁，高高的烟囱始终冒着浓浓的黑烟，集中营周围的恶臭终年不散。据苏联调查，仅在奥斯维辛集中营，纳粹就屠杀了 400 万犹太人。当法官问卡尔腾·布隆那对集中营中的屠杀应负什么责任时，他恬不知耻地说没有责任，直到法官向他出示他亲笔签字的屠杀命令时，他才哑口无言。

对战犯们的这种无赖行径，美国首席起诉人罗伯特·杰克逊愤怒地指出：被告们拼凑出来的图画荒谬得令人难以置信，如果他们的话还可信的话，那么上帝就不可信了，因为这等于说根本就没有发生过战争，没有发生过屠杀，也没有发生过罪恶。

2. 正义对邪恶的胜利

经过大量的调查和取证，1946 年 9 月 30 日进行了总宣判。纳粹党组织、党卫军和秘密警察(盖世太保)被宣判为犯罪组织。10 月 1 日，戈林、里宾特洛甫、卡尔腾·布隆那等 11 人以及缺席的鲍曼被判处绞刑；赫斯等 3 人被判处无期徒刑；施佩尔、邓尼茨等 4 人被判处有期徒刑；沙赫特、巴本和弗里茨被判无罪，当庭释放。对此，苏联依基琴科法官表示了不同意见，他不同意无期徒刑、有期徒刑和无罪释放的判决，要求战犯们偿命。10 月 16 日，对里宾特洛甫等人执行死刑。除了戈林在向他宣布死刑命令前服毒自杀外，其他战犯一个个被吊死在绞架上，他们也永远被钉在历史的耻辱柱上。

## 美苏冷战

富尔顿威斯敏斯特学院之中，人头攒动，有一个神采飞扬、笑容可掬的英国人正在滔滔不绝地发表高论，全场鸦雀无声。这个喜欢高谈阔论的家伙真是语出惊人：“从波罗的海岸到亚得里亚海边的里雅斯特，一重铁幕降下，横断欧洲大陆。”原来丘吉尔是在讲如何把欧洲分为两个互相敌对的部分，一个以苏联为中心，另一个以英美为核心，又如何在这两个部分之间落下一道铁幕。再仔细看周围的人，竟还有美国总统杜鲁门在旁边一个劲儿地鼓掌，看来他也是十分赞同丘吉尔的说法。知情的人知道，这个演说正是杜鲁门一手策划的。“铁幕”不是纳粹德国发明的词吗？怎么现在被这位英国的前首相用在这里了？更让人感到奇怪的是，第二次世界大战中，苏联、英国、美国不都是友好盟国吗，现在怎么无形地隔了一道铁幕了呢？“没有永远的敌人，没有永远的盟友，有的只是永远的利益”。国际斗争永远都是这样，敌敌友友，变化莫测，昨日还是坚定的盟友，针扎不透，水泼不进，可是现在却完全恢复老样子。没有别的原因，只是因为利益。利益的冲突导致了同盟国之间迅速变脸，演化出了冷战。

1. 冷战策略

第二次世界大战后，西欧经济面临崩溃的危险，经济危机使社会矛盾加剧。这种状况使美国政府意识到，为了争夺世界霸权、“遏制”苏联全球扩张主义，无论如何也要稳定欧洲、复兴欧洲。在这种情况下，“马歇尔计划”应运而生。1947 年 6 月 5 日，马歇尔在哈佛大学毕业典礼上发表了演说，对美国援助欧洲的方针予以概述。对此，西欧各国政府表示欢迎。6 月 27 日，英、法、苏三国在巴黎举行外长会议，讨论“马歇尔计划”。会上，苏联代表莫洛托夫对制订欧洲统一计划表示“严重怀疑”，认为可能造成“某些国家干涉另一些国家的内部事务”的局面。由于分歧严重，苏联代表退出会议，并猛烈抨击了“马歇尔计划”。1947 年 7 月至 8 月，苏联与东欧各国签订了多项双边贸易协定，统称“莫洛托夫计划”。在推行“马歇尔计划”过程中，美国政府认识到，仅仅在欧洲建立“遏制共产主义”的防线还远远不够，必须在落后的亚、非、拉地区建立同样的防线。因为在他看来，共产主义是在“贫困和不满的土壤里蔓延滋长的”，对不发达的国家和地区的经济援助是“对共产主义最强烈的消毒剂”。因此，美国政府提出了“第四点计划”，即“新的大胆计划”，也就是“技术援助和开发落后地区的计划”。这个计划与“马歇尔计划”一样，也是美国政府在战后实施“遏制战略”、推行冷战政策的主要手段。两者都在经济援助名义下，为美国与苏联争夺世界霸权服务。

2. 北约与华约

冷战开始以后，西欧虽然在美国的经济援助之下，渐渐恢复了元气，可是面对苏联信誓旦旦要在全球实现共产主义的宣传，不免忧心忡忡。

1949 年 4 月 4 日，美国、比利时、加拿大、丹麦、法国、意大利、卢森堡、挪威、荷兰、葡萄牙、英国、冰岛 12 国代表聚首华盛顿，在美国国务院签订了《北大西洋公约》，宣布成立北大西洋公约组织，英文缩写 NATO。条约声明：北约将联合一切力量“进行集体防御及维持和平与安全”，矛头直指苏联及东欧各国。条约规定，“对一个或数个成员国的武装攻击，应视为对全体成员国的攻击”，每一成员国应采取必要的行动，包括使用武力，援助被攻击国，“以恢复并维持北大西洋区域的安全”。1952 年希腊和土耳其加入北约。1955 年 5 月 6 日北约又接纳了联邦德国，并允许它重新拥有军队。1982 年，西班牙也正式加入北约。从而在欧洲大陆形成了一个遏制苏联的包围圈。

北约咄咄逼人的气势令苏联深感不安。苏联意识到：只有建立实力强大的军事集团，才能和北约分庭抗礼。于是苏联针锋相对，联合阿尔巴尼亚、保加利亚、匈牙利、民主德国、波兰、罗马尼亚和捷克斯洛伐克 7 国，于 1955 年 5 月 14 日在波兰首都华沙签署了《友好合作互助条约》，简称《华沙条约》。华约组织的总部设在莫斯科，建立了华约最高决策机构——政治协商委员会以及武装部队联合司令部。

北约和华约的成立，标志着欧洲从此进入两大阵营、两种社会制度、两大军事集团对峙的时代，美苏冷战全面铺开，欧洲彻底分裂，东西方彻底分裂。

## 东欧剧变

1989 年 10 月 7 日，民主德国庆祝建国 40 周年，柏林、莱比锡等城市爆发示威游行，要求扩大民主，实行改革，放宽出国旅行。在苏联推行的“新思维”政策和东欧各国相继剧变的影响下，民主德国的政局急剧动荡，国内的反政府示威游行此起彼伏。1989 年 10 月 18 日，在德国统一社会党召开的十一届九中全会上，总书记昂纳克在任职第 18 年上被迫辞职，52 岁的政治局委员克伦茨接替了昂纳克的全部职务。上台之初，克伦茨表示民主德国要继续走社会主义道路，反对政治多元化和市场经济。此后，他前往苏联和波兰，表示要学习苏联“新思维”中的改革成分和波兰的改革经验。11 月 8 日，克伦茨在德国统一社会党的十一届十中全会上再度当选为党的总书记。11 月 9 日，民主德国政府决定，对私人出国旅行不再附加任何条件，宣布开放柏林墙和两德边界，而且立即生效。数以万计的东柏林人拥向西柏林，无数西柏林人拥到东边看热闹，人流来往昼夜不息。民主德国经历了好一番混乱的场面，生产活动陷于瘫痪，绵延百里的柏林墙在历经了 28 年的风雨之后终于倒塌了，人们把其中 300 多米的较有历史价值的部分切割成块，以每块 40 美元的价格卖给有心收藏的人。

1. 波匈浪潮

东欧剧变从波兰和匈牙利两国开始发生。1989 年 6 月 4 日，波兰大选，统一工人党在竞选中败给团结工会，共产党失去对议会和政府的控制权。波兰成为东欧第一个由非共产党组织掌权的国家。同年10月6日，受波兰影响，匈牙利提前召开第十四次（非常）代表大会。会上，决定将社会主义工人党改名为匈牙利社会党。不久，匈牙利国会通过宪法修正案，把匈牙利人民共和国改名为匈牙利共和国，并取消了关于马克思列宁主义政党领导作用的说法。

2. 捷克“11月风暴”

1989年1月到11月，布拉格连续爆发数万至数十万人参加的反政府示威游行。迫于形势，捷共中央于1989年11月24日召开非常全会，以雅克什为首的领导班子辞职，改选乌尔班内克为总书记。1989年11月29日，联邦议会通过的修正法案取消了关于捷共在社会和国家中的领导作用的条款。12月3日，阿达麦茨总理宣布改组政府，吸收5名非共产党人参加内阁。公民论坛不满于此，次日组织了20万人大游行，导致阿达麦茨辞职。不久，捷共失去了执政党地位。

3. “多米诺骨牌”效应

东欧的剧变就像多米诺骨牌一样，随着波兰、匈牙利、捷克斯洛伐克等国家发生政变后，罗马尼亚、南斯拉夫、阿尔巴尼亚也卷入了剧变的旋涡。1989年12月17日，罗马尼亚蒂米什瓦拉市发生流血事件，局势急转直下。12月25日，匆匆成立的救国阵线委员会接管了政权，保留共和制，实行多党制。这是东欧剧变中最激烈也最出人意料的一次政变。东欧剧变是一次社会主义向资本主义的演变，它对东欧人民来说是一场灾难。就世界范围来说，它改变了以雅尔塔体系为基础形成的世界格局，产生了深远影响。

## 苏联解体

1991年12月25日19时20分，对于已有74年历史的苏联来说是一个不同寻常的时刻。此时的莫斯科克里姆林宫里已是夜幕降临，灯光通明了。在总统府邸的会见大厅里，前苏联总统戈尔巴乔夫在几位高级官员的陪同下，会见了俄罗斯联邦总统叶利钦。在记者照相机的闪光灯下，戈尔巴乔夫面无表情地把象征总统权力的核按钮亲手交给了叶利钦。这一交接仪式虽然极简单，但却牵动着世界亿万人的心。衣冠楚楚的独立国家联合体武装力量临时总司令波什尼科夫空军元帅出席了仪式，并在交接的一瞬间鼓了掌。此前几分钟，戈尔巴乔夫已经在媒体中宣布，他正式辞去了苏联总统的职务。19 时 32 分，在苏联成立 69 周年的纪念日即将来临之际，克里姆林宫顶上飘扬的苏联国旗在暮色中徐徐降下。13 分钟后，俄罗斯的红、蓝、白三色国旗升上克里姆林宫。由列宁亲手缔造的苏维埃社会主义共和联盟从此成为历史，世界上第一个社会主义国家走过了它最后的一天。

1. 经济大衰退

由于对经济问题的症结缺乏深刻的认识，戈尔巴乔夫在经济发展和改革的战略目标及政策选择上发生重大失误，他把加快经济发展速度作为战略目标，而忽视了经济结构的调整；希望以改善人民生活的许诺来树立自己的形象和取得人民的支持，却制定了超越实际可能的社会政策，结果自然是适得其反。其次是他对经济体制改革的复杂性、长期性和艰巨性估计不足，在实践中急于求成，盲目冒进。结果是苏联经济不仅没有好转，反而变得越来越糟糕。到了 1989 年，苏联经济显然已经失去了控制，情况日益恶化。

2. “8·19”军事政变

1990 年 2 月，戈尔巴乔夫召开苏共中央全会，取消苏共在苏联的法定领导地位。7 月，他又使苏共二十八大从根本上否定了马列主义的指导地位，用“人道的民主的社会主义”代替共产主义作为党的奋斗目标，在组织原则上放弃党的民主集中制。为了挽救苏联使其免于解体，为了挽救苏联共产党的领导地位，1991 年 8 月 19 日，苏联发生了“8·19”军事政变，以副总统亚纳耶夫为首的一些党政领导人发动政变夺取国家权力，他们扣押了戈尔巴乔夫。事件发生后，以叶利钦为首的各加盟共和国领袖以及莫斯科、列宁格勒市的市长坚决抵制紧急状态委员会的命令，军界最后也倒向这一边。22日，戈尔巴乔夫被叶利钦派去的人接回莫斯科，他发表声明，说他已经完全控制了形势。实际上，此时的莫斯科以及整个苏联已经不再听命于这位领导人，他被架空了。

3. 独联体的形成

1991年12月7日，俄罗斯、乌克兰和白俄罗斯三国领导人就苏联的前途问题秘密会晤，宣布3个国家组成独立国家联合体，即所谓的独联体。12月21日，除格鲁吉亚外的苏联11个加盟共和国在阿拉木图又签署了《关于建立独立国家联合体协议议定书》，宣布随着独联体国家的成立，苏联将停止存在。

## 科索沃战火

1999年3月24日晚，南斯拉夫联盟塞尔维亚共和国科索沃省首府普里什蒂纳一片静寂，连日阴沉的天气使天空漆黑，看不到一点星星的影子。路上少有行人，整座城市也少有灯光，只有几声狗的叫声，衬托出城市的一点生气，但叫声却不免显得有些凄怆。忽然，仿佛惊天动地一般，两次爆炸接连发生，火光冲天，浓烟滚滚，整个普里什蒂纳被惊醒了，密集的重兵器的射击声响彻夜空，凄厉的警笛也鸣叫起来，叫喊声、哭闹声、房屋倒塌声，混成一片。北约对南联盟威胁已久的空袭终于开始了。10分钟之后，南联盟其他城市也相继遭到袭击。震耳欲聋的轰炸声响彻整个南斯拉夫大地。在这次代号为“决断力量”的空中打击中，南联盟共有7个地区、20多个军事目标被击中。南联盟政府当晚发表简短声明，宣布全国进入战争状态。

1. 巴尔干“不死鸟”

科索沃位于塞尔维亚西南部和阿尔巴尼亚北部的交界地带，西北与黑山相邻，东南和马其顿接壤，历来是一块是非之地。 20 世纪 90 年代初，科索沃危机加剧。 在东欧剧变的影响下，以米洛舍维奇为首的强硬派在 1990 年 7 月通过法令解散了科索沃议会，以此来对抗阿尔巴尼亚族（简称阿族）的分离行动。 米洛舍维奇是南斯拉夫塞尔维亚族，1941 年 8 月 20 日出生。 他作风强硬，敢作敢为，始终牢牢掌握着南斯拉夫的最高权力，被西方舆论称为“不死鸟”。

2. 强权与反强权

1992 年南联邦解体后，塞尔维亚和黑山两个共和国联合成立了“南斯拉夫联盟共和国”。 同年 5 月 4 日，地位上升的阿族人在科索沃举行“全民公决”，正式成立“科索沃共和国”，选鲁瓦戈当该国的总统，塞尔维亚共和国宣布阿族人的一切行动都是非法的。 为了获得外界的支持，科索沃阿族政党和极端民族主义者请求北约出兵，并请欧盟和联合国出面干预。 1999 年年初，随着以美国为首的北约导演的朗布利埃和平谈判破产，一幕“法西斯式”的丑剧上演。 自 1999 年 3 月 24 日夜，北约假借维护“和平”与“人权”的名义，向南联盟发起疯狂的空中袭击，狂轰滥炸长达 78 天。 1999 年 6 月 9 日，南联盟与北约签署了停战协议。 第二天，北约停止轰炸。 从根本上来说，科索沃战争是一场强权与反强权、战争力量与和平力量之间的斗争，也是妄图建立单极世界的美国和推动建立多极世界力量之间的较量。

## 欧洲的联合之路

自罗马帝国崩溃以来，欧洲人一直梦想能有一个统一与和平的欧洲。 可是事与愿违，欧洲一直战火不断，不仅使欧洲不少国家和民族成了世仇宿敌，而且引发了人类历史上最血腥的两次世界大战。

“二战”结束以后，欧洲人意识到欧洲的分裂导致了太多的不幸和灾难，或许只有欧洲的联合才是消除历史痛苦、治愈战乱顽症的良方。而美国和苏联的崛起也提醒着欧洲人，欧洲不再是世界的中心，如果欧洲再不联合起来，将会沦为超级大国的附庸。

而要让欧洲真正地联合起来，欧洲各国不得不面对一个尴尬的选择：德国，这个昨天的敌人，今天却必须成为自己的朋友。特别是与之为邻的法国心有余悸，由于两国历史上的恩怨，法国特别担心德国一旦恢复元气，首先倒霉的就是自己。

怎样才能化解法、德间的宿怨呢？法国外交部长舒曼和经济学家莫内勾画了一个极富创造性的计划，把打开法、德和解之门的钥匙摆在了世人的面前。

1950 年 5 月 9 日，舒曼在巴黎举行了记者招待会，用平缓的语调向世界宣读了这个爆炸性的计划。舒曼说：“问题不在于说废话，而在于采取一项大胆的行动，一项创造性的行动。”舒曼建议把法、德两国全部的煤钢生产置于一个共同的高级机构的管理之下，通过这种联合，德国与法国之间就会重新树立起信任，从而使战争变得“不仅是不可想象的，而且是不可能的”，因为钢铁与煤炭是发动战争所必需的物资。他还把这个计划看成是走向欧洲统一的第一步，呼吁其他欧洲国家加入进来，共同促进欧洲的经济繁荣，共同建立欧洲的永久和平。

“舒曼计划”震惊了世界，人们不仅看到了这个构想的伟大之处，而且看到了欧洲充满希望的未来。

1. 积极的响应

法国政府的建议一公布，立刻得到德国方面的肯定反应。联邦德国总理阿登纳欣然表示：“我们德国认为，法国的这项建议是个勇敢的创举，是法、德关系的一个非常重大的发展……它为今后消除法、德之间的一切争端创造了一个真正的前提……我们应该珍惜法国的建议……我把实现法国的建议看作是我一生最重要的任务。我觉得，如果能够顺利地实现它，便没有虚度一生。”

法、德的和解，揭开了欧洲联合的序幕。1951 年 4 月 18 日，法国、联邦德国、意大利、荷兰、比利时和卢森堡根据“舒曼计划”，在法国外交部大厅签订了《巴黎公约》，欧洲煤钢共同体宣告诞生，迈出了欧洲联合的第一步。

很快，欧洲煤钢共同体就取得了卓越的成效。六国惊喜不已，决定把这个成功的经验推广到其他产品和部门，继续探索欧洲联合的道路，增强与美苏超级大国抗衡的实力。经过长期的艰苦谈判，1957 年 3 月 25 日，六国在意大利首都罗马签订了《罗马条约》，宣布建立欧洲经济共同体和欧洲原子能共同体。

2. 欧盟的诞生

1967 年，欧洲煤钢共同体、欧洲经济共同体和欧洲原子能共同体合并成欧洲共同体，简称欧共体。从此欧洲联合更加势不可挡，英国、丹麦、爱尔兰、希腊、西班牙和葡萄牙先后加入了欧共体，使欧共体成员国扩大到 12 个。随着经济一体化的深入，成员国在政治领域的合作也有了突破性的进展，提出了欧洲“应该用一个声音说话”的口号。

人们形象地将欧洲一体化进程比喻成一枚三级火箭：第一级是关税同盟，第二级是经济联盟，第三级是政治联盟。

1992 年，欧共体 12 个成员国的首脑云集荷兰签署一项历史性的《欧洲联盟条约》，以建立欧洲经济货币联盟和欧洲政治联盟，这是欧洲一体化道路上的一个极为重要的里程碑。由于这项条约是在荷兰的一个平凡小镇马斯特里赫特签署的，因此人们通常称之为《马斯特里赫特条约》，简称《马约》。

1993 年 11 月 1 日，欧洲共同体正式改名为欧洲联盟，成为世界上最大的经济贸易体。欧盟的总部设在布鲁塞尔，它也因此被称为欧洲首都。各成员国有统一的护照、汽车驾照，人们可以自由来往。1994 年，芬兰和瑞典加入欧盟；1996 年奥地利加入，欧盟的成员国扩大到 15 个。此后欧盟又积极创造条件，准备向中欧、东欧地区进一步扩展。1999 年 1 月 1 日，欧盟发行了统一的货币——欧元。

通过几十年的努力，欧洲联盟终于一步一步地发展起来，成为欧洲国家经济与政治的代言人，大大提高了欧洲的竞争实力。

# 第二章　日新月异的美洲

欧洲各国殖民者的到来打破了美洲原有的平静。殖民者带来了新鲜的事物,更带来了欺骗、压迫、剥削、暴力和掠夺。在南美,海地人民起义敲响了殖民地民族独立运动的钟声,起义烈火蔓延到整个南美大陆。在北美,新生的美利坚合众国用战争结束了宗主国的殖民统治,解放了黑奴,在200多年里创造了奇迹,它夺取了欧洲的世界中心地位,逐渐发展成为世界唯一的超级大国。

## 向新大陆前进

英国的普利茅斯港迎来了极不平凡的一天。一大群清教徒（基督教新教中的一派）从德尔夫特、哈勒夫特等地远道赶来。他们明天将搭乘“五月花”号帆船到新大陆去冒险。虽说只有60人，但是他们拖儿带女，带着行李；还有不少亲朋好友前来送行，此去天涯海角，他们要陪伴亲人度过这最后的一夜。其实，这一夜谁也没有睡，他们一次次地倾心交谈、叙旧、祈祷……

很快，天亮了，出发的人要上船了，可是送行的人还希望再谈一会儿，再多看几眼，再拥抱一下，因为到新大陆去的确是极大的冒险，而且对很多人来讲，这辈子永远不可能再见面了，实在是生离死别。

时间终于到了，人们紧紧地、长时间地拥抱、吻别，千叮咛万嘱咐，个个泪如雨下，叹息声声，使周围的人都唏嘘不已。随着开船的信号发出，他们全体下跪，虔诚祷告。牧师含着热泪，仰望上空，祈求上帝赐福保佑。历史将永远记住这一天——1620 年 9 月 16 日，“五月花”号驶离普利茅斯，驶向新大陆的未知世界。

1. 艰难的航行

途经南安普敦港时，“五月花”号遇到了来自荷兰的“顺利”号。“顺利”号载着 35 名清教徒，也是到新大陆去的。因为“顺利”号又破又旧，所以这 35 名乘客干脆也登上了“五月花”号。这样船上共有 101 名乘客了，其中包括一些妇女和儿童。他们多数是清教徒，是为了躲避宗教迫害而远赴重洋的。另外还有一些贫穷工匠和农民。

航行虽然充满了希望，但每年的 9、10 月份恰巧是一年中最不利于航行的季节。海上时而狂风大作，时而惊涛骇浪，可谓前途茫茫，生死未卜。船上的生活条件极为艰苦，甚至不如囚犯。一些人很快就病倒了，也有不少人因饥饿、分娩而死亡。死者的尸体被无奈的同伴们抛入大海。船上的 18 名妇女，后来只剩下 4 人。狂风不仅延长了他们的行程，还把船往北吹去。

经过 40 多天的航行，终于，他们远远地看见了陆地，不由欣喜万分。但后来发现这不是他们要去的弗吉尼亚，而是在弗吉尼亚北面 644 千米处的马萨诸塞。

2. 五月花公约

眼看快要到美洲了，船上一名叫威廉·布雷德福特的男子发起倡议：为了今后我们齐心协力建设共同新家园，我们应该订立一个共同的契约。他的建议很快得到大家的赞同。于是在 1620 年 11 月 11 日，船上仅存的 41 名成年男子一起商定了今后共同遵守的自治纲领，这就是著名的“五月花公约”。公约如下：

“为了上帝的荣耀，为了我们的国王和基督信仰和荣誉的增进，我们漂洋过海，以在弗吉尼亚北部开拓最初之殖民地，因此在上帝面前结盟：同心协力为较佳秩序与生存建立一个文明政体。为使上述目的得以顺利进行，要随时制定、拟定和设计那种公认最合适殖民地全体人民利益的公平法律、条例、法令、法规以及设立治理机构。我们全体保证遵守与服从。”接下来是 41 名男子的签名。

“五月花公约”用文字形式确立了在上帝与法律面前人人平等的资产阶级民主权利，后来成为美国建国史上一个极为重要的文献；也是以后无数自治公约的第一个，并在很大程度上成为英国的北美殖民地社会成员遵守的共同模式。这个公约是教会盟约形式的民主协议，表明了移民们对自由民主的向往以及希望政府来源于人民之中的愿望。它对以后的《独立宣言》甚至美国宪法都有重大影响。因为这一公约，“五月花”号上的移民们被称为“移民始祖”，尽管他们所建立的普利茅斯定居点实际上是北美大陆的第二块殖民地。

虽然到达了新大陆，但等待这些历尽艰辛、筋疲力尽的拓荒者们的，并不是温暖的住所、可口的食品，而是荒原、森林和野兽。他们面临着饥饿、寒冷和死亡的威胁。但是，回身望去，他们横渡过来的茫茫大洋已经变成了千重波峰、万里鸿沟，把他们与文明世界完全隔绝了。他们除了背水一战，艰苦创业外别无他法。

实际上，第二年的大饥荒使幸存下来的人口又死去一半。后来多亏当地印第安人的帮助与指点，才使来自“五月花”号的居民能够生存下来，繁衍下去，最终建立起理想的社会和国家。

## 莱克星顿的枪声

1775 年 4 月，马萨诸塞总督兼驻军总司令盖奇得到一个消息：在距波士顿不远的康科德镇上，有“通讯委员会”的一个秘密军需仓库。盖奇立即命令少校史密斯率 800 名英军前往搜查。部队连夜出发了，4 月 19 日凌晨，他们来到了离康科德约 10 千米处的小村庄——莱克星顿。不久他们遇到了通讯委员会的民兵组织。“射击！给我冲！”史密斯一看对方只有几十个人，原来有些紧张的心情马上放松下来。莱克星顿的民兵立刻还击，猛烈抵抗英军的进攻，枪声震响在莱克星顿上空。几分钟后，枪声渐渐稀疏，民兵们因为人少，地形不利，很快撤离了战场，分散隐蔽起来。初战告捷的史密斯有些得意，来到莱克星顿，镇内却空无一人。“撤！”史密斯觉得情况有些不妙，连忙下令撤退。这时，镇外喊杀声、枪声陡然大作，附近各村镇的民兵已得到消息，从四面八方向康科德赶来，包围了正在撤退的英军。他们埋伏在篱笆后边、灌木丛中、房屋顶上、街道拐角处向英军射击。英军一批又一批倒在地上，而当英军举枪还击时却连民兵的影子也找不到。英军一路向波士顿方向退却，沿途遭到民兵的不断袭击，狼狈不堪。莱克星顿的枪声震动了大西洋沿岸的 13 个殖民地。美国独立战争从此开始。

1. 波士顿惨案

10 月，北美纽约的气温谈不上燥热，可在纽约举行的会议气氛，却仿佛热得要爆炸了。因为英国政府颁布法令，要求北美殖民地必须实行“印花税法”。分布在北美洲各地的 13 个殖民地中有 9 个派出代表聚会在这里讨论此事。1765 年的 10 月是一个多事之秋。

“印花税”本来就被北美殖民地的广大民众抵制，当这次会议发出“要自由，不要‘印花税’”的号召后，北美大陆立刻掀起了反对征“印花税”、抵制使用英国货物的抗议浪潮。北美民众成立了“自由之子”“自由之女”等组织，投入抗议活动，一些出售“印花税”票的英国官员被愤怒的民众捉起来，他们身上被涂上柏油、粘上鸡毛后，又被拖上街示众。如此强烈的抗议浪潮使英国政府不得不在半年后就宣布废除“印花税法”。

但是，为了填补与法国交战引发的国库亏空，英国政府仍然想方设法加强掠夺北美殖民地民众创造的财富；同时限制北美大陆的殖民地发展工业，又巧立名目，再次征收赋税。英国还向北美大陆派去大量军队，控制民众反抗的局面。1770 年 3 月，驻波士顿的英军与当地民众发生冲突时，竟然开枪射击手无寸铁的平民，造成民众五死六伤。

“波士顿惨案”激起了波士顿及北美各殖民地民众的极大愤慨。各殖民地都组织集会，声讨这骇人听闻的暴行。波士顿市民发起组织了“通讯委员会”，目的是加强联络，共同对付英军。其他各殖民地的“通讯委员会”也相继成立。13 个殖民地的“通讯委员会”逐渐成为北美民众团结起来反抗英国政府暴政、争取自由的领导机构。

1773 年，英国政府又决定在北美殖民地实行“茶叶税法”。征收“茶叶税”，事实上是强迫北美民众饮用英国在东印度公司租存的茶叶，同时还要民众掏钱交税，当然遭到人们的反对。费城、纽约、波士顿等港口拒绝给运英国茶叶的货船卸货，那些船只好停在港口里。

就在这一年的 12 月 16 日夜里，一些印第安人突然出现在波士顿的码头。他们悄悄进入满载茶叶却没人卸货的英国轮船货舱，将茶叶一箱箱抛进大海。原来他们打扮成了印第安人的波士顿“自由之子”成员。

发生在波士顿的茶叶倾倒入海事件传到伦敦，英国政府极为恼怒。3 个月后，英国接连颁布 5 项苛刻的法案，内容包括封锁波士顿港口；未得到殖民地总督许可禁止市民集会；英军士兵在北美犯罪，当地法律无权追究等。英国政府再次增派兵员，任命英军驻北美殖民地总司令盖奇担任波士顿市所在的马萨诸塞总督，以便直接动用武力镇压北美民众的反抗。

北美民众为了争取自由，开始组织民兵。尽管他们武器简陋，但英勇果断，随时可以为争取自由而投入战斗。这些民兵被称为“一分钟人”——一旦遇到紧急情况，他们在一分钟后就能拿枪集合起来。

2.《独立宣言》

1774 年 9 月，13 个殖民地的代表聚集费城开会，通过了《权利宣言》。这个宣言宣布：北美大陆的殖民地人民理应享有生命、自由和财产的权利，在伦敦的英国政府无视民众这些权利，施行暴政，必须谴责；封锁波士顿港等 5 项法案“是不可容忍法案”，英政府必须废除。

这次会议的宣言署名者为“大陆联盟”，代表了 13 个北美殖民地民众团结起来、争取自由的严正立场。这次会议因此也被称为“大陆会议”。“大陆会议”从此逐渐成为北美 13 个殖民地民众争取自由、独立运动的最高领导机构。

1776 年 6 月 7 日，弗吉尼亚代表理查德·亨利·李在大陆会议上提出了一个决议案，要求会议通过：联合殖民地“应该是自由与独立的国家，必须解除对英王的一切效忠，争取外国政府之援助！把各殖民地更紧密地团结在一起”。经过简短的辩论，会议任命托马斯·杰弗逊、约翰·阿丹姆斯、本杰明·富兰克林、罗杰·谢尔曼、罗伯特·李文斯顿 5 人组成一个委员会，负责起草脱离英国的决议。后来，委员会又把这个任务交给杰弗逊。杰弗逊独自关在屋中，用了两周多的时间，起草了《独立宣言》，提交大会讨论。经过两天半逐字逐句地讨论和修改，最后于 1776 年 7 月 4 日通过。北美 13 个殖民地独立，美利坚合众国诞生了。7 月 4 日后来被定为美国国庆日。

## 美国之父

美国的首都是华盛顿，它位于大西洋岸的波托马克河畔。其实，在 1800 年以前美国并没有这样一座城市，它是美国人民为纪念美国的开国元勋乔治·华盛顿而专门建立的，由此可以看出他在美国人民心目中是多么崇高。北美独立战争的杰出统帅、美利坚合众国的缔造者乔治·华盛顿，是世界近代历史上的一位伟人。华盛顿始终忠于北美人民的独立事业，从来没有动摇过。当《独立宣言》发表后，华盛顿向部队宣读了这一宣言，全军士气大振。他以非凡的才干，把原来自由、散漫，缺乏组织纪律和统一指挥的美军组织起来，在战斗中锻炼成长，逐步建立了一支强大的正规军。他鼓励美军士兵，号召他们为自由而战。

1. 英国殖民政策的坚定反对者

1732 年 12 月 22 日，乔治·华盛顿生于弗吉尼亚的一个种植园主家庭。他自幼丧父，只继承了少量的田产和 10 个黑奴。16 岁的时候，就去西部作土地测量员，后来又在俄亥俄河领域做过土地买卖，靠着自己的艰苦奋斗，华盛顿成为当地有名的大种植园主。

当时，英法两国为争夺北美殖民地进行了旷日持久的战争，英国为战胜法国，竭力争取北美大种植园主的支持，1754 年，弗吉尼亚总督答应把 20 万英亩土地给参加反法战争的富人，华盛顿积极参加了英国方面对法作战，指挥弗吉尼亚地方武装英勇战斗，屡立战功，协助英军把法军赶出北美。但战争结束后，英国却立刻翻脸，宣布西部土地为王室私产，不准垦殖。这一禁令使华盛顿一下子丧失了 3 万多英亩土地，从此，他成为英国殖民政策的坚决反对者。

2. 从总司令到开国总统

1775 年 6 月，北美 13 个英属殖民地在费城召开“大陆会议”，华盛顿被任命为大陆军总司令。这时，波士顿义军正和那里的英军激战，华盛顿立即骑马出发，于 7 月 3 日抵达波士顿，他亲临前线指挥战斗，给英军以严重打击。

在战争初期，美军打得非常艰苦，他们中的大多数人是临时招集来的农民，衣服破烂不堪，没有武器，没有受过正规军事训练，根本不像一支军队；另一方面，美军的后勤供应也极度困难，士兵们经常吃不饱、穿不暖，有时一连五六天吃不到面包，只好吃马料，在寒冷的冬季，有许多士兵不得不赤脚行军。

相反，他们的对手英军却装备精良，训练有素，后勤供应充足。所以，美军一败再败，纽约等要塞相继失守，到 1777 年 9 月，连首都费城也被英军占领，有些意志不坚的将领竟率兵向英军投降。

在极端严峻的形势下，华盛顿鼓励美军士兵，号召他们为自由而战，指出：美利坚人是自由的，还是奴隶；我们的田产应当归自己，还是被劫夺、被毁坏；两条路，一条是勇敢地反抗，一条是驯服，正摆在独立军将士面前。

他努力将各州团结、联系起来，共同作战。 1777 年 10 月，美军在萨拉托加大败英军，从而扭转了整个独立战争的局面。 与此同时，为了孤立英国，美国又多方展开了外交活动，争取法国等国的援助。1778 年 6 月，法国军舰开进美国，英军被迫从费城撤退，把主攻方向转向南方。 1780 年，英军把主力转移到南方港口城市约克镇。 法国和美军两路并进，直逼约克镇。 法军用海军封锁海港，切断英军海上补给线，断绝了英国军队退路，华盛顿则率部从正面猛攻。

1781 年 9 月，英军统帅康华利率部上千余人向华盛顿投降，美国独立战争取得了最后的胜利。

独立战争胜利后，华盛顿解甲归田，回到弗吉尼亚继续经营自己的种植园，在葡萄树和无花果树的绿荫下享受宁静的田园生活。 1787 年，华盛顿再度出山，主持制宪会议，制定了世界上第一部资产阶级宪法。 1789 年 4 月，华盛顿当选为美国第一任总统。

做完了两任总统，华盛顿又回到家乡过着退隐生活。 1799 年 12 月 14 日，华盛顿病逝。

## 捕捉雷电的人

1752 年 7 月 4 日的一个雷雨天，狂风呼啸，电闪雷鸣，大家都躲在屋中，以防发生意外。这时，有两个人却顶风冒雨在野外工作，他们是富兰克林父子二人。美国费城的富兰克林，正带着他的儿子在冒雨捕捉雷电。富兰克林设计了一个大风筝，为了不让风筝损坏，他采用丝绸做原料。在风筝的顶端，富兰克林特意装上了长长的触须一样的铁丝，风筝用细长的麻绳系牢。这天，雷电交加，富兰克林高兴地说："机会来了！"于是他把风筝放飞到天空中。一个闪电过来，一声巨响，击在风筝上。风筝在雨中淋湿，带上了电，而麻绳由于浸了雨，也成了导体。这样，一瞬间，闪电通过风筝上的铁丝，沿风筝线直向地面上传递而来。富兰克林在线的末端处挂了金属钥匙，导电的一瞬间，只见绳子上的纤维全都立了起来，用手和导体接近钥匙，会发出耀眼的火花。雷电频繁不止，富兰克林用储电瓶接触了钥匙，迅速把天上的电储存了起来。科学家为了研究自然奥秘是不惜牺牲的。这是一项直接危及生命的实验，死伤的危险性极大，富兰克林能安全完成这次实验，可谓侥幸至极。富兰克林的"捉电"实验证明了天电与地电是一样的，性质相同，这成为富兰克林的著名发现。

1. 富兰克林

富兰克林，全名本杰明·富兰克林，是美国18世纪科学家、社会活动家。他靠自学成才，在电、光、热、化学、医学等领域都有杰出贡献。参加了《独立宣言》和《美国宪法》的起草；担任过美驻法大使及宾夕法尼亚州最高行政会议议长等职，于1790年因病去世。法国经济学家杜尔哥颂扬他："他从天空抓到雷电，从专制统治者手中夺回权力。"

2. 避雷针的应用

富兰克林证明了天电与地电的统一性，破除了迷信说法。他还发明了避雷针。他发现尖端处更易放电，所以想到利用尖端处引电，把天电引入地面，建筑物就不会遭受电击。1760年，世界上首次应用避雷针。富兰克林在费城一座大楼上竖起一根避雷针，人们目睹了避雷针的神奇效力。到1782年，全城400多处安装了避雷针。据说，教会极力反对避雷针，因为他们认为这样会违反上帝的旨意。有趣的是，19世纪爱迪生时期，有个教堂不想装避雷针，去请教爱迪生。爱迪生说道："上帝也有大意之时，你们说怎么办?"教会终于还是装上了避雷针。

## 美国内战

1831年6月的一天，美国南方城市新奥尔良的奴隶拍卖市场上，一排排黑人奴隶戴着脚镣手铐站在那里，他们都被一根根粗壮的绳子串联在一起。奴隶主们用皮鞭毒打黑奴，还用烧红的铁条烙他们。这时，几位北方来的水手走了过来，他们都被眼前的悲惨景象惊呆了，其中一个年轻人愤怒地说："太可耻了！等一天我有了机会，一定要把这奴隶制度彻底打垮。"说话的这个人名叫亚伯拉罕·林肯，后来他当上了美国总统，真的实现了这个伟大的抱负。1858年，林肯在参加伊利诺伊州参议员竞选时，发表了一篇题为《裂开了的房子》的演说，他把南北两种制度并存的局面比喻为"一幢裂开了的房子"。他说："一幢裂开了的房子是站不住的，我相信这个政府不能永远保持半奴隶、半自由的状态。"林肯的演说语言生动、深入浅出，表达了北方资产阶级的要求，也反映了全国人民群众的愿望，因而为他赢得了很大的声誉。1860年，林肯当选为美国总统。林肯的当选，对南方种植园主的利益构成严重威胁，他们当然不愿意一个主张废除奴隶制的人当总统。为了重新夺回他们长期控制的国家领导权，他们在林肯就职之前就发动了叛乱。1861年4月12日，南方联盟不宣而战，迅速攻战了联邦政府军驻守的萨姆特要塞。林肯不得不宣布对南方作战。就这样美国内战开始了。

1. 南北对抗

独立不久的美国是由北方的大资产阶级和南方的大种植园主联合

专政的国家。出于发展资本主义工商业的需要，北方各州的大资产阶级强烈要求废除奴隶制，从而开始了废奴运动。然而，由于美国南方的种植园主们支持奴隶制，因此便有足够数目的政客能够投票把对奴隶制的任何威胁消除掉。从1820年开始，几乎每次当一个宣布奴隶制不合法的州加入联邦时，就有一个支持奴隶制的州也加入进来。19世纪50年代，随着国家的发展，美国开始倾向于支持废除了奴隶制的各州，而不是那些蓄奴州。在各州的边界，奴隶制的支持者们南方种植园主和反对者们北方大资产阶级之间爆发了激烈的冲突。

2. “石墙”杰克逊

被称为布尔伦河之役的战斗于1861年7月21日打响。这一战北方军突袭了南方军，然而大部分南方的军队仍然驻扎在距麦克道尔占领区以南只有几小时路程的地方。不幸的是，由于北方军队毫无作战经验，他们没有继续给南方军队以致命的一击。这样一来，南方的增援部队得以从其他路线，如谢南多亚河谷等处赶来。在亨利豪斯山的山顶上——此地是南部战线最薄弱的地方，一支由托马斯·杰克逊率领的弗吉尼亚人组成的部队显示了高度的凝聚力。一个南方军官把杰克逊的士兵称为面对北方进攻的“石墙”，杰克逊也因此得名为“石墙”。

3. 北方获胜

北方在战场上的失利引起了广大人民的强烈不满，许多城市爆发了示威游行，要求政府采取措施扭转战局。这时林肯才意识到，要想打赢这场战争，就必须调动农民的积极性，废除农奴制、解放黑奴。1862年，林肯亲自签署了《宅地法》和《解放黑奴宣言》。这两个法令的颁布是南北战争的转折点，战场上的形势变得对北方越来越有利了。1863年7月1日到3日，双方在华盛顿以北的葛底斯堡展开了内战以来规模最大的一次战斗。双方激战了3天3夜，北方军重创南方军，使南方军损失了3.6万人。从此北方军开始进入反攻，而南方军只有防守之力了。这年的 7 月 4 日，北军又在维克斯堡大获全胜。紧接着，北方军队以秋风扫落叶之势，迅猛追击南方军。1864 年 4 月 3 日攻占了南方军首都里士满。4 月 9 日，南方军总司令罗伯特·李率领残部 2.8 万人在阿波马托克斯小村向格兰特投降。历时 4 年的南北战争以北方的胜利而告终。

4. 林肯被暗杀

1865 年 4 月 14 日，亚伯拉罕·林肯总统决定前往华盛顿的福特剧院看戏。他的计划被一小撮在战争中就阴谋绑架和杀害他的南方分子获悉，其中一人是名叫约翰·威尔克斯布斯的演员。由于剧院中的人们对他很熟悉，他很轻易地就进入剧院，走到林肯所在的包间，向其头部开了枪。之后他从上面跳向舞台，摔坏了一条腿。他一面狂呼着“那就是一切独裁者的下场”，一面逃跑了。林肯的不幸逝世引起了国内外的巨大震动，美国人民深切哀悼他，有 700 多万人停立在道路两旁向出殡的行列致哀，有 150 万人瞻仰了林肯的遗容。林肯是一位杰出的政治家，为推动美国社会向前发展做出了巨大贡献，受到美国人民的崇敬，在美国人的心目中，他的威望甚至超过了华盛顿。

## 芝加哥工人大罢工

1886 年 5 月 1 日，美国重工业城市芝加哥市的铁路工人、电车工人、装卸工人以及其他行业的工人 45000 人涌上街头，举行声势浩大的游行示威。警察打死打伤了许多示威工人。5 月 4 日晚 7 时，3000 多名工人聚集在广场，怀着沉痛的心情为难友们开追悼会，声讨政府当局的暴行。然而，就在工人们声泪俱下悼念死难兄弟的时候，老谋深算的警方却布置下新的阴谋。晚上 10 时左右，当大会快要结束时，突然有 2000 多名武装警察冲进会场。一名警官大声叫道：“散开，快散开！不准在这里聚众闹事！”工人们十分气愤地质问道：

“为什么不准我们开追悼会？”“你们制造血案，还不许我们为死者默哀，天理何在？”

这下当局有了借口，立即调来大批军警，以镇压犯罪分子为名冲进会场，趁机拘捕工人领袖。工人们反抗时，警察悍然开枪，打死打伤工人200多名，并逮捕了8名工人领袖，制造了骇人听闻的“秣市惨案”。芝加哥的五一大罢工及“秣市惨案”，引起了全美和欧洲广大工人的同情和支持。在世界进步舆论的广泛支持下，尤其是在全世界工人运动的斗争下，1888年年初，美国政府终于宣布实施8小时工作制。美国工人运动以血的代价取得了初步胜利。

1. 不得人心的审判

罢工被镇压后，芝加哥当地法院开庭，起诉8名组织罢工斗争的工人领导人。8名被告神情自若地走上被告席。法官刚要装模作样地开始审问，门被人推开了，一个工人挥手摆脱法警的阻拦：“我是你们要通缉的派生斯。我赶来此地，是要与我的伙伴站在一起！”

原来，派生斯是广场集会的组织者之一，他设法躲过了警方的抓捕。可听说同伴受审，他决不愿独自避难，所以特地赶来。派生斯这种大义凛然的气概，震惊着所有在场的人。

工人领袖之一的斯庇思更是慷慨陈词：“如果你们以为杀死我们，就能摧毁工人们的反抗，就可以平息在贫困和悲惨的生活环境中劳动着的千百万工人心中的怒火，那就杀死我们吧……你们可以踩灭这里或那里的一个火苗，但是你们前面、后面还会燃起火苗，这是来自地底的热火，你们是无法扑灭的！”

这些工人领袖洋溢着浩然正气的语句，掷地有声。法官几次想打断他的讲话，但都没胆量宣布。

美国政府当然不会允许工人运动如此发展。最终，9名工人领袖有7名被判处死刑，包括派生斯和斯庇思。

2. 第一个劳动节

为了纪念美国工人的五一大罢工，1889年7月14日在巴黎召开的第二国际无产阶级运动大会上，根据美国代表和法国代表的提议，把每年的5月1日定为国际劳动节。全世界工人阶级终于有了自己的节日。

1890年5月1日，是第一个国际劳动节纪念日，欧洲的英、法、奥、比、波、挪、意、荷、丹等国都举行了声势浩大的游行纪念活动。许多国家的工人将这一活动持续了四五天。5月4日这天，英国伦敦有20万工人上街游行。令人瞩目的是，恩格斯不顾年迈，也精神抖擞地参加了游行。他还高兴地说："欧美无产阶级正在检阅自己的战斗力量，他们第一次在一个旗帜下动员成为一个军队……今天的情景定会使全世界的资本家和地主知道：全世界无产阶级现在已经真正联合起来了。"

## 廉价的国土

1867年3月29日，俄国驻美大使斯捷克尔男爵，竟不顾礼节，深夜求见美国国务卿威廉·西沃德。当时西沃德正在客厅打牌。原来，俄国在同英法的克里米亚战争中遭到惨败，财政经济困难。当时俄国不但不能从其殖民地阿拉斯加捞到油水，而且还要贴本钱去经营这块殖民地，所以沙皇亚历山大二世急于卖掉阿拉斯加。当西沃德听到斯捷克尔男爵竟把价码降到700万美元时，立即摊开牌桌，眉飞色舞地喊道："为什么要等到明天呢？我们今晚就签约吧！"双方当场拟定了协议文件，连夜请来参议院外交委员会主席作证，经过激烈的讨价还价，直到凌晨4点，终于以700万美元外加20万美元手续费成交。720万美元买下了151.9万平方千米的土地。阿拉斯加成了世界上最廉价成交的土地。

1. 廉价的路易斯安那

密西西比河是独立后的美国的经济命脉之一，美国全年的产品有将近一半要由密西西比河口的新奥尔良港出口。鉴于欧洲大陆正在进行拿破仑战争，1803 年年初，美国总统杰弗逊向国会申请，用 200 万美元把属于路易斯安那的新奥尔良港从法国手里购买过来。经过国会批准后，杰弗逊派出特使前往巴黎商购。正当美国使者与法国外交大臣塔利朗会谈时，法国皇帝拿破仑突然闯了进来，他表示法国愿意出售属于法国的整个路易斯安那，并请美国开价，这是美国人始料不及的。杰弗逊在确信这是拿破仑的正式决定后，指示美国特使即可洽谈购买，经过双方讨价还价，1803 年 5 月 2 日，美法双方达成协议，美国仅以 1500 万美元就买下了整个路易斯安那地区这块面积相当于 4 个法国，包括现在美国 13 个州 214.45 万平方千米的土地。20 天后，拿破仑便签字批准了这个协议。

2. 孤星共和国

1836 年，美国先策动原属墨西哥的得克萨斯省独立，成立所谓的“孤星共和国”。不久，得克萨斯共和国就提出与美国合并的要求。1845 年 3 月 1 日，美国泰勒总统正式签署参众两院通过的合并议案。得克萨斯正式成为美国的第 28 个州。美国政府为这片 100 万平方千米的土地，仅支付了 1000 万美元的债务赔偿。得克萨斯并入美国后，墨西哥政府遂断绝了与美国的外交关系。1846 年 5 月 13 日，美国借口墨西哥骑兵越过格兰德河，向墨西哥宣战。1847 年 9 月，墨西哥首都墨西哥城陷落。9 月 13 日，墨西哥向美国投降，墨西哥城升起了美国国旗。1848 年 2 月，美墨签订了《瓜达卢佩—伊达尔哥条约》，美国又做了一笔枪口下的买卖。美国以便于修筑铁路为名，先后支付墨西哥 2500 万美元，获得墨西哥 246 万平方千米的土地，占当时墨西哥领土的 56%。

## “缅因”号事件

1898 年 1 月 24 日，一艘美国巡洋舰停泊在古巴首府哈瓦那港。

这艘名为“缅因”号的军舰，是美国政府借口保护自己在古巴的利益和侨民的安全，才驶抵这个备受西班牙殖民主义者奴役的国度。

当时，古巴是西班牙的殖民地。为了争取民族的独立和国家的自由，古巴人民掀起了反对西班牙殖民者的起义，全国处于一片混乱之中。

这下，终于给新兴的美帝国主义提供了一个可乘之机。他们对位于自己家门口的古巴，垂涎已久。早在1805年，美国总统杰弗逊就赤裸裸地表示，一旦同西班牙作战，首先要占领古巴。后来，美国多次企图收买或用武力夺取古巴，都因为西班牙殖民者不愿放弃自己的既得利益而未得逞。

1895年，古巴独立战争爆发后，美国隔岸观火，并未援助古巴。然而到了1898年年初，形势突变，古巴革命眼看就要消灭西班牙殖民统治，于是美国匆忙以“帮助古巴革命”为幌子，以及保护自己的侨民为借口，首派“缅因”号军舰，抵达哈瓦那港，向西班牙施加压力。

1898年2月15日晚，哈瓦那港口一片宁静，只有海风轻抚着海面，发出优美的涛声。一座古老的灯塔俯瞰着海面，在摇曳的灯光下，隐约可见海面上几百条船只。

在静静的港湾里，美国的“缅因”号巡洋舰停泊在海面上，甲板上的美国海军士兵正载歌载舞，喝酒说笑，享受着这宁静而又凉爽的夜景，来轻松一下他们疲惫的身躯。

突然，“轰隆”一声巨响，“缅因”号剧烈地震颤一下，顿时浓烟滚滚、火光冲天，整个军舰变成一个火球。

“缅因”号爆炸事件很快轰动了整个美国，各大报纸以头条位置报道这个事件。一时间，美国的街头巷尾，都在谈论这件事情，但人们议论最多的是“缅因”号被谁炸掉的。

不久，美国有关方面公布了调查结果，声称这艘军舰是西班牙人用水雷炸沉的，干脆利索而又毫不迟疑地将责任归在西班牙政府头上。

这个消息一经传开，美国沸腾了。一些扩张主义分子抓住这个机会，到处举行集会，在报纸连发文章，狂热地进行战争宣传。“为缅因号死难者报仇！”“美国人的鲜血不会白流！我们要与西班牙人决一死战！”

战争的阴云一下子笼罩了加勒比海地区，美国和西班牙的关系到了一触即发的局面。

1. 美西战争

4 月 20 日，美国向西班牙发出最后通牒，逼其全部撤出古巴。

西班牙政府断然拒绝，并据理力争，也随即公布自己的调查结果，声称这次爆炸来自军舰内部，与他们无关。

看到时机已经成熟，4 月 25 日，美国正式向西班牙宣战，美西战争就这样爆发了。

战争是在古巴和菲律宾同时展开的。菲律宾是西班牙在亚洲的殖民地，美国人想通过这次美西战争，把菲律宾这个进入亚洲的跳板，争取到自己手里。

1898 年 5 月 1 日，美国驻香港的远东舰队司令杜威，接美国总参谋部的命令，率领一支舰队驶出香港海域，不顾西班牙的鱼雷和岸上大炮的轰击，闯进了马尼拉湾，和西班牙舰队开始了激烈的海战。

“轰！轰！轰！”杜威一声令下，美国军舰一齐开火，一颗颗炮弹呼啸着飞向西班牙的战舰，一时间，海面上炮声隆隆，一股股巨大的水柱时起时伏。

西班牙军舰也开炮还击，但因设备落后，火力不强，并没有击中对方。而美国舰队有备而来，气势汹汹，凭借自己的远程火炮，一会儿工夫，几艘西班牙军队便中弹起火。不到中午，停泊在马尼拉湾的 10 艘西班牙军舰，全部中弹起火。美国军舰又调转炮口，对准岸上的炮台，进行狂轰滥炸，然后封锁了马尼拉港口。

杜威估计自己无力登陆控制局面，便电告最高军事当局，请求派兵支援，不到一个月，美军前后有三批援军赶到，总兵力达到 1 万多人，迅即占领了马尼拉城。

当时，菲律宾人民早就进行着推翻西班牙殖民统治的斗争。并发表了《独立宣言》，宣告菲律宾的解放。美国军队占领马尼拉以后，一方面强占已被菲律宾解放了的马尼拉郊区，另一方面又与西班牙驻菲律宾总督密谈，逼其交出菲律宾。西班牙殖民者看到大势已去，只好同意放弃菲律宾，于是，杜威命令军舰放了几下空炮，便堂而皇之占领了菲律宾。

与此同时，在古巴的美西战争也拉开帷幕。西班牙殖民者不甘心丢失古巴这个战略要地，便从大西洋的佛得角群岛调来大批舰队，驶进古巴东端的圣地亚哥湾，以便援助在岛上的西班牙军队。

美国舰队不敢怠慢，急忙封锁了通往圣地亚哥湾的狭窄航道，把西班牙舰队困在港内，然后用远程重炮猛烈轰击。困守在港内的西班牙舰队处于被动挨打的局面。

另一边，1. 5 万名美军在圣地亚哥东约 25 公里的地方强行登陆，直向圣地亚哥扑去。西班牙军队层层设防、阻击美军。双方苦战 10 天之久，伤亡十分惨重。美军无力前进，只好与对方暂时形成对峙局面。

这时，困守在圣地亚哥湾的西班牙舰队为了摆脱被动挨打的局面，被迫于 7 月份举行突围。

双方舰队在海上摆成了平行攻击队形，意在决一死战。战斗开始后，美军发挥它大炮射程远的优势，远远地就向西班牙舰队开炮。

西班牙舰队本想近攻。可没等自己靠近，很多舰只早已中炮起火，只好勉强射了几炮，可因射程很近，并未使对方造成多大损失。

战斗很快便结束了。美军只有一个人死亡，几个受伤，没有一艘军舰遭到重创。而西班牙舰队损失惨重，死亡500多人，被俘达1.7万人之多，就连舰队司令也做了俘虏。接着，美军在陆上发动强大攻势，迅速占领了圣地亚哥城外的埃尔卡内山和圣胡安山。西班牙军队只好退守城内，可没有坚守多久，终因孤军无援，只好向美军投降。

这样，美军很快就夺取了整个古巴。

历时3个月的美西战争，以西班牙彻底失败而告终。1898年12月，美国和西班牙在巴黎签订和约，西班牙让出了古巴和菲律宾。

2. “缅因”号之谜

1898年3月，美国方面的“缅因”号爆炸的调查报告公布了。调查结论确定，这艘军舰是被水雷炸沉的。虽然没有材料证明这是西班牙人干的，但仍然将爆炸的责任归之于西班牙政府。西班牙方面也对军舰的爆炸做了调查。调查的结果，证明爆炸来自军舰内部。换句话说，这是美国人自己干的。不过，西班牙不敢公开谴责美国，因为这样做会引起两国之间发生战争。至于引起这场战争的“缅因”号爆炸事件的原因，将永远是个谜。

## 美国文学之父

马克·吐温是19世纪末美国现实主义文学的杰出代表。他以广为人知的幽默的言语、尖锐的笔锋揭露了美国资本主义的虚伪，在广阔的社会背景下描写了美国黑暗的现实生活。马克·吐温原名塞缪尔·朗赫恩·克莱门斯。1835年，小塞缪尔出生在密苏里州的佛罗里达村，这是一个极普通的小村庄。他父亲是个没有名气的乡村律师，收入微薄。在小塞缪尔12岁时，父亲去世，年幼的塞缪尔不得不出外谋生。他先后当过印刷所的学徒、排字工人，后来又在船上做领航员。马克·吐温以自己幽默讽刺的独特风格描绘了美国现实社会的黑暗，表达了对于具有优良品质的劳动人民的同情，深受人民的喜爱，也得罪了不少权贵。但生性幽默的马克·吐温对于这些人向来是针锋相对的。据说，有一次马克·吐温在独木桥上碰到一位被他讽刺过的参议员，这位参议员看了看马克·吐温衣衫不整的打扮，高傲地大声说道："我从来不给野蛮人让路！"马克·吐温用饱含深意的眼光看看参议员那用华贵服装包裹着的肥大愚蠢的身体，微微一笑，道："我正相反！"转身安静地退到一旁，参议员目瞪口呆。

1. "马克·吐温"的由来

1865 年，塞缪尔写了一篇短篇小说《卡拉韦拉斯县驰名的跳蛙》，这是根据一个流传很广的传说改写成的，生动幽默。报社收到后大为赞赏，说："这么好的作品发表后肯定会受欢迎的。你会成名的，但你的名字太普通，起个笔名吧。"塞缪尔冥思苦想也想不出一个好的笔名。他踱到窗前，望着远处平静的海湾，一声声悠长的汽笛声从海上传来，塞缪尔知道这是船要进港了，"马克·吐温！"塞缪尔不觉喊了出来。"马克·吐温"是领航员术语，表示水的深度，船可以顺利通过。塞缪尔对这一切太熟悉了，他又回想起密西西比河上那快乐的时光，为了纪念那段日子，塞缪尔当即决定用"马克·吐温"作为自己的笔名。小说发表之后，果然大受欢迎，于是"马克·吐温"广为人知，而他的真名倒不怎么被人熟悉了。

2.《哈克贝利·芬历险记》

1884 年，《汤姆·索亚历险记》的姊妹篇《哈克贝利·芬历险记》出版了，这一部比前一部更成熟，控诉了美国的黑奴制度，批判了种族歧视，展示了黑人身上良好的品质。小说以哈克贝利·芬为中心展示了密西西比河两岸的生活画卷。《哈克贝利·芬历险记》从侧面对美国内地的贫困、愚昧，人们的贪婪与无耻进行了深刻的揭露。作品出版后，受到人民的热烈欢迎。但是因为作品中对现实生活的真实描写，触怒了政界、教育界，被列为禁书。

## “发明大王”爱迪生

1931 年 10 月 21 日晚，全美国所有的电灯一齐熄灭，1 分钟后复明。这时，在西·奥伦治，正隆重举行爱迪生的葬礼。熄灯 1 分钟，为着让人们记住，是这位伟大的发明家，给地球的黑夜带来了光明和欢乐。当今世界上，可能有许多人还不知道爱迪生的名字，但却一直享受着他的恩惠——用电灯、看电影、打电话、听留声机……他在一生中，取得了 1093 项发明专利。全世界古往今来的发明家，没有任何一位能与他相比。然而，不真正了解爱迪生的人，很难相信，这样一位伟大的发明家，竟然只在小学读过 3 个月的书。那么，他为什么能取得成功呢？他有一位贤良的母亲，他有一颗为人类造福的善良之心，他有一股锲而不舍、执着追求的倔劲儿。爱迪生自己是怎样认为的呢？在晚年，回顾自己一生取得的卓越成就时，他说：“百分之一是灵感，百分之九十九是努力。”

1. 电灯的问世

如果说电灯是世界上最伟大的发明之一，大概是不错的。远古的人，在夜间点燃火把或动物脂肪用来照明，后来人们又用植物油和矿物油取代了动物脂肪。1872 年，英国人麦多克利利用煤炭中产生的瓦斯气发明了瓦斯灯。但人类的夜间照明仍没有得到根本解决，因为油灯和瓦斯灯光线都很昏暗，而且不断散发出污浊的气味。

1878 年，爱迪生在去美国西部旅游的途中，产生了要使电流变成新的光源的想法。那时，有一些科学家正沿着电弧灯的思路试图为人类寻找新的光源。爱迪生不以为然。他要另辟蹊径——发明电灯。

2. 爱侣蜜娜

爱迪生的第二任妻子叫蜜娜。1885 年，丧偶不久的爱迪生对她一见钟情。蜜娜不似爱迪生的第一任妻子玛丽那般温顺，她常常设法叫爱迪生听命于她。有一次，爱迪生忙于工作，拒吃她送到西奥伦兹实验室的晚餐，她就直闯进去，站在爱迪生旁边，看着他吃完后才离去。

## 电话问世

贝尔是波士顿大学的教授，他本是苏格兰人。在美国，他曾经参与了电报的改进和研究工作，对电讯有一定了解。慢慢地，他就开始研究电话了。贝尔有一名很亲密的合作伙伴：18 岁的技师沃森。二人对待研究工作，都有着火一般的热情。他们在旧马车棚里工作，尽管条件很简陋，但是他们仍然夜以继日地进行研究。贝尔把旧的马车棚改成了楼上楼下的听音房与喊话房。1876 年 2 月的一天是一个难忘的日子。贝尔他们连接好设备，一个人在楼上，另一个人在楼下，准备试验。贝尔到了楼下，他喊了几声，不见动静。他又喊道："沃森，听到请过来，我等待着成功！"结果，沃森仍是没有动静。贝尔检查了设备，把他认为应当变换的地方调了调。忽然，一不小心，贝尔把硫酸撞洒了，这下他可着急了，不由自主喊道："沃森，快点儿，出危险了！"这时，忽然听到楼板一阵响，沃森出现在眼前。贝尔手忙脚乱，正在着急地收拾，突然他高兴地意识到了什么："沃森，你从设备里听到的？"沃森高兴地说："是啊，我们成功了！"

1. 专利之争

在贝尔研制电话的同时，大发明家爱迪生和艾立夏·古勒也在从事研究。巧合的是，他们的思路与贝尔大体相同，无形中，3 人形成了竞争局面。爱迪生领先一步，在 1876 年 1 月 14 日向专利局申请"许可权保护"。也就是说，成功指日可待，要求专利局不再接受类似申请。没想到1个月后，即2月24日，贝尔和古勒后来居上，两人均已完成电话的发明，并先后向专利局提出申请专利。专利局大伤脑筋，面对3个专利申请人，一时不知所措。经过慎重研究，因为爱迪生未实际完成，被排除在外；而贝尔和古勒虽在同一天申请，古勒却迟两个小时，因此最后决定：发明电话的专利属于贝尔。当时，正值美国独立100周年，为了庆祝这个自由的节日，费城举办了规模盛大的世界博览会。贝尔带上自己的电话，到博览会展出。他邀请光临博览会的外国总统、政界要人试用自己的电话。结果不仅自己大出风头，也为电话的普及做了宣传。

2. 第一家电话公司

1878年，贝尔和沃森在波士顿和纽约之间进行了人类第一次长途电话通话。此前，他们已经取得了传话器与听筒的专利。在博览会上，他们的发明受到广泛的关注，很快电话就推广开来。1880年，美国已有5万家电话用户。1881年，贝尔建立了第一家电话公司。

## 自由海地的诞生

“报告将军，杜桑来了。”一个兵士报告。“逮捕他！”将军下达了命令。杜桑被戴上镣铐。当他知道自己已上当受骗时，便怒气冲天，破口大骂：“你们背信弃义、卑鄙无耻！你们是强盗，一伙强盗！你们杀死我，只不过是在海地砍倒了一棵自由之树，你们砍倒了这棵，将有成千上万棵树生长起来，你们是砍不完的。等着瞧吧，你们这伙强盗，你们都将一个个滚出海地去！”1802年5月，杜桑被押送到法国。红白蓝三色的法国国旗在军舰上飘扬，杜桑愤怒地指着它对法国侵略者说：“你们的自由、平等、博爱在哪儿？你们的旗帜只是一块强盗的遮羞布！它沾满了我们同胞的鲜血！只要我们黑人手里还有一杆枪，你们的屠刀总有一天会掉下来的！”这位杜桑便是杰出的海地黑人领袖。他原是奴隶出身的种植场马车夫，与其他奴隶一样，从小就受到法国殖民者和奴隶主的欺凌。杜桑对于这一切早已暗下决心，发誓要把法国殖民者和奴隶主杀掉，争取黑人的自由。终于，他领导的起义爆发了。有一天杜桑接到一封来信，信里说，为了谈判和平，希望杜桑到法国军营去商议一下。在信的最后，用肯定的语气说，一定保证杜桑的生命安全，并且自我吹嘘地讲了这样一句话："你将不可能发现比我更诚实的朋友了！"到了法国，拿破仑将杜桑关在阿尔卑斯山上的一个监狱里。半年以后，这位英勇的黑人领袖被折磨而死。这一天是 1803 年 4 月 27 日。

1. 海地

海地位于中美洲大西洋西部的圣多明戈岛（又叫海地岛）的西半部，原来被强大的西班牙殖民者占领，后来法国打败西班牙，占领了海地。海地人大多是非洲黑奴的后代，世代忍受着殖民者的残酷压迫与剥削。早在 1790 年，海地的黑白混血种人和自由黑人发动了武装起义，试图用暴力手段争取与白人完全平等的公民权。但是由于起义准备不足，也没有提出反映广大黑奴要求的革命口号，所以没有得到广大奴隶的支持。在法国殖民者的血腥镇压下，起义失败了。

2. 第一个黑人共和国

1803 年 11 月 29 日，海地人民通过了《独立宣言》，并于第二年——1804 年的元旦，正式宣告独立。地球上第一个黑人共和国终于在拉丁美洲的加勒比海上诞生了。海地革命是拉美国家第一次取得胜利的黑人革命，揭开了整个拉丁美洲黑人革命的序幕，为拉美人民推翻殖民统治、建立自由国家树立了榜样。

## "护国主"圣马丁

圣马丁出生在阿根廷，父母都是西班牙人。他 6 岁时，就随父母移居马德里，并毕业于西班牙军校。年轻时的圣马丁博览群书，卢梭、伏尔泰、孟德斯鸠、狄德罗、霍尔马赫等启蒙思想家的著作对他的影响很大。在参加西班牙人民反拿破仑的战争中，他英勇善战，被提升为中校，后又被任命为兵团司令。他在部队里结识了一些南美志士，知道南美独立战争正处于关键时刻。

1812 年，他毅然放弃西班牙兵团司令的高位，来到阿根廷，献身于南美的解放事业。1813 年 2 月，他亲自训练和领导的掷弹骑兵团首战劳伦索，取得辉煌胜利。随后，他又连连挫败西班牙总督的反扑，被任命为北方军统帅。

圣马丁认为，要巩固阿根廷的胜利，必须北上，越过安第斯山，解放智利，捣毁西班牙在南美的老巢——秘鲁。因此，他辞去统帅的头衔，来到北方库约省任省长，筹建、训练“安第斯军”。

1817 年 1 月，圣马丁率领远征军 5000 人翻越 4000 多米高的安第斯山，来到查卡布科。结果，首战告捷，南美解放战争由战略防御转入战略进攻。8 月，圣马丁率军进入圣地亚哥。1818 年 2 月，智利宣布独立。圣马丁回到布宜诺斯艾利斯。西班牙总督向智利反扑，圣马丁又赶回智利。4 月，迈波平原一战，圣马丁获得大胜。后来，圣马丁又组织力量，组建海军，从海上向秘鲁进军，西班牙殖民军望风披靡。秘鲁是西班牙在美洲最为坚固的殖民地。1821 年 7 月，圣马丁率军进攻利马，一举成功，利马解放，秘鲁也宣布独立。圣马丁由于做出了巨大贡献，被共和国授为“护国主”。

1. 急流勇退之谜

1822 年 7 月 25 日，圣马丁来到瓜亚基尔，与南美洲北部的“解放者”、著名的委内瑞拉革命领袖、政治家、军事家、思想家西蒙·玻利瓦尔会谈，会谈的第二天与第三天是在绝密的情况下进行的，没有任何第三者参与，因此，会谈内容也只有他们两个知道。可是，会谈结束后，玻利瓦尔未作任何透露，以后也未作任何回忆，而圣马丁也同样缄口不言。所以，这次秘密会谈在历史上留下了一个永远解不开的谜。

返回秘鲁不久，圣马丁在“第一届国会”上，郑重而严肃地宣布辞去国家首脑和军队统帅的职务，决定不再拥有任何权力。圣马丁也曾说过，“我并不寻求荣誉”，“我的剑绝不为争权夺利而出鞘”，只要秘鲁和整个拉丁美洲真正独立，我“将远远地离开这里”。

2. 奥伊金斯

南美独立战役中的健将奥伊金斯率领一支由5000人所组成的部队，艰难缓慢地翻过海拔4000多米的安第斯山脉。2月，他在圣地亚哥附近的查卡布科与西班牙皇家军队作战，取得决定性的胜利，使西班牙当权者大吃一惊。1818年，在迈普第二次大胜西班牙皇家军队后，智利获得独立。奥伊金斯成为智利第一位国家元首，在位5年，1823年辞职引退。

## “解放者”玻利瓦尔

玻利瓦尔出生于地主家庭，与其他地主资本家一样，他的家庭既是压制者，又是被压制者。对奴隶，他们压榨、剥削、奴役。而另一方面，他们在政治上、经济上又受到西班牙殖民者的歧视、压制。所以，这些土生地主资本家迫切希望推翻殖民统治，挣脱殖民枷锁。玻利瓦尔在解放圭亚那省并建立第三共和国后，为了彻底打垮西班牙殖民军，决心翻越终年积雪的安第斯山。

1819年8月，他出其不意，一举攻下波哥大。1820年8月，新格兰纳达和委内瑞拉组成哥伦比亚共和国，玻利瓦尔任总统。第二年，委内瑞拉全境解放。委内瑞拉解放后，革命军南下厄瓜多尔，与西班牙军队进行了英勇奋战，又大败殖民军，革命军占领了首府基多城，厄瓜多尔宣布解放。这时，南方的布宜诺斯艾利斯（今属阿根廷）革命军，正在北上进攻西班牙殖民军。

1822 年 7 月，玻利瓦尔和南方统帅圣马丁在瓜亚基尔港（今属厄瓜多尔）会见，双方共同制订了作战方案，由玻利瓦尔进军秘鲁。

1824 年，革命军消灭了西班牙殖民军在秘鲁的主力部队，俘虏了殖民地的总督和 4 个元帅。 第二年，玻利瓦尔又发兵解放了上秘鲁。当地人民为了表彰玻利瓦尔的伟大功勋，把上秘鲁改名为“玻利维亚”，它就是现在的玻利维亚共和国。 至此，西班牙在南美洲的殖民军全部被歼灭。 与此同时，墨西哥也宣告独立，拉丁美洲基本上都脱离了殖民主义的牢笼。

1. “解放者”

西蒙·玻利瓦尔是南美洲北部地区民族独立战争中最为重要的领导人，也是整个拉丁美洲反抗殖民统治的革命运动中最为杰出的领袖。 为了永远纪念这位功勋卓越的革命者，他被授予了“解放者”的光荣称号。

2. 人无完人

玻利瓦尔并不是完美的，在各方面也有很大的局限性，他革命时提出的不少口号、诺言都没有实现。 如虽宣布废除奴隶制，但实际上仍然存在，农民也未得到土地，战士甚至长期拿不到军饷。 而且，玻利瓦尔忽视了革命军的团结，在革命即将胜利的时候，他就把南美洲另一位杰出的革命领袖圣马丁排挤出革命阵营，使革命受到重大损失。 所以，玻利瓦尔渐渐失去了群众基础。 1830 年 12 月 17 日，玻利瓦尔因急性肺病逝世，终年 47 岁。 据历史学家统计，他一生参加了 412 次战斗，往往是屡败屡战，终于以少胜多。

## 墨西哥独立之父

深夜，墨西哥多克雷塔罗城郊外一片沉寂。 突然，一阵急促的马蹄声传来，两位剽悍的骑手策马向小镇多洛雷斯飞奔而去。他们神情严峻，还不时地环顾四周，他们的衣服因汗湿而紧贴着背脊，马儿喘着粗气，呼出大团大团的水汽，但他们还是策马飞跑。

终于，他们赶到了镇上的教堂。门开了，一位中等身材、微微驼背的神父迎了出来。他谨慎地朝四周打量了一下，然后把他们领了进去。这位神父就是以后被称为“墨西哥独立之父”的伊达尔戈。1810 年 9 月 15 日这一天，注定将载入墨西哥独立运动的史册。

1. 神父的反抗

墨西哥独立运动的领袖米盖尔·伊达尔戈·柯斯蒂亚生于 1753 年 5 月，曾在神学院和墨西哥大学读书，毕业后担任神学院的教师、司库和院长。他深受欧洲启蒙思想的影响，痛恨西班牙殖民者对墨西哥人民的欺压，很早就参加了以“文学社”为名的秘密集会。他的博学多才、机敏善辩很快引起大家的注意，并成为秘密集会的核心人物。1803 年，他被派往印第安人聚居的多洛雷斯教区，任教区神父。他热心地向印第安人传授农业和手工业知识，深受当地人民的爱戴。

那时，西班牙正和法国打得不可开交，对美洲殖民地一时顾不上。因此争取墨西哥独立的志士们准备在 10 月 1 日武装起义，各项工作正在紧张秘密的组织之中。

这两位骑手就是独立志士——军官阿连德和佩雷斯。他俩给伊达尔戈带来了坏消息：不知谁走漏了风声，城里正在大搜捕；起义者准备的部分武器已被发现，一些起义组织者已不幸被捕。

在这危急时刻，伊达尔戈异常冷静。他分析了形势，得出一个结论：与其坐以待毙，不如马上行动；并立即决定，明天起义。大家立刻分头准备。有人通知附近的独立运动斗士；有人组织攻打殖民军据点的战斗；有人负责逮捕镇上的西班牙人；阿连德立即赶到圣米盖尔镇去召集人马；伊达尔戈带人去打开监狱，释放被关押的独立运动志士。这时，天已亮了。

2. 多洛雷斯呼声

9月16日是星期天。像以往无数个星期天一样，一大早教堂的钟声就响了，村民们从四面八方赶来。但是，今天他们所敬爱的伊达尔戈神父却没有像往常那样穿上祭服举行宗教仪式，他沉着而坚定地登上了讲经台。

今天伊达尔戈讲的不是圣经，望着台下那些与他朝夕相处、视同亲人的人们，他激动地说："孩子们，你们要成为自由人吗？300年前，可恶的西班牙人从我们祖先的手中夺走了土地，你们愿意夺回来吗？……解放的时刻来到了，自由的时钟敲响了，你们有勇气的话，就和我们一起干吧！"

顿时，人们群情激愤，台下响起一片惊天动地的口号声："美洲万岁！""独立万岁！""打倒坏政府！"

一支起义的队伍很快就聚集起来了。这就是历史上有名的"多洛雷斯呼声"，它标志着墨西哥独立运动的开始。后来，每年的9月16日，就成为墨西哥的国庆纪念日。

3. 独立运动的烈火

起义军很快和阿连德召集的人马会合，然后向塞拉亚前进。在途中的一所教堂里，起义军发现了一幅瓜达罗贝圣母画像。瓜达罗贝圣母被认为是印第安人的保护神，伊达尔戈把这幅画像做成起义军的旗帜，于是很多穷苦的印第安人也加入了起义队伍。迅速壮大的起义军相继攻占了塞拉亚、瓜那华托、阿多利德等城市，直逼首都墨西哥城。起义队伍迅速发展到8万人，伊达尔戈被推选为大元帅。

墨西哥城内的西班牙殖民者一片惊慌。

然而在这关键之际，起义军内部在战略决策上产生严重分歧，使士气受挫，一部分人甚至离开了队伍，错失了攻占墨西哥城的机会。但这时在墨西哥各地纷纷爆发了起义，革命已呈现星火燎原之势，伊达尔戈率领的队伍赶到瓜达拉哈拉与当地起义军会合。在部队休整期间，伊达尔戈颁布了《土地法》《废奴法》《废苛捐杂税法》等法令，并任命了司法部长和国防部长，还创办了《美洲觉醒者报》，使起义的思想基础得到了巩固。

但是，喘息过来的西班牙殖民军很快组织了反扑。起义军在几次重要的战斗中连遭重挫。战略上的分歧再次瓦解了起义军，伊达尔戈也被撤了职。后来，殖民军诱捕了起义军的首领，阿连德、伊达尔戈先后被处死了。

尽管如此，墨西哥独立运动的烈火却再也无法扑灭了，各地的起义连续不断。到 1821 年 9 月，墨西哥终于摆脱了西班牙人 300 余年的殖民统治，宣告独立。

## 飞天梦

1903 年 12 月 17 日，在美国北卡罗来纳州基蒂霍克的一片海边空地上，寒气袭人。莱特兄弟设计制造的“飞行者号”飞机，就要当众试飞了。兄弟俩天不亮就来到试验场，对飞机进行了最后的调试安装。就在试飞的前一天，在试验场附近的村子里出现了一张通告：明晨 10 时，将在海边进行世界上第一次载人的飞机试飞，敬请前来参观。17 日，10 时到了，但参观的人除了必要的 3 名急救人员外，只有两名观众，其中一个还是小男孩。莱特兄弟决定不再等了。10 时 35 分，试飞开始了。弟弟奥维尔坐在飞机的座椅上，哥哥威尔伯启动了汽油机，随着一阵震耳欲聋的轰鸣声，飞机离开铁轨在空中飞行起来。在场的人都把心吊到了嗓子眼。12 秒钟过去了，“飞行者号”在 35 米外的地方摇摇晃晃地着陆了，飞机轮子在飞行中距离地面

1 米。“成功了！”在场的人高兴地大喊，莱特兄弟紧紧地拥抱在一起，眼里噙着激动和喜悦的泪花。虽然这次试飞的滞空时间很短，飞行高度很低，飞行距离很近，但它却是人类第一次实现了机器动力飞行，打破了比空气重的机器不能飞行的断言，从而开辟了人类航空科学技术的新纪元。而这 5 名观众成了目睹世界上第一架飞机飞行成功的见证人。

1. 小小发明家

儿时的莱特兄弟手艺精巧，经常做出很多有创新意义的小玩具。一天，出差回来的父亲给莱特兄弟带来一件礼物——一只会飞的蝴蝶。父亲给玩具上了发条，小东西便在空中飞舞起来。小兄弟俩高兴得不得了，但是他们觉得它飞得不够远，于是仿造玩具的样子又做了几个更大一些的。这些仿制品有的能够飞越树梢，有的飞了几十米远，但兄弟俩的一个尺寸很大的仿制品却遭到了失败。不过这并没有让他们难过，反而激起了兄弟俩制造飞机的念头。

2. 创办飞机公司

1909 年 11 月，莱特兄弟在代顿镇创立了莱特飞机公司，他们孜孜不倦地埋头研究，一架架性能更为优异的飞机从飞机厂出厂。到了第一次世界大战末期，莱特公司生产的 2000 多台发动机正在世界各个角落上空运转。1912 年 5 月，年仅 45 岁的哥哥威尔伯·莱特因病英年早逝。1948 年元月，76 岁的弟弟奥维尔·莱特也与世长辞了。

## 思考的乐趣

1911 年的一天，在著名的布拉格大学校园里的草地上，一群大学生围坐在一位年轻学者的身旁，正在进行着激烈的讨论。“请您通俗地解释一下，什么叫相对论？”一位学生微笑着向年轻学者发问。年轻学者环视一下周围的男女学生，微笑着答道：

“如果你在一个漂亮的姑娘旁边坐了两个小时，就会觉得只过了一分钟；而你若在一个火炉旁边坐着，即使只坐一分钟，也会感觉到已过了两个小时。这就是相对论。”

大学生们大笑起来。这位年轻学者，就是伟大的科学家、相对论的创始人爱因斯坦。爱因斯坦是人类科学史上最富于传奇色彩的人物之一，这位美籍德国犹太人在科学上的卓越成就，使他成为了继伽利略、牛顿之后的最杰出的物理学家。他所创立的相对论，引起了古老物理学的彻底革命，改变了人们认识客观世界的思维方式，对整个物理学的发展产生了巨大影响。

1. “以太”研究者

爱因斯坦的狭义相对论的产生还要从他对“以太”问题的研究谈起。爱因斯坦在16岁时起就对“以太”问题产生了浓厚的兴趣，他在伯尔尼专利局担任小职员期间，利用每一段空闲的时间，从事研究。他整夜整夜地坐在伯尔尼克拉姆巷49号三楼的一个房间里，在灵感的驱使下，终于以清新的物理思想解决了迈克尔逊—莫雷实验的零结果所带来的以太疑难问题，写下了他的不朽之作。

2. “20世纪的牛顿”

爱因斯坦认为，光在引力场中不是沿着直线，而是沿着曲线传播。并指出，当从一个遥远的星球上发出的光在到达地球的途中经过太阳的时候，应当由于太阳的引力而弯曲，因此使这个星球看起来的位置与实际不符。其偏斜的弧度，据爱因斯坦计算，应当是1.75秒。因此建议，在下一次日全食时，通过天文观测来验证这个理论预见。

1919年5月，英国一位天体物理学家率领两个天文考察队，拟定在日全食时分别在巴西和西非摄影，以验证从广义相对论推出的这一重要结论。同年11月，伦敦皇家学会和天文学会联席会议正式公布观测结果。测得的光线偏转度竟和爱因斯坦计算的非常一致。这下使牛顿的引力学说失去了普遍的意义。

这个消息公布后，全世界为之轰动，爱因斯坦的名字在社会上广为流传，几乎家喻户晓，科学家们公认他是继伽利略、哥白尼以来最伟大的物理学家之一，是“20 世纪的牛顿”。

1933 年，德国法西斯头子希特勒上台后，加紧了对犹太人的迫害。爱因斯坦被迫迁居美国，任普林斯顿高级学校研究院教授，并于 1940 年取得美国国籍。

1955 年 4 月，爱因斯坦在普林斯顿病逝。这位伟大的科学家在他的遗嘱中，要求把他的骨灰撒在不为人知的地方。但他那献身科学的精神和充满光芒的相对论学说，则永远激励着后人。

## 危机笼罩的世界

寒冷的北风呼啸着，一个穿着单衣的小女孩蜷缩在屋子的角落里。“妈妈，天气这么冷，为什么不生火炉呢？”小女孩在瑟瑟发抖。妈妈叹了口气，说：“因为我们家里没有煤。爸爸失业了，我们没有钱买煤。”“爸爸为什么失业呢？”“因为煤太多了。”这是发生在 20 世纪 30 年代初，一个美国煤矿工人家的故事。与此同时，在密西西比河畔，农场主们正把一桶桶的牛奶倒入河水，把一车车的大肥猪倒进河中。仅 1933 年一年，就有 640 万头猪被扔到河里活活淹死，有 5 万多亩棉花被点火烧光。河边农场的炉灶里燃烧着的不是柴和煤，而是一袋袋小麦和玉米。路上铺的不是煤屑，而是厚厚的一层咖啡豆。茶园里，茶叶快黄了，没人来采；果园里，水果都成熟了，任凭它掉在地上烂掉却没有人来拣；田地里，大片大片土地上的棉花正在被拖拉机铲倒，统统埋到泥土里。当时，破坏农业生产的不仅是美国，而是几乎整个资本主义世界。在巴西，有 2200 万袋咖啡豆倒入大海；在丹麦，杀死并扔掉了117000头牲畜。在英国、法国、丹麦、荷兰，整箱的橘子、整船的鱼、整袋的咖啡豆被倒进大海，无数的奶牛、小羊被杀死。与此同时，广大的劳动者正缺吃少穿，挨饿受冻，过着极端贫苦的生活。

1. 大萧条

第一次世界大战之后的经济危机，首先于1929年从美国开始，随后向整个资本主义世界席卷而来，直到1933年，持续了4年之久。危机所造成的损失总计约2500亿美元。欧美各主要工业国家经济瘫痪，生产倒退了20多年。经济危机引起了资本主义世界的政治危机。失业工人纷纷举行游行示威，在职工人开展罢工，反对资本家，反对政府。资产阶级政府如坐针毡，竭力寻找出路。一些国家，如美国等，宣布实行“新政”，采取国家干预经济的办法，利用旧市场，开辟国内新产业，以此缓和经济危机。

2. 经济危机的实质

为什么资本家不把这些产品以低廉的价格卖给劳动人民，而要毁掉它呢？这是因为资本家要追求利润。产品毁掉之后，物以稀为贵，资本家才可以把产品高价售出，保持他们的高额利润。资本主义制度的腐朽和罪恶，资产阶级的虚伪和残忍，在这里赤裸裸地表露了出来。这就是经济危机的实质。

## 罗斯福新政

1932年，富兰克林·罗斯福上任后，在美国以“迅雷不及掩耳的速度和惊人的果断”，大刀阔斧地推行了一系列反危机措施，实行“新政”。在实施“新政”过程中，实行国家调节，扩大政府开支，实行赤字财政，举办公共工程，以消灭失业。人们创造了新奇的做生意的方法：纽约的一家饭店派职员到各个教堂用大钞兑换募捐盘子中的小面值钞票和硬币。邮票、外国硬币和地铁专用辅币都可以用来支付货物和劳务费。一些市政府和私人公司发行临时通货以支付它们的账单和工资。人们说："这是 3 年中最愉快的日子。我们没有职业，没有钱，没有银行；假如罗斯福把国会烧掉，我们会说，'感谢上帝，他在某个东西下面放了一把火'。"

两个星期以来，罗斯福使全国发生了转变，在一个人民思想麻木、充满恐惧的国家，使人民出现了兴奋和乐观的心情。总统迅速地整理好他的计划，英明地进行推销。同银行一道重新开业的纽约证券交易所和芝加哥商品商场，价格的上涨是几个月来最多的，交易额是几个月来最大的。财政部发行的 8 亿美元的债券很快被投资者一抢而空。黄金开始回流到金融机构，银行重新开业，就业和生产在回升，人民的情绪稳定住了。接着开始了美国历史上前所未有的、令人眼花缭乱的立法时期。

1. 新政措施

罗斯福分两个阶段实施"新政"：1933 年 3 月 9 日至 6 月 16 日为第一阶段，罗斯福政府通过国会制定了 70 多个法案，加强国家对经济的干预和调节，克服大危机带来的紊乱状态，这一阶段史称"百日新政"；从 1935 年 4 月起，罗斯福政府又督促国会通过 700 多个法案，掀起了"新政"的第二次高潮，这时的"新政"内容多侧重于社会改革，是"新政"的第二阶段。

2. 新政影响

罗斯福采取的一系列"新政"措施，对于美国和世界都产生了深刻的影响。"新政"不仅缓解了经济大危机对美国经济造成的严重破坏，促进了美国社会生产力的恢复，而且，"新政"在维护资产阶级利益的同时，也注意改善工人、农民和小资产阶级的经济和社会地位，缓和了社会的阶级矛盾。"新政"通过对资本主义生产关系的局部调整，挽救了资本主义制度，从实践上和理论上为资本主义世界提供了由私人垄断资本主义向国家垄断资本主义过渡的重要经验，开创了福利国家的道路。

## 曼哈顿计划

20 世纪 30 年代，以原子科学为基础的核技术取得了一系列突破性的进展。1939 年 3 月，诺贝尔奖获得者、杰出的美籍意大利科学家费米提出了用中子轰击原子核产生链式反应的大胆设想；依据这一理论，他向美国海军提出建议，利用铀的裂变释放巨大能量的原理制造原子弹。差不多与此同时，纳粹德国也正在利用核物理科学的最新成果，秘密进行一项巨大的工程，企图制造出一种空前绝后的毁灭性武器。

这一惊人的消息传到美国，让许多正直的科学家十分震惊，尤其是那些曾遭受纳粹迫害，从德国逃到美国的科学家，如匈牙利科学家西拉德、犹太女科学家迈特纳等人，更是忧心如焚。当时，欧洲正处在“二战”爆发的前夜，气氛非常紧张，这些科学家担心，一旦纳粹德国抢先制造出原子弹，将是人类的可怕灾难。

珍珠港事件爆发的前一天，即1941 年 12 月 6 日，美国成立了一个庞大的工程机构——曼哈顿工程管理区，它的使命就是负责设计制造原子弹。第二年 8 月，美国陆军工程兵团建筑部副主任格罗夫斯将军走马上任，主持了“S—11”委员会的科学家、高级管理人员会议，决定实施“曼哈顿计划”。这一计划规定，原子弹研制工作的所有指挥权都集中在曼哈顿工程管理区，由格罗夫斯将军坐镇指挥，著名物理学家奥本海默教授领导新墨西哥州原野中的洛斯阿拉莫斯实验室，具体负责原子弹的研制工作。奥本海默教授在这项工程中显示了卓越的组织才能与人格魅力，后来被誉为美国的“原子弹之父”。

由于格罗夫斯将军的前任马歇尔上校的办公室最初设在纽约，纽约有个著名的曼哈顿区，美国研制原子弹的计划就被命名为“曼哈顿计划”。这项计划高度保密，直接受总统控制。连副总统杜鲁门也是在罗斯福总统1945年4月去世之后，接任总统时才知道的。

在紧张秘密地研制原子弹的同时，美国与英国密切合作，严密监视纳粹德国的核计划。1943年2月17日，英军的一支特种小分队神不知鬼不觉地在挪威空降，成功地炸毁了设在山谷中的纳粹的重水工厂。这使得纳粹至少在一年内生产不出控制核反应堆必不可少的重水，对希特勒是个致命的打击。

经过10万人3年的努力，耗资20亿美元的“曼哈顿计划”终于到了收获的时刻。1945年7月16日清晨，世界上第一颗原子弹在美国新墨西哥州阿拉莫戈多沙漠中爆炸成功。震天动地的爆炸巨响传到了160千米之外，燃烧的高温达到了太阳表面温度的1万倍，30米高的铁塔眨眼间化为乌有。

正在德国参加波茨坦会议的美国总统杜鲁门，收到第一颗原子弹爆炸成功的绝密报告，异常高兴。7月24日会议结束那天，他走到斯大林的翻译面前，故作轻松地说：“请你告诉大元帅，我们已经完善地制造出了威力很大的爆炸物，准备用来打日本，我们想它将使战争结束。”

斯大林不卑不亢地回答，他希望总统很好地利用它来对付日本。

杜鲁门也许不知道，神通广大的苏联情报机关早已掌握了“曼哈顿计划”。斯大林一离开会场，就向国内发回指示，加紧发展苏联自己的原子弹。

## 文坛硬汉海明威

1952年，海明威发表了中篇小说《老人与海》。“一个人并不是生来就要被打败的，你尽可以把他消灭掉，可就是打不败他。”这句话是小说主人公桑提亚哥的生活信念，也是《老人与海》中作者要表明的思想。通过桑提亚哥的形象，作者热情地赞颂了人类面对艰难困苦时所表现出的坚不可摧的精神力量。孩子准备和老人再度出海，他要学会老人的一切“本领”，这象征着人类这种“打不败”的精神将代代相传。

桑提亚哥是海明威所崇尚的完美的人的象征：坚强、宽厚、仁慈、充满爱心，即使在人生的角斗场上失败了，面对不可逆转的命运，他仍然是精神上的强者，是“硬汉子”。“硬汉子”是海明威作品中经常表现的主题，也是作品中常有的人物。他们在受到外界巨大的压力和厄运打击时，仍然坚强不屈，勇往直前，甚至视死如归；他们尽管失败了，却保持了人的尊严和勇气，有着胜利者的风度。

海明威于1954年获得诺贝尔文学奖。获奖原因是：“因为他精通于叙事艺术，突出地表现在他的名著《老人与海》中，同时也由于他在当代风格中所发挥的影响。”对于这一赞誉，海明威是当之无愧的。

1941年太平洋战争爆发后，海明威立即将自己的游艇改装成巡逻艇，在美国海岸线上进行了两年多的巡逻，为美国海军提供了不少情报。1944年，他随同美军去欧洲采访，在一次飞机失事中受伤，但痊愈后仍深入敌后采访。第二次世界大战结束后，他获得了一枚铜星奖章。

1. 勤奋创作

海明威一生勤奋创作，几乎没有放下过自己手中的笔。不管睡得多晚，也不管夜里失眠多久，早上起床后他就要进行写作。他写作的时候，总是先重读一遍已经写好的部分。如果是小说，就从头读起，至少读已经写好的最后两三章，以便使自己沉浸到作品中去，然后把故事进一步展开。他在总结自己的写作经验时说：“放下笔的时候，最好是在你进行得顺利的时候，最好是在已经知道下回如何分解的时候。如果你在写一部小说时，每天都这样，那就不会卡住了。”

2. 荣誉与死亡

晚年的海明威仍然非常喜欢旅游，1959 年在他的非洲之行中，两次遇到飞机失事，但都幸免于难。设在欧洲瑞典的诺贝尔奖金评审委员会多年来一直在考虑这位得奖呼声很高的候选人。得知海明威两次死里逃生的消息后，各位委员们认为他应该立即荣膺诺贝尔文学奖，以免他再遭不测，因为诺贝尔奖只授予活着的文学家。诺贝尔文学奖给海明威带来莫大的荣耀，标志着他达到了事业的高峰。但从某种意义上说，它又是一种危险。“没有一个得过诺贝尔文学奖的鬼家伙后来还写过什么值得看的东西。”海明威说。得奖给他带来了巨大的心理压力，他担心新的作品不如以前。海明威晚年的生活似乎印证了他的话。脑震荡、高血压、糖尿病、皮肤病接踵而至，他的健康状况每况愈下。长期的治疗使海明威又疲倦又气馁，这位文坛硬汉于 1961 年 7 月 2 日用心爱的猎枪结束了自己的生命。

## 喜剧大师卓别林

卓别林从报上看到一则消息，说希特勒禁止卓别林拍的影片在德国上演，原因是卓别林同希特勒的形象太像了。卓别林读到这则消息开始颇觉得好笑。的确，他穿上小流浪汉的服装，贴上有点傻气的小胡子，很像希特勒。再进一步比较，他和这个德国独裁者不仅外貌相像，而且是同年同月生，只不过日子相差 4 天。但是两人的命运却有天壤之别：一个给千百万人带来了苦难和灾祸，而另一个则给千百万人带来了欢乐和笑声。经过一番比较，卓别林忽然产生了一个念头，拍一部片子把欧洲那个恶魔嘲弄一番。影片的名字就叫《大独裁者》。

于是，他开始编写剧本。他尽一切可能搜集有关希特勒的新闻纪录片，一看就是几小时。他模仿希特勒的各种姿态，直到演得惟妙惟肖，才开始投入拍摄工作。卓别林在《大独裁者》中扮演了两个角色：希特勒和一个小犹太理发师。他又请了一位爱尔兰演员扮演墨索里尼。卓别林演小理发师，仍旧穿着一条又肥又大的裤子和一双很不合脚的大鞋子，迈着鸭子步走路。他不愿抛开小流浪汉这个形象。这个角色使他一生得到了幸福和荣誉，使他本人和全世界千千万万的观众度过了许多欢乐的时光。

卓别林为了拍摄这部讽刺纳粹的影片，整整花了两年时间，用了200万美元。影片拍完，第二次世界大战已经爆发。一些纳粹分子给卓别林写去恐吓信，说这部影片无论在什么地方放映，他们都要在戏院里扔臭气弹，向银幕上开枪。卓别林无奈，只得请码头工人到电影院去维持秩序。

1. 苦难的童年

查尔斯·卓别林，1889年出生在英国伦敦一个穷苦艺人家庭里。由于父母的影响，他自幼爱上了艺术，希望将来能当一名演员。不幸父亲早年去世，母亲得了神经病，年幼的卓别林被送进贫民孤儿学校。在那里吃尽苦头后，他于7岁时离开孤儿学校，成了一名流浪儿。他沿街乞讨，随便什么地方倒下就睡，什么活都干，只要不饿死就行。他当过报童、杂货店小伙计、玩具小贩、医生的小仆人、吹玻璃的小工人，还在游艺场扫过地。1910年卓别林随剧团到美国演出。由于他精湛的演技，被美国滑稽影片公司看中，同他签订了3部影片的合同。从此他开始了电影演员的生活道路。

2. 艺术成就

卓别林一生共摄制和主演了80余部电影。这些影片通过喜剧手法，以让观众的笑声和眼泪交融在一起的艺术力量，揭示了资本主义社会底层人民的不幸和苦难。他的艺术成就和高尚情操，永远留在全世界人民的记忆中。

## 黑人民权运动

1955 年 12 月 1 日，星期四，傍晚下班时间，美国南方亚拉巴马州的蒙哥马利市公共交通正处于高峰期。劳累了一天的罗莎·帕克斯太太赶乘公共汽车回家。她找到座位坐下后，正在似睡非睡的时候，传来一阵粗暴的呵斥声："起来起来，快起来，黑鬼！"她抬头一看，开车的白人司机正对她大喊大叫，让她起来给刚上车的白人让座。

美国南方，在公共汽车上黑人给白人让座已是多年的老规矩。但是今天，她忽然觉得这一切太不公平。上班时，白人老板不顾她的死活，拼命地让她干活，下班后，还要将早已坐下的位子毫无道理地让给身强力壮的白人。她再也无法忍受这种待遇了。看了看身边那位趾高气扬地等待她离座的白人乘客，帕克斯太太只说了一个字："不。"就因这一个字，警察逮捕了帕克斯太太。帕克斯太太被捕之后没过两天，黑人社区便出现大量传单：当局又一次把一名黑人妇女送进了监狱，因为她拒绝让出她的座位。

12 月 5 日星期一这一天，不管是上班、上学或采购，都不要坐公共汽车。占蒙哥马利市人口 40% 的黑人开始了抵制公共汽车的运动。这次组织严密、卓有成效的民权运动的领导人就是此后名震世界的马丁·路德·金博士——美国黑人的精神领袖。这场抵制公共汽车运动持续了 381 天，以黑人赢得自己应有的权利而告终。这时，如果马丁·路德·金他自己不去坐一次公共汽车，那未免太不近人情了。他去了，他把硬币塞进了收费箱，到前排找了一个座位坐下。事后他对朋友说："坐这一趟车，可真美啊。"

1. 我有一个梦想

1963 年 8 月 28 日，25 万来自全国各地的黑人和白人同情者会师华盛顿，举行了声势浩大的“自由大进军”示威游行。 就在著名的林肯纪念碑下，马丁·路德·金发表了举世闻名的演说《我有一个梦想》。 他说除非黑人获得公民权利，否则美国就不会有安宁和平静。1964 年 7 月，美国国会经过旷日持久的辩论，终于通过了美国历史上内容最广泛的《公民权利法案》。 同年 12 月，总部设在挪威首都奥斯陆的诺贝尔奖评选委员会宣布，将 1964 年诺贝尔和平奖授予美国杰出的社会活动家马丁·路德·金。

2. 为黑人下半旗

1968 年 4 月 4 日晚，田纳西州的孟菲斯市，美国黑人领袖马丁·路德·金被白人种族歧视者枪击，他倒在血泊中再也没有站起来，遇害时年仅 39 岁。 这次暗杀震动了美国及全世界，约翰逊总统下令全国降半旗为他致哀。 这是美国历史上首次为一位黑人下半旗志哀。但这不能平息黑人心头的怒火，于是，美国各城镇暴力冲突此起彼伏，令人应接不暇。 联邦政府派出近 8 万正规军镇压，以致取消了一次向越南战场增兵的计划。 内忧未解，外部的谴责又铺天盖地压下来，世界舆论一致声讨美国的种族歧视。 20 世纪 70 年代后，声势浩大的黑人民权运动渐趋平息。

## “阿波罗”号登月

1969 年 7 月 16 日，肯尼迪航天中心所在的梅里特岛，冯·布劳恩博士亲临控制中心。 上午 9 时 32 分，布劳恩下达了“倒计时”指令。 高 110.6 米，重 2930 吨的“土星”5 号火箭，以雷霆万钧之势，载着“阿波罗”11 号飞船升空，踏上地球人类希冀飞往月球的漫长之路的最后一程。

“阿波罗”11 号的第一天飞行中，向地球转播了高空俯瞰的太平洋和美洲大陆的景象。第二天的 17 时 32 分，飞船向地球转播了宇航员的生活和工作情况，转播达 34 分钟。第三天飞行中，又向地球转播了 1 小时 30 分钟有关宇航员进入登月舱及舱内仪器设备的场景。第四天清晨，11 号飞船以每秒减速 800 米的速度进入月球轨道。当飞船绕月 3 圈时，指令长尼·阿姆斯特朗主持了电视转播，许多地球人第一次清晰地看到了遥远月球的坑坑洼洼的表面。

7 月 20 日上午，柯林斯随飞船指令舱留在绕月轨道上，阿姆斯特朗和艾德林驾驶登月舱逐渐下降。经过从地球起飞后 102 小时 39 分 40 秒的飞行，“鹰”号登月舱的四条着陆支架终于稳稳地落在被称为“静海”的月球土地上。地球上亿万人的目光都通过电视屏幕紧盯着走出登月舱口的阿姆斯特朗。他花了 3 分钟才走完 9 级踏板的舷梯。

1969 年 7 月 20 日 22 时 56 分 20 秒，月面上踏出人类的第一个脚印。阿姆斯特朗面对沉睡已久的月球大声地宣布：“对一个人来说，这只不过是小小的一步，可对全人类来说，这却是一个巨大的飞跃！”

1. 永垂史册

在此后的月球探险中，宇航员们展开了太阳能电池阵，安设了月震仪和激光反射器，还采集了 22 千克月球岩石和土壤的样品，并与美国总统尼克松进行了电视谈话。7 月 21 日上午 11 时 15 分，登月舱飞离月面之后与绕月轨道上的飞船会合。1969 年 7 月 28 日，美国东部时间 12 时 55 分 22 秒，“阿波罗”11 号完成人类首次登月后，安全降落在夏威夷西南的太平洋上。“阿波罗”11 号飞船和 3 位宇航英雄，在人类发展史上永久地刻下了自己的姓名。

2. “火星探路者”

1997 年 7 月 4 日，美国宇航局的“火星探路者”探测器开始探察火星。它的使命是研究火星上的土壤和岩石，并寻找火星有水的迹象和其他能够支持或否定生命曾经存在于火星这一理论的证据。为了收集数据，“火星探路者”探测器配备了一个称为“短期逗留者”的探察车。它的尺寸相当于一个微波炉，每小时可以移动36米多一点，动力来源是太阳能。它和降落在火星表面的实验室一样，有一个激光定位的行驶系统，这可以让它在火星崎岖的表面行走。

## 水门事件

1972年6月17日晚上，美国民主党总部的一位工作人员离开水门大厦后，偶然回头看了看自己的办公室，他惊异地发现，已经熄了灯的办公室里有几条光柱在晃动。不对呀，同事们都已经走了，谁又进了办公室，不开灯，却打着手电筒到处乱照。他马上回到水门大厦，把疑点告诉了保安人员。

保安人员立即搜查了有关的房间，抓到五个戴着医用外科手套、形迹可疑的男子，其中一人名字叫詹姆斯·麦科德，自称是前中央情报局雇员。其实，他是尼克松总统竞选连任委员会负责安全工作的头头，奉命到水门大厦民主党总部安装窃听设备。

第二天，《华盛顿邮报》在头版显著位置报道了这一事件。正在佛罗里达州比斯坎岛度假的尼克松总统闻讯后，心里不由咯噔一下：如果民主党抓住水门事件追查下去，他不但连任无望，而且马上就会名声扫地，有可能立即下台。他哪里还有心情度假，第二天就返回了华盛顿。

白宫，总统办公室。已经是深夜了，尼克松还在与几个最亲密的助手们紧急商讨应对措施。经过长时间的讨论，大家都沉默了下来，有的猛抽着雪茄，有的端着咖啡杯却久久不送到嘴边，目光都集中到尼克松身上。尼克松思考再三，终于发话了：“不是有三个古巴人吗，麦科德以前也参与过‘猪湾事件’，那么就把水门事件解释成古巴人为了自己的民族利益而进行的窃听活动。霍尔德曼，你去见一见中央情报局局长，叫他出面，以国家安全为理由，不要让联邦调查局插手。叫那几个被抓的人不要开口，多花一点钱没关系。还有，白宫里的人在大陪审团那里不要再胡言乱语了，这事由迪安负责。”

助手们分头行动，尼克松自己也赤膊上阵，在第一次竞选连任的记者招待会上，信誓旦旦地向美国公众表示：“白宫班子和本届政府中，没有一个现在受雇用的人卷入这一荒唐事件。”他还故作镇定地表示，“令人痛心的不在于发生了这类事，因为在竞选中一些过于热心的人总会做些错事。如果你企图把这类事掩盖起来，那才是令人痛心的。”

一系列的活动，特别是总统的表演，暂时欺骗了公众。大选结果，尼克松以少有的压倒性优势击败了民主党候选人麦戈文，获得连任。正当尼克松和助手们弹冠相庆、得意忘形的时候，一封又一封匿名信寄到法院，密告水门事件还有隐情。

1. 特别调查委员会

民主党占优势的国会，决定成立一个特别调查委员会，对总统竞选活动进行彻底调查。果然，1973 年 3 月 23 日，麦科德在法庭上将白宫法律顾问迪安暴露了出来。尼克松决定弃车保帅，让迪安当替罪羊。

迪安可不是任人宰割的角色，他不甘心束手就擒。在得知他的罪行可判 40 年徒刑时，他主动向检察官做了 3 小时的交代和揭露，想将功赎罪，换取赦免。

为了挽回局面，尼克松再次发表声明，表示事先不知道水门事件，事后也没有任何阻挠调查的行为，并为窃听活动辩护，说这些都是为了国家安全，是合法的、必要的，从罗斯福总统时开始，每一个总统都这么干。他企图再次利用美国人民对他的信任来蒙混过关。

不幸的是，一枚更大的定时炸弹爆炸了。水门事件委员会掌握了一个新的情况：尼克松从1971年年初起，为了记录与手下的谈话和电话内容，下令在白宫办公室里安装窃听系统。委员会要求尼克松交出有关的录音带和文件资料。尼克松以行政特权为理由拒绝交出，并将事情闹到上诉法院。不料，在经过三星期的考虑后，多数法官认为总统也要受法律的约束，必须交出录音带和文件资料。

2. 中途下台的总统

尼克松恼羞成怒，下令免去调查水门事件的特别检察官考克斯的职务。这一下可捅了马蜂窝，美国各电视网立即中断正常节目，向美国公众报告这一爆炸性新闻。公众的反应就像火山开始喷发，抗议电报像雪片一样铺天盖地，舆论将尼克松与希特勒相提并论。连宗教界和原先支持尼克松的出版物，都愤怒地指责尼克松。血气方刚的大学生则组织了大规模的示威游行。整个美国像开了锅一样，群情激愤。在民意的推动下，众议院决定对总统进行弹劾。尼克松决心顽抗到底，他一面销毁录音带上对他不利的内容，一面继续强调行政特权，表示“将遵循从华盛顿到约翰逊历届总统所遵循与捍卫的先例，决不做任何削弱美国总统职位的事情”。他交出的电话记录千疮百孔，大量重要的内容被诸如听不见、无情报价值等字眼代替。尼克松的行为进一步激怒了公众，最高法院首席大法官裁决尼克松必须交出有关的录音带。

新任命的特别检察官在白宫被迫交出的录音带中找到了新证据，有一盘录音带上清楚地记录着水门事件发生后六天，尼克松指示他的助手，让中央情报局阻挠联邦调查局调查水门事件，这是尼克松掩盖事实真相的铁证。整个白宫被惊得目瞪口呆，他们一直相信总统的清白，一直超出自己的职权范围来保护总统，而总统却从一开始就掩盖真相，并欺骗他的顾问、公众、国会甚至自己的家庭达两年之久，每个人都感到被出卖了，就连共和党的一批参议员、众议员也建议他辞职，尼克松终于到了众叛亲离的地步。

1974 年 8 月 8 日晚上，尼克松不得不向全国发表电视演说，宣布辞去总统职务，成为美国历史上第一位，也是迄今唯一一位因丑闻而中途下台的总统。

## “星球大战”计划

“很久很久以前，在一个非常遥远的星系中……”一场正义与邪恶的较量开始了：各式各样的飞船在星球与星球之间追逐交战，缤纷耀眼的能量射束在太空中交织闪烁；一个星球遭到毁灭性的打击，在一瞬间化作宇宙的尘埃；武士挥舞威力无比的激光剑奋力厮杀，不时将对手劈为两半……

1977 年上映的美国科幻电影《星球大战》，用令人眼花缭乱的电影特技向现代人展示了一个奇幻的未来世界，让亿万影迷为之着迷，并在全球掀起了一股“科幻热”。

谁也没有想到，几年后，电影中的“星球大战”竟被搬到了现实中。1983 年 3 月 23 日，在美国电视节目的黄金时间里，美国总统里根神采飞扬地出现在电视屏幕上。面对亿万观众，这位当过好莱坞电影明星的总统以他所特有的魅力和口才，发表了电视演讲：“让我和你们一起来对有希望的未来做个展望，就是制订一项计划，用防御性措施来对付可怕的苏联导弹的威胁……我呼吁诸位科学家们：过去，你们给我们带来了核武器，但是今天，希望你们能把自己伟大的才能用于和平，给我们找出使这些核武器丧失威力、成为落后于时代的废物的办法来……如果我们能够制造出可以拦截和摧毁飞行中的战略核武器的高级防御武器，就可以对未来抱有更加光明的希望……”

里根宣布：“我已决定为实现这个目标迈出重要的一步，下令制订一个全面深入的研究计划，这将是一项可以改变人类历史进程的伟大事业。”

这项如此美妙的计划究竟是什么呢？这项计划就是“战略防御倡议”，简称“SDI”。其核心是用25年左右的时间、花费1万亿美元，以宇宙空间为主要基地，部署各种尖端武器，用以拦截并摧毁一切袭击美国的导弹。

里根的演说轰动了美国，也轰动了世界。人们在震惊的同时，不禁联想起20世纪60年代的科幻电影《星球大战》里那些光怪陆离的太空战，因此新闻界把这一颇具想象力的计划形象地称为“星球大战”计划。

1. 军备竞赛

“星球大战”计划的出笼，是美苏核军备竞赛加剧的结果。20世纪60年代末，美苏战略核武器在数量上大体相当，但在技术方面，美国处于领先地位。从20世纪70年代开始，苏联急起直追，不仅在战略核武器的数量上遥遥领先，而且在质量上也与美国不分上下。美国一方面感受到来自苏联的核威胁，一方面认识到核战争是打不赢的，只能是两败俱伤或者世界末日，因此绝不能打核战争，应当寻找一种更好的方法来消除战略核武器的威胁，确保自身的安全。

20世纪80年代初，美国30多位著名科学家、经济学家、空间工程师和军事战略家经过精心研究，提出了“高边疆”战略，就是把太空当作战场，发展太空武器，用来拦截和摧毁来袭的苏联导弹，使美国免遭其核打击。

里根总统对这个战略十分赞赏，因为在太空技术方面，美国占绝对优势，可以重振美国国威；另外美国还能凭借强大的经济实力，通过旷日持久的、耗资巨大的太空武器竞争，把苏联的经济拖垮。于是，“星球大战”计划应运而生。

1985年1月3日，美国正式公布了“星球大战”计划，主要内容为：美国将在太空和地面部署反弹道导弹、高速炮弹等动能武器以及激光、粒子束、微波等定向能武器，形成一个多层次的天衣无缝的“宇宙盾牌”。整个防御体系分为三层：第一层，用卫星携带的定向能武器和动能武器对刚发射出的导弹进行拦截，把进攻的导弹消灭在敌方的领空内；第二层，用卫星或地面上配备的激光武器对穿过第一层防线的来袭导弹进行拦截，把它们击毁在宇宙空间；第三层，用地面发射的导弹拦截并全部摧毁在前两层防线中漏网的导弹。

美国声称，“星球大战”系统在高空出击，对来袭导弹的总拦截率可高达99.9%，地球任何一个地方的军队和武器，都不是它的对手。这样，美国就好像装进了保险箱，不用担心在核大战中与对手同归于尽了。其实，美国想要实现“星球大战”计划谈何容易，而且也不可能绝对阻止核大战的爆发。

2. “星球大战”时代的结束

苏联被美国的“星球大战”计划深深地刺痛了，谴责它是“宇宙之剑”，将导致地球的毁灭，竭力要求美国放弃这项计划。一些国家的政府也认为，“星球大战”计划会导致军备竞赛的升级，所以也反对这项计划。

进入20世纪90年代，随着苏联的解体，世界上能与美国平起平坐的超级军事大国已不复存在。1993年，美国政府宣布全面取消“星球大战”计划，宣称“星球大战”时代已经结束。

## 互联网时代的到来

1943年6月5日，莫尔学院与军械部正式签订合同，组成有30多位青年科学家和200多名工作人员参加的攻关小组，秣马厉兵，投入紧张的设计和试验。研制小组总设计师和总工程师的重担，毫无异议地落到莫契利和埃克特肩上。戈德斯坦则自任联络官，负责协调这个巨大的系统工程。然而，为支援战争赶制的机器，紧赶慢赶，也没能赶上最后一班车。德国法西斯很快就被击溃了。

1946 年 2 月 14 日，世界上第一台电子计算机才姗姗来迟，在一片欢呼声中正式启动运行。2 月 14 日，是姑娘小伙们钟爱的“情人节”。莫尔小组的大多数成员风华正茂情窦初开，选择这一天作为公开揭幕典礼的日期，或许是寓意深长的——电子计算机不正是他们的“大众情人”吗？“大众情人”的名字叫作“埃历阿克”（ENIAC），译成中文是“电子数字积分和计算机”，局外人听起来十分别扭，但在莫契利和埃克特耳里，“她”却像“维纳斯”和“夏娃”一样撩拨人心。

那天，天刚蒙蒙亮，他俩不约而同地来到埃历阿克身边，再一次满怀深情地打量着“如花似玉”的“情人”。这“情人”的体积实在也太大了，庞大的身躯挤进一排 2.75 米高的金属柜里，占地面积为 170 平方米左右，约为整整 10 间房那样的空间大小，总重量达到 30 吨，堪称为空前绝后的“巨型机”。尽管如此，庆典大会上埃历阿克不凡的表演也令来宾们大开眼界，同一时代的任何机械或电动计算机在它面前都相形见绌。埃历阿克标志着电子计算机的创世，人类从此大步迈进了电脑时代的门槛。

1. 电子计算机

电子计算机在 1946 年至 20 世纪 50 年代末是用磁性材料进行数据记录的，而且都是用电子管装配，较为笨重，且不可靠。50 年代，一种自动计算机即 SFAC 在美国研制成功，它率先利用程序运行。计算机部件采用电子管是从 60 年代开始的，同时一些操作程序也被应用。使用集成电路的计算机是在 70 年代开始出现的。至 80 年代则用光盘、磁盘记录数据，以超大规模的集成电路当作存储器和中央处理器的元件。美国人率先夺得了计算机运用和市场发展的先声。

2. 硅谷

位于美国圣弗朗西斯科以南以及圣克拉县南部的硅谷，是美国电子科技行业的大本营。它是在1950年随着电子计算机的问世应运而生的。硅谷是由斯坦福大学实验室演进而来的电子高科技园区，在20世纪70年代发展成为美国9个制造业中心地带之一。此后，硅谷声名远扬，目前已成为全世界发展速度最快、规模最大的高科技和微电子科研和产业区。

3. 神奇的因特网

1968年盛夏的一天，博尔特·贝拉尼克·纽曼公司(BBN)收到了美国国防部研制阿帕网的标书，要求将不同地点的计算机用通信网络联系起来，以交换数据和文件。BBN是马萨诸塞州坎布里奇市的一家小公司。有趣的是，BBN这个小公司收到了标书后，通过努力而成为因特网的始祖。

1969年9月，第一台阿帕网的计算机——交互式信息处理器(IMP)问世了。首批IMP装在斯坦福研究院、加州大学和犹他大学里，阿帕网就此诞生了。

1972年，阿帕网在国际计算机通信会议上进行了演示。工作人员将一台交互式信息处理器搬到华盛顿的一家宾馆，演示了遥控空中交通管制系统，并操纵机器人。从此，人们对计算机网络趋之若鹜，平均每20天就有一台新计算机加入到各种网络之中。

1973年，美国国防部开始了一个新的研究项目——INTERNET，也就是“网间互联”，从而导致了因特网的两个基本通信协议的产生和发展，这就是IP协议(网络互联协议)和TCP协议(传输控制协议)。卡恩等人用好几年时间精心制定的“网络通信协议”(TCP/IP)于1974年5月发表后，开辟了将全世界更广泛的网络互联的新天地。

20 世纪 80 年代中期，美国国家科学基金会（NSFNET）利用阿帕网技术，另行建立了主要供科研和教学使用的计算机网络——NSF，以这一科学网为主干的互联网络逐渐形成并迅速发展。

1989 年，它正式改名为因特网（Internet）。同年，因特网中最重要、最受欢迎的领域——万维网（www）诞生，通过它全球各地的用户可以查到极其丰富的信息资料，从文字、图片到声音、影像等一应俱全。

从 1991 年起，联网的计算机数量每年翻一番。联网的用户越多，信息资源就越多；信息资源越多，凝聚的用户就更多。于是，量变引起质变。因特网终于突破国界，突破行业界限，突破所有的信息屏障，成为全球最大、最有影响的网络，引发了真正的信息革命。

随着因特网风靡全球，因特网的用途也越来越多，几乎深入到人们工作和生活的各个角落。人们只需轻点鼠标或者敲击键盘，就立刻领会到“信息就在指尖上”的神奇。

## “9·11”噩梦

2001 年 9 月 11 日，时针指向上午 8 时 45 分，人们正准备开始新一天的工作。突然一阵刺耳的响声之后，紧接着的是一声巨响，高达 417 米的世贸大厦为之一颤。“是飞机！”第 84 层的某银行纽约分行里，刚刚进门的分行长随着一名工作人员的喊声向窗外望去。旁边也有人叫道：“是地震！”这时，飞机残骸一样的东西从天而降。好悬，再往上两层便是飞机撞击的楼层！冲到走廊一看，墙壁已经坍塌。6 部电梯全都停运，火也着起来了。所幸的是电还没停。第 90 层里，人们只见火从窗户那里蹿了上来，天花板落了下来，窗玻璃都碎了。职员们马上戴上口罩和头盔向外撤。大楼的救生楼梯很窄，两个大人勉强能够并排通过。人们排成一行向下走去，这时消防队员们一个接一个迎面而上。逃到救生楼梯的人越来越多，这里面有的人灰土满面，有的人脸上在出血，还有的人被烧伤了。一位日本职员从第 89 层来到第 1 层花费了一个半小时，大厅外钢筋混凝土碎块带着声响直落下来，他继续仓皇外逃。当跑到远离大厦 200 米的地方，路旁的人连唤“上帝”，他回头一看，自己刚刚离开的世贸大厦已开始倒塌。

1. 悲剧这样发生

悲剧始于马萨诸塞州波士顿洛根国际机场，美国航空公司的波音 767 客机 11 号航班于 9 月 11 日上午 7 时 45 分准时起飞，飞机上的 92 名乘客及机组人员却已成了恐怖分子手中的致命武器。在纽约州的上空，飞机突然改变了航向，朝着纽约的世贸中心姊妹楼撞去。8 时 45 分，血腥的惨剧正式开始了。11 号航班起飞 15 分钟后，美国联合航空公司 175 号航班从波士顿起飞了，飞机也落入了恐怖分子的魔掌。电视记录了它与世贸大楼同归于尽的全过程。第三架飞机也属于美国航空公司，它的型号是波音 757，航班号 77。飞机于 8 时 10 分从华盛顿杜勒斯国际机场起飞，准备飞往洛杉矶。客机飞至半途，掉头驶回华盛顿，9 时 40 分向五角大楼撞去。最后一架出事的飞机是美国联合航空公司的 93 号航班，型号为 757 客机。这一次，恐怖分子显然没有完成任务，坠毁在距宾夕法尼亚州匹兹堡 80 千米处的萨默塞特。

2. 他震惊了世界

奥萨马 · 本 · 拉登，1955 年出生于沙特的吉达，在 52 个兄弟姐妹中排行第 17。他当过工程师，靠石油及建筑业发财，在沙特阿拉伯和西方国家拥有数家公司，个人财产估计达数十亿美元。1979 年，苏联入侵阿富汗，本 · 拉登离开了舒适的家，奔赴前线。1982 年，在阿富汗边境设立了 16 个游击队训练营地，逐步建立起一个庞大严密的恐怖犯罪组织。

2001 年 9 月 11 日，美国指认本·拉登组织的恐怖分子制造了“9·11”事件，多次定点行动及重金缉拿其人，但当时包括美国政府在内都无法证实本·拉登是死是活，而拉登的录音或录像一直没有中断地在一系列重要事件发生时出现。

2011 年 5 月 2 日，美国有线电视新闻网报道，“基地组织”领导人本·拉登已被美国军方击毙，后来美国总统奥巴马在白宫宣布了这一消息。

# 第三章　亚洲的崛起与奋进

欧洲殖民主义的魔爪伸向了亚洲，许多亚洲国家陆续沦为帝国主义列强的殖民地。反抗总是与压迫联系在一起，从列强开始入侵，亚洲人民的反抗斗争就一直没有停息，印度的“非暴力不合作”运动，土耳其凯末尔革命，更是推动亚洲革命运动高潮的到来。“二战”后，各亚洲国家纷纷独立，形成一股独立的政治力量。而今，虽然局部冲突不断，地区战争频仍，但许多亚洲国家正努力实现亚洲经济的腾飞。

## 普拉西之役

1757 年下半年，英国在印度的命运有了很大的转折，这主要归功于罗伯特·克莱武的普拉西之役。

战役开始前，克莱武买通了孟加拉军队的将领米尔·贾法尔作为英国的内奸。同时，适逢一场倾盆大雨，孟加拉军和法军的枪炮火药受潮，失去效力，而英军的枪炮火药都预先盖上了防水布，保存完好。战役打响后，率领孟加拉军队的莫汉拉尔英勇作战，他的步兵利用隐蔽处及其他阵地，向敌人队伍里倾泻了许多子弹。

正在这时，内奸贾法尔假传命令，以急件接连命令莫汉拉尔后退。莫汉拉尔这一退却，强烈地影响了他的部队。部队目击他们的主将退却，斗志就消沉下来；同时侦知某些部队在逃跑（因为他们是共谋者），他们也四散逃跑了；每人都仿效其紧邻的伙伴，因为这时逃跑已完全不可耻，纵使没有人追赶，也一整队一整队地逃跑。

顷刻之间，整个军营逃亡一空。孟加拉纳瓦卜（即国王）西拉杰得知他的军队逃跑而大惊失色，他完全失去了坚定的意志，被全军弃营溃逃弄得惊慌失措，自己也一起逃跑了。他跑了一整夜，约在翌晨抵达他城内的宫室。西拉杰失败的消息顿时在城内引起极度的恐慌和混乱。官兵们都四散溃逃了，他无计可施，便带着妻子和一个亲信仆人逃走，后被英国人追上，被处死。米尔·贾法尔随之被宣布为孟加拉的纳瓦卜。

1. 制胜因素

克莱武是一个生性好斗的将领，他手下的士兵纪律严明而且受过良好的训练。相反，孟加拉的部队不仅武器装备低劣，而且缺乏优秀的指挥人才和良好的军事训练。所有的名将都需要有好运气。不期而至的一场暴风雨打湿了印军的火药，而克莱武部队的火药却得到了保护，保持得很干燥。克莱武随即将炮兵部队调遣到敌军防御工事附近，对印军阵地一通炮轰，接着，克莱武命令部队用刺刀向敌军发起冲锋，军心动荡的印军部队土崩瓦解。

2. 屡立战功

1748 年克莱武自愿参军，被任命为一名下级军官，由此开始了他在印度的军事生涯。1751 年，克莱武得到了一次绝好的机会，他在阿尔科特防守战中起了关键性的作用。在回英国休假之后，他于 1756 年 6 月回到印度，参与了一系列大捷。1757 年 1 月，他攻克了加尔各答，在 3 月占领了法国控制的海港城市昌德纳戈尔，又在 6 月取得了普拉西大捷。毫无疑问，克莱武有战斗“天赋”。他非常勇敢，即使面临的是比自己强大得多的敌军；他知道怎样和各色印度王公打交道以满足自己和英国东印度公司的利益。

## 印度大起义

19 世纪 50 年代，印度爆发了反抗英国殖民统治的民族大起义。

起义的导火线是涂油子弹问题。1857 年年初，英国殖民当局发下了一种用涂有牛脂和猪油的纸包装的新子弹，使用时必须用牙咬开。当时，驻印度的英国军队中有大量的印度土著雇佣兵，简称“土兵”。这些印度土兵不是印度教徒，就是伊斯兰教徒。印度教徒视牛为神圣，伊斯兰教徒则忌食猪肉，现在，殖民当局发下这种新子弹，显然是对他们宗教信仰的侮辱。他们愤慨万分，印度教士兵手捧恒河水，伊斯兰教士兵面对《古兰经》，发誓要向英国殖民者报仇雪耻。

一波未平，一波又起。3 月 29 日，第三十四步兵团举行阅兵式。青年士兵曼加尔·潘迪满怀对殖民者的仇恨，高呼：“起来，兄弟们，为了我们的自由，向阴险的敌人进攻吧！”喊罢，他端起枪，“砰！砰！砰！”打死了三个英国军官。闻讯赶来的英军逮捕了潘迪，潘迪被活活绞死。

这接连发生的两件事，使得印度土兵的愤怒情绪越来越激烈。他们开始暗中联络，秘密集会，酝酿武装暴动。而不久又发生的土兵拒绝使用新子弹事件，则加速了民族大起义的到来。

1. 打倒英国殖民统治

5 月 9 日，德里附近密拉特第三骑兵连的 85 名印度土兵，拒绝使用新发的子弹。英国军官立刻召集全旅官兵集会，当众剥去这 85 名土兵的军服，缴下他们的武器，接着给他们戴上手铐脚镣押往监狱。印度土兵忍无可忍，决定在第二天动手。

5 月 10 日是星期天。教堂钟声回响在黄昏的天际，英军官兵走进教堂，做起了祷告。突然，外面传来一阵“杀”的吼声，第三骑兵连的印度士兵冲进教堂，杀死了英军官兵。随后，起义士兵分头行动，有的打开牢房，释放了被捕者；有的控制军火库和交通要道。“杀死英国人”的呐喊声响彻密拉特的上空，起义官兵一把火，烧毁了殖民者的住宅、军营和官署，然后连夜向德里进军。

经过一昼夜的急行军，第二天清晨，起义部队开到德里城下。英国上校慌忙率军迎战。双方正要交火，密拉特的印度士兵忽然发现守城的士兵都是印度人，急中生智，高呼：“打倒英国殖民统治！”

“打倒英国殖民统治！”德里的印度士兵立刻作出反应，掉转枪口，只听“砰砰”几声枪响，英国上校倒地而死。士兵打开城门，欢呼着把起义部队迎进城内。

没过几天，起义部队就占领了整座德里城。起义者拥立已经名存实亡的莫卧儿王朝皇帝为国家元首，组织了起义领导机构。他们发表文告，号召全体印度人不论贫富贵贱，不分印度教徒和伊斯兰教徒，团结一致，有钱出钱，有力出力，为驱逐英国殖民者战斗到底。

2. 抗英力量的分化

全国各地的士兵纷纷响应，起义的烽火迅速燃遍了印度北方和中部的大部分地区。殖民当局顾此失彼，惊慌失措。总督坎宁坐立不安，在寄回英国的一封信中哀叹道：“目前是危急存亡的关头，事态将如何演变，很难预料。”

但是，殖民当局很快缓过神来，立即调集兵力，准备围攻德里。侵略中国的英军调回来了，入侵伊朗的英军也调回来了，殖民当局还到阿富汗与尼泊尔招募雇佣军。几路英军气势汹汹抵达德里城下，形成了夹击之势。

9 月 14 日，英军对德里发起总攻。猛烈的炮火将城墙炸开了一个缺口，英军蜂拥冲进城内。突然，屋顶上传来一阵密集的枪声，几名英军惨叫着应声倒地。一队英军趾高气扬地跑到一座清真寺前，只见一千多名手握大刀的穆斯林突然从清真寺里冲了出来，怒目冷对，挡住侵略军的去路。英军慌忙举枪射击，200 多名穆斯林倒在了血泊中。可是，就在侵略者装填子弹的时候，几百把寒光闪闪的大刀迎面劈来，转眼之间，英军丢下了几百具尸体，落荒而逃。

德里起义军与英军激战 6 天，打死了英军 5000 余人，击毙两名英军指挥官。最后，由于孤立无援，寡不敌众，被迫退出德里。莫卧儿的末代皇帝向英军投降，莫卧儿王朝走到了尽头。

德里陷落后，各地转移到奥德省首府勒克瑙的起义军达到了 20 万，勒克瑙成为起义军新的指挥中心，也成了英军下一步重点攻击的目标。1858 年 3 月，4 万装备精良的英军，在 180 门大炮的配合下，开始猛攻勒克瑙。起义军大部分战士的武器只是马刀，但他们不畏强敌，顽强抵抗。英军打了两个多星期，才打下了勒克瑙。

这时，印度的抗英力量发生了分化。由于印度总督公布了英国维多利亚女王的诏书，允诺保护印度封建主的利益和特权，以此收买封建主。大部分封建主叛变降英，反过来帮助殖民者镇压起义军。这场轰轰烈烈的印度民族起义最终失败了。

## 东方“诗哲”

1877 年，在加尔各答一年一度的“印度节”大会上，15 岁的泰戈尔登上讲台，当众朗诵了一首洋溢着爱国热情的诗，受到了群众的欢迎。不久，长篇叙事诗《野花》在文学杂志《加南库尔》上发表，由此迎来了他人生创作中的第一个丰收期。在他大哥主编的文艺杂志《波罗蒂》上，他先后发表了短篇小说《女丐》《怜悯》，诗歌《太阳组歌》，以及其他诗歌、论文、西洋文学和译文等。这些作品虽然并不很成熟，却得到人们的首肯，为他日后诗歌和小说创作奠定了坚实的基础。

1878 年，泰戈尔赴英国伦敦大学深造。由于对英国社会现实感到失望和厌倦，未等毕业便提前回国。回国后的泰戈尔醉心于自己的文学创作，接连写出几部不同体裁、不同风格的作品。1881 年，他的戏剧《蚁蛭仙人的天才》和长篇小说《王后市场》相继问世。1882 年，抒情诗《暮歌》的出版使泰戈尔声名大振。《暮歌》文笔清新优美，以景抒情，显示出诗人渊博的知识和深厚的文学功底，在歌唱印度美丽的风光时，抒发了作者对祖国河山与人民的深爱之情，字字句句动人心弦，受到当时文学界的广泛欢迎。从此泰戈尔这个名字，在世界文坛上被广大人民所熟知。

在此之后，泰戈尔更是创作出大量优秀的作品，终于在 1913 年获得了诺贝尔文学奖。正是由于泰戈尔的不懈努力与开拓，使得印度文学在世界近代文学史上占有一席之地，泰戈尔也被誉为“东方诗哲”。

1. 生命之歌

作为“诗哲”，泰戈尔最负盛名的作品还要数诗集《吉檀迦利》。1913 年，泰戈尔凭这部作品荣获诺贝尔文学奖，成为第一个获得世界文学最高奖项的亚洲人。《吉檀迦利》在印度孟加拉语和印地语中都是“献歌”的意思，因此，这些诗歌是献给神的。但这些诗又不是一般的宗教颂神诗，而是一曲曲的“生命之歌”，作者歌唱的是生命的荣枯和现实世界的欢乐与悲哀。

2. “骑士”辞封

1915 年泰戈尔被英王乔治五世封为骑士，不过在 1919 年发生阿木里查大屠杀事件后，英军射杀手无寸铁的印度示威者，泰戈尔便辞去封号，以示抗议。

## 明治维新

1867 年深秋，是日本国的多事之秋。成千上万的日本人民发起了暴动，弄得统治日本的德川幕府手忙脚乱，毫无办法。就在这一年，日本的老天皇去世了，皇太子睦仁即位，称“明治天皇”。

日本西南部的诸侯武士们想乘机推倒德川幕府，建立以天皇为首的政权。这一年的阴历十二月九日（1868 年 1 月 3 日），西南各诸侯的部队包围皇宫，解除了德川幕府驻皇宫警卫队的武装。他们簇拥着年少的明治，宣布“王政复古”，撤销幕府的一切权力，勒令德川交出封地和所有财产。

德川连忙逃出京都。他与英、法两国的使节密谈以后，在大阪集中了全部兵力，杀气腾腾地向京都进犯。德川的军队很快进驻到京都的西南郊，在鸟羽、伏见两个地区同政府军相遇，展开了决战。两军一接触，德川的部队就吃了败仗，德川本人被迫逃回江户。1868 年 4 月，双方达成协议，德川放弃一切权力，降为诸侯，政府的权力归明治天皇掌握。接着，明治将日本国的首都迁到江户，改名“东京”。这样，统治日本长达 200 多年之久的德川幕府垮台了。

1. 幕府将军

德川幕府统治时期，幕府将军把持着全国最高土地所有权，直辖地约占全国耕地总面积的 1/4，是最大的封建领主。并且，他们还掌握着全国的商业城市和矿山，垄断着对外贸易，控制了国家的经济命脉。

在政治上，德川幕府名义上是“大将军”，实际上自称“大君”，对外代表国家，对内主持政府，大权独揽。最典型的是，幕府并不设在首都，而在江户办公，处理国家大事，往往自作主张，根本不把天皇放在眼里。

2. 改革措施

明治政府在推翻幕府统治之后，实行了一系列资产阶级性质的改革措施：

（1）废藩置县，加强以天皇为中心的统一的中央集权国家。

（2）改革封建等级制度，以适应资本主义经济的发展。

（3）地税改革，保证政府的财政收入。

（4）实行征兵制，建立近代常备军。

（5）扶植资本主义工商业，积极引进外国先进技术。

（6）与列强交涉，收回国权。

明治维新是日本历史上的一个转折点。它标志着日本从封建主义社会过渡到资本主义社会，从封建割据国家变成统一的国家，从半殖民地国家逐渐变成独立的资本主义强国。

## 驱倭起义

1876 年，日本用武力迫使朝鲜政府签订不平等的《江华条约》。从此，朝鲜逐步沦为日本的殖民地。1893 年，朝鲜农业歉收，饥民遍野，可是，贪官污吏和土豪劣绅还是勒索榨取。全罗道古阜郡郡守赵秉申不顾人民死活，强迫民工修筑灌溉工程，非法向农民征收水税和杂捐。农民们派代表向郡守请愿，反而遭受酷刑。大家忍无可忍，决定举行起义。

1894 年 1 月 15 日，古阜一带的农民，在 40 岁的全琫准率领下，发动了武装起义。3 月底，全琫准在白山建立了农民军大本营，并且发出檄文，号召各地起义。只两三天，起义队伍就扩大到七八千人。

起义军主要以竹枪为武器，人人头缠白布，相当威武雄壮。古阜起义震惊了朝鲜最高当局。它急忙从各地调集军队前往镇压。4 月 6 日，起义军在古阜的黄土岘设下埋伏，全歼官军 800 人，士气大振。起义军每到一处，就严厉惩办贪官污吏、土豪劣绅和日本商人，开仓分米，烧毁地契、债契和奴婢卖身契。起义军纪律严明，不践踏耕地、不妨害农作，有抢掠奸淫的立即处以死刑。起义军还建立起自己的政权机构“执纲所”。正因为这样，人民群众积极支援农民军。

1. 东学党

朝鲜的东学党创立于 1860 年，由崔济愚创立。 之所以叫东学党，是取“东方之学”之意，与“西学”即西方侵略者宣扬的宗教教义相对抗。 它以宗教的形式，宣传“人人平等”的思想，反对贵族和官吏的压迫、剥削。

19 世纪 80 年代后，又开展反对外国侵略者尤其是日本侵略者的斗争，所以它是一个反帝反封建的组织。 由于全琫准是东学党的一位领袖，参加起义的农民也大都是东学党的成员，所以这次起义称为“东学党起义”；又因为这一年是旧历甲午年，因此也称为甲午农民起义。

2. 汉城失利

1894 年 10 月中旬，全琫准毅然率领起义军向汉城进军。 途中围攻公州，受到拥有先进装备的日军的反击。 激战 6 昼夜后，起义军遭到严重失利，只得后撤，后来分成小部队坚持作战。 12 月上旬，由于叛徒告密，全琫准和战友一起被捕，并立即被押送到汉城。 在法庭上，全琫准指着参加审判的日本领事严正斥责说：“爱国农民已经团结在一起，唯一的目的就是同你们的国家进行斗争！”法官说：“你已经犯了大逆不道罪，如果你承认这个罪，法庭可以考虑给你减刑。”全琫准怒斥道：“你们今天以罪人治我，其实你们才是人民最大的罪人！”1895 年 3 月 11 日，全琫准英勇就义。

## 日俄战争

1904 年 2 月 8 日晚，天气非常寒冷，海风轻抚着海面，发出阵阵涛声。 可停泊在旅顺港的俄国太平洋舰队却热闹非凡，舰上灯火通明，到处挂满了彩灯，充满了节日的喜庆气氛。 岸上的俄军俱乐部里，一对对身着华丽的男女，伴随着优美的舞曲，尽情地跳着舞。 他们是在庆祝俄国太平洋舰队怀念斯达尔克将军夫人的命名日。

午夜时分，这些男女正准备享受一下半夜的宁静，突然，轰隆隆的炮声从港口方向传来，紧接着便是震耳欲聋的爆炸声，窗外接连闪现出无数道光亮。顿时，舞池里乱作一团。人们惊慌失措地乱躲乱藏，女士们也失去平时的优雅，尖叫声接连不断。

就在这时，一名士兵气喘吁吁地跑来报告："日本已向俄国不宣而战！"这下，大家才真的慌了手脚，惊恐万状地跑出俱乐部。

俄国人哪里知道，正在他们跳舞取乐之时，在浓浓夜色的掩护下，日本海军中将东乡平八郎率领的联合舰队已经偷偷地接近了停泊在港口的俄国军舰，等几个悠闲的值勤哨兵还没有明白过来之时，日军各舰突然一齐开火，密集的炮弹在俄国舰船周围爆炸，刚从梦乡中惊醒的俄国人急忙把舰船掉头，逃往旅顺港内，不想又遭到日本追雷舰的伏击，有两艘战斗舰和一艘巡洋舰当时就被击沉。

1. 争夺"肥肉"

日本这次偷袭可以说是蓄谋已久的，它是日俄之间矛盾激化的必然结果。

19 世纪末到 20 世纪初，日俄之间的矛盾越来越尖锐。他们为了独吞中国这块"肥肉"，早已争得面红耳赤。早在 19 世纪中期，俄国趁第二次鸦片战争的机会，强迫清政府签订不平等条约，强占了我国黑龙江以北、乌苏里江以东的大片领土。接着，又想把我国的东北三省霸占过去变成它的"黄色俄罗斯"。而经过明治维新走上资本主义道路的日本，也在处心积虑地向外扩张，它发动了侵略中国和朝鲜的甲午战争，威逼清政府签订《马关条约》，夺占了中国的台湾，准备进一步把自己的势力渗入到辽东半岛和东北三省。

这下，俄国当然不会乐意。它已经强占了辽东半岛上的旅顺为"租界"，早已把东北看成是自己的"势力范围"。1890 年后，日俄两国都发生严重的经济危机，国内阶级矛盾激化，两国统治阶级都企图用发动战争来转移本国人民的视线。俄国内政大臣普列维叫嚣道：“为了避免国内的革命，我们需要一次小小的但是胜利的战争。”

日俄战争前夕，两国一方面疯狂备战；另一方面，为了争取时间，迷惑对方，又进行了“和平”谈判。但随着双方备战工作接近完成，到1904年2月，谈判终于破裂。从此，日俄两国，为了争夺我国东北，在中国领土上进行了长达一年半的野蛮战争。他们到处烧杀抢掠，甚至驱使中国老百姓为他们的战争效力，可是腐败的清朝政府，不但不敢抗议，反而宣布“中立”，并且划定辽河以东为日俄战区，供他们厮杀。

2. 夺取旅顺

战争一开始，日军为了保证陆军在朝鲜和辽东半岛登陆，消灭在南满的俄军主力，决定先夺取旅顺。

于是，在他们偷袭旅顺港的次日，又派大量军舰主动袭击，沙俄舰队不仅没有出击，反而把港外的舰队全部开进了旅顺港内，这正中日本人下怀，他们准备在旅顺口外设置层层封锁，下决心要将俄国舰队困死在旅顺口内。

战斗进行了6天，5万多日军已伤亡过半，但旅顺仍然牢牢控制在俄军手中。俄军司令施特塞尔看着死伤累累的日军，不由得冷笑了起来。

乃木希典无计可施，决定用挖地道的办法突破俄军炮火控制的前沿阵地，但俄军发现日军的诡计，在前沿挖了一道横向的堑壕。结果，日军费了九牛二虎之力刚一挖通，就被俄军炮击而死。这样，日军又死亡几千人。

乃木希典急得“嗷嗷”乱叫，电告总司令部，速派援兵到来。不久，日军又抽调一个师，携带大批重型大炮和新式手榴弹，以及大批的物资和弹药，前来增援乃木希典。

乃木希典顿时来了精神，他下令从各师抽出精干人员，组成3000

多人的敢死队，并由自己亲自率领，准备夜袭旅顺要塞。

这一天，乃木希典首先命令各种炮火集中轰击一处，准备打开一个缺口。顿时，重型大炮把一发发重磅炸弹送了出去，炮弹呼啸着从空中划过，直飞俄军阵地。随着阵阵猛烈的爆炸声，俄军的一处防线被击溃，堑壕被填满，城墙被夷为平地，很多炮台也被炸毁。

夜幕刚刚降临，乃木希典头裹一条白毛巾，雪白的衬衣被闪亮的皮带勒在腰中，手持一把雪亮的东洋刀，带领敢死队员从缺口处猛冲进去。

这一招果然奏效，这些敢死队员冲进要塞，抢夺制高点。俄国人被这种气势吓得魂不附体，纷纷投降。随后，日军后续部队也及时赶到，占领了要塞的制高点 203 高地。紧接着，他们在高地上架设大炮，向旅顺市区和港口停泊的舰船进行轰击，俄军终于溃不成军。

施特塞尔看到大势已去，只好在 1905 年 1 月开城投降，旅顺终于落于日本人手中。

旅顺的得手，使日本人取得占领东北的根基，俄国无力再战，只好承认朝鲜为日本的“保护国”，还把中国的辽东半岛的权力转让给日本。从此，中国人民在日本帝国主义的铁蹄下，备受侵略者的欺凌。

## 偷袭珍珠港

珍珠港位于太平洋中的夏威夷群岛瓦胡岛，是美国太平洋舰队的主要军港。1941 年 11 月 7 日的早晨和以往每个星期天的早晨一样，一切是那样平静。军港内显得悠闲，甚至有些懒散。不少军官休假了，当兵的正好睡个懒觉。然而，谁也没有想到一场灾难马上就要降临了。

天刚蒙蒙亮，两名雷达兵突然发现有一庞大的机群正向珍珠港接近，便马上向基地的值班军官报告。值班军官一口咬定是新调来的B25轰炸机群，开玩笑似的对雷达兵说："把这件事给忘了吧！"

7时55分，战列舰"内华达"号上每天例行的升旗仪式开始了。全体官兵在舰首集合，军乐队演奏着国歌，两位水兵拉着绳子升旗，官兵们的目光随着星条旗缓缓地上升，却意外地发现密密麻麻的飞机正向他们俯冲下来。

天空上的机群是日本偷袭珍珠港的第一攻击波183架飞机，策划已久的偷袭珍珠港行动开始了。

1. 美国对日宣战

日本在悍然发动了全面侵华战争后，又确立了进攻东南亚和太平洋地区的"南进"战略。联合舰队司令长官山本五十六海军大将开始盘算，怎样在战争一开始的时候就赢得主动。想来想去，只有偷袭珍珠港，一举歼灭美国太平洋舰队，才能在一段时间内确保日军在东南亚的行动安全。

山本五十六把制订偷袭计划的任务交给了海军航空参谋源田实。源田实没有辜负他的期望，制订了以航母编队运载的作战飞机为主要攻击力量、海上补给、长途奔袭的作战方案。根据作战要求，联合舰队进行了周密的准备，现在开始实施了。

日机发出刺耳的尖啸声向美舰俯冲。飞行员们早就等着这一刻了，长期的仿真训练，12天海上的颠簸，北太平洋航线上的狂风巨浪让他们吃足了苦头。他们早已将每一艘美国太平洋舰队军舰的形状特征背得滚瓜烂熟，就等着向已经选定好的目标发起致命的攻击。

日机越飞越低，离水面只有12米，机头快要栽进海水的时候，鱼雷发射了，在水面下拖着一条条白线，冲向美舰。飞行员赶紧拉起机头，转身观察效果。只听中弹后的美舰发出"轰隆隆"的巨响，舰身剧烈地摇晃，弹片激起的粗大的水柱直冲云天，烈焰升腾，浓烟滚滚。挨了鱼雷和炸弹的美舰上，美军束手无策，有的惊慌失措，有的跳海逃生，有些人直到此刻还认为是演习，抱怨司令部怎么会挑星期天进行突然演习。基地瞭望哨的军官看到日机发起俯冲时，还认为是美国飞行员冒险玩花活，扬言要报告司令部给这些飞行员记大过。不过，他要找的舰队司令金梅尔海军上将正准备去打高尔夫球，直到珍珠港一片火海时，金梅尔才赶到作战司令部，发出了“珍珠港遭空袭，这不是演习”的战斗警报。

偷袭珍珠港的同时，日军对东南亚美、英、荷的殖民地发动进攻，太平洋战争全面爆发了。

珍珠港遭袭，美国举国愤怒。第二天，美国对日宣战。英、澳、荷等20多个国家也相继对日宣战。11日，德、意对美国宣战。第二次世界大战的规模和范围进一步扩大了。

2. 中途岛海战

偷袭珍珠港，日本高兴了没多久，1942年4月18日，让日本联合舰队司令长官山本五十六大将意想不到的事发生了：16架美国的B－25轰炸机，从距日本400海里的“大黄蜂”号航空母舰上起飞，空袭了东京、横滨等日本重要城市。

仅仅4个月前，日军在偷袭了珍珠港后，便利用优势的海空军力量，横扫太平洋西部，控制了北起阿留申群岛，南至澳大利亚北岸，西起印度洋，东至中途岛的广大地区。日本举国上下都沉浸在喜悦和美梦之中，认为美国差不多已经被打败了。现在东京挨了炸弹，叫他这个司令官如何向天皇和国民交代。

山本一面再三地向天皇请罪，一面制订了中途岛作战计划。中途岛是太平洋北面的一个珊瑚岛，地处太平洋东西两岸的中间，战略地位非常重要。山本想通过占领中途岛，向中太平洋和西南太平洋扩张，并诱出美国太平洋舰队进行决战。为此，他派遣近藤中将指挥中途岛进攻编队，运载5.8万人的登陆部队进占中途岛；派南云忠一中将率由四艘航空母舰为骨干的第一机动编队，攻击中途岛，掩护陆军登陆，并配合主力舰队，歼灭美舰队；自己则率由七艘战列舰、三艘巡洋舰、一艘航空母舰组成的主力编队，寻找美国太平洋舰队进行决战，并一举歼灭；为了分散美军的注意力，他还派出第二机动编队进攻阿留申群岛。

山本的构思不能说不好，但美军破译了日军的密码，掌握了他的作战计划。受命于危难之际的美国太平洋舰队司令尼米兹加强了中途岛的守备力量，把在珍珠港事件中幸存的“大黄蜂”号、“企业”号、“约克敦”号航空母舰全部隐蔽在中途岛东北200海里的海域，伺机从侧翼打击日本的舰队。

经过激烈的战斗，日本精心设计的中途岛海战以日本4艘主力航母沉没、253架飞机被击毁而告终。

美国损失了一艘航母、一艘驱逐舰和150架飞机，但夺取了太平洋中部的制海权和制空权，从此，太平洋战争的转折到来了，日本在太平洋地区的力量一蹶不振，被迫从战略进攻转入战略防御。

## 日本投降

1945年8月9日，在东京的日本皇宫防空洞里，一群军政要人正在激烈地争论着：

“从目前国内外局势看，在维护国体、保存天皇制度前提下只能无条件投降！……”外相东乡茂德垂头丧气地说着，两手一摊，倒在沙发上。

7月间，中、美、英三国发表《波茨坦公告》敦促日本必须立即无条件投降，否则就将它彻底消灭。8月6日，美国在广岛投下了原子弹。8月8日，苏联对日宣战。9日零时刚过，苏联百万红军以迅雷不及掩耳的凌厉攻势，向盘踞在中国东北的日本70万关东军发起了全线总进攻。东乡外相清楚，在世界反法西斯总反攻的浪潮中，日本就像只破败的帆船，很快就会在风雨飘摇中沉没。

8月14日，天皇下令起草接受无条件投降的诏书，投降诏书立即在电台播出。8月28日，美国空军的飞机在东京机场降落。大批的英、美军队开始在日本海岸登陆，实现对日本的占领。

1. 在投降书上的签字

9月2日上午，日本东京湾，晴空万里，碧波无垠。美国战列舰“密苏里号”迎来了一个庄严的时刻。9时许，日本新任外相重光葵和日本参谋总长梅津美治郎代表日本政府在投降书上签字。随后，接受投降的同盟国代表——盟军最高统帅麦克阿瑟上将、美国尼米茨海军上将、中国徐永昌将军、英国福莱塞海军上将、苏联杰列维亚科中将，以及澳大利亚、加拿大、法国、荷兰、新西兰等国的代表依次签字。

至此，日本帝国主义历时15年的侵略战争，以彻底失败而告终。第二次世界大战也以全世界人民的伟大胜利而结束。

2. 远东大审判

1946年5月3日，由中、苏、美、英等11国代表组成的远东国际军事法庭，经过长达半年的调查后，对以东条英机为首的战犯，正式开庭审判。

东条英机是日本的重要战犯。正是他，在“九一八”事变后指挥日本关东军大举侵略中国；正是他，在1941年12月疯狂发动了太平洋战争；1941年10月起，他充任日本首相兼陆军大臣；1944年7月，在日本败局已定的情况下才被迫下台。但他发动战争的罪恶是无法逃脱的。

东条英机知道自己的末日快到了。经过思前想后的考虑，他准备自杀，并请医生确定了心脏的位置，用墨汁在胸膛上做了标记。当美国士兵逮捕他时，他开枪自杀。

东条英机的子弹没射中要害，很快被救活了。1946年5月3日

11 时，东条英机、土肥原贤二等 28 名甲级战犯被押解到法庭上。

在近两年的审讯过程中，东条英机拒不认罪。他胡说日本发动对外战争是“自卫战争”；“九一八”事变和“七七”事变是由中国“不正当行为引起的”……在死前的遗书中，东条英机写道：

“想起刚开战时的情况，令人悲痛断肠！这次死刑，对个人是个安慰，但作为国际性的犯罪，我始终认为是无罪的，只不过是在强力面前的屈服。”

东条英机至死也不认罪，真是冥顽不化。

1948 年 11 月 4 日远东国际军事法庭再次开庭，审判日本首要战犯 25 人有罪。其中东条英机、板垣征四郎、土肥原贤二、广田弘毅、木林兵太郎、松井石根、武滕章 7 人被判处绞刑。

12 月 23 日零点，东条英机及其他 6 名战犯被送上绞刑架，结束了他们罪恶的一生。

## 食盐进军

1891 年 6 月，甘地在英国伦敦大学毕业并取得律师资格。两年后，他到了南非，在南非度过了 20 年的时光。在那里，他领导了自己的侨胞进行反对英、荷殖民主义者的民族和种族歧视制度的运动。

1915 年 1 月，甘地回到印度，建立了一所非暴力抵抗学院，组织小土地种植者、破产农民、贫穷的工人为自己的生存而斗争。他是印度历史上第一位真正关心贫苦大众的领袖。为了唤起印度民众的民族意识，他发起了土布运动，提倡用手纺车自己纺布，抵制英国的产品。

很快，甘地就成了印度民族主义政党——国大党的领袖。1930 年，英国殖民当局为了加紧对印度人民的剥削，制定了“食盐专营法”，严格控制食盐生产，任意抬高食盐价格和盐税，引起了印度人民的极大不满。于是，甘地就带领他的“非暴力不合作运动”信徒，步行到海边去用海水煮盐，以此来抵制英国殖民当局的食盐专营法。从阿默达巴德出发，他们走了 24 天，才到达海边村庄丹地。这时，跟随他的队伍已经有了上千人。当天晚上，他们绝食祈祷。第二天上午，甘地便带领众多的信徒到海边沐浴，然后开始取海水煮盐。每天清晨，甘地带领信徒到海边劳动，不怕风吹日晒，腰酸背痛，一直坚持了 3 个星期。

印度报纸广泛地报道了甘地的“食盐进军”；全印度各沿海地区，也都开展了自制食盐的行动。与此同时，全国城乡各地到处举行示威游行、罢工、罢课，群众性的反英斗争在全国蓬勃开展起来。

1. 非暴力不合作运动

1920 年，印度国大党通过了甘地领导的非暴力不合作运动纲领，主张用和平的合法手段取得自治。他们在全国兴起了一场广泛的罢工、罢市、罢课、拒绝与殖民当局合作的运动。殖民当局逮捕了甘地，并判他 6 年监禁。出狱后，甘地继续领导民族解放斗争，又多次发动了不合作运动，几次被殖民当局逮捕入狱，但他始终没有屈服。为了对甘地的长期斗争精神表示崇高的敬意，人们尊称他为“过去 30 年来的向导和哲学家、印度自由的灯塔”。

2. 甘地被刺

在印度和巴基斯坦分别建立了两个国家的过程中，国大党和穆斯林联盟等政党卷入了印度教和伊斯兰教的教派之中。国大党领袖甘地奔走于印度各地，反对教派斗争。1948 年 1 月 30 日，甘地被印度教的极右分子刺死。印度人民怀着无比悲痛的心情将他的遗体火化并将骨灰撒进印度文明的发源地——恒河。

## 印巴分治

第二次世界大战后，印度的独立运动迅速高涨起来。印度人民纷纷起来反对驻印英军在缅甸、马来西亚、印尼、越南等地镇压当地的民族独立运动。孟买等地的码头工人，拒绝装运军火，并于 10 月 25 日举行了“保卫东南亚日”活动。面对印度日趋高涨的独立运动，英国为避免在印度的殖民利益完全丧失，准备将印度政权移交给印度的资产阶级政党——国大党和穆斯林联盟。

1947 年 2 月，英国首相艾德礼声明，英国最迟在 1948 年 6 月前，把印度政权移交给“负责的印度”。不久，蒙巴顿被任命为印度总督。7 月 18 日，蒙巴顿公布了《印度独立法案》，即蒙巴顿方案。蒙巴顿方案对英国而言，仍然是“分而治之”的方案。但是，国大党和穆斯林联盟上层担心民族运动发展为社会革命，便从各自狭隘的民族、宗教观出发，宣布接受该方案。

1947 年 8 月 15 日，印度在教派冲突的一片混乱中宣布独立。英国把印度政权分别移交给国大党和穆斯林联盟，印度和巴基斯坦各自独立成为一个国家，成为英联邦的两个自治领。贾瓦哈拉尔·尼赫鲁为印度自治领第一任总理。1950 年 1 月 26 日，印度宣布为共和国，仍留在英联邦内。1947 年 8 月 14 日，巴基斯坦自治领成立，巴政府把这一天定为独立日，真纳任巴基斯坦自治领第一任总督和制宪会议主席。1956 年 3 月 23 日，巴基斯坦第一部宪法颁布，宣布成立巴基斯坦伊斯兰共和国，但仍为英联邦成员国。

1.《蒙巴顿方案》

《蒙巴顿方案》的主要内容为：第一，印度分为印度教徒的印度斯坦国家和伊斯兰教徒的巴基斯坦国家。巴基斯坦由东西两部分组成，西部包括西旁遮普、信德、西北边省及俾路支等省；东部包括东孟加拉和阿萨姆的一部分；原英属印度的其余部分组成印度联邦。第二，各土邦有权决定加入印度或巴基斯坦，抑或两者都不加入，保持原来与英国的关系，但不能自治。

2. 克什米尔矛盾

尽管印度和巴基斯坦已独立，但教派斗争仍在持续。甘地奔走各地，反对教派斗争，但是也成为教派斗争的牺牲品，被印度教极右分子刺死。 而克什米尔则一直处在矛盾的焦点上。 克什米尔是殖民时期的查谟土邦，该土邦首领是印度教徒。 克什米尔党的领袖穆罕默德·阿布杜拉观点与国大党相近，主张建立一个统一的印度。 但是该土邦的臣民大部分是伊斯兰教徒，他们要求加入巴基斯坦。

## 凯末尔革命

1919 年，由英国资助的希腊军队气势汹汹地入侵土耳其，迅速占领了伊兹密尔全省。 从此，土耳其爆发了持续 3 年之久的反帝民族革命运动，史称“凯末尔革命”。

1921 年初，15000 人的土耳其国民军在伊诺努战役中，面对 4 倍于自己的兵力，顽强斗争，打败了希腊军。 到 8 月份，凯末尔亲自指挥5 万国民军，同 10 万希腊军在距安卡拉 40 千米的萨卡里亚河岸进行了一场大会战。 所有男子都上了前线，运输弹药的任务就几乎全交给了妇女。 她们冒着枪林弹雨，将一发发炮弹送入战壕。 在凯末尔亲自指挥下，经过 22 昼夜的血战，击溃了进犯的希腊军，取得了民族解放战争的决定性胜利。 凯末尔因这次胜利被大国民议会授予“加齐”（胜利者）的称号，并晋升为土耳其国家元帅。

1924 年 8 月 26 日，土耳其国民军开始反攻，凯末尔身先士卒，即使不幸从马背上摔下来跌断了肋骨，也仍然坚持指挥战斗。 在他的鼓舞下，国民军和全国人民英勇杀敌，势如破竹，击退了希腊军队的上百次进攻，把精疲力竭的希腊军打得晕头转向，节节败退。 土耳其民族独立战争取得了辉煌胜利。

1. “土耳其之父”

1923 年 10 月 29 日，新兴的土耳其共和国宣告成立，凯末尔当选为共和国第一位总统。 随即，凯末尔大刀阔斧地进行了一系列有助于国家独立和社会进步的改革，并取得了显著的成就，使被人讥讽为“西亚病夫”的土耳其走上了民族复兴的道路。凯末尔也因此被誉为“土耳其之父”。

2. 纪念雕像

为了纪念土耳其共和国的缔造者凯末尔，土耳其人民在博斯普鲁斯海峡岸边为他打造了一座雕像。雕像面向东方，正对着小亚细亚草原。这座雕像有一张雕刻得非常细致的脸，浓密的眉毛，锐利的目光，薄薄的嘴唇上留着两撇小胡子，身着西装，栩栩如生，仿佛正在昂首挺胸阔步前进。

## 复国之战

联合国大会于1947年11月29日以3313的多数票通过了《巴勒斯坦将来治理问题的决议》。决议规定犹太国面积1.5万平方千米，占巴勒斯坦总面积的55%，其中犹太人49.8万，阿拉伯人40.7万；阿拉伯国面积1.1万平方千米，占总面积的45%，其中阿拉伯人72.5万，犹太人1万。然而，阿拉伯人始终认为“在阿拉伯区域内建立一个异教徒国家是对阿拉伯人的侵略行为”。

就在以色列建国后的第二天，阿拉伯联盟宣布对以色列进行“圣战”。由埃及、约旦、叙利亚、黎巴嫩、伊拉克等国组成阿拉伯联军，以4.2万兵力和包括飞机、大炮、坦克等重武器在内的强大装备包围了以色列。只有3万人且武器装备单薄的以军抱着破釜沉舟、背水一战的决心，誓死捍卫崭新的国家。

战争一开始，阿拉伯军队节节胜利。埃及军迅速控制了巴勒斯坦西南部，约旦军控制了中部，叙利亚、伊拉克和黎巴嫩联军控制了北部。迫不得已，守卫耶路撒冷旧城的以色列军投降了，被迫撤退到沿海一带。以色列总理本·古里安见势不妙，立即要求停火几周，以期调整人马。

在美国的推动下，联合国通过了 1 个月时间的停火决议，并对参战国实行军火禁运。以军得到了生死攸关的喘息机会，大量进口了欧美的武器，兵力重新壮大起来。当战事重新展开时，以军装备精良、士气旺盛，迅速扭转了颓势。7 月 15 日，安理会通过了“无限期停火”决议，以色列又乘机招兵买马，扩大军备，并于 10 月 15 日单方撕毁了停战协议，开始集中优势兵力猛攻埃及军队。不久，埃及军队节节败退，宣布投降。双方于 1949 年 2 月 4 日签订了停战协定。紧接着，阿拉伯联军的各个成员都先后宣布停战。

1. 四次中东战争

中东，泛指亚、非、欧三大洲连接的地区。中东地区国家有巴勒斯坦、以色列、约旦、叙利亚、伊拉克、黎巴嫩、埃及等。“二战”后，中东地区阿拉伯国家和以色列之间先后爆发了四次大规模战争，国际上把这四次战争称为中东战争。第一次中东战争即以色列的复国之战。

2. 以色列复国

联合国的《巴勒斯坦将来治理问题的决议》令阿拉伯人不满，他们不许在阿拉伯区域内建立一个异教徒国家，而犹太人则喜出望外，同时也加强武装力量，警备森严，以保护这一成果。巴勒斯坦丝毫没有因为这一决议的出笼而得到片刻安宁，仅仅一天之后，便爆发了阿以战争。双方互相围攻，报复仇杀，许多无辜的平民在战争中惨遭杀害。在战争进行的间隙，本·古里安积极策划着犹太建国这一中心大事。终于，1948 年 5 月 14 日，本·古里安在特拉维夫现代艺术博物馆中宣告了以色列国的诞生，了却了犹太人千百年来的心愿。仅 16 分钟之后，美国总统杜鲁门就宣布正式承认以色列。两天之后，苏联也宣布承认以色列。本·古里安出任以色列首位总理。

## 越共抗法

1940 年，越南遭日本入侵。以胡志明为首的共产党顽强抗战，同日本侵略者进行了旷日持久的殊死搏斗。他们趁着二战结束、日本投降之际，夺取了国家政权。

1945 年 9 月 2 日，河内巴亭广场上，数十万人欢欣鼓舞，游行集会，越南共产党的领袖胡志明宣读了《独立宣言》，正式宣告越南民主共和国成立。然而，这个政权在当时的国际上没有任何人承认。胡志明政府处在四顾茫茫、无依无靠的境地里，举步维艰。

1945 年 9 月 23 日清晨，法军突然袭击西贡市政厅，遭到城防部队的猛烈反击。这一枪打响了越南的抗法战争，越南人民再次卷入一场血雨腥风之中。战争初期，他们处于势单力孤的不利境地，于是便表面宣布解散，实则转入地下从事秘密斗争。胡志明采取灵活态度，向越南国民党表示同意携手合作，并同意国民党加入共和国政府。这样，越南国内的抗法力量立刻活跃起来，他们在北方广泛的根据地，囤积粮草，招兵买马，一天天壮大起来。在力量对比悬殊的情况下，他们依然能够屡挫法军，使敌人难以达到预想的目的。而贪婪的法军一面利用各种政治和外交手腕颠覆共和国政府，一面暗地里加紧增兵。

不久，法军兵力达 10 万之众，在占据明显的军事优势之后便立即撕毁墨迹未干的协定，悍然发动全面侵越战争。1946 年 12 月 20 日，胡志明发出告全国人民书，号召全国不分男女老少，不分宗教党派，一致行动起来，背水一战。越南人民宁肯牺牲一切，绝不做亡国奴，一场更为激烈的战争拉开了序幕。在血与火的抗战中，越南人民团结一致、浴血奋战，最后终于赢得了战争的胜利。

1. 越南的传说

越南的来历，曾经有一个神奇的传说：帝明同山精结合，生出泾阳王，泾阳王之子貉龙君与妪姬结合，生出雄王。这位雄王在越南就相当于中国古代传说中华夏民族的祖先尧舜，是越南人崇敬的远祖。

2. “蚂蚁踩大象”

法军配备有精良的美式装备，而越军大部分使用的还是古老的刀、枪、矛、弓箭，胡志明曾叹道：“我们只能用棍棒对抗敌人的飞机、大炮！”果真，战事初起，法军便以迅雷不及掩耳之势席卷全国。尽管法军攻城略地，气势逼人，但战争毕竟还是在越南的国土上进行，正义之师终会胜利。这场“蚂蚁踩大象”之战，谁也不敢肯定蚂蚁必然败在大象脚下，成群结队同心协力的蚂蚁同样可以消灭一头小山般的大象。

## 美军越战

越南人民赶走了法国殖民者、日本侵略者，但是事情并没有就此结束，美国将手也伸向了越南。从肯尼迪开始，美国政府便开始支持贪污腐败、专制独裁的吴庭艳政权，妄图剿灭正在蓬勃发展的越南共产党。吴庭艳政权一方面排挤亲法派和其他政治派别，建立吴氏家族的独裁统治；另一方面大肆“灭共”，残酷镇压共产党人和其他反对派人士。

1961 年，美国发动“特种战争”，将农村人口强迫集中到以铁丝网和碉堡包围起来的所谓“战略村”，实行严密控制。美军还直接参战，采用各种战术和大量使用化学战剂等。肯尼迪被刺后，把一堆烂摊子留给了他的副手约翰逊。但约翰逊一点也不吸取教训，并使越南战争进一步升级。他一上任就执行了 34A 计划，把战火烧到北越，对越南北方进行经年累月的“地毯式轰炸”。成群结队的 B－52 轰炸机遮天蔽日，对越南北部重要目标进行轰炸，成吨成吨的炸药将北越几乎夷为平地。然而，越南人民并没有屈服，他们从地面向南越渗透，不断袭击美国军事基地。大批的美军在战争中送命，而约翰逊还不断地增兵，越南战场成了一片泥潭，美军深陷其中，他们越是挣扎，就陷得越深。最后，约翰逊再也撑不住了，灰溜溜地下台。尼克松继任后，开始逐步退出越南战争。巴黎协议后，1973 年 3 月 29 日，全部美军撤离南越。

1. 掩盖的野心

以美国为首的西方世界认为共产主义“是一种威胁”。1954 年 4 月，当时的美国总统艾森豪威尔预言说，一旦越南落入共产党人手中，其他东南亚国家也会“紧随其后”，就像“多米诺骨牌”一样。“这种损失将极有可能给自由世界带来难以估量的后果。”美国人用冠冕堂皇的辞藻掩盖了他们不愿在《日内瓦会议最后宣言》上签字的真正原因：称霸亚洲，称霸世界。

2. 幻想破灭

美国在对越战争无法取胜的情况下，耗费了 1389 亿美元巨资，死伤 35 万人，经济受到严重影响。美国人民对此极为不满，青年纷纷拒服兵役，美国国内出现大规模反战运动，约翰逊政府下台。当时的美国国防部长麦克纳马拉也承认，越南战争确实是一场错误的战争。

## 海湾战争

1990 年 8 月 2 日凌晨，伊拉克 10 万大军闪电般地越出国境，向科威特铺天盖地而来。首都科威特的人民被坦克的轰鸣声从睡梦中惊醒。科威特虽小，但它的人民有着不屈服外来敌人侵略的爱国精神。在保卫首都的英勇抗战中，科威特 5 架飞机立即起飞，与伊拉克 40 多架飞机进行空战。一位士兵用步枪击落一架伊军武装直升机。在敌机的狂轰滥炸中，国王贾比尔带领卫队投入保卫达斯曼王宫的战斗。由于寡不敌众，王宫陷落，科威特市落入伊军之手。上午 11 时，伊拉克悍然吞并了科威特。

8月4日，美国制定了一个用武力迫使伊拉克从科威特撤军的行动计划，它的代号为“沙漠盾牌”。8月13日以后，英国、比利时、澳大利亚、加拿大、法国、荷兰、意大利、苏联、孟加拉等国纷纷派出部队参加以美国为首的多国部队，对伊拉克进行海上封锁。

1991年1月17日，海湾当地时间凌晨2时40分，北京时间7时40分，多国部队发起了代号“沙漠风暴”的行动，最终结束了这场战争。

但海湾危机并未过去，自1991年起，围绕核查与反核查、制裁与反制裁等问题，伊拉克与以美国为首的西方国家多次争吵并不时发生冲突，最终导致2003年3月20日美英盟军向伊拉克发起了全面进攻。经过激烈战斗，美军于4月9日突入伊首都巴格达，终将萨达姆政权推翻。

2003年12月14日，萨达姆在家乡提克里特被捕。2006年12月30日，伊拉克当地时间上午6点左右（北京时间上午11点左右），萨达姆因“杜贾尔村案”被处以绞刑。

1. 石油争端

伊拉克的侵略行动是有其历史渊源的。科威特是海湾地区一个盛产石油的阿拉伯国家，在两伊战争中，他曾经全力支持伊拉克，但这并未能淡化它们之间的矛盾冲突。伊拉克在两伊战争中损失2000亿美元，外债高达800亿美元，其中欠科威特的就有200亿美元。伊拉克想将债务一笔勾销，但科威特不同意。科威特国土面积很小，但石油储备非常大，占全世界石油储量的20%，真可谓富得流油。伊拉克内忧外困，见到这些，怎不眼红？边界领土争端，加之石油、债务纠纷，与科伊之间矛盾日益尖锐，终于演化成这场战争。

2. 高科技战争

海湾战争是以美国为首的多国部队打的一场高科技战争。美国动用了最先进的武器，如F－117隐形轰炸机、精确制导的巡航导弹、阿帕奇武装进攻直升机、“爱国者”反导导弹等，还搞起了信息战、电子战。整个战争期间，以美国为首的多国部队总共伤亡不到几百人，而伊拉克军队仅死亡就在10万人以上。

## 亚洲金融风暴

1997年10月20日是美国华尔街股市惨剧“黑色星期一”的10周年纪念日。就在这一天，香港股市开始下跌。10月21日、22日，香港恒生指数连续两天大幅下挫，累积跌幅近1200点，大约是9%，被当地市场人士形容为小股灾；23日，香港恒生指数最低曾落至9766.7点，跌幅高达1871点，恒生指数闭市时报10426.3点，退低1211.5点，下跌了10.4%，有人甚至认为这一天的跌幅可和1987年的“黑色星期一”相提并论。香港的上市公司市值在23日一天就损失了4335亿港元，同8月份市值高峰期的43354亿港元比较，减少了15420亿港元，减幅达35%。与此同时，香港十大富豪估计共损失超过2100亿港元。

恒生指数持续暴泻，跌势之猛、损失之巨，震惊世界。此时，全球各地股市形成恶性循环式的普遍狂跌。27日，纽约道琼斯指数狂跌近554.26点，是有史以来跌幅最惨的一天，因而导致中途自动停盘1小时。东京股市开盘后即狂跌800多点。28日香港恒生指数狂泻1400多点，跌幅达13.7%，全日最低达8775.88点，以9059.89点收市，下跌点数创历史之最。在这种状况下，香港股市的震荡已并不仅仅局限于自身因素了。

1. 索罗斯的“量子基金”

1997年1月，金融大鳄索罗斯开始对觊觎已久的东南亚金融市场发动攻击。索罗斯在东南亚危机的第一个月中共赚了20亿美元，索罗斯的“量子基金”总资产增加到170亿美元。亚洲金融市场受到强烈冲击。索罗斯以他对世界的独特见解，他的哲学观，他的睿智，不断地积累自己的财富。截至1997年6月底，索罗斯的“量子基金”总额达150亿美元。

2. 亚洲四小龙

所谓“亚洲四小龙”，即指中国台湾、韩国、中国香港、新加坡。它们在20世纪70年代，经济增长率都很高，如今已跻身于世界高度工业化地区的行列。它们的年经济增长率一直保持在7%左右，经济最明显的变化发生在出口方面。1964年它们的出口额只占世界贸易总量的1.4%，1983年达5.7%，1989年更达到8.4%。它们的制成品出口居世界前15位，尤其是在鞋类、纺织服装、电子元器件、塑料制品和玩具的出口方面。在东南亚金融风暴中，“亚洲四小龙”也难逃厄运。

# 第四章 战乱中成长的非洲

1869年，苏伊士运河的开通，标志着非洲殖民地化的开端，英、法、德、葡等欧洲各国开始瓜分非洲，建立自己的殖民地。非洲的人民被奴役，土地被侵占。殖民者的暴行点燃了反抗的烈火，埃及抗英起义、苏丹“圣战”、埃塞俄比亚反殖民主义斗争，非洲民族解放运动此起彼伏。“二战”后，越来越多的国家赢得了主权独立，但由于新老殖民主义的影响，由于不公正的国际政治经济旧秩序的存在，直到今天，许多非洲人民仍处在贫困之中。

## 尼罗河探险

对早期西方人来说，尼罗河是个谜。从16世纪开始，成批的西方探险者深入非洲腹地揭示谜底。19世纪50年代，英国希望更严密地控制非洲东海岸。因为，如果一旦发现了内陆地区，他们将可进入中非，并巩固他们“从开罗到开普敦”的势力。

1857年，皇家地理学会和外交部开始着手寻找尼罗河的发源地，奉命完成这次尼罗河探险的，是两名英国驻印度军队的军官斯皮克和伯顿。1857年6月16日，两人从桑给巴尔岛对面的巴加莫约出发。然而，探险队出师不利。脚夫人数太少，负载过重。两名探险家本想雇用175人，但是，皇家地理学会和外交部的资助有限，不够付这么多人的工钱。另外，气候恶劣，延迟了动身日期。探险队沿这条路走了 134 天，到达卡泽。 两个队长染上疟疾，即伯顿所说的“沼泽热”，只好躺在吊床上由人抬着，并被迫在卡泽停下休息。 经过 8 个月的艰难跋涉，1858 年 2 月 13 日，两人终于瞥见了一片浩瀚的水域。他们成为最先看到坦噶尼喀湖的欧洲人。

1. 步履维艰

饮水和食物的缺乏，是皇家探险者担心的问题。 探险者沿途必须打猎或捕鱼，途中还得试着向当地居民购买食品。 可怕的野兽确实让探险者日子难过，鳄鱼也让人胆战心惊，但是蚊子比鳄鱼或猛兽可怕得多！

2. 探险队的人员组成

在探险队成员中，脚夫占最多数，常常占招募人员的 3/4。 脚夫在队中有确定的位置，每一件包裹都指名分配给每一名脚夫。 各人的负担不能转让，每人负担的重量在 28～32 千克之间。 探险家多半还雇用一两名贴身仆人，他们随时递上一件个人用品，替他扛武器，侍候他用餐。 这些仆人往往是小男孩，由于忠心、机灵、听话而受赏识。 武装护卫队的成员年纪大一些，负责保护探险队队长。 厨师是旅行队的重要成员，队伍的士气的确大大取决于他供应的食品！ 另一位重要人物是翻译，人际交往全依赖他。

## 白人就要来了

19 世纪 30 年代到 80 年代，南非的祖鲁人为了捍卫独立、保卫家园，与荷兰及英国殖民者进行了英勇的斗争，在非洲人民反抗殖民侵略的历史上写下了可歌可泣的篇章。

祖鲁人是南非土著居民南班图人的一支，居住在南非的纳塔尔、斯威士兰和莫桑比克的一些地区。 1817 年，恰卡成为这支南班图人部落联盟的首领。 他意识到，为了对付殖民者的侵略威胁，必须团结各个部落，建立强大的军队。

恰卡把 3000 多个分散部落的约 50 万人统一了起来，还进行了军事改革。他规定儿童从 12 岁起必须接受半军事训练，18 岁起接受正式军事训练，35 岁前不得结婚。祖鲁人传统的战术，是使用长矛、斧头与敌人单兵格斗。恰卡大胆改革，以长矛、盾牌为武器，采用密集队形的方阵、两面包抄等战术，大大提高了祖鲁人的战斗力。经过努力，恰卡建立了一支 10 万人的军队。

恰卡成了年轻的祖鲁王国的国王。但他执政只有 10 年左右，就被同父异母兄弟丁干杀害了。据说，恰卡遇害前说了最后一句告诫同胞的话："白人就要来了。"

1. 祖鲁王国的重新崛起

丁干是位有才干、有作为的国王。1838 年，荷兰殖民者的后裔布尔人（意为农民）入侵祖鲁，企图夺取祖鲁人的土地。丁干率领祖鲁军民英勇抵抗，打了些胜仗。但布尔人带着大炮和牛车卷土重来，祖鲁人被打败了。丁干不得不割让大片土地给布尔人，还交了 1000 头牲口、1 万千克象牙给布尔人。

但是，布尔殖民者并不满足，他们勾结、收买了丁干的弟弟姆潘达。姆潘达丧权辱国，在敌人的扶植下，于 1840 年爬上了祖鲁国王的王位。

姆潘达的长子开芝瓦约，非常反感父亲卑躬屈膝的卖国政策，他发誓要维护祖鲁人的独立和尊严。1856 年 11 月，祖鲁人大会决定由开芝瓦约掌管国政；1872 年姆潘达死后，开芝瓦约正式登基，掌握政权。

开芝瓦约恢复了恰卡和丁干时代实行的在适龄男子中普遍征兵的制度，对青少年进行严格的军事训练。他深知用长矛和盾牌无法抵挡侵略者的枪炮，便派人带着大批牲畜去换来几百支枪和大量弹药。他让祖鲁青年去国外的钻石矿做工，用挣来的钱买回枪支。他还雇用英国人训练军队，教祖鲁人射击、骑马。开芝瓦约用了几年时间，重建了一支4万人的军队，战士们既能使用传统的长矛盾牌，又掌握了先进的火器。

2. 抵抗英国殖民者

祖鲁王国的重新崛起，让殖民者非常仇视。这时，英国殖民者的势力已经取代了布尔人。1878年12月，英国殖民地总督向开芝瓦约发出了一份最后通牒，勒令祖鲁王国在30天内解散军队，并接受英国总督的统治。

开芝瓦约严词拒绝。他号召祖鲁人起来抗击英国人的侵略。第二年1月，1.3万名英国殖民军兵分三路，向祖鲁王国大举进攻。

开芝瓦约悄悄地将主力部队调集到伊桑德卢瓦纳附近的山中，几千人的部队秘密集结，不露声色。当英军主力开到伊桑德卢瓦纳山南坡的时候，已经十分疲惫，又骄横轻敌，因此未作防备就扎下了营寨。

开芝瓦约采取调虎离山的战术。1月21日，他派出一支部队伪装成主力，去引诱英军。英军果然上当，派出主力追击，营地里只剩下了六个连和仅剩两门炮的一个炮兵营，加上一个土著营，大约只有2000人守卫。

开芝瓦约见英军营地空虚了，便在第二天晚上发出攻击的命令。只听一声锐利而长长的口哨“嘘——”，划破了夜色的静寂。几千名祖鲁战士呐喊着，突然从附近的山谷中跳了出来，扑向英军的营地。英军从睡梦中惊醒，慌忙迎战。祖鲁战士已经闪电般地冲到英军面前，挥舞着长矛奋不顾身地刺杀。他们异常勇猛，有的紧紧地拽住英军的刺刀不放，直到中弹倒下为止；但后面的战士又毫无惧色地冲上去，奋力刺死敌人。英军阵脚大乱，许多人慌乱中跳进湍急的河流中，被活活淹死。

这场激烈的战斗持续了两个小时，英军伤亡1600多人，祖鲁军缴获大炮两门，步枪1000多支，子弹50万发，战果辉煌。

不甘心失败的英军将兵力增加到两万人，配备了几十门火炮，向祖鲁王国进行报复。在6月1日的战斗中，祖鲁人再次挫败了英军的进攻，并打死了拿破仑三世的儿子路易。

但是，7月4日的决战却异常惨烈。英军在平原上摆开一个5000人的方阵，以密集的步枪火力和猛烈的炮火轰击祖鲁军。祖鲁军避开正面攻击，想绕到英军的右翼猛攻，但根本无法接近火力强大的英军方阵，他们所擅长的白刃战更无法施展。祖鲁战士一批批地冲上去，又一批批地倒在血泊中。

这一战祖鲁军队伤亡2300多人，遭到惨败。英军占领了祖鲁王国的首府，肆无忌惮地烧杀抢掠。8月28日，开芝瓦约不幸被俘，后来被流放到英国。

祖鲁王国从此一蹶不振，英国殖民者把它划分为13个小酋长国，使它陷入了四分五裂之中。1887年，它被并入英国的纳塔尔殖民地。

祖鲁王国虽然只存在了70年，但它为捍卫自己的独立和自由，不怕流血牺牲，与外国殖民者进行的不屈不挠的斗争，将永垂史册。

## 马赫迪起义

苏丹境内的白尼罗河，是一条美丽的河流，河水清澈透明，两岸树木野草翠绿茂盛，异常迷人。但伊斯兰教徒们却无心欣赏这如诗如画的家乡风景，他们正急匆匆地赶往阿巴岛教堂听一位阿訇宣读教义。

这是1881年8月中旬的一天，这时苏丹正被英国殖民军所占领。

“我是马赫迪，我要把你们从痛苦中拯救出来，我要使你们摆脱苦难，获得幸福的生活。受苦受难的苏丹人民，站起来吧，让我们携起手来，赶走英国强盗！”

不少伊斯兰教徒，还未走进教堂，就听到了马赫迪的声音，他们异常激动地在倾听着，那么多人拥挤在这个教堂里，竟没有一点声响。只听马赫迪接着说：

“我要带领你们建立一个普遍平等、处处公正的美好社会。要消灭社会上不平等的差别，要消灭邪恶势力。宁拼千条命，不纳一文钱，这就是我们的信条！”

人们热烈欢呼着马赫迪的宣讲，非常振奋。随即马赫迪宣布：开始圣战！

1. 接连的胜利

马赫迪的真名叫穆罕默德·共哈迈德。因为出身贫寒，所以能够体会到社会下层人民所遭受的苦难。他从小就立下壮志，要赶走英国侵略者，但是，用什么办法才能有效地团结其他人共同抗英呢？

经过认真准备，他决定以马赫迪的名义领导人民起来斗争。

马赫迪的这种做法，果然收到了明显的效果，不少伊斯兰教徒来到了他的身边，准备跟着他同英国人作斗争。当马赫迪在利用教义来宣传抗英斗争时，英国人也闻讯而来，但是，他们不是来听讲的，而是来逮捕这些信徒的。马赫迪正想带领他的信徒去和英军比试比试。于是，双方在阿巴岛上展开激战，结果打死了100多敌人。

初战告捷，马赫迪和他的信徒们非常高兴，于是，他们正式宣布起义。马赫迪先把他的起义军带进山区，他们在卡迪尔山建立了根据地。这时他的起义军已发展到了近5000人。

1881年12月，苏丹总督指使拉希德率1400多名“讨伐军”偷袭马赫迪起义军根据地，马赫迪率起义军预先埋伏在“讨伐军”所经过的山路周围，当拉希德带兵正自鸣得意，以为可以消灭起义军时，马赫迪命令军队堵死各要道，然后亲率士兵冲下山去。“讨伐军”仓促应战，结果，全部被歼灭。1882年4月，新上任的苏丹总督盖格勒又派遣尤来福·沙拉得率3500人攻击卡迪尔起义军，当这支部队长途跋涉、立足未稳之时，马赫迪统帅起义军连夜奇袭，取得成功，全歼了这支敌军。

这两次战役，马赫迪大获全胜，缴获了大批武器弹药，同时，大大增强了苏丹人民的抗英信心，起义队伍迅速壮大。1883 年1 月，起义军攻下苏丹第二大城市乌拜依德，这时，起义队伍已发展到 3 万余人。9 月，英政府派希克斯率领万人大军再次征伐起义军，希克斯除了 1.1 万人的埃及远征军之外，还有 14 门大炮、6 挺机枪、500 匹战马和 5500 头骆驼，规模庞大，气势汹汹。而马赫迪仅有 3 万人马，力量悬殊。

2. 乌拜伊德战役

希克斯在进军乌拜伊德途中，一路上困难重重，因为水井已被起义军早先封填，所以英军唇焦口干，疲惫不堪。到了乌拜伊德附近，希克斯把军队分成三部分，第一部分人马在前开路，后面是并行的两部人马，他以为这样可以前呼后应，稳扎稳打。

马赫迪早已得到了英国行动的消息，并时刻派人跟踪打听英军部署与动向。当他看到英军越来越近时，就在英军要走的希甘森林空地四周埋伏下了层层部队和重武器。然后派遣一支小部队迎击敌人，另派一支 5000 人的队伍绕到敌后夺取敌人辎重。一切安排就绪之后，马赫迪返回埋伏区准备痛击敌人。

1883 年 11 月 5 日，希克斯摇头晃脑地呵斥着他的部队，要求部队保持镇静，以便不让起义军发觉，他还认为他的行动非常秘密。他命令部队连夜行军，凌晨时分到达了乌拜伊德地区。刚走进一个小山坳，就遇见了一股起义军，这支起义军故意袭击了希克斯，然后掉头就跑，希克斯不知是计，下令追击。但追着追着，起义军就无影无踪了。希克斯大怒，下令一定要找到这帮人。正当他们急于找不到人时，又一股起义军在英军前方放了几枪，希克斯战刀一挥，大队人马飞速向前，结果又是没追着。这样，敌人慢慢地就进入了马赫迪的埋伏区。

天亮以后，英军看到了一片开阔地，希克斯便下令英军稍事休息。疲惫的英军得令，纷纷坐的坐，躺的躺，横七竖八。

还未等英军喘过气来，只听“砰”的一声枪响，惊起了尚未坐下的士兵。希克斯连忙向四周遥望，他的头刚抬起来，“砰砰砰”一连串的枪声响了起来，紧接着，起义军像天兵天将似的，一下子从天而降，包围了希克斯的军队。希克斯一看大惊失色，连忙命令士兵投入战斗，但是已经晚了。马赫迪率军拼杀，刹那间，英军死的死，伤的伤，尸横遍野。连希克斯本人也被起义军打死了。

这次战斗，起义军只以很小的代价，取得了最后胜利。乌拜伊德战役，是马赫迪起义的一个重要转折点，自此之后，起义军所向无敌，连战皆胜，不久就占领了苏丹大部分地区，首都喀土穆成了一座孤城。

乌拜伊德战役更使英国政府震惊，他们为了挽回败局，又派了一大刽子手戈登担任苏丹总督。

3. 马赫迪王国

1884 年 2 月，戈登到达苏丹，先是用收买的办法，任命马赫迪为科尔多凡省的省长，但马赫迪却劝戈登投降起义军。戈登看到劝降不成，便加紧备战，同时，他向伦敦发出了一封紧急求援的电报。

马赫迪已经等不及了，他于 3 月 16 日率军攻占喀土穆北部地区，切断了戈登的退路。接着，派军队包围了喀土穆。为了使敌人投降，起义军采用了围而不攻的战术，切断了敌人与外界的一切联系。马赫迪希望英军因饥饿而束手就擒。果然，长时间的围困，英军不但面黄肌瘦，有不少人还开了小差。

10 月，马赫迪率军抵达离喀土穆不远的恩图曼城下。马赫迪写信给戈登，要求戈登投降。但戈登不予理睬，因为他已得到消息，英国援军已从埃及出发，马上就会到达喀土穆。马赫迪决定，在英援军到达之前攻城。

12月14日马赫迪紧缩包围圈，炮弹在戈登身旁呼啸而过，戈登内心异常恐慌，他在一封求援信中呼喊道："我们的末日就要来了，上帝啊，快救救我们吧！"

1885年8月26日凌晨，起义军向喀土穆发动总攻，成千上万起义军像潮水一样冲进城内，经过短时间作战，起义军终于占领了喀土穆。

戈登看到大势已去，便准备下楼逃跑。一个起义军战士见状，大喝一声："哪里跑？"只听"扑哧"一声，起义军的长矛刺中了戈登的心窝。戈登来不及哼一哼，便一头栽到楼下死了。

随即，起义军解放了喀土穆。为期4年的马赫迪武装起义宣告成功，他们建立了统一的伊斯兰国家——马赫迪王国。

## 苏伊士运河

近代苏伊士运河的开凿应追溯到拿破仑时代。1789年5月，拿破仑率大军侵占埃及。他亲自带领许多工程师去进行实地测量，准备开凿一条直接沟通红海和地中海的运河。但负责勘测的工程师勒佩尔错误地计算了水位，认为如果开凿运河，尼罗河三角洲将被红海海水淹没。所以，开凿运河的事就暂时搁下了。1854年，法国人又开始插手埃及，曾任法国驻亚历山大总领事的勒赛普斯，依靠法国政府的支持，获得了开凿苏伊士运河的特权。为了开凿运河，他以2亿法郎的资本组建了"国际苏伊士运河公司"。英国表示强烈反对，并唆使土耳其苏丹拒绝批准该项合同。但国际苏伊士运河公司不待土耳其政府批准合同就抢先动工，从1859—1869年，大约用了10年的时间，使运河建成并通航。

1. 天堑变通途

苏伊士运河未建成以前，如果坐船从非洲东岸出发，必须南行至非洲的好望角，再北上才能进入地中海，兜了一个大圈子，多行驶上万千米的水路，从而浪费许多宝贵的时间，而且丧失极好的商机。

1869 年 11 月，苏伊士运河正式通航。 它使得从欧洲到印度的航程大约缩短了一半，伦敦到孟买的航程缩短了 4800 多千米，马赛到孟买的航程缩短了 5900 多千米。 因此，它成为沟通欧、亚、非三大洲的国际交通要道，堪称人类文明史上的一项伟大工程。

2. 巧取豪夺

苏伊士运河建成后，由法国人经营，英国人也在这里分了一杯羹。 1875 年，埃及政府财政困难，不得不决定出卖它所掌握的苏伊士运河公司 44％的股票。 英国只以 1 亿法郎的贱价购得了原价 4 亿法郎的股票。 此后，英国进而购买其他零星股票，苏伊士运河公司成为英国的囊中物。

3. 主权回归

从 1859 年开凿运河伊始，苏伊士运河的管理权一直为欧洲列强把持，直到 1956 年，埃及总统纳赛尔下令收回运河，苏伊士才归属于埃及人民管理。 1975 年，埃及政府决定大规模地扩建运河。 现在，苏伊士运河是初建时的 14 倍，成为欧亚非三大洲的水路交通枢纽。

## 布尔战争

1880 年，英国企图占领德兰士瓦，第一次布尔战争爆发。 经过激烈的战争，布尔人打败了英国，德兰士瓦保住了独立。 英国人在绝望之中进行了阴谋活动，企图推翻布尔人政府中最为顽固的一个，即德兰士瓦总统保罗·克鲁格的政府。 在开普殖民地总理塞西尔·罗兹的纵容下，他们筹集了军火。

1895 年 12 月 29 日，600 名英国人及其武装侍从在罗兹的朋友利安德·詹姆斯顿博士的率领下，袭劫了德兰士瓦。 入侵者很快就被包围并被俘获，但他们的举动大大激化了英国人和布尔人之间的紧张关系。 布尔人加强了对外国人的管制，并筹集军火以备在最后较量时使用。 布尔战争历经三个血腥的年头，直到英国派来其最优秀将军率领下的大量增援部队后，才得以转败为胜。 最后，布尔人被迫签订《费雷尼欣条约》。 布尔人表示服从英国人的统治，作为补偿，他们被豁免了赔款，得到了早日成立代议机构的承诺，并被允许在法庭和学校继续使用自己的语言。 英国政府提供了 1500 万美元来加速重建工作的进行。 这是历史上最宽大的和约之一。

1. 财宝的诱惑

1867 年，人们在奥兰治发现钻石矿；1884 年，在德兰士瓦发现巨大金矿；1886 年，在瓦尔河和林波波河河源之间的威特沃特斯兰德地区，又发现世界上蕴藏量最丰富的金矿。 到 1892 年，在奥兰治开采的金刚石价值总计达 2600 万英镑；到 1898 年，在德兰士瓦开采的黄金总量占当时世界黄金总产量的 27.5%，成为世界上最大的黄金供应国。 对黄金和钻石的狂热使得欧洲殖民者蜂拥而至，并导致了布尔战争的爆发。

2. 布尔人的前身

1836 年，非洲南端的开普殖民地受英国统治。 荷兰殖民者，也叫布尔人（字面意思是农民），不喜欢英国的统治。 于是他们离开开普殖民地，开始了“大迁徙”。 他们向北行进到今天的纳塔尔和奥兰治自由邦，打败了居住在那里的非洲人。

3. 布尔军的优势

在与英军作战时，布尔军有着诸多优势：首先，布尔突击队员全都骑着马，能够快速转移。 其次，他们大都是优秀的射击手，有着熟练的射击技术。 另外，布尔人比英军更了解南非的地理环境。 布尔人的另一个长处是他们不恋战。 如果他们在一次战役中处于下风，他们就会赶快逃走以待来日再战。 这使英军很难凭一次战役消灭布尔突击队。

## 阿散蒂抗英

从19世纪初开始，英国殖民者逐渐从沿岸据点向内陆扩张。英国殖民者的侵略遭到西非各族人民的顽强抵抗，英勇的阿散蒂人民为捍卫国家独立，同英国侵略者进行了近一个世纪共8次的顽强斗争。1874年，阿散蒂人反抗英国殖民者的武装斗争，是阿散蒂人民进行的8次抗英战争中的第7次。1873年，英军陆军少校加尼特·沃尔斯利上任伊始，就进行紧锣密鼓的战争准备。

1874年1月，他正式向阿散蒂王提出最后通牒，要求释放战俘，赔偿第6次阿散蒂战争军费，交出太子和母后等做人质，被阿散蒂王拒绝，战争爆发。阿散蒂军民在埃尔米纳英勇抗击敌军，后因军队中感染痢疾和天花，人员损失巨大而被迫退出库马西，阿散蒂军带走了所有的粮食，剩下一座空城。英军深怕孤军深入被围歼，于是慌忙于次日狼狈撤出库马西。撤退前英军炸毁了皇宫，并放火烧毁全城。

1. 阿散蒂文明

1721—1750年间，阿散蒂文明达到了极盛时期。这里的手工工匠用黄金和青铜加工耳饰、脚镯、坠饰和臂环。阿散蒂人民用卧式织布机织出了图案缤纷的彩色袍褂。每一式样都有一个名字，表示一种象征性含义。

2. 黄金海岸

1874年2月13日，英国殖民者强迫阿散蒂王缔结《福门纳和约》。之后，英国在西非建立了黄金海岸殖民地。黄金海岸殖民地、阿散蒂殖民地、北部领土保护地和多哥托管区一起，构成英国在西非统治时期的“黄金海岸”。

## 哈吉·奥马尔的抗法斗争

在阿撒蒂人有效地抗击英国人向内地扩张的同时，塞内加尔河流域的居民对法国人的扩张也进行了有力的打击。

1. 图库洛尔王国

法国在西非最早的殖民据点是在塞内加尔河口。 19 世纪初，法国殖民军队踏着“探险家”的足迹，沿着塞内加尔河向内地扩张时，两岸居民即奋起抵抗。 一位出身于图库洛尔族的统治者哈吉·奥马尔看到法国入侵的严重性，一面积极设法从外界购买火药武器，一面积极扩大伊斯兰教的影响，加速统一封建小国和周围部落的进程。 到 19 世纪 40 年代，奥马尔统一了塞内加尔河到尼日尔河上游之间的广大地区，建立起以丁古赖为中心的图库洛尔王国，自己成为国王。

2. 不幸逝世

为了有效地抗击法国的入侵，奥马尔把一些有才能的和作战勇敢的人提拔到重要的职位上，不管这些人有没有社会地位。 1857 年初，奥马尔率军两万围攻法军在塞内加尔河腹地的梅迪勒据点。 围攻持续 3 个月，由于法军不断增援，未能攻克。 同年夏，奥马尔军队与法军在吉莫又展开一次激战，杀伤了大批法军。 1864 年，奥马尔在一次出征途中不幸逝世。 然而，他所建立的国家，一直到 19 世纪 80 年代，仍有效地抵抗着法国人向西非内地的入侵。

## 北非谷仓

阿尔及利亚地处非洲北部，沿海地区湿润多雨，土壤肥沃，素有“北非谷仓”之称。 16 世纪，阿尔及利亚为土耳其人所征服，成为奥斯曼帝国的一部分。 进入 18 世纪后，随着奥斯曼帝国的削弱，阿尔及利亚名义上是奥斯曼帝国的属地，实际上是由独立的封建君主德伊统治。另一方面，由于西方国家工业革命的开展和综合实力的提高，阿尔及利亚受到来自西方国家尤其是法国的威胁增加了。

1. 扇击事件

早在17世纪末，法国利用其与阿尔及利亚距离较近的有利条件，就在阿尔及利亚沿海拉卡尔附近修建了一座名为法兰西要塞的商站，获得了珊瑚开采专利权。1714年，法国从阿尔及利亚获得自由输出粮食的权利。在法国资产阶级革命和拿破仑统治时期，法国从阿尔及利亚输入了大量粮秣。但是，法国资产阶级故意一再拖延付款。到1815年，法国拖欠款额已达1380万法郎。面对阿尔及利亚多次提出偿还债款的要求，法国口头上表示要尽快付清，实际上却积极准备征服阿尔及利亚的战争。法国政府多次派人到阿尔及利亚沿海进行考察，绘制军事地图，拟订军事行动计划。1827年4月29日，阿尔及利亚德伊侯赛因接见法国驻阿尔及尔领事德瓦尔，再次询问偿还债款问题，被德瓦尔粗暴拒绝。侯赛因大怒，叫德瓦尔立即离开。德瓦尔不予理睬，侯赛因情急之中用扇子(一说苍蝇拍)打了一下德瓦尔。法国借口这是对法国的侮辱，要求侯赛因道歉。侯赛因予以拒绝。这就是当时影响法阿关系的著名的“扇击事件”。

在一切准备就绪后，1830年6月14口，法国以4万大军在阿尔及尔附近的西迪费鲁希登陆。阿尔及利亚军队奋起抵抗。6月29日，法军开始进攻阿尔及尔。阿尔及尔守军和居民为保卫首都进行浴血奋战。7月5日，阿尔及尔失陷。次日，侯赛因签字投降。法军进入阿尔及尔后，杀人放火，抢掠财物，洗劫国库。他们把包括黄金、白银在内的各种劫掠物资装船运回法国，价值550万法郎。

2. 抗法斗争

法军的侵略和暴行激起了阿尔及利亚人民的反抗。西起特累姆森，东至君士坦丁，到处掀起了抗法斗争，其中以阿布杜·喀德尔领导的西部人民的斗争规模最大，坚持的时间最长，给法国侵略者的打击最为沉重。

阿布杜·喀德尔，1808 年出生在阿尔及利亚西部马斯卡拉一个穆斯林家庭，其父是“卡迪利亚”宗教团体的首领。法国入侵时，喀德尔正随父前往麦加朝圣。当他回到阿尔及利亚时，法军已占领了沿海一些重要地方。1832 年 4 月，法军侵犯马斯卡拉地区时，喀德尔就投入圣战。同年 11 月，在马斯卡拉地区人民举行的抗法誓师大会上，年仅 24 岁的喀德尔被推举为起义军的最高首领。他以卡斯马拉为中心，展开了轰轰烈烈的抗法斗争。起义军主要由农牧民组成。喀德尔采用游击战术，随地设营，迅速地袭击敌人，取得一个又一个胜利。

起义军的队伍不断壮大，管辖地区不断扩大。法国迫于无奈，于 1834 年和 1837 年先后两次与喀德尔签订和约，承认他在阿尔及利亚西部地区的统治地位。喀德尔深知法国对自己的承认不过是权宜之计。他利用短暂的间歇时间积极构筑城堡，开办军火工厂，建立正规军。他还废除旧时出卖官职的陋规，任命一些与封建上层素无瓜葛的人充任行政军事官员。1839 年，法国从本土增派军队至 10 多万人后，重新发动对阿尔及利亚内地的入侵。法军先镇压了东部地区的抵抗运动，然后集中全力进攻西部地区。喀德尔利用山区特点，给法军以不断打击，使法军损兵折将达 4 万人。1843 年，因实力相差悬殊，喀德尔带领随从退入摩洛哥境内。

喀德尔退入摩洛哥后，阿尔及利亚西部地区人民仍不断开展抗法斗争，其中以布马扎领导的达赫拉山区人民的抗法斗争最为活跃。1845 年春，应布马扎的邀请，喀德尔回国继续领导抗战。1845 年下半年，喀德尔率领的武装队伍多次打击法军，使抗法斗争一度由被动挨打转为主动出击。但从 1846 年春起，由于法国大量增兵，并对起义地区军民采取极其残暴的手段，起义军的处境日趋恶化。1847 年

12 月，喀德尔在阿摩边境战败被俘。喀德尔起初被关在法国罗亚尔监狱，后被流放到叙利亚，直至 1883 年逝世。

在喀德尔领导的起义失败后，阿尔及利亚人民反对法国殖民侵略的斗争仍此伏彼起，所以，直到 19 世纪 70 年代，法国在阿尔及利亚所能占领的仍限于阿尔及尔、瓦赫兰、君士坦丁等几个城市。

## 马格达拉的雄狮

从马格达拉的心脏传来叹息，
因为那位从前的人物已经死去。
在马格达拉的心脏，你见过狮子之死吗？
死在别人手里是不光彩的。

在这首《狮子之死》的歌谣中，歌颂的就是反抗侵略的马格达拉雄狮——西奥多。

1. 英国殖民的威胁

在非洲东北部，英国的侵略扩张和阿比西尼亚人民的反侵略扩张的斗争十分尖锐复杂。

早在 1802 年，英国通过派遣“使者”和“考察家”，就把侵略扩张势力伸向埃塞俄比亚。随后，法国、德国、意大利和比利时等国的“使者”和“考察家”接踵而至。但英国恃其强大的经济实力，并利用当时阿比西尼亚的封建割据和内讧，在1830—1850 年间先后与各主要封建公国签订“友好条约”和“贸易协定”，从政治上和经济上控制了这些封建公国。英国殖民奴役威胁的加重，促使阿比西尼亚加速建立中央集权统一国家的过程。

2. 阴谋破产

1853 年，一位叫卡萨的封建主，依靠各地小封建主的支持，首先在阿姆哈拉夺取了权力。随后在 1855 年打败了各地封建公国，以西奥多的名字，自称为阿比西尼亚皇帝。 西奥多获得国家权力后，立即实行改革措施：统一军队，废除封建主拥有军队的权利；改革税制，减轻军民的负担；禁止奴隶买卖；聘请外籍技师和手艺人，引进先进生产技术。

西奥多的励精图治不仅遭到国内封建势力的反对和破坏，而且遭到英国殖民者的阻挠。 英国殖民者一方面向各地封建主行贿，唆使他们起来搞分裂；另一方面利用西奥多向外国聘请技师和手艺人的机会，把一些探子、特务派了进去。 西奥多采取坚决措施，一个又一个地打败搞分裂的封建主。 对于英国的探子、特务，西奥多根据情况，把他们中有的驱逐出境，有的作为囚徒扣押起来。 1867 年 10 月，英国借口领事和其他几个英国人被扣，悍然出兵侵略，在泽拉港登陆。侵略军总数为 3. 2 万人，配有新式武器。

面对武器优势的英军，西奥多毅然率兵抵抗。 战争开始后，不少封建主公开宣布反叛，使西奥多从一开始就处于腹背受敌的地位。 他的军队越战越少。 到 1868 年 3 月，原来一支为数 5 万人的军队，只剩下 6000 人。 4 月 13 日，在马格达拉平顶山最后一战时，西奥多与 16 位战士坚守最后一座炮台。 不到两个小时，这座炮台被轰毁。 当英军逼近西奥多时，他宁死不屈，开枪自尽。

西奥多牺牲后，阿比西尼亚的爱国者仍在各地不断袭击英军，他们把西奥多看成是抵抗西方殖民侵略的英雄。

英军虽使西奥多遭到败亡，但由于在许多地方遭到阿比西尼亚爱国者的袭击，粮食和饮水供应也出现很大的困难，难以站稳脚跟，不得不于 1868 年 5 月宣布从阿比西尼亚撤军。 英国征服阿比西尼亚的图谋因此而破产。

## 反抗侵略的女王

马达加斯加岛位于非洲大陆东南海洋上。 从 14 世纪起，那里先后建立了10多个小国。18世纪末，发展成为统一的封建国家。自15世纪末葡萄牙人发现新航路后，马达加斯加就成为西方列强争夺的对象。19世纪以前，葡、荷、英、法4国殖民者多次企图侵占该岛，都以失败而告终。从19世纪初起，英、法加强了对马达加斯加的侵略。英、法各自派遣传教士进入马达加斯加。他们利用马达加斯加国王拉达马一世要了解欧洲国家的愿望，获得了在马达加斯加自由传教和办学校的权利。他们乘机到处搜集情报，挑拨沿海居民与内地居民的关系，挑拨地方政府与中央政府的关系。1828年7月25日，拉达马一世病逝，王后拉纳瓦洛娜继位(1828—1861年在位)。她是马达加斯加历史上第一位女王。

1. 铁腕女王

拉纳瓦洛娜登位不久，就察觉到传教士活动对国家的危害性，于是下令驱逐传教士。法国以此为借口，1829年10月对马达加斯加发动武装入侵。拉纳瓦洛娜顺利地粉碎了法国的入侵，随后又下令在国内逮捕所有传教士。1835年，颁布禁止外国人传教和办学校的法令，并禁止国人信奉基督教。1836年，马达加斯加政府照会英、法两国政府，可以和平通商，但不许干涉马达加斯加内政。英、法大为恼怒，决定禁止对马达加斯加的贸易。针对英、法的贸易禁令，女王则下令规定马达加斯加不再向英、法占领的毛里求斯和留尼汪岛提供劳工。1845年6月，英、法联合舰队开到马达加斯加海面，炮轰塔马塔夫港，并在该港登陆。在塔马塔夫港守军和居民的英勇反击下，侵略者留下多具尸体登舰逃走。针对英、法的这一入侵，女王下令禁止所有欧洲人入境，封锁东海岸各港口，禁止同英、法的一切贸易往来。后来英国在赔偿了1.5万美元之后，才获准继续通商。

2. 卑劣的伎俩

在1845年6月武装入侵失败后，法国殖民者便改换手法，积极策划颠覆阴谋。他们了解到马达加斯加经济上困难，于是由拉博德和朗贝尔两位商人出面，取得了在马达加斯加建立商行和工场的权利，并担任了对女王的儿子拉科托教育的责任。这两位法国商人向拉科托灌输崇法思想。在他们的教唆下，1855 年拉科托写信给法国政府，请求法国保护马达加斯加。1857 年夏，法国阴谋推翻女王，扶植拉科托上台。可是，就在政变发动的前 3 天，女王根据确凿证据，把政变策划者一网打尽。她还宣布没收这两个法国商人的财产，把他们驱逐出境。此后，尽管法国和英国殖民者继续施展各种伎俩，但是直到 19 世纪 70 年代，他们在马达加斯加岛上始终未能占据一块土地。

## 科萨人的斗争

在非洲南端，科萨人为保卫土地和家园，与英国的侵略扩张进行了长达半个世纪的斗争。

西方殖民者在南非建立殖民地可以追溯到 17 世纪 50 年代。1652 年，荷兰东印度公司为解决欧洲到亚洲中途的给养问题，派人在好望角建立给养供应基地，取名为开普敦。随后，荷兰人用武力和欺骗的手法，从当地科伊科因人手中抢占了大片土地，发展成开普殖民地。1795 年，英国用武力占领了这块殖民地。1802 年，根据英法《亚眠条约》，开普殖民地归还荷兰。1866 年，荷兰正式把开普殖民地让给英国，并从英国得到 600 万英镑的补偿。英国殖民者成为开普统治者后，就把侵略扩张矛头首先指向科萨人居住的大菲什河流域。

大菲什河位于开普殖民地以东，两岸土壤肥沃，物产丰富。为了侵占大菲什河流域，1811 年，英国殖民者以丢失牲畜为借口，对居住在大菲什河西岸的科萨人发动突然袭击。科萨人仓促应战，不敌。河西的科萨人被迫撤向河东。从此，双方战事不断。

1. 马卡纳

1818 年，科萨人出了个名叫马卡纳的人物，自称是上帝派他来驱逐欧洲人的。他认为，为了跟欧洲殖民者作斗争，科萨人要在酋长恩德兰比的领导下联合起来。马卡纳首先打败了一个投靠英国人的酋长恩格基卡。接着，1879 年年初，他与恩德兰比酋长一起率 1 万名战士，渡过大菲什河，与英军激战，收复了一部分失地。1820 年 7 月，马卡纳不幸逝世，英国人乘机对大菲什河西岸的科萨人地区大肆烧杀抢劫，迫使科萨人又迁往河的东岸。

2. 马科莫

1834 年，一位名叫马科莫的首领，把分散的部落联合起来，共同进行收复失地的斗争。1835 年，马科莫率兵与英军决战。为了避开英军在武器上的优势，马科莫巧妙地把英军从开阔地引到山崖和丛林的地方，杀得英军横尸遍地。

英国殖民者无法对付进入山崖和丛林的科萨人，就在平原地区焚毁科萨人的村舍和庄稼，还收买叛变本部落的首领。

1835 年 4 月，英国殖民者击败了马科莫，占领了大菲什河以东大片土地。继之，英国宣布吞并大菲什河与凯斯卡马河之间的土地，取名英属“卡弗拉里亚”。欧洲移民开始进入该地区，圈占土地，办起农场。在这里居住的科萨人，必须是英国的臣民。科萨人为夺回土地，用各种方式进行反抗。

3. 残酷的扫荡

为了巩固殖民统治，1846 年英国殖民者以丢失牲畜为借口，又发动了对科萨人的战争。1847 年，科萨人抵抗失败。英国侵略和压迫的加剧，促使科萨人与同样遭受压迫的科伊科因人走上联合斗争的道路。1850 年，科萨人和科伊科因人共同向英国殖民者发起进攻，把战场从大菲什河的东岸扩大到西岸。一些原被英国人用来打击科萨人的部落，如顿布人等，此时也加入反英的行列。英国军队被打得狼狈不堪。1853 年，英国殖民者集结了 10 营正规军，还从布尔人中招募了几个民团，进行了残酷的扫荡，才取得这场战争的胜利。科萨人大部分被赶到凯斯卡马河以东，另一部分沦为半奴隶性的农业工人。19世纪60年代和70年代，科萨人为夺回自己的土地，虽然进行过多次武装反抗，但都遭失败。许多科萨人被赶到更偏远的地方。1865年，“卡弗拉里亚”被并入开普殖民地。

## 阿拉比反英

1879年，埃及出现了第一个民族主义组织——祖国党。祖国党的主要成员是地主、资产阶级出身的知识分子和爱国军官，他们在“埃及是埃及人的”口号下，要求保卫民族独立。具有资产阶级民族主义思想的青年军官阿拉比，是这个党的政治领袖。祖国党人利用人民群众的抗议运动和广大士兵的爱国热情，迫使埃及国王在1881年12月召开国会，解散“欧洲人内阁”。1882年2月，埃及组成了民族政府，阿拉比任军事大臣。民族政府还废除了英、法对埃及财政的监督制度，解除了英、法等外籍官员的职务，并拟定了国家改革政纲。

1. 横加干涉

面对日益发展的埃及民族运动，英国亟欲出兵干涉，妄图一举扑灭埃及民族运动，以实现它蓄谋已久的独霸埃及的野心。但由于法国和欧洲其他些国家的反对，英国不得不在表面上与法国采取联合行动。5月20日，英、法以保护外国侨民为由，把两国舰队开进亚历山大港。25日，英、法向埃及提出最后通牒，要求解散民族政府和驱逐阿拉比出阁。国王按英、法的要求行事，这一下可激怒了群众和军队。群众和军队上街示威，要求推翻昏庸的国王，要求英、法舰队撤离亚历山大港。国王见势不妙，只好赶紧恢复阿拉比的军事大臣的职务。

阿拉比觉察出战争危险迫在眉睫，下令加速修建亚历山大炮台。埃及国内民族抵抗力量越是增强，国王内心越是忐忑不安。6月初，国王和一些反动上层分子卑躬屈节地来到亚历山大港，请求英、法舰队保护。英国担心越往后越不利于自己在埃及的单独行动，于是一方面再三告诉法国，说英国自己就是要单独占领埃及；另一方面，就向俄国暗送秋波，要俄国支持自己在埃及的行动。经过一番讨价还价，俄国答应英国占领埃及，交换条件是英国支持俄国占领亚美尼亚。法国不敢贸然与英国公开斗争，忍气吞声于7月上旬把舰队从亚历山大港撤走。7月10日，就在法国舰队全部撤走的当天，英国海军上将西摩要阿拉比拆除亚历山大港的防御工事。阿拉比坚决予以拒绝。11日，英军罪恶的炮口对着亚历山大港猛轰，装备精良的2.5万名英国陆战队乘机登陆。烧杀开始了，抢劫开始了，亚历山大港一片恐怖。

2. 开罗陷落

英国的武装进攻和暴行，激起了埃及人民的无比愤慨。阿拉比发表告人民书，宣布埃及全民族与英国“正在进行不可调和的战争”。同时，他把军队和大批群众从亚历山大港撤出，积极部署开罗保卫战。开罗和其他一些城市居民举行反侵略的示威游行，要求废黜国王，赶走英国侵略者。农村广大贫苦农牧民，纷纷要求参军。在阿拉比的亲自部署下，埃及军队在开罗以北很快顶住了英军的进攻。但在东线战场上，阿拉比由于轻信英国关于不在运河区作战的虚假保证，没有部署足够的军队，仅在通向开罗的要道上驻扎一些缺乏作战经验的游牧部落的新兵。英国探得情报后，8月19日秘密把北线的主力部队调往东线。次日，英国以2万名兵力侵占了运河区，旋即向开罗方向进攻。阿拉比得知此事后，纵身跃马奔赴东线布防。阿拉比率军决死奋战，坚守两周，终因兵力悬殊，东部防线被英军突破。在英军攻势十分凶猛的情况下，阿拉比仍毫不动摇。他决定利用尼罗河水泛滥，固守首都。他日夜巡视城里城外，激励爱国将士。但他对暗藏的敌人缺乏警惕，没有采取防范措施。9月15日，正当阿拉比在城外布防时，城内的反动封建上层偷偷打开城门，引英军入城。开罗陷落了。阿拉比等爱国将领被俘，许多人被判处死刑。埃及国王被当作英国的傀儡，送回开罗。英国侵略者不敢杀害阿拉比，把他放逐到斯里兰卡。埃及轰轰烈烈的抗英战争失败了，从此埃及成了英国的殖民地。

## 瓜分非洲的会议

19 世纪 70 年代初至 80 年代中期，西方殖民者在非洲的侵略和扩张虽屡遭挫折，但他们并不因此善罢甘休。相反，他们处心积虑，一定要最后瓜分非洲。然而，西方列强要最后瓜分非洲必先解决在瓜分过程中相互间的矛盾。一些仅限于两个国家之间的矛盾，如在侵占埃及事情上英、法之间的矛盾，可以经过双方协商而得到暂时的解决。然而，在对刚果(今刚果民主共和国)的争夺中，已非两方，而是多方，涉及的国家较多，只有召开相应的国际会议才能解决。1876 年布鲁塞尔会议和 1884 年柏林会议，都是为适应这样的需要而召开的。

1. 布鲁塞尔会议

刚果位于非洲中部，大部分属于刚果河流贯的盆地，土壤肥沃，物产资源丰富，有“世界原料仓库”和“中非宝石”的称号。19 世纪 70 年代，西方列强，包括英、法、葡、比、德、意、俄、美和奥匈等国知道这个好地方后，个个垂涎欲滴，都想把它劫为己有。被列宁叫作市侩、金融家、骗子手、怪家伙的比利时大资产阶级代表人物即国王利奥波德二世，看出西方各大国在刚果问题上的矛盾，决定独吞刚果。他的一个狡猾手法是建议召开国际地理会议来讨论刚果问题。由于每一大国都不愿其他大国的代表来主持这次会议，因此利奥波德二世的建议立即得到西方各大国的赞同。1876 年 9 月 12 日至 16 日，在布鲁塞尔召开了有英、法、德、意、比、奥匈、俄、美等国参加的国际地理会议。会上成立了“国际勘察和开发中非协会”(通称“国际非洲协会”），利奥波德二世被推为会长，总部设在布鲁塞尔。各国可以设立分会。于是，利奥波德二世以这个组织的利益作掩护，来实现它独吞刚果的企图。

1877 年，利奥波德二世在得知斯坦利完成了横跨非洲中部大陆，即由印度洋至大湖区，再由大湖区顺刚果河而下，直抵刚果河口和大西洋岸的消息后，就以“国际勘察和开发中非协会”的名义，于 1878 年 1 月把刚从非洲回到欧洲的斯坦利请到比利时。他向斯坦利明确表示，只要斯坦利能为比利时和他本人服务，就可得到一笔重金。斯坦利欣然应诺。

在经过一番策划之后，1879 年 1 月，斯坦利率领一批冒险之徒，打着“国际勘察和开发中非协会”的金色蓝旗再次进入刚果河流域，同那里的酋长订立条约，开辟殖民地。斯坦利这次去刚果河流域，虽然打着“国际勘察和开发中非协会”的旗号，但是其一切费用实际上由比利时和利奥波德二世负担，因此斯坦利通过与当地酋长签订条约得到的领地，实际上是属于比利时和利奥波德二世。从 1880 年到 1884 年夏季，斯坦利用欺骗和武力的手段，先后与刚果河流域的 200 多个酋长签订了条约，并建立了数十个基地，以作为比利时和利奥波德二世占有刚果盆地的凭据。

斯坦利的活动虽是偷偷摸摸进行的，但还是很快引起了法国的注意。早在 1875—1878 年，法国就派出一支由布拉柴率领的“考察团”逆奥戈韦河而上，从加蓬向刚果河下游地区推进。在得知比利时当局的密谋后，法国就决定以控制刚果河口的办法来压制比利时。1879 年，布拉柴再次率领“考察团”进到刚果河下游地区，沿途还建立设防基地。1880 年 9 月，布拉柴比斯坦利早几个月先到达刚果河口，从而截断了比利时出海的道路。这件事大出比利时所料。所以当斯坦利到达刚果河下游时，双方就发生了严重的争吵。早在 15 世纪末就在刚果河口拥有殖民据点的葡萄牙看到法、比都要夺取刚果河口，也急忙宣布自己对刚果河口地带拥有“历史的权利”。英国为了在刚果河下游取得“特权”，决定支持长期以来在对外关系上同自己站在一条战线上的葡萄牙。

1884 年 2 月，英葡签订条约，英国承认葡萄牙对刚果河口的“主权”，葡萄牙同意英国享有同等权利。法国对自己的主要殖民竞争对手英国的插手异常不安，立即宣布不承认这个条约。比利时不愿看到自己在刚果的地盘像一个瓶子那样被塞子塞起来，也很快宣布反对这个条约。为了不让英、葡的企图得逞，4 月，法国急速和比利时达成妥协，承认比利时对刚果河口拥有“主权”。德国一方面想遏制英国，另一方面又想用欧洲以外的事务来分散法国在欧洲大陆的注意力，并使自己在侵占西南非洲等殖民地时得到法、比的支持，于是发表一项声明说，英、葡条约涉及甚广，影响颇大，事先既没有征询德国意见，德国在事后实难赞同，为了解决彼此争端，可在柏林召开一个国际会议。美国认为小国占有刚果河口，有利于自己势力的渗入，也发表声明支持比利时。英、葡面对几个大国的反对，陷于孤立，被迫于 6 月宣布废除双方订立的条约，并同意在柏林举行一次国际会议来讨论刚果问题。

2. 柏林会议

1884 年 11 月 15 日，柏林会议在俾斯麦主持下开幕。参加会议的有英国、法国、德国、比利时、葡萄牙、意大利、荷兰、西班牙、奥匈帝国、俄国、丹麦、瑞典、挪威、卢森堡和美国等。这次会议虽然为讨论刚果问题而召开，但是由于当时西方列强争夺非洲殖民地的矛盾日益激化，非洲各族人民的反瓜分斗争方兴未艾，这就决定柏林会议还必须讨论一个共同的问题，即如何确定瓜分非洲领土的原则，以防止相互间矛盾的激化，并镇压非洲人民的反抗。但由于与会国家，尤其大国之间矛盾重重，争吵激烈，使得会议时间一再延长，直到 1885 年 2 月 26 日才结束。

在讨论刚果问题中，英、德、美等国在刚果未占有领土，因此强烈主张在刚果河流域，尤其是刚果河口地区实行自由贸易。法、葡在刚果占有领土和权益，因而竭力反对该地区实行自由贸易。利奥波德二世审时度势，看到有关国家在刚果问题上的矛盾，一方面表明比利时主张在刚果地区实行自由贸易，另一方面则坚持比利时在刚果的领地必须与海洋相通，还威胁说：如果不让比利时的领地“与海洋沟通”，比利时“便从该地撤出”，“让无法和解的竞争者彼此正面交锋”。结果，利奥波德二世和比利时对刚果的贪欲得到满足。

根据1885年2月26日柏林会议通过的《最后议定书》，所有与会国都承认比利时对刚果河流域大部分地区（相当于今刚果民主共和国领土）拥有“主权”，成立“刚果自由邦”，由利奥波德二世任国家元首；法国对下刚果河右岸拥有“主权”。没有分得领土的各国，享有在刚果盆地自由贸易和刚果河自由航行等权利。按照这一规定，英国和法国也同样答应在各自控制的那一段尼日尔河内准予自由航行。在沿海地区，比利时占有刚果河河口以北宽36千米的通往大西洋的出口；葡萄牙占有河口以南的土地和卡奔达飞地；法国得到了奎卢河—尼阿里河流域。

关于今后非洲如何瓜分问题，议定书只是说任何国家此后在非洲沿岸占领土地或建立保护国时，应随时通知柏林会议签字国，“以使后者在必要时有可能申诉自己的要求”。同时，在各自占领的地区要建立“足以维护他国的既得权利，以及在必要时保护自由过境运输的政权机关”。不然，一概不予承认。这就是西方列强彼此瓜分并互相承认其占领非洲领土的原则，即当时被当作口头禅的所谓“有效占领”原则。但它不具有任何法律意义，对西方资本主义各国，特别是大国，实际上没有约束力。这是因为这些国家占领殖民地完全是以“实力”为根据的，“除了以瓜分者的实力，也就是以整个经济、金融、军事等的实力为根据外，不可能设想有其他的根据”。

柏林会议是西方列强赤裸裸地瓜分非洲的分赃会议，同时又是进一步争夺非洲的新起点。它标志着西方列强争夺和瓜分非洲将进入一个新的阶段。此后，非洲的大部分领土被西方列强瓜分殆尽，这种局面一直维持到“二战”之后。

## 阿拉曼大捷

1942 年 8 月，北非盟军第 8 集团军在德军的强大攻势下失利了。英国部队向着尼罗河溃退，一路上丢盔卸甲，眼看整个北非就要被纳粹德国占领，形势极为严峻。1942 年的一个夏日，一位枯瘦如柴、长鼻子的英国将军抵达开罗。他就是新任命的第 8 集团军司令蒙哥马利中将。

蒙哥马利第二天大清早就驱车进入沙漠，登上阿拉曼防线的最突出处，用望远镜观察地形和敌人的防线。德军指挥官名叫隆美尔，他阴险狡诈，诡计多端，被英国官兵称作“沙漠之狐”。隆美尔在此地拥有 16 万大军，而且他的增援部队还在源源不断地抵达。隆美尔投入 300 辆坦克的兵力攻打英军防线的中部和南部，寻找坦克部队可以向英军阵地侧翼进攻的薄弱点。蒙哥马利识破了敌人的阴谋，他避免打坦克战，让隆美尔的坦克进入防线的入口处，然后用反坦克炮和隐蔽在沙丘中的大炮迎击它们。德军的坦克逐渐进入沙漠的空旷处，突然，头顶上飞来了几十架英国飞机。在 15 分钟内，英国飞机对暴露的敌人进行轮番轰炸，英军的炮弹也像冰雹似的落在德军阵地上。德军伤亡惨重，被迫撤退。

几天后，隆美尔进行了疯狂的反扑，双方展开了激烈的战斗。蒙哥马利开始了出其不意的攻势，他的坦克从伪装罩里冲出来，源源不断地冲向敌人，并击毁隆美尔 600 多辆坦克。蒙哥马利的攻势设计得天衣无缝。他把对隆美尔的进攻称为“精彩的狩猎”。隆美尔在蒙哥马利强大的攻势下，节节溃退。在阿拉曼击溃隆美尔，是英国对德作战的首次决定性胜利，它使纳粹德国丧失了对北非的控制权，也为后来盟军进攻作战树立了典范。

1. 貌不惊人的铁血将军

当蒙哥马利瘦小的身材穿着肥大的沙漠军服出现时，军官们都用怀疑的目光注视着他。蒙哥马利以犀利的目光扫视他的部下，以坚定的充满自信的声音说道：“我们的防线就在这里——阿拉曼！如果我们失去这个阵地，我们就将失去整个北非！……我们将在此战斗，决不后退。我已命令立即烧毁一切关于撤退的计划和指示……”最后，他以洪亮的声音结束了自己的讲话：“如果我们不能在此生存，那我们就在此献身！”

2. 猎“狐”战术

阿拉曼战役失败后，隆美尔在漫长的撤退中曾两度试图停下来抵抗，但都被蒙哥马利击退了。蒙哥马利事后评论说：“隆美尔是个老练的将领，但他有一个弱点，就是重复他的战术，而这就是我打败他的原因。”蒙哥马利为了打胜这一仗，巧妙地变换作战策略，并和空军将领一起制订陆空协同作战的计划，终于一步步走向胜利。

## 独立的最前列

加纳位于西非中南部，矿产资源比较丰富，主要有黄金、钻石、铝矾土等。钻石开采量居世界第四位，锰矿产量在非洲名列前茅。优越的气候和土壤条件，使它的可可产量曾长期居世界之首。丰富的自然资源引来了一批批贪婪的殖民者，葡萄牙、荷兰、英国、法国先后来到这一地区。1897 年，英国独占了加纳，改称“黄金海岸”，把加纳当成一只聚宝盆，拼命掠夺宝贵的资源。阿克拉是英国在加纳的统治中心。其实，自从成为殖民地以后，加纳人民从来没有停止过要求独立的斗争。但由于英国殖民当局的血腥镇压，一直没有获得成功。“二战”后，亚非拉民族解放运动高涨，苦难深重的非洲有许多国家摆脱了宗主国的控制，1960 年，有 17 个国家获得独立，这一年因而被称为“非洲年”。加纳则走在了整个非洲民族独立的最前列。

1. “2 月 28 日路”

加纳独立运动的领袖是恩克鲁玛。他早年赴美留学，后前往英国从事法律研究。1946 年，他提出争取非洲统一和完全独立的口号。迫于殖民地普遍要求独立的呼声，1946 年，英国在加纳进行“宪制改革”。考虑到战后的国际环境、英国殖民政策的改变以及英属西非的社会实际状况，恩克鲁玛主张采用非暴力方式来达到独立的目的。1947 年他回到阿克拉，提出争取自治和民族独立的纲领，进行组织和发动工作，开展示威游行和抵制、罢工运动。

1948 年 2 月 28 日，和煦的阳光洒在阿克拉的大街上。在城市东南角海滨，耸立着一座白色古城堡——克里斯琴博堡，塔顶的米字旗在微风中轻轻拂动，提醒人们这里是殖民总督府。在克里斯琴博堡附近，还有葡萄牙人和荷兰人修建的专门用来关押奴隶的“奴隶城堡”。城堡背靠大海，面对大陆，城墙很厚，堡内有巨大的地下室，地下室里有出海的通道。在奴隶贸易盛行的 200 多年时间里，不知有多少贫苦的非洲人从这里被运到美洲大陆，沦为奴隶，也不知有多少人因不堪折磨而惨死在城堡里。这里曾经多次发生奴隶暴动事件，都被血腥地镇压下去了。可以说，城堡的每一块砖、每一块石头上都沾满了非洲人的鲜血。

街头一阵骚动，数百名复员军人举着各种各样的标语牌，聚集到殖民总督府门前。他们是第二次世界大战期间，7 万多名被英国人征去服役的加纳士兵的一部分。战争结束后，英国殖民当局没有实现战前的诺言——保证复员军人的生活和工作，愤怒的他们来讨回公道，举行游行示威。

意想不到的事发生了，一队总督府的卫队全副武装、荷枪实弹地出现在窗口、墙角、花坛和廊柱后面，不等人群反应过来，子弹已经像暴雨一样劈头盖脸地砸来，惊呼、惨叫连成一片，游行和旁观的人群四散奔逃。消息传开，阿克拉全城群情激愤，又举行了空前的群众示威，殖民军警又一次实行镇压，打死 29 人，打伤 237 人。殖民当局的暴行，激起了加纳全国的斗争怒潮，从城市到乡村，到处是游行的队伍，人们散发传单，发表演说，捣毁英国人的商店，袭击警察署和监狱，前后持续一个多月。加纳独立后，为了让子孙后代永远记住这个为争取独立与自由而付出鲜血的日子，发生血案的这条大街被命名为“2 月 28 日路”。

2. 自由降临

2 月 28 日事件后，恩克鲁玛等大批民族主义领导人被捕。这时，以丹夸为首的老一代民族主义者打算与殖民当局妥协，但恩克鲁玛却主张进行更坚决的斗争。他宣布与丹夸派分手，建立黄金海岸人民大会党，提出要以“非暴力的积极行动”立即实现完全自治，受到广大群众的热烈拥护。

从 1950 年 1 月 8 日起，人民大会党发动了全国规模的积极行动。工人总罢工、商店罢市、交通瘫痪、政府机关停止办公，到处举行示威游行，整个社会经济生活陷于停顿。殖民当局再次逮捕了恩克鲁玛和所有人民大会党领导人。

恩克鲁玛的人民大会党赢得了加纳人民的信任。1951 年，加纳历史上的第一次大选开始了，人民大会党获得了 90% 以上的选票。这一大选结果虽不符合英国的愿望，但英国总督不得不释放恩克鲁玛，并任命他为政府事务领导人，不久改任内阁总理。

1954 年和 1956 年的全国大选，人民大会党继续获胜，建立了非洲人的自治政府，控制了议会中的多数。议会授权恩克鲁玛与英国交涉加纳独立事宜。经过艰苦的谈判，1956 年 9 月，英国殖民大臣代表英政府宣布，同意加纳于1957年3月6日在英联邦内独立。

3月6日终于来到，阿克拉万人空巷，人们穿上最好的衣服，带着满心的喜悦，涌向“2月28日路”，去见证这个伟大的时刻。盼望了几个世纪的自由终于降临了，他们唱啊跳啊，几乎没有人是走到那里的。

英国当然没有那么高兴，殖民主义者像煮熟的鸭子——肉烂嘴不烂，英国驻加纳总督克拉克竟然大言不惭地说：“我自以能身为一个大不列颠王国的殖民主义者而感到骄傲。”此种论调当场招来一片嘘声。殖民主义为所欲为的日子一去不复返了。

3年后，即1960年7月1日，加纳正式宣布成立共和国，恩克鲁玛当选为总统。1964年，加纳举行全民投票，恩克鲁玛成为终身总统。1966年2月加纳发生政变，恩克鲁玛领导的政府被推翻。此后他寄居几内亚。几内亚总统塞古·杜尔授予他几内亚共和国两总统之一的头衔。1972年，恩克鲁玛病逝。他著有《殖民地走向自由之路》《非洲必须统一》等书。

## 埃及独立

1952年7月，埃及全国处于一片白色恐怖之中。成立于1939年的自由军官组织也在积极筹划推翻法鲁克王朝的斗争。1952年7月20日夜，自由军官组织执行委员会在开罗召开紧急会议，决定起义。7月22日晚11时，在参谋长纳赛尔指挥下，自由军官组织发动起义。起义部队首先逮捕全部高级官员，占领各兵种的重要据点，控制军队。随后，起义部队占领飞机场、火车站、电报电话局、埃及广播电台、各警察所和政府办公大楼。7月23日凌晨，纳赛尔所领导的革命武装力量已完全控制了首都。

7月23日早晨7时30分，自由军官组织的领导人向埃及人民发表广播讲话："为了反对王室的专制暴政和国家的腐败政治，埃及军队必须起义，夺取政权。"自由军官组织宣布解散最后一届王室内阁，组织一个自由军官组织执行委员会绝对监督下的、过渡性的文官内阁。旧政府终于被推翻了。正在亚历山大港消夏的法鲁克国王，用尽一切办法来挽救自己的王位，甚至请求英、美政府出兵干涉埃及革命，但为时已晚。法鲁克国王只好带着妻子离开埃及，逃入意大利。封建王朝统治埃及的时代结束了。不久，埃及共和国成立，埃及人民的主权实现了独立。

1. 阿拔斯惨案

1946 年 2 月 9 日，开罗数千名学生前往阿比丁宫向国王请愿，反对英军在埃及的统治。当游行队伍到达阿拔斯大桥时，遭到反动军警的镇压，数十名学生被军警打死，200 余人受伤，酿成"阿拔斯大桥惨案"。阿拔斯大桥惨案发生后，各大城市纷纷举行反对英军暴行的示威游行。在斗争中，工人和学生组织了工人学生联合会，宣布 2 月 21 日为"英军滚出埃及斗争日"，号召全国人民在这一天举行总罢工、总罢市。他们呼吁："让我们高高举起民族的旗帜！让我们坚定地团结在一起——工人、学生、商人、公职人员和全国人民团结起来，洗净被奴役的耻辱！"

2. 法卢加之虎

加麦尔·阿卜杜勒·纳赛尔，埃及前总统，阿拉伯民族主义政治家。1918 年出生于艾斯尤特省的一个职员家庭。1938 年毕业于开罗皇家军事学院，曾参加巴勒斯坦战争，并获得"法卢加之虎"称号。他秘密筹建自由军官组织，于 1952 年 7 月 23 日领导自由军官组织推翻法鲁克王朝，成立革命指导委员会，任委员兼武装部队行政秘书。埃及共和国成立以后，任副总理兼内政部长，后出任总统及革命指导委员会主席职务。他在埃及颁布宪法，通过公民选举，当选总统并兼任总理。纳赛尔为统一埃及，恢复埃及主权做出了巨大的努力。他宣布苏伊士运河收归国有，组织和领导抗击英国、法国和以色列发动的侵埃战争，1967 年领导军民奋力反击以色列侵略者发动的“六五”战争，1970 年 9 月 28 日逝世。他的著作有《革命哲学》和《埃及的解放》等。

## 南非之魂

1963 年，当非国大和“民族之矛”的许多领导人都被逮捕时，曼德拉和他们一起受审，罪名是企图以暴力推翻政府。曼德拉在法庭上陈述了 4 小时，他痛斥南非统治者“你们才是真正的罪犯”。他要向全世界讲出真相，并准备为自己的理想献出生命。他在法庭上声明要“建立一个民主和自由的南非”，慷慨激昂的措辞赢得了国际上的注意和尊重。

1964 年 6 月 12 日，包括曼德拉在内的被指控者中的 8 人被判终身监禁。在被监禁的岁月里，曼德拉的声誉一直在增长，他被广泛地视为南非最重要的黑人领袖，成为反种族隔离斗争的有力象征。他一直拒绝以政治立场上的妥协来换取自由。

20 世纪 80 年代，南非人民反对种族歧视的呼声越来越高。南非人民需要曼德拉，把他视为“鼓舞的化身”，从而为争取权益坚持斗争，镇压了再反抗，使得南非当局深感不安。种族隔离受到世人的唾弃。南非政府也需要曼德拉，从 1985 年起与曼德拉进行了 5 年的秘密对话。1990 年 2 月 11 日，纳尔逊·曼德拉被解除监禁。获释之后的曼德拉全身心地投入他终生的事业，为实现民主、自由、平等的新南非而努力。1991 年，在非国大自从 1960 年被禁之后首次于南非境内举行的全国大会上，曼德拉当选为非国大主席。1993 年 10 月，纳尔逊·曼德拉和威廉·德克勒克荣获本年度诺贝尔和平奖。1994 年 5 月 10 日，曼德拉就任南非总统。